바로 쓰는 파이썬: 기초 편

바로 쓰는 파이썬: 기초 편

초판 1쇄 발행　2019년 2월 28일
초판 5쇄 발행　2025년 8월 27일

지은이　박진수

펴낸곳　서울대학교출판문화원
주소　08826 서울 관악구 관악로 1
도서주문　02-889-4424, 02-880-7995
홈페이지　www.snupress.com
페이스북　@snupress1947
인스타그램　@snupress
이메일　snubook@snu.ac.kr
출판등록　제15-3호

ISBN　978-89-521-2886-7 93560

바로 쓰는 파이썬

기초 편

박진수 지음

서울대학교출판문화원

머리말

프로그래밍 교육에 대한 필요성이 그 어느 때보다 커지고 있다. 초등학생, 중고등학생, 대학생 및 직장인을 비롯한 프로그래밍 관련 비전공자에게도 간단하게나마 직접 컴퓨터 프로그래밍을 할 수 있는 능력이 요구되고 있다. 애플의 창업자 스티브 잡스는 프로그래밍이 생각하는 방법을 가르쳐주기 때문에 모든 사람이 프로그래밍을 배워야 한다고 역설하였다. 미국의 전 대통령인 버락 오바마도 코딩 기술을 배우는 것이 개인의 미래뿐 아니라 조국의 미래에도 매우 중요하다고 강조한 바 있다.

이렇듯 프로그래밍 교육의 목적은 꼭 전문적인 소프트웨어 개발자를 양성하기 위해서라기보다는, 앞으로 다가올 지능화 시대를 맞이하는 이들이 갖추어야 할 가장 기본적이면서도 필수적인 소양을 기르게 하기 위함이다. 이러한 시대의 흐름에 힘입어 서울대학교 경영대학에서도 프로그래밍 교육을 의무화하여 2018년부터 1학년 신입생의 필수 교양 과목으로 채택해서 교육하고 있다. 저자가 이 책을 집필하게 된 이유도 이 과목의 담당교수로서 학생들에게 파이썬을 가르치면서, 더 쉽고 흥미 있으면서도 유용하게 전달하는 방법을 고민하였기 때문이다.

저자가 미국에서 처음 강의를 시작할 당시에는 경영대학에서 파스칼(PASCAL), 코볼(COBOL), C++, 그리고 자바(Java)를 가르쳤다. 한국으로 돌아와서는 인공지능개론 수업에서 프롤로그(PROLOG)를, 일반 프로그래밍 수업에서는 자바를 가르쳤다. 서울대학교 경영대학에서는 학부생 대상으로 2015년부터 '경영빅데이터 분석개론'이란 강의를 개설하여 파이썬(Python)을 가르치기 시작했다.

사실 비전공자들이 프로그래밍을 공부하는 이유는 컴퓨터를 활용하여 일상생활에서 부딪히는 문제들을 효율적으로 해결하는 방법을 익히기 위해서다. 또한 문제를 해결하기 위한 논리적 절차인 프로그래밍을 익히면서 논리적인 사고력과 합리적인 문제 해결 능력을 키울 수 있게 된다. 프로그래밍 사고의 핵심적 내용은 분석 능력, 추상화, 패턴 인식, 논리 개발과 이에 대한 평가이다. 특히 프로그래밍을 효율적으로 하기 위해서는 문제 해결을 위한 논리 구상이 매우 중요하다. 논리 구상이란 특정 작업을 수행하는 데 있어 적합한 절차와 과정을 순서에 맞게 기술한 것이다. 이는 문제 분석, 문제 해결을 위한 논리 설계, 프로그램 문법에 따라 프로그램을 구현하는 순서로 진행되는 독창적인 작업이다. 이러한 경험을 통해 창의적인 아이디어를 낼 수 있게 되고, 큰 문제를 작은 문제로 분할해서 해결하는 능력(divide and conquer)도 키우게 된다.

모든 프로그래밍 언어가 사고력 증대에 도움이 되지만 그중에서도 저자는 감히 파이썬이 가장 뛰어나다고 말하고 싶다. 왜냐하면 C나 자바와 같은 프로그래밍 언어는 문법이 복잡하여 약간의 오류에도 매우 민감할 수 있는 반면, 파이썬은 비교적 유연하고 친근한 언어이기 때문에 프로그래밍 입문자들도 흥미를 잃지 않고 쉽게 배울 수 있기 때문이다. 앞서 언급했듯 우리가 파이썬을 학습하는 이유는 파이썬을 활용해 무엇인가를 만들어가는 과정을 스스로 체험함으로써 생각하는 힘을 기르고 이를 통해 논리적으로 현실 문제를 해결하는 능력을 키울 수 있기 때문이다. 따라서 이 책의 목적도 프로그램 개발자를 양성하는 것이 아니라, 많은 독자가 파이썬 프로그래밍 학습을 통해 집중력과 논리적 사고력을 키우고 궁극적으로는 문제를 더 창의적으로 해결하게 하는 데 있다.

이 책을 쓰면서 저자가 가장 노력한 부분은 기본에 충실하여 해설하는 것이다. 특히 자료형을 분류하고 설명하는 데 많은 시간을 할애하였는데, 자료형을 제대로 이해하고 프로그래밍을 하면 많은 실수를 방지할 수 있을 뿐 아니라 논리적 사고력을 쉽게 발휘할 수 있게 되기 때문이다. 많은 독자들이 이 책을 통해 파이썬 역량의 기초를 튼튼하게 다질 수 있기를 바란다.

이 책은 독자가 프로그램을 스스로 구상하는 과정을 통해 문제 분석 능력뿐만 아니라 논리적 사고력, 창의적 상상력 등을 향상시킬 수 있도록 도와줄 것이다. 이 책을 통해 파이썬의 기본을 익히고 알고리즘을 습득하여 간단한 수준이나마 프로그래밍을 경험한다면, 아이디어와 상상력을 프로그램을 통해 실현하고, 문제점들 또한 프로그램으로 해결할 수 있는 능력을 키워서 창의력을 발현하는 데 도움이 될 것이다.

프로그래밍 교육의 필요성이 커지면서 프로그래밍과 관련된 복잡하고 어려운 개념을 누구나 쉽게 이해할 수 있도록 해설한 책의 필요성 또한 점차 증가하고 있다. 이 책을 통해 더 많은 사람들이 파이썬을 쉽게 이해하고 흥미를 가질 수 있게 되기를 바란다.

2019년 2월

관악산 기슭의 연구실에서

감사의 글

이 책이 완성되기까지 많은 영감을 준 분들께 이 자리를 빌려 감사의 말씀을 드립니다.

먼저 이 책이 출간될 수 있도록 아낌 없는 도움과 노력을 주신 서울대학교출판문화원 곽진희 실장님, 출판 과정에서 탁월한 편집 능력을 보여주신 김지산 선생님께 감사드립니다. 그리고 프로그래밍의 기술적인 내용에 조언을 해주고, 내지와 표지 디자인을 위해 애써주신 출판문화원 관계자분들께도 감사의 말씀을 드립니다.

실습문제와 연습문제의 초기 버전과 영감을 준 정한비 양, 김기석, 이규한, 김범수 군에게 감사드립니다. 결혼 준비와 해외 학회 발표 준비로 한참 바쁜 시기임에도 불구하고 '몰라도 바로 따라 쓰는 실전 파이썬' 프로그램 초안을 작성해준 이재환 군에게도 고맙다는 말씀을 전합니다. 이 책을 초급자의 눈높이에서 처음부터 끝까지 읽고 내용 리뷰를 해준 주소현 양과 집필하는 동안 멀리서 늘 응원해준 이용익 군에게도 고마움을 표합니다. 바쁜 와중에도 이 책의 기획 단계부터 마무리까지 전체 책 내용의 흐름을 고민하고 조언해준 서울대학교 빅데이터연구원의 서지혜 교수께도 진심으로 감사의 말씀을 전합니다.

마지막으로 제 삶의 원동력이자 존재 이유인 가족에게 고마운 마음을 전하고 싶습니다. 프로그래밍 교육에서 동영상 강의는 필수적이라고 알려준 우리 가족 밴드의 보컬, 첫째 아들 정민 덕분에 이 책을 집필하면서 동영상 강의를 기획하고 완성하였습니다. 정민이의 조언이 없었다면 동영상 강의는 만들지 못했을 겁니다. 컴퓨터 프로그래밍 언어를 배울 때는 학습자가 배운 내용을 즉시 바로 사용할 수 있어야 한다며 실전 파이썬을 다루는 내용이 들어간 책을 만들어야 한다고 강력히 주장한 가족 밴드의 리더 기타, 둘째 아들 정훈이 덕분에 책에 '몰라도 바로 따라 쓰는 실전 파이썬' 코너를 만들게 되었습니다. 학교에서는 드럼을 담당했지만 집에서는 아빠 때문에 원하는 드럼 대신 베이스 기타를 잡게 된, 군 복무 중인 막내 정빈이가 늘 이 책의 진도를 걱정하며 주말에 면회도 오지 말고 집필에만 신경 쓰라고 독려해준 덕분에 집필을 무사히 마칠 수 있었습니다. 끝으로 이 책을 집필하는 동안 주말 없이 새벽 5시에 집을 나와 자정에 귀가해서 많은 시간 함께하지 못했지만, 예제 코드를 직접 실습하면서 프로그래밍 경험이 전무한 초보자의 관점에서 피드백을 줬을 뿐만 아니라 매일같이 격려해주고 미소로서 인내해준 아내 희정에게 무엇보다도 진심으로 깊은 감사의 마음을 전합니다.

이 책의 구성

이 책은 프로그래밍 언어를 처음 배우는 사람들이 쉽게 따라하며 파이썬을 공부할 수 있도록 다음과 같이 구성되어 있다.

★설명과 예제 코드

본문에는 기본적으로 설명과 예제 코드가 반복해서 등장한다. 설명을 읽고 이해한 다음, 예제 코드를 본인이 설치한 파이썬 개발 환경에 직접 따라 쓰고 실행하며 본문 순서대로 쭉 읽어나가면 된다.

★실습문제

본문에서 주요 개념에 대한 설명이 끝날 때마다 배운 내용을 바로 복습할 수 있도록 실습문제를 삽입했다. 문제가 잘 풀리지 않는다면 앞으로 돌아가 본문을 다시 보고 이해하거나, 바로 아래 붙여 놓은 답을 보면 된다.

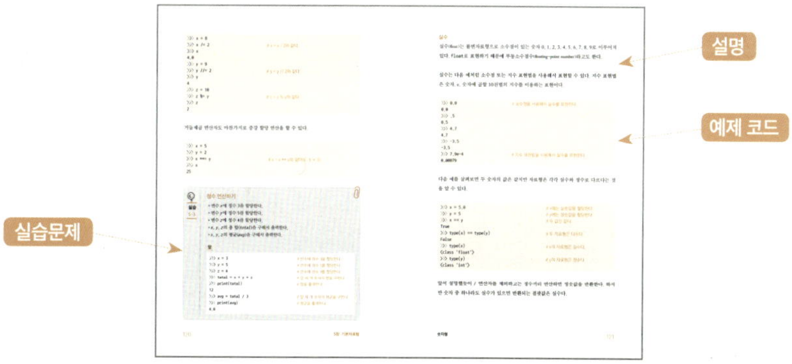

★연습문제

각 장이 끝날 때마다 연습문제를 배치했다. 각 장의 내용을 종합하여 정리한 문제이며, 해답에는 코드에 대한 상세한 설명을 덧붙였다. 따라서 꼭 풀어보고 다음 장으로 넘어가기를 권한다.

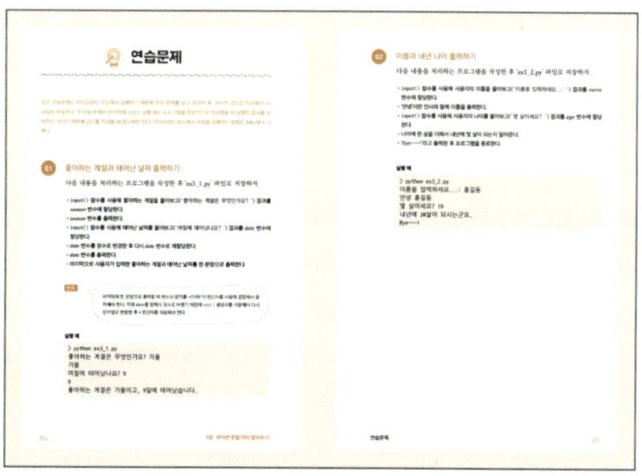

★몰라도 바로 따라 쓰는 실전 파이썬

본문에 언급하지 않은 고급 기능을 활용하여 웹 크롤링, 데이터 시각화 등 실전에서 유용하게 활용할 수 있는 프로그램을 만들어보는 코너다. 초급 수준에서 관련 내용을 모두 이해하는 것은 어렵지만, 직접 실용적인 결과를 출력해보면서 '내가 파이썬을 공부하면 무엇을 할 수 있을까?'라는 질문에 대한 답을 찾을 수 있을 것이다.

유튜브 동영상 강의 제공

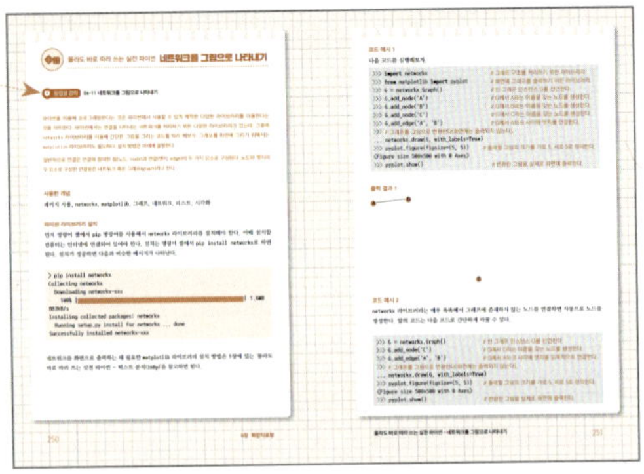

★부록(PDF 제공)

파이썬의 고급 기능과 관련된 내용을 정리하여 엮었다. 부록 중 본문과 함께 읽으면 좋은 내용은 본문의 해당 부분에 따로 언급하였다. 부록 목록은 다음과 같다.

부록 1 - 셸 명령어 기초
부록 2 - IDLE 둘러보기
부록 3 - 유용한 문자열 메소드
부록 4 - format( ) 메소드를 활용한 문자열 서식 설정
부록 5 - 리스트/딕셔너리/세트 축약
부록 6 - 클래스와 객체 완전 정복

★자료 내려받기

소스 코드 - 실습문제, 연습문제, 몰라도 바로 따라 쓰는 파이썬
PDF - 연습문제 풀이, 부록

내려받는 곳(택일)

❶ https://www.snupress.com ▶ 고객센터 ▶ 자료실 ▶ 바로 쓰는 파이썬
❷ https://github.com/snu-python/pythonbook

▶▶ 용어 및 코드 표기에 관하여

저자의 연구 분야 중 하나가 온톨로지(ontology)이다보니 이 책에서 사용하는 용어 선택에 많은 시간을 할애했다. 프로그래밍 언어는 주로 외국에서 만들어진 것이라 이를 번역하는 과정에서 일부 오역된 부분도 있고, 용어체계가 통일되지 못해 독자들에게 혼돈을 주는 경우가 종종 있다.

따라서 일부 개발자나 프로그래밍 경험이 있는 독자들은 이 책에서 사용하는 용어가 간혹 생소하다고 느낄 수도 있을 것이다. 이 경우 해당 용어를 책에서 처음 사용했을 때 설명을 기재하였다. 물론 이 책을 통해 프로그래밍에서 통용되는 용어들이 표준화되리라고 생각하지는 않는다. 하지만 저자의 이런 작은 노력이 향후 뜻이 있는 학자들과 현업에 종사하는 개발자들이 함께 한국어 표준 프로그래밍 용어 체계를 만들 수 있는 초석이 되기를 기대한다.

책에 쓰인 코드는 가급적 'PEP 8 파이썬 코드 스타일 가이드(PEP 8 - Style Guide for Python Code)'를 따랐다. 코딩 표기법 관례(coding conventions)란 특정 프로그래밍 언어로 코드를 작성할 때 권장하는 명명 규칙(변수, 함수, 클래스, 모듈, 패키지 이름 및 표기법)과 프로그래밍 스타일 등에 대한 일련의 가이드라인이다. 이를 반드시 지켜야 할 의무는 없지만 많은 경우 코딩 관례를 따르는 원칙이 코드의 명료성, 일관성, 유지보수성을 향상시키며, 훌륭한 프로그래밍 습관을 위한 토대를 제공한다. 저자는 처음 파이썬을 배울 때부터 파이썬의 코딩 규칙을 따라서 프로그래밍을 하는 습관을 기르는 것이 꼭 필요하다고 믿기 때문에 이 책의 코드 형식 또한 'PEP 8 파이썬 코드 스타일 가이드'를 가급적 따르고 있다. 일반적으로 코드를 직접 작성하는 경우보다는 남이 작성한 코드를 사용하는 경우가 훨씬 더 많다. 따라서 코딩 표기법 관례에 따라 코드를 작성하는 것을 권장하는 바이다.

본문에 등장하는 코드에는 실제 코딩할 때 사용하는 고정폭 서체를 사용하였다. 예제 코드 중 파이썬 예약어에 해당하는 단어는 굵은 글씨로 표기하였으며, 코드에 대한 설명은 파이썬 주석 형식으로 삽입했다. 파이썬 예약어에 대한 설명은 '예약어'(105p)를, 주석에 대한 설명은 '주석 작성하기'(87p)를 참조하기 바란다.

차례

Part 2

파이썬의 기본 구성 요소

Part 3
파이썬의 고급 구성 요소

Part 1

파이썬 시작하기

1장

프로그래밍 언어와 파이썬

파이썬의 유래와 특징을 살펴보고, 왜 파이썬이 교육용 · 실무용으로 가장 인기가 많은 컴퓨터 프로그래밍 언어인지 알아본다. 또 프로그램과 프로그래밍의 의미가 무엇인지 간단히 살펴보고, 프로그램을 작성할 때 가장 중요한 논리 설계와 그 결과물인 알고리즘을 표현하는 의사코드와 순서도를 이해한다.

1 파이썬이란?

파이썬은 네덜란드 출신의 프로그래머인 휘도 판 로썸(Guido van Rossum)이 ABC 프로그래밍 언어를 계승해서 만든 것이다. 1989년 12월 크리스마스 휴가 때 구현을 시작했으며, 1991년 2월 버전 0.9.0을 배포하면서 알려졌다. 1994년 1월에 버전 1.0이 나왔고 2000년 10월 버전 2.0이 공식 배포되었다. 그 이후로도 파이썬 커뮤니티의 지원으로 지속해서 개발되고 진화하면서 2008년 12월에 버전 3.0이 공개되었다. 참고로 파이썬 3이라고도 불리는 버전 3.x는 파이썬의 설계가 근본적으로 변화되어 파이썬 2.x를 비롯한 이전 버전과 완벽하게 호환하지 않는다는 사실을 기억해두자.

'파이썬(Python)'이라는 이름은 영국 BBC에서 1969년부터 1974년까지 방영한 TV 쇼 '몬티 파이썬의 비행 서커스(Monty Python's Flying Circus)'에서 유래했다. 정확하게는 이 코미디를 만든 그룹인 몬티 파이썬(Monty Python)의 별명인 'The Pythons'에서 따온 것이다. 음악에 가장 큰 영향을 끼친 그룹이 비틀스라면 코미디에 가장 큰 영향을 준 그룹은 몬티 파이썬이라 할 정도로 유명하다.

파이썬은 현재 프로그래밍 교육뿐만 아니라 실제 현업에서도 인기가 많은 언어로 자리 잡았고 이 추세는 당분간 계속될 것으로 생각한다. 스택오버플로[1] 트렌드에 따르면 2017년 가장 빠르게 성장한 프로그래밍 언어로 파이썬이 선정되었다.[2] 또한 파이썬은

1 스택오버플로(Stack Overflow, https://stackoverflow.com/)는 전 세계 개발자가 프로그래밍 관련 질문을 올리거나 답하는 웹 사이트다. 개발자들을 위한 온라인 커뮤니티 중에서 규모가 제일 크고 가장 활성화되어 현업 개발자가 중요하게 생각하는 트렌드를 잘 알 수 있다.

2 https://stackoverflow.blog/2017/09/06/incredible-growth-python/

2017년 기준, 그전까지 데이터를 분석하는 데 가장 인기가 많았던 R을 제치고 1위를 차지함으로써 데이터 사이언스 분야에서 사용되는 가장 강력한 프로그래밍 언어로 자리매김하였다.[3] 그뿐만 아니라 2018년 5월의 한 기사는 인공지능 개발에 가장 적합한 언어 중 1위로 파이썬을 선정하기도 했다.[4]

이처럼 파이썬은 최근 들어 데이터 분석, 기계학습, 인공지능, 비정형 데이터 분석 등 다양한 분야에서 가장 많이 사용하는 프로그래밍 언어로 자리 잡았다. 서울대학교 경영대학에서도 2018년부터 1학년의 필수교양 과목으로 프로그래밍 교육을 의무화하여 파이썬을 이 강의의 공식 언어로 채택했다. 저자가 현재 이 과목을 담당하고 있으며 이 책이 나오게 된 배경도 이 강의 때문이다. 소프트웨어 개발자나 컴퓨터공학 전공자들뿐만 아니라 데이터 분석이 필요한 경영학, 사회과학, 심지어 인문학 전공자에게도 파이썬은 아주 유용한 프로그래밍 언어다.

3 https://www.kdnuggets.com/2017/08/python-overtakes-r-leader-analytics-data-science.html
4 http://www.itworld.co.kr/news/109189#csidxb3db6fee5f425fabc9e6bdd9eff2617

2 파이썬의 특징

파이썬이 다른 프로그래밍 언어와 비교해서 어떤 장점이 있는지 살펴보자. 파이썬의 주요 특징은 다음 열한 개의 항목으로 정리할 수 있다.

단순하고 배우기 쉬운 언어

파이썬은 초보자도 쉽고 빠르게 배울 수 있는 프로그래밍 언어다. 다른 프로그래밍 언어보다 문법이 엄격하지 않기 때문이다. 예를 들어 프로그래밍 언어 대부분은 변수를 사용하기 전에 반드시 해당 변수가 참조하는 자료형(data type)을 선언해야 한다. 하지만 파이썬은 별도의 자료형을 선언하지 않고 변수를 사용할 수 있다.

그뿐만 아니라 문법이 매우 간결하기 때문에 프로그래밍 경험이 없어도 아주 짧은 기간 안에 파이썬 문법을 마스터할 수 있다. 예를 들어 이과 대학생이 많이 배우는 대표적인 프로그래밍 언어인 C나 자바(Java)는 블록을 구분하기 위해 중괄호({}) 등의 기호를 사용한다. 하지만 파이썬은 우리가 문서를 작성할 때 흔히 사용하는 들여쓰기를 이용해서 블록을 구분한다. 따라서 마치 글을 써 내려가듯이 프로그램의 논리를 자연스럽게 표현할 수가 있어 친숙한 느낌을 받을 수 있다. 비록 프로그래밍을 습득한다는 것은 결코 쉬운 일이 아니지만 이러한 파이썬 문법의 간결성 덕분에 프로그래밍을 처음 접하는 초보자는 주로 파이썬을 많이 배우는 추세다.

표현력이 풍부한 언어

파이썬은 표현력이 매우 풍부한 언어(very expressive language)다. 파이썬은 같은 동작을 하는 프로그램을 C나 자바보다 훨씬 간결하게 작성할 수 있다. 다음은 자바로 "Hello Python~~~!"이라는 문장을 화면에 출력하는 코드다.

```
public class HelloPython {
    public static void main(String[] args] {
        System.out.println("Hello Python~~~!");
    }
}
```

파이썬으로 동일한 결과를 출력하는 코드는 다음과 같다.

```
print('Hello Python~~~!')
```

파이썬 코드가 자바 코드보다 짧고 간결하다는 것을 한눈에 알 수 있다.

크로스 플랫폼 언어

파이썬은 운영체제 대부분에서 사용할 수 있는 크로스 플랫폼 언어(cross-platform language)다. 따라서 윈도우(Windows)뿐만 아니라 맥 OS(macOS), 리눅스(Linux), 유닉스(Unix) 등 다양한 운영체제에서 코드의 수정 없이 그대로 실행이 가능하다.

인터프리터 언어

파이썬은 프로그램을 실행할 때마다 코드 한 줄 한 줄을 번역해서 실행하는 인터프리터 언어다. 인터프리터(interpreter)란 코드를 실행할 때마다 매번 기계어[5]로 변환하는 컴퓨터 프로그램 또는 환경을 말한다. 따라서 파이썬은 코드를 별도의 컴파일[6] 과정 없이 실행할 수 있다. 물론 인터프리터 언어라고 해서 모두 컴파일 과정을 생략하는 것은 아니다. 예를 들어 자바는 인터프리터 언어지만 별도의 컴파일 과정이 필요하다.

5 CPU가 직접 해석하여 실행할 수 있는 컴퓨터 프로그래밍 언어를 말한다.
6 컴파일(compile)이란 컴퓨터 프로그램 언어로 작성한 코드(원시 코드, 소스 코드라고도 한다)를 기계어로 변환하는 과정을 말한다.

컴파일러(compiler)와 인터프리터(interpreter)

컴파일(compile)이란 C, 자바, 파이썬처럼 인간이 이해하기 쉬운 문법으로 구성된 고급 프로그래밍 언어(high-level programming language)의 코드를 컴퓨터가 이해할 수 있는 0과 1로 이루어진 2진법의 기계어로 번역하는 것을 말한다.

컴파일러(compiler)는 고급 프로그래밍 언어로 만든 코드 전체를 한꺼번에 기계어로 변환한 후 실행 가능한 파일(executable file)을 생성하는 프로그램이다. 컴파일러로 컴파일하면 모든 코드가 미리 기계어로 변환되기 때문에 실행할 때 속도가 빠르다. 그뿐만 아니라 컴파일할 때 이미 스스로 실행 가능한 파일을 생성했었기 때문에 매번 컴파일할 필요 없이 해당 파일을 실행시켜 작업을 반복 수행할 수 있다. 그러나 만약 프로그램 일부를 수정하면 프로그램 전체를 다시 컴파일해야 한다. 그리고 프로그램을 다른 운영체제에서 실행하려면 그 운영체제에 맞게 수정한 후 다시 컴파일해서 운영체제에 맞는 실행 파일을 생성해 사용해야 한다는 단점이 있다.

인터프리터(interpreter)는 기계어로 변환은 하지만 스스로 실행 가능한 파일을 만들지 않는다. 즉, 컴파일러와는 달리 코드 한 줄 한 줄을 번역해가며 프로그램을 실행한다. 번역하고 실행하는 과정을 매번 거치기 때문에 속도가 느리지만 프로그램을 작성하는 중간에 코드를 실행해볼 수 있기 때문에 유연성이 크다. 그뿐만 아니라 다른 운영체제에서 프로그램을 실행해야 할 때도 같은 파이썬 인터프리터만 설치되어 있다면 모든 컴퓨터에서 실행할 수 있다.

대화형 언어

파이썬은 대화형 모드(interactive mode)를 제공한다. 대화형 모드란 다음 예처럼 코드를 대화하듯 한 줄 입력하고 실행한 후 결과를 확인하고, 이어서 다음 줄을 입력하고 실행해 결과를 확인하는 것을 말한다.

```
>>> 2 + 3
5
>>> 5 * 7
35
>>>
```

대화형 모드는 컴파일해서 파일을 실행하는 것보다는 속도가 느리다는 단점이 있지만 결과를 확인하면서 특정 작업을 진행할 수 있어 매우 편리하다. 그뿐만 아니라 결괏값을 즉시 확인할 수 있기 때문에 올바른 코드를 작성했는지 바로 알 수 있다. 이 책에서 소개하는 예제 코드 대부분은 대화형 모드에서 실행한 것이다.

멀티패러다임 프로그래밍 언어

파이썬은 기본적으로 자바처럼 객체지향 언어이면서 거기에 한정되지 않고 C와 같은 절차형 언어의 특징과 스킴(Scheme) 같은 함수형 언어의 특징이 모두 있는 멀티패러다임(multiparadigm) 프로그래밍 언어다. 파이썬은 본질적으로 객체지향 프로그래밍을 추구한다. 따라서 파이썬에서는 숫자와 문자를 포함한 모든 것이 '객체(object)'로 구현되어 있다.

20년 이상 프로그래밍을 강의한 저자의 경험에 비추어 볼 때 클래스와 객체 같은 객체지향 개념을 제대로 이해하는 것은 결코 쉬운 일이 아니다. 또한 자바는 이를 이해해야 프로그램을 제대로 작성할 수 있기 때문에 객체지향 개념을 처음부터 가르쳐야 한다. 따라서 학생들이 1년 이상 자바를 학습해도 일부 학생을 제외하면 자바의 강력한 기능들을 제대로 활용하지 못할 때가 많다.

그러나 파이썬은 클래스와 객체를 처음부터 배울 필요가 없고, 심지어 모르더라도 한 학기 정도면 학생들이 파이썬의 기본을 충분히 이해해 프로그램을 작성할 수 있다. 왜냐하면 파이썬은 객체지향 언어이면서 멀티패러다임 언어이기 때문에 클래스와 객체를 잘 몰라도 파이썬의 뛰어난 기능들을 손쉽게 사용할 수 있기 때문이다. 따라서 자바와 비교했을 때 파이썬을 배우는 속도가 훨씬 빠르다.

다양한 고급 프로그래밍 기능을 제공하는 언어

파이썬은 기본자료형뿐만 아니라 유연하고 강력한 복합자료형(리스트, 튜플, 딕셔너리 등)을 제공하고, 클래스, 모듈, 패키지, 예외 처리(exception handling), 자동 메모리 관리 등을 지원한다. 그뿐만 아니라 다중 상속(multiple inheritance), 제너레이터(generator), 리스트/세트/딕셔너리 축약(list/set/dictionary comprehension)과 같은 강력한 고급 프로그래밍 기능도 지원한다. 특히 축약에 해당하는 기능은 파이썬 코드를 아주 간결하게 작성할 수 있게 하고, 기본적으로 제공되는 복합자료형인 리스트나 딕셔너리 등을 활용해 자료구조와 알고리즘에 깊은 지식이 없어도 손쉽게 복잡한 데이터를 처리할 수 있다.

다양한 라이브러리를 제공하는 언어

파이썬은 다양한 라이브러리(library)를 제공한다. 원하는 정보를 찾아볼 수 있는 '도서관'이란 뜻처럼, 라이브러리는 다양한 기능을 제공하는 함수나 모듈을 쉽게 불러와 프로그래밍할 때 사용할 수 있도록 미리 작성해 놓은 코드 모음이다. 파이썬이 현재 인기 있는 프로그래밍 언어인 이유는 강력한 기능이 장착된 표준 라이브러리 이외에도, 개인이나 단체에서 만들어서 배포하는 유용하고 기능이 풍부한 수만 개가 넘는 라이브러리가 존재하기 때문이다. 라이브러리는 필요하면 언제든 간단한 명령어로 설치한 후 바로 사용할 수 있다. 이처럼 파이썬은 사용자가 직접 구현할 필요 없이 이미 잘 만들어져 있는 라이브러리를 바로 가져다 사용할 수 있다.

사용자 커뮤니티가 있는 언어

파이썬은 언제든지 손쉽게 도움을 받을 수 있는 사용자 커뮤니티가 존재한다. 그뿐만 아니라 참고자료도 풍부하다. 예를 들어 파이썬 사용자 커뮤니티로 앞서 언급한 스택오버플로가 있다. 파이썬 사용자들은 이곳에서 파이썬에 관련된 많은 도움을 받을 수 있다.

또한 구글이나 네이버 등 인기 있는 포털 사이트에서도 파이썬 관련 질문과 답변을 검색해 궁금한 내용을 손쉽게 찾아볼 수가 있다. 예를 들어 초보자가 프로그램을 실행하다 오류가 발생했을 때 해당 오류 메시지를 복사해서 포털의 검색 창에 붙여넣고 검색하면 곧바로 해당 오류와 관련된 답 대부분을 구할 수 있다.

확장성이 뛰어난 언어

파이썬은 뛰어난 확장성을 제공한다. C나 C++에서 작성한 후 컴파일한 라이브러리들도 손쉽게 추가해서 기능을 확장할 수 있다. 따라서 인터프리터 언어의 단점인 속도가 느리다는 문제를 일정 부분 해결할 수 있다. 이를테면 빠른 계산 속도를 필요로 하는 통계나 수학 라이브러리를 C로 작성한 후 파이썬 라이브러리에서 사용할 때가 많다. 그뿐만 아니라 파이썬으로 작성한 프로그램을 다른 프로그래밍 언어에서 활용할 수도 있다.

무료로 자유롭게 사용할 수 있는 오픈 소스 언어

파이썬은 무료(free)다. 언제든 무료로 내려받아 사용 가능할 뿐만 아니라 개인이 제작한 애플리케이션에 파이썬을 탑재시킬 때도 비용을 지급할 필요가 없다. 그리고 파이썬은 오픈 소스 소프트웨어이기 때문에 자유(free)롭게 수정할 수 있으며 재배포할 수 있다.

지금까지 파이썬의 장점을 살펴보았다. 물론 파이썬도 프로그래밍 언어이기 때문에 아무리 쉬워도 처음 접하는 사람에게는 어렵게 느껴질 수 있다. 그러나 저자의 관점에서 파이썬을 한마디로 표현한다면, 파이썬은 다양한 모형을 조립할 수 있는 블록 완구라고 하겠다. 다음과 같은 특징 때문이다.

- 파이썬은 매우 간결한 문법적 특징 때문에 다른 프로그래밍 언어보다 훨씬 빠르게 배울 수 있다.
- 잘 만들어진 라이브러리가 많이 존재하며 그 안에 기능 대부분이 다 있기 때문에, 사용자가 직접 코딩하지 않고 기존의 라이브러리를 그대로 활용해 필요한 기능을 구현할 수 있다.
- 따라서 잘 만들어져 있는 함수나 모듈이 제공하는 다양한 기능을 논리적으로 잘 연결만 하면 된다.

이는 마치 잘 준비된 다양한 형태의 블록 완구를 조립해 자동차, 집, 강아지, 로봇 등 다양한 모형을 만들어낼 수 있는 것과 비슷한 개념이다. 즉, 논리적으로 사고한다면 파이썬을 활용하는 것은 그다지 어려운 문제가 아니다.

다음 절에서는 실제로 파이썬 프로그래밍을 시작하기 전에 알아두면 도움이 되는 프로그래밍의 일반적인 개념을 알아보기로 하자.

3 프로그램과 논리 설계

컴퓨터 프로그램은 컴퓨터가 특정한 작업을 어떻게 수행해야 하는지에 관한 순서를 논리적으로 표현한 것이다. 컴퓨터 프로그램의 논리적 표현은 컴퓨터가 실행할 수 있는 명령들로 이루어진다. 이러한 명령들을 이용해 프로그램을 작성하는 행위를 프로그래밍(programming) 또는 코딩(coding)이라고 한다. 프로그래밍과 코딩의 의미를 엄밀하게 구분할 때도 있지만 이 책에서는 동일한 의미로 사용하겠다.

앞에서 소개한 파이썬, 자바, C처럼 프로그램을 작성하는 데 사용하는 고급 컴퓨터 프로그래밍 언어 대부분은 공통으로 다음과 같은 기본 기능을 제공한다.

입력 키보드나 파일 또는 별도의 장치로 데이터를 입력한다.

처리
- 연산 처리: 더하기, 빼기, 곱하기, 나누기 같은 기본 수학 연산을 수행한다.
- 순차 처리: 순서대로 작업을 수행한다.
- 조건 처리: 특정한 조건에 따라 그에 맞는 적절한 코드를 선택해서 수행한다.
- 반복 처리: 주어진 횟수나 조건에 따라 특정 작업을 (주로 약간의 변화를 주면서) 반복 수행한다.

출력 데이터를 컴퓨터 화면에 보여주거나 파일 또는 별도의 장치로 전송한다.

프로그래밍의 궁극적인 목표는 주어진 문제를 제대로 해결하는 것이다. 이러한 목표를 달성하기 위해서는 프로그래밍을 시작하기 전에 문제 해결을 위한 방법과 절차를 먼저 생각해야 한다. 이러한 과정을 '프로그램 논리 설계'라고 한다. 즉, 문제를 해결할 수 있는 논리적이고 체계적인 절차와 방법을 설계하는 것이다. 이처럼 논리 설계를 먼저 한 후 프로그래밍을 하면 오류를 줄일 수 있을 뿐만 아니라 효율적인 프로그램을 개발할 수 있다.

논리 설계, 즉 특정 작업을 수행하기 위해 필요한 과정을 논리적으로 나열한 것을 알고리즘(algorithm)이라고 한다. 따라서 알고리즘은 프로그램 논리 설계의 결과물이다. 알고리즘을 이용해 특정 작업을 수행하는 데 필요한 절차와 과정을 인간이 이해하는 언어인 의사코드나 흐름도를 이용하여 명확하게 기술하고, 이를 바탕으로 프로그램을 작성하여 최종적인 결과를 도출한다.

논리 설계의 가장 중요한 기본은 큰 문제를 여러 개의 작은 문제로 나누어 생각할 수 있어야 한다는 점이다. 사실 누구나 의식적이든 무의식적이든 일상생활에서 발생하는 문제를 처리하기 위해 알고리즘을 생각한다. 예를 들어 차를 끓여 마실 때 다음처럼 논리적으로 세분화한 절차를 나열할 수 있을 것이다.

1. 주전자에 물을 넣는다.
2. 주전자의 물을 끓인다.
3. 주전자의 물이 끓으면 불을 끈다.
4. 컵에 티백을 넣는다.
5. 컵에 물을 붓는다.
6. 약간 기다린 뒤 티백을 꺼낸다.
7. 마신다.

여기서 어떤 부분(4번과 5번)은 순서가 바뀌어도 최종 결과에 큰 영향을 미치지 않지만 순서가 바뀌면 안 되는 부분(1번과 2번)도 있다. 어떤 작업이든 수행하기 전에 이처럼 논리적으로 생각한다면 더 효과적으로 원하는 결과를 얻을 수 있을 것이다. 마찬가지로 프로그램을 작성할 때도 주어진 문제를 해결하기 위해 알고리즘을 먼저 구상하고 이를 이해한 후 프로그래밍한다면 매우 효과적인 프로그램을 만들 수 있다.

앞서 차를 끓여 마시는 과정을 7단계로 나누어 기술하였다. 이는 의사코드의 한 예다. 의사(擬似)코드(슈도코드, pseudocode)란 알고리즘을 특정 프로그래밍 언어의 문법이 아니라 사람이 쉽게 이해할 수 있는 일반적인 언어로 써놓은 것을 말한다. 일상적 언어로 표현하거나 C, 파스칼(Pascal), 포트란(Fortran)과 같은 프로그래밍 언어와 유사한 형식을 갖추더라도 누구나 쉽게 읽을 수 있고 이해할 수 있도록 기술한다. 따라서 의사코드는 비록 프로그래밍 언어를 흉내 내지만 실제 컴퓨터 프로그래밍 언어가 아니라서 그대로 실행하는 것이 불가능하기 때문에 유사코드 또는 가짜코드라고도 한다.

의사코드로 표현하기에는 순서가 복잡해서 한눈에 이해하기 어려울 때는 순서도를 사용하면 편리하다. 순서도(흐름도, flowchart)란 표준화된 기호와 연결선을 사용해서 알고리즘의 작업 처리 순서를 한눈에 알아볼 수 있게 나타낸 도표다. 표 1-1은 순서도에서 가장 많이 사용하는 기호와 그 의미를 간략히 정리한 것이다.

[표 1-1] 순서도 기호

기호	의미
단말	'단말' 기호는 프로그램의 시작과 끝을 나타낸다.
처리	'처리' 기호는 어떤 절차를 처리하는 과정이다. 예를 들어 데이터의 값이나 형식을 바꾸거나 어떤 상태를 다른 상태로 변화시키는 작업을 할 때 사용한다.
판단	'판단' 기호는 두 경로를 비교하여 둘 중 어느 쪽을 선택하는 조건문을 보여준다. 주로 '예' 또는 '아니요' 중 하나의 경로를 선택하도록 한다.
입출력	'입출력' 기호는 데이터를 입력하거나 결과를 표시하는 과정을 나타낸다.
→	화살표는 작업 처리 순서를 나타낸다. 각 기호들은 화살표로 연결되어 프로그램의 처리 과정을 나타낸다.

앞서 차를 끓여 마시는 과정을 의사코드를 사용해 간단히 표현해봤다. 이번에는 좀 더 복잡한 작업을 순서도로 작성해보자. 그림 1-1은 백화점에서 옷을 구입하기 위해 쇼핑하는 절차를 나타낸 순서도다.

이 장에서는 파이썬의 유래와 특징을 통해 왜 파이썬이 인기 많은 컴퓨터 프로그래밍 언어가 되었는지 살펴보았다. 그리고 프로그램을 작성하기 전에 반드시 해야 하는 논리 설계의 중요성과 논리 설계의 결과물인 알고리즘을 표현하는 여러 기법 중 의사코드와 순서도를 간략하게 살펴보았다. 다음 장에서는 파이썬을 설치해보도록 하자.

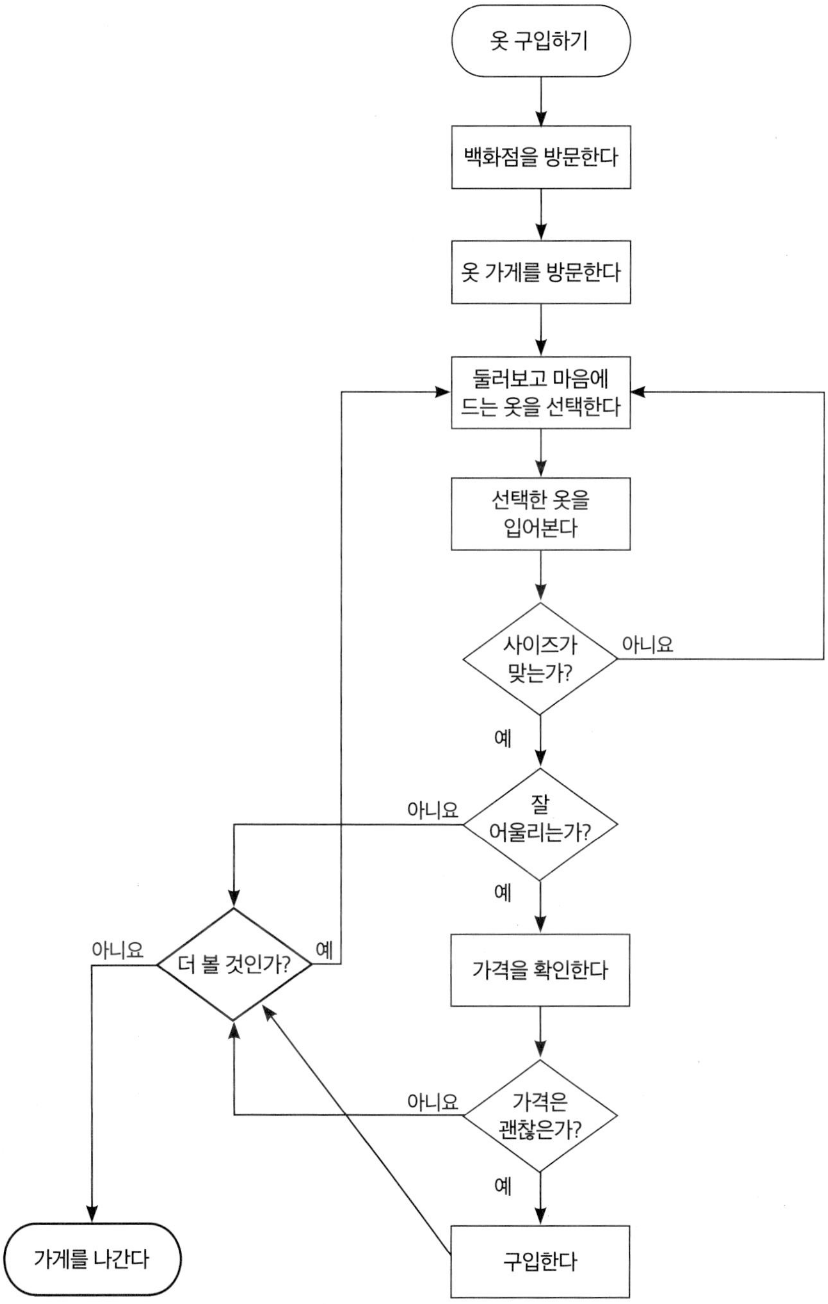

[그림 1-1] 백화점에서 옷 구입하기 순서도

연습문제

1-1 의사코드 작성하기

사용자가 입력한 값이 짝수인지 홀수인지 계산해서 결과를 알려주는 프로그램을 의사코드로 작성해보자.

2장

파이썬 프로그래밍 환경

파이썬을 내 컴퓨터에 직접 설치하는 방법을 알아보고, 설치된 파이썬의 프로그래밍 환경을 살펴본다. 파이썬의 프로그래밍 환경은 대화형 모드(interactive mode)와 인터프리터 모드(interpreter mode)의 두 가지 형태로 나뉜다. 이 두 모드의 차이점과 사용법을 이해하도록 한다.

1 파이썬 2와 파이썬 3

파이썬을 설치하기 전 알아둬야 할 내용을 살펴보자. 파이썬은 크게 파이썬 2(파이썬 2.x 버전)와 파이썬 3(파이썬 3.x 버전) 두 가지로 나뉜다. 파이썬 2는 개발이 중단된 옛날(legacy) 버전이다. 2010년 7월 공개된 버전 2.7이 파이썬 2.x의 마지막 버전이다. 이후로도 유지보수 차원에서 사소한 버그 수정이 이루어졌는데 2020년에 공개된 2.7.18 버전이 마지막이다.

파이썬 2를 계속 지원했던 가장 큰 이유 중 하나는 여전히 파이썬 2 환경에서 실행되는 프로그램이 다수 존재했기 때문이다. 그러나 잘 알려져 있는 패키지나 라이브러리 대부분이 파이썬 3을 지원하며, 파이썬 공식 사이트에서도 처음 파이썬으로 프로그램을 개발하는 사람들에게 파이썬 3을 사용하도록 권장한다. 따라서 이 책에서는 파이썬 3을 기준으로 문법을 설명한다.

파이썬 3은 파이썬의 근본적인 설계 변화를 가져오기 위하여 개발되었다. 따라서 파이썬 2.x와 완벽한 호환성을 유지할 수 없었다. 2008년 12월에 파이썬 3.0이 처음 공개된 이후 파이썬 3.x는 현재까지 개발이 계속 진행되면서 발전하고 있다.

파이썬 3이 파이썬 2와 완벽히 호환하지 않기 때문에 파이썬 3에서 파이썬 2 코드를 실행하면 작동하지 않을 수도 있다는 점에 유의해야 한다.[1] 대표적으로 `print()`가 있다. 파이썬 2에서는 괄호 없이 사용할 수 있었지만 파이썬 3에서는 꼭 괄호와 함께 사

1 파이썬 2와 3 사이의 자세한 차이점은 https://wiki.python.org/moin/Python2orPython3을 참고하기 바란다.

용해야 한다.

```
>>> print '안녕하세요.'                    # 파이썬 2에서의 print 사용
안녕하세요.
>>> print('안녕하세요.')                   # 파이썬 3에서의 print 사용
안녕하세요.
```

파이썬 3의 가장 큰 특징 중 하나는 유니코드(Unicode) 문자를 지원함으로써 다양한 언어의 문자 처리가 쉬워졌다는 점이다. 즉, 파이썬 3에서 모든 텍스트 문자는 기본적으로 유니코드다. 유니코드는 알파벳뿐만 아니라 한글과 한자를 포함한 대부분의 문자를 표현할 수 있다. 또 다른 특징으로는 모든 변숫값을 객체(object)로 처리한다는 점이다. 즉, 정수나 실수와 같은 기본자료형도 모두 객체로 처리한다.

2 파이썬 개발 환경 설치하기

파이썬 개발 환경을 설치하고 내 컴퓨터 환경에 맞게 설정하는 방법을 알아보자. 컴퓨터에서 파이썬을 실행하기 위해서는 먼저 파이썬 개발 환경을 설치해야 한다. 파이썬은 오픈 소스 소프트웨어이기 때문에 무료로 사용할 수 있을 뿐만 아니라 컴퓨터 운영체제 대부분에서 개발 환경을 설치 및 실행할 수 있다. 이 책에서는 윈도우(Windows)와 맥 OS(macOS) 두 가지를 기준으로 설치 과정을 설명하고자 한다.

우선 윈도우에서 파이썬 개발 환경을 설치하는 방법을 살펴본 후, 맥 OS에서 설치하는 방법을 설명하고자 한다. 맥 OS 사용자는 바로 44p로 넘어가도 된다. 이 책에서 사용하는 웹 브라우저는 구글 크롬(Google Chrome)이지만 어떤 브라우저를 사용해도 무방하다.

윈도우에 파이썬 개발 환경 설치하기

파이썬 개발 환경을 설치하려면 우선 파이썬 설치 프로그램을 내려받아야 한다. 윈도우는 운영체제를 지원하는 시스템 종류부터 먼저 확인한 후에 파이썬 개발 환경을 설치하는 것이 좋다. 윈도우용 파이썬 설치 프로그램의 기본은 32비트 윈도우를 위한 것이기 때문이다. 그러나 여러분의 윈도우가 64비트라면 64비트용 파이썬 개발 환경을 설치하는 것이 메모리 활용 면에서 훨씬 좋다. 윈도우가 32비트인지 64비트인지 확인하려면 다음 방법 중 하나를 선택하면 된다.

- 제어판을 열어 확인하는 방법(모든 윈도우에서 가능)
  화면 아래의 시작 메뉴 중 [Windows 검색()] 아이콘을 선택해서 '제어판'을 입력한 후 [제어판]→[시스템 및 보안]→[시스템]을 선택하면 그림 2-1처럼 '시스템' 창에서 확인할 수 있다.

- 설정 화면에서 확인하는 방법(윈도우 10)

  [윈도우 시작()] 키 → [설정()] → [시스템] → [정보]를 선택해도 확인할 수 있다.

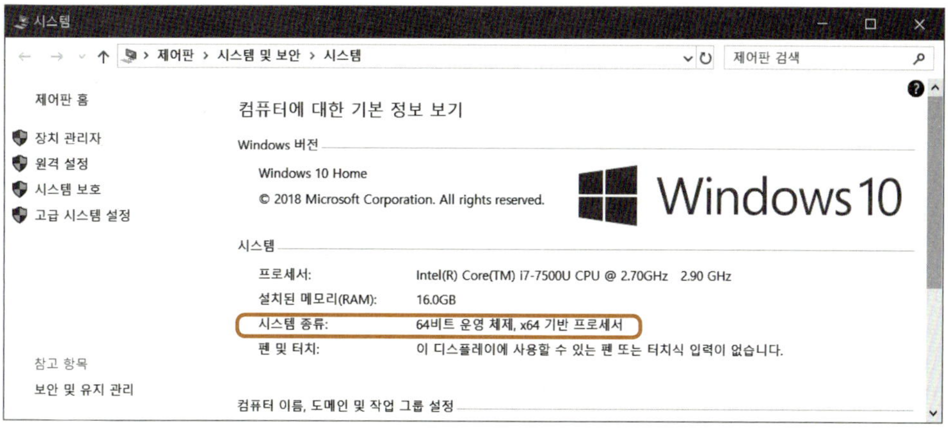

[그림 2-1] '시스템' 창에서 윈도우 시스템 종류 확인하기

윈도우 시스템 종류를 확인한 후 웹 브라우저를 열고 주소창에 https://www.python.org/downloads/를 입력하면 파이썬 설치 프로그램을 내려받을 수 있는 페이지가 열린다. 윈도우가 설치된 컴퓨터로 접속하면 자동으로 윈도우 전용 파이썬 설치 프로그램 내려받기 화면이 나타난다.

만약 윈도우 시스템 종류가 64비트면 그림 2-2 왼쪽 가운데 있는 **[Download Python 3.x.x]** 버튼을 클릭해서 64비트용 파이썬 설치 프로그램을 내려받기하면 된다. 그림 2-2는 2023년 1월의 화면이다. 하지만 여러분이 이 책을 볼 때는 더 최신 버전이 존재할 수도 있기 때문에 그 시점의 최신 버전 파이썬 설치 프로그램을 내려받아 설치하면 된다.

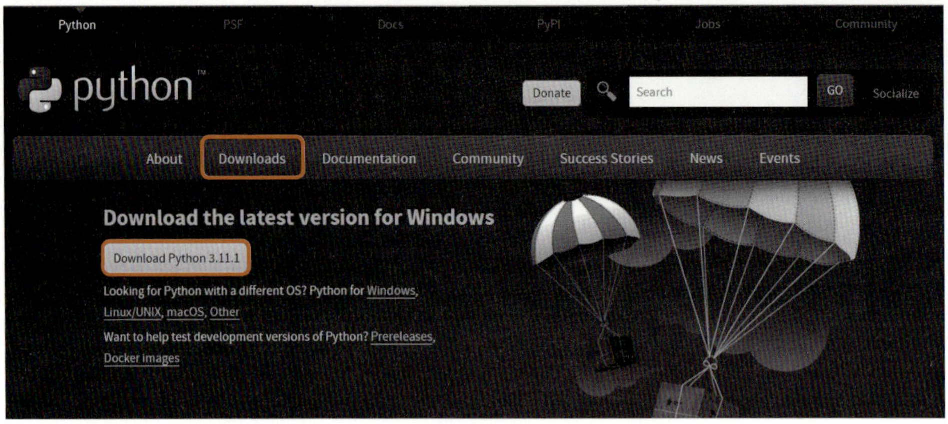

[그림 2-2] 윈도우 64비트용 파이썬 설치 프로그램 내려받기

만약 여러분의 윈도우가 32비트면 그림 2-3처럼 **[Download Python 3.x.x]** 버튼 아래 오른쪽에 있는 **[Windows]** 링크를 클릭해서 윈도우 버전 웹 페이지로 이동한다. 여러분의 윈도우 시스템 종류를 자동으로 인식하지 못할 때도 윈도우 버전 웹 페이지로 이동해서 파이썬 설치 프로그램을 내려받아 설치하면 된다.

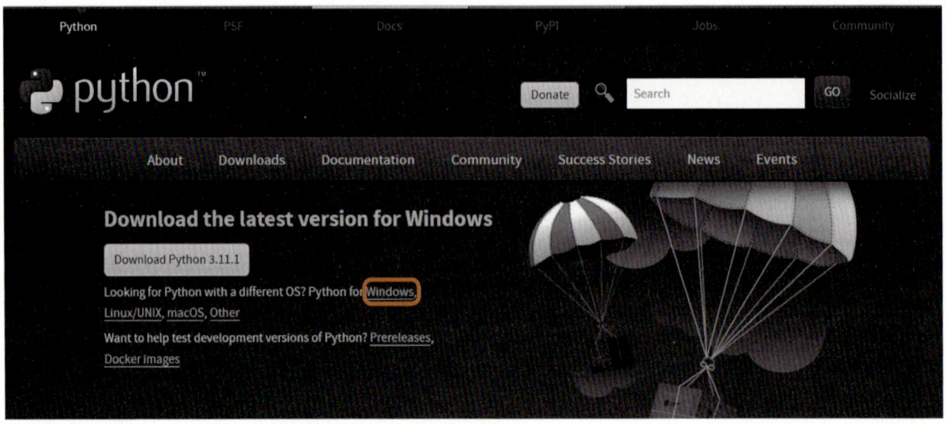

[그림 2-3] 윈도우 32비트용 파이썬 설치 프로그램 내려받기

그림 2-4는 윈도우에 설치할 수 있는 모든 파이썬 버전을 확인하는 웹 페이지다. 여러 버전 중 가장 최신인 64비트용 파이썬 설치 프로그램을 내려받기 위해 **[Windows installer (64-bit)]**를 클릭해서 프로그램을 내려받도록 하자.

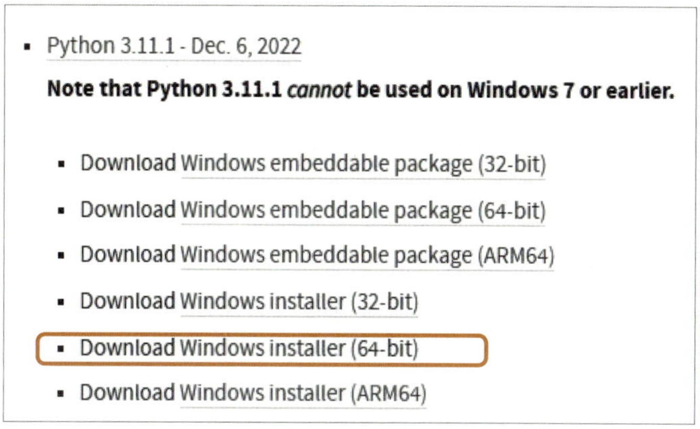

[그림 2-4]
파이썬 설치 프로그램 윈도우 버전 웹 페이지

그림 2-5는 파이썬 설치 프로그램을 내려받는 위치가 '내 PC'의 '다운로드' 폴더라는 것을 보여준다. 그림에서 볼 수 있는 파일 이름 'python-3.11.1-amd64.exe'는 버전에 따라 달라질 수 있다.

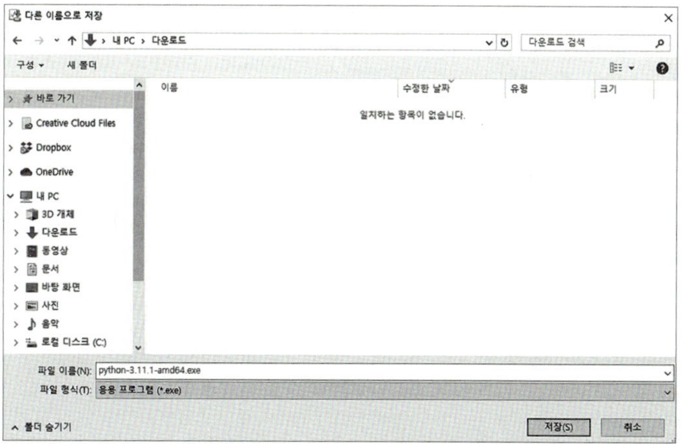

[그림 2-5]
파이썬 설치 프로그램을 '다운로드' 폴더에 내려받기

내려받기가 완료되면 파일 탐색기를 열고 '다운로드' 폴더로 이동하여 파이썬 설치 프로그램을 더블 클릭해서 실행하면 그림 2-6과 같은 파이썬 설치 마법사 화면이 나온다.

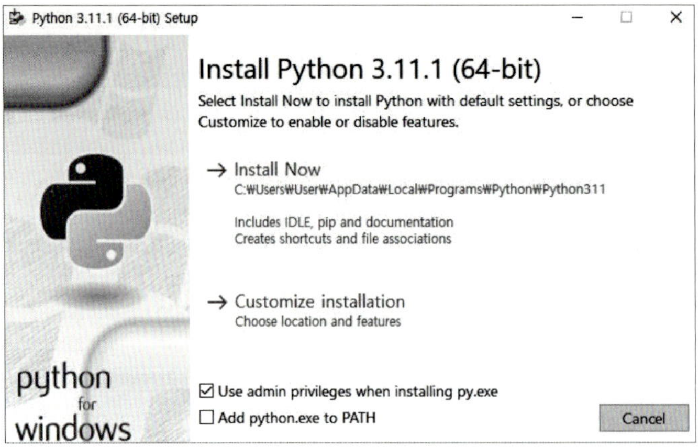

[그림 2-6]
파이썬 설치 마법사

[Install Now]를 선택하면 기본값에 따른 폴더에 파이썬 개발 환경이 설치된다. 그러나 저자가 수년간 파이썬을 강의한 경험에 비추어 볼 때 기본값에 따라 설치하면 파이썬 실행 파일이 사용자 홈 폴더 아래에 있는 숨김 폴더 깊숙한 곳에 있기 때문에 나중에 종종 불편할 때가 있을 수 있다. 따라서 그림 2-7처럼 **[Customize installation]**을 선택해서 설치하기를 권장한다.

[그림 2-7]
파이썬 설치 마법사에서
사용자 지정 설치하기

[Customize installation]을 선택하면 '옵션' 창이 나타나는데 그림 2-8처럼 모든 옵션이 이미 선택되어 있기 때문에 그대로 **Next** 버튼을 클릭한다.

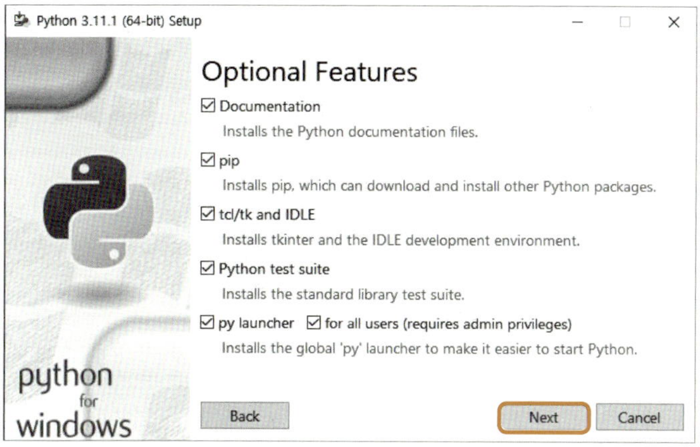

[그림 2-8]
파이썬 설치 옵션

그림 2-9는 고급 옵션 창이다. 여기 나와 있는 모든 옵션을 선택하도록 하자.[2] 특히 **[Add Python to environment variables]**는 반드시 선택한다. 이 옵션은 윈도우에서 파이썬 실행 파일이 들어 있는 폴더를 프로그램 실행 경로(PATH)에 추가하겠다는 뜻이다. 파이썬 개발 환경을 설치한 후 어떤 폴더에서도 '명령 프롬프트' 셸(shell)을 이용해 파이썬을 실행할 수 있다. 만약 이 옵션을 선택하지 않고 설치했다면 다시 설치하거나, 환경 변수 중 'PATH'에 파이썬 개발 환경이 설치된 폴더 경로를 직접 추가해야 한다.

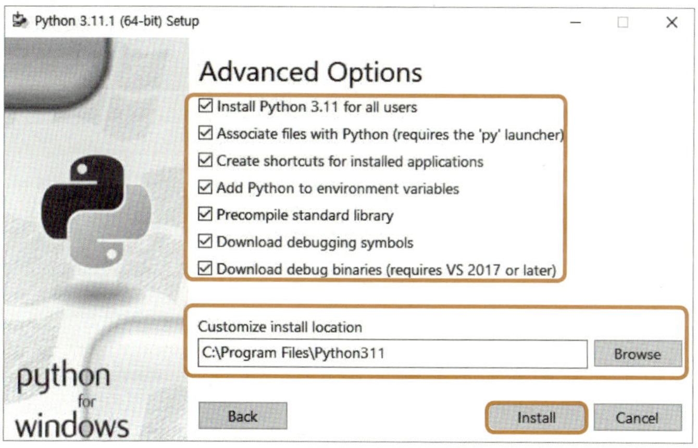

[그림 2-9]
파이썬 설치 고급 옵션

2 마지막에 있는 **[Download debug binaries]** 옵션은 비주얼 스튜디오 2017 이상이 필요하다. 대부분 최신 컴퓨터에서는 이 옵션을 선택하고 설치해도 문제가 없겠지만 혹시 설치 중 문제가 발생하면 이 옵션을 선택하지 않고 다시 설치하면 된다.

[Install Python 3.11 for all users]을 선택하면 파이썬 실행 파일이 'C:\Program Files' 폴더 아래에 설치된다. 이 옵션을 선택하지 않으면 기본값에 따라 설치할 때처럼 사용자 홈 폴더 아래에 있는 숨김 폴더에 파이썬 실행 파일이 설치되어 나중에 불편한 상황이 종종 발생할 수 있다. 따라서 **[Customize install location]**에서 여러분이 접근하기 편한 폴더를 지정해 설치하거나, 'C:\Program Files\Python311' 폴더에 설치한다.

환경 변수와 설치 위치 등을 정한 후 Install 버튼을 클릭하면 그림 2-10처럼 파이썬 개발 환경을 설치하고 있다는 대화 창이 나타난다. 이때 만약 디바이스를 변경할 수 있도록 허용할 것인지 물어보는 창이 나타나면 예를 선택하자.

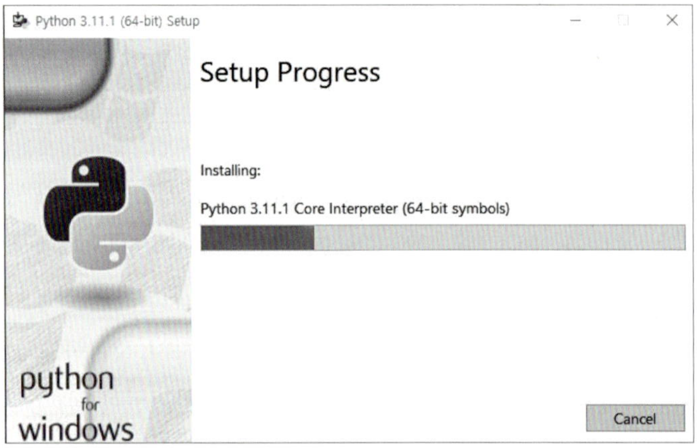

[그림 2-10]
파이썬 설치 진행 표시

파이썬 개발 환경 설치가 완료되면 그림 2-11과 같은 화면이 나온다. 오른쪽 아래에 있는 Close 버튼을 클릭해서 설치 마법사 프로그램을 종료한다.

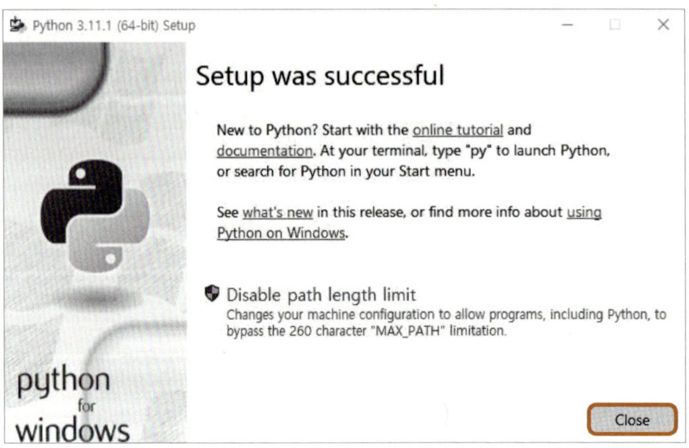

[그림 2-11]
파이썬 설치 완료 표시

이제 파이썬 개발 환경 설치를 완료했다. 다음 단계는 파이썬이 컴퓨터에서 제대로 작동하는지 확인하는 것이다. 다음처럼 하면 된다.

[그림 2-12] '검색' 창 메뉴에서 'IDLE' 검색

윈도우 10이면 그림 2-12처럼 ① 컴퓨터 스크린 왼쪽에 있는 돋보기 아이콘을 클릭해 **[Windows 검색]** 메뉴를 실행하고 ② '검색' 창에 'IDLE'이라고 입력한 후 ③ **[IDLE (Python 3.x yy-bit)]** 항목을 선택하면 IDLE이 실행된다(IDLE은 '아이들'이라고 읽는다). IDLE이라는 글자 뒤의 괄호 안에는 현재 설치된 파이썬 버전이 표시된다. 3.x yy의 x는 설치한 파이썬 버전 번호이며 yy는 32비트 또는 64비트 운영체제라는 것을 나타낸다. 참고로 2023년 현재 저자의 컴퓨터에 설치된 버전은 'Python 3.11 64-bit'다.

만약 윈도우 10보다 이전 버전이라면 다음처럼 하면 된다. 윈도우 스크린 아래 맨 왼쪽에 있는 윈도우 시작 아이콘(창문 아이콘 ■)을 클릭해서 나온 메뉴 맨 아래 **[모든 프로그램]**을 클릭해서 스크롤을 아래로 내리면 **[Python 3.x]** → **[IDLE (Python 3.x yy-bit)]** 항목이 나온다. 이 항목을 선택하면 IDLE이 열린다.

IDLE을 실행해서 그림 2-13과 같은 화면이 나오면 파이썬 개발 환경을 성공적으로 설치한 것이다. IDLE은 파이썬 셸을 실행하는 내장(built-in) 프로그램이다(IDLE과 셸에 관해서는 뒤에서 상세히 다룬다). IDLE 화면의 첫 몇 줄은 파이썬 버전 등 컴퓨터에 설치된 파이썬의 기본 정보가 출력된다. 마지막 줄에는 파이썬 대화형 모드의 프롬프트(prompt)인 >>> 표시가 나오고 바로 옆에 커서가 깜박인다. 파이썬 코드를 받아들일 준비가 되었다는 뜻이다.

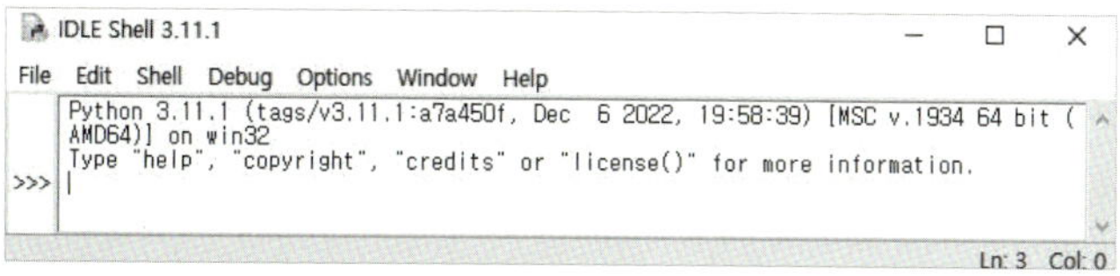

[그림 2-13] 윈도우의 IDLE 파이썬 셸

이제 파이썬 개발 환경을 성공적으로 설치한 것을 확인했으니 IDLE을 종료하기 위해 상단 메뉴에서 **[File]**→**[Exit]**을 선택한다. 혹은 IDLE 상단의 오른쪽에 있는 닫기 버튼('**[X]**' 표시)을 클릭하거나, IDLE 화면의 >>> 프롬프트 오른쪽 옆에 `quit()`라 입력하고 Enter 키를 눌러도 IDLE을 종료할 수 있다.

맥 OS에 파이썬 개발 환경 설치하기

파이썬 개발 환경을 설치하려면 우선 맥 OS용 파이썬 설치 프로그램을 내려받아야 한다. 웹 브라우저를 열고 주소창에 https://www.python.org/downloads/를 입력하면 파이썬 설치 프로그램을 내려받을 수 있는 페이지가 열린다. 맥으로 접속하면 자동으로 맥 OS 전용 파이썬 설치 프로그램 내려받기 화면이 나타난다. 화면 가운데 **[Download Python 3.x.x]**라는 버튼을 클릭하면 된다. 만약 맥 OS를 자동으로 인식하지 못하면 설치 버튼 아래에 있는 **[Mac OS X]** 링크를 클릭해 맥 OS용 파이썬 설치 프로그램을 내려받을 수 있다.

그림 2-14는 2023년 1월의 화면이다. 하지만 독자들이 이 책을 볼 때는 더 최신 버전이 존재할 수 있기 때문에 그 시점의 최신 버전을 내려받아 설치하자.

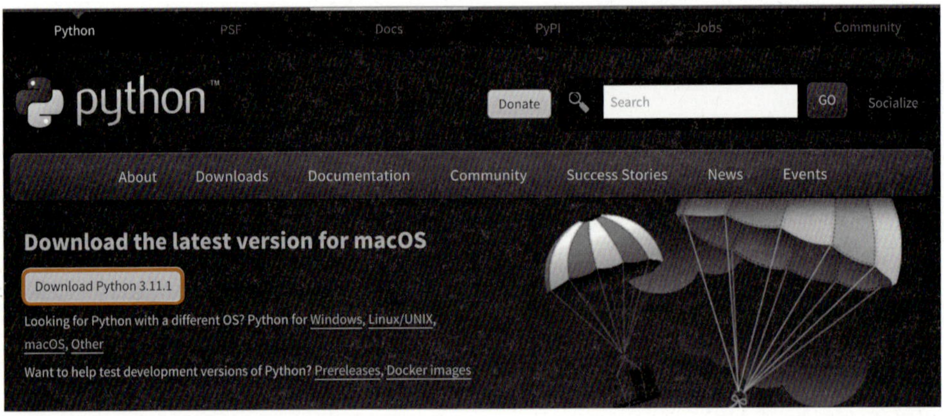

[그림 2-14] 맥 OS 파이썬 설치 프로그램 내려받기

그림 2-15는 파이썬 설치 프로그램을 사용자 홈 폴더 아래 '다운로드' 폴더에 저장하는 것을 보여준다. 이 책에서는 파이썬 설치 프로그램 이름이 'python-3.11.1-macos11.pkg'다. 파이썬 설치 프로그램 이름은 버전에 따라 다를 수 있다.

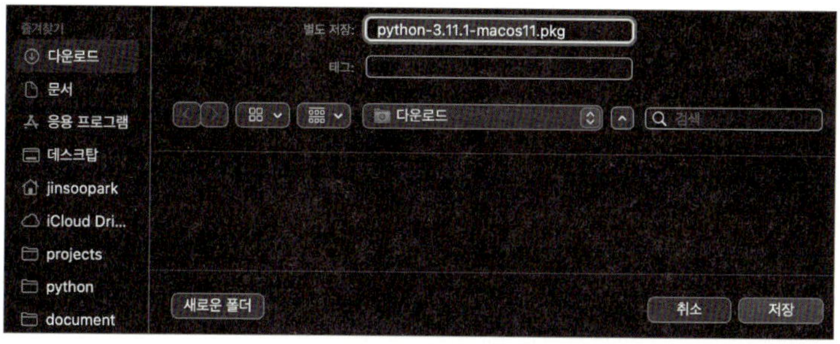

[그림 2-15]
파이썬 설치 프로그램을 '다운로드' 폴더에 저장

파이썬 설치 프로그램을 내려받기한 후 Finder를 실행해 '다운로드' 폴더를 열자. '다운로드' 폴더에서 파이썬 설치 프로그램을 실행하면 파이썬 설치 마법사가 실행되어 그림 2-16과 같은 '소개' 화면이 나온다. 계속 버튼을 클릭해서 파이썬 개발 환경 설치를 시작한다.

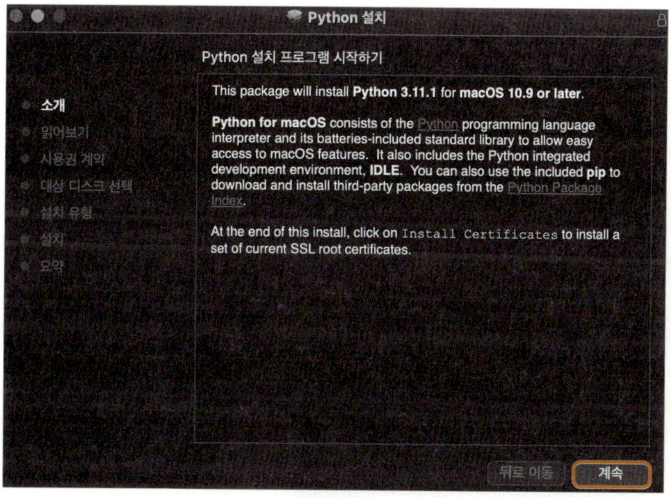

[그림 2-16]
소개

맥 OS는 윈도우와 달리 파이썬 실행 파일을 프로그램 실행 경로(PATH)에 추가하거나 설치 폴더를 따로 지정하는 등의 작업을 하지 않아도 된다. 따라서 **계속** 버튼을 클릭해서 따라가면 자동으로 설치가 완료된다. 그림 2-17 '읽어보기' 화면에서도 **계속** 버튼을 클릭해서 다음으로 넘어간다.

[그림 2-17]
읽어보기

그림 2-18 '사용권 계약' 화면은 파이썬의 간단한 역사와 함께 소프트웨어 사용권 계약 정보를 보여준다. 여기서도 그냥 **계속** 버튼을 클릭해서 다음 단계로 넘어간다.

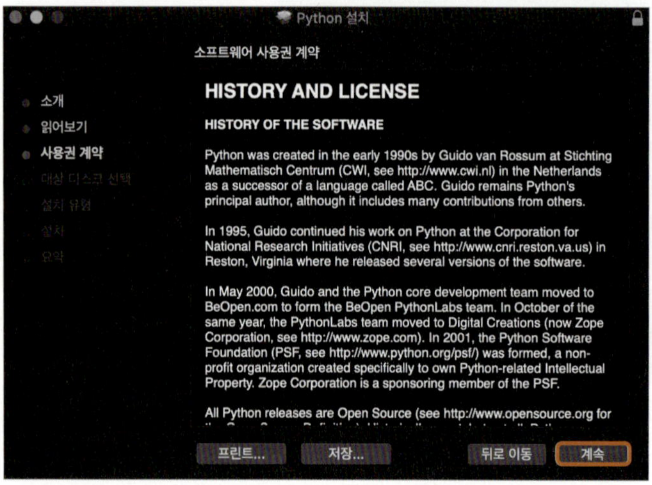

[그림 2-18]
사용권 계약

그림 2-19처럼 이용 약관에 동의할 것인지를 묻는 창이 나타난다. **동의** 버튼을 클릭한다.

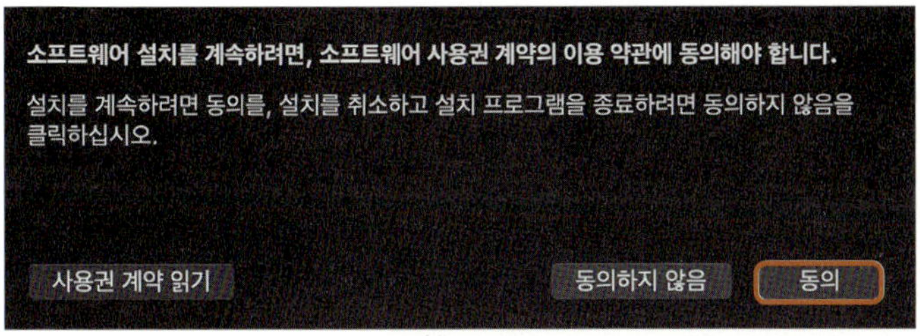

[그림 2-19]
소프트웨어 사용권 계약의 이용 약관 동의 여부 확인

소프트웨어 사용권 계약의 이용 약관에 동의하고 나면 컴퓨터 환경이나 버전에 따라 파이썬 개발 환경을 설치할 대상 디스크를 선택하라고 하기도 한다. 그냥 **계속** 버튼을 클릭하면 된다.

설치 유형을 묻는 그림 2-20에서도 설치 위치를 변경하지 않고 그냥 **설치** 버튼을 클릭한다.

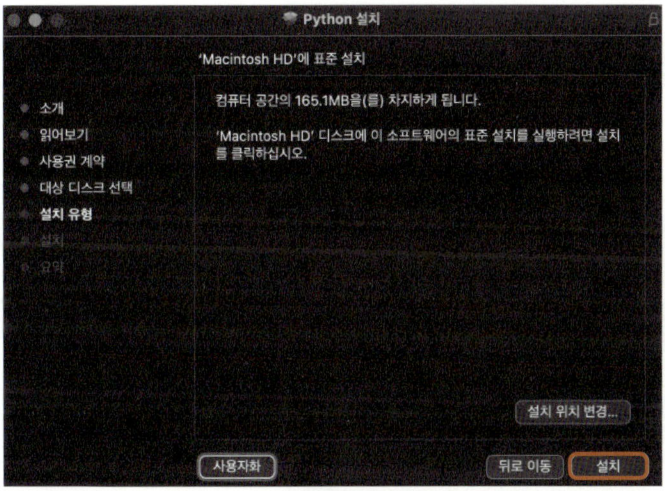

[그림 2-20]
설치 유형

설치를 시작하려면 그림 2-21처럼 현재 맥 OS 사용자의 로그인 암호를 입력한다.

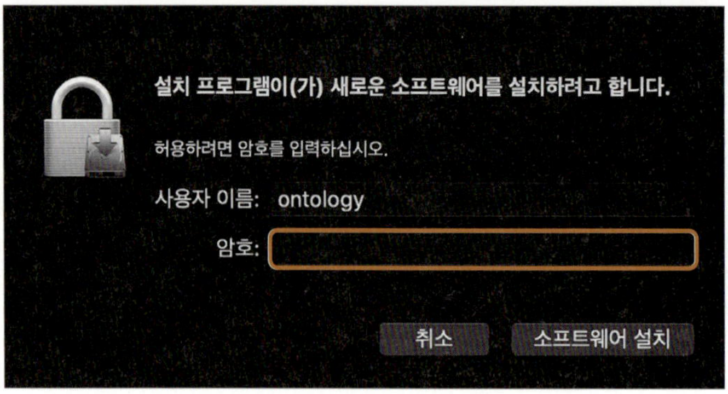

[그림 2-21]
암호 인증 1

참고로 Touch ID가 있는 맥이라면 지문을 인식시키거나, 그림 2-22처럼 **[암호 사용...]** 버튼을 클릭한 후 사용자 로그인 암호를 입력해서 소프트웨어 설치를 승인한다.

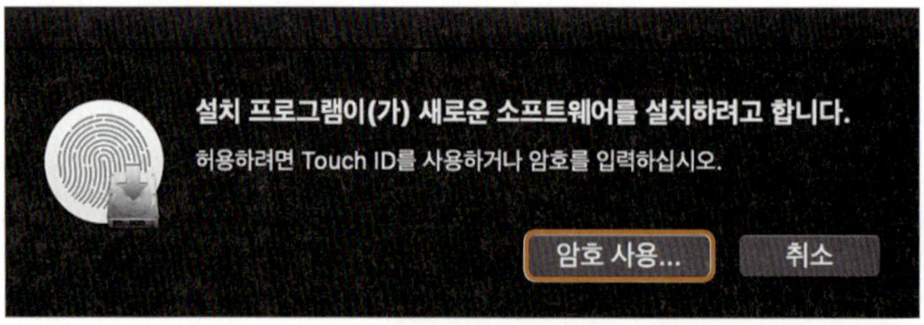

[그림 2-22]
암호 인증 2

그림 2-23처럼 현재 파이썬을 설치하는 중이라는 대화 창이 나타난다.

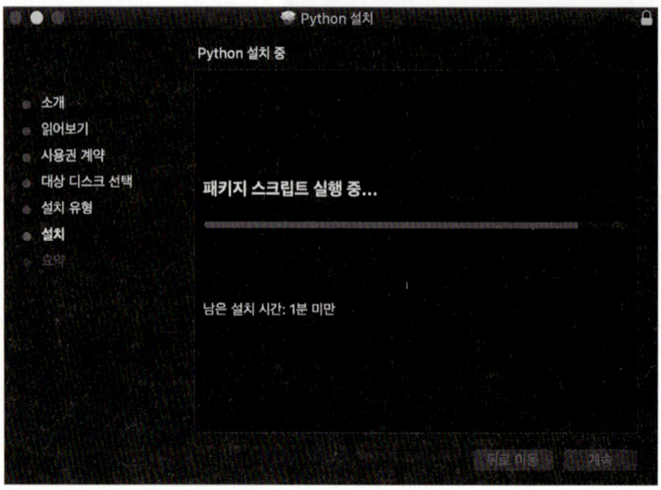

[그림 2-23]
맥 OS 파이썬 설치 진행 표시

파이썬 개발 환경 설치가 완료되면 그림 2-24와 같은 '요약' 화면이 나온다. 오른쪽 아래에 있는 닫기 버튼을 클릭해서 설치 마법사 프로그램을 종료한다.

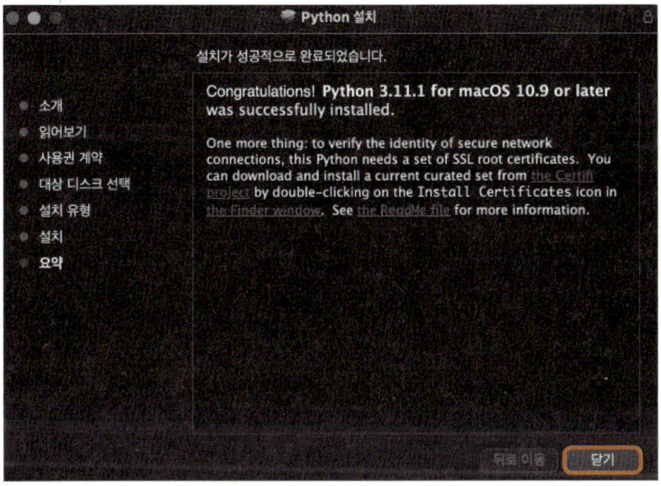

[그림 2-24]
설치 완료 표시

이제 파이썬 개발 환경 설치를 완료했다. 다음 단계는 파이썬이 컴퓨터에서 제대로 작동하는지 확인하는 것이다. 키보드에서 cmd + space bar 또는 ctrl + space bar를 누르면 '스포트라이트(Spotlight) 검색' 창이 열린다. 그림 2-25처럼 '스포트라이트(Spotlight) 검색' 창에 'IDLE'이라고 입력한 후 **[IDLE]** 항목을 더블 클릭해서 IDLE을 실행한다.

[그림 2-25]
스포트라이트 검색에서
IDLE 실행하기

스포트라이트 검색 대신 그림 2-26처럼 Finder를 실행한 후 **[응용 프로그램]**→**[Python 3.x]**→**[IDLE]**을 더블 클릭해서 IDLE을 실행할 수도 있다.

[그림 2-26] Finder에서 IDLE 실행하기

IDLE을 실행해서 그림 2-27과 같은 화면이 나오면 파이썬 개발 환경을 성공적으로 설치한 것이다. IDLE은 파이썬 셸(shell)을 실행하는 내장(built-in) 프로그램이다(IDLE과 셸에 관해서는 뒤에서 상세히 설명한다). 그림 2-27에서 첫 몇 줄은 파이썬 버전 등 파이썬 기본 정보가 출력되며 마지막 줄에는 파이썬 대화형 모드의 프롬프트(prompt)인 >>> 표시가 나오고 바로 옆에 커서가 깜박인다. 파이썬 코드를 받아들일 준비가 되었다는 뜻이다.

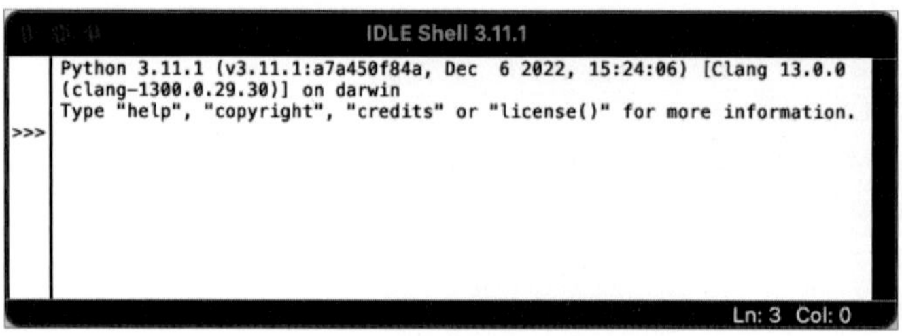

[그림 2-27] IDLE 파이썬 셸

이제 파이썬 개발 환경을 성공적으로 설치한 것을 확인했으니 IDLE을 종료하기 위해 상단 메뉴에서 **[IDLE]→[Quit IDLE]**을 선택하거나 IDLE 상단 왼쪽에 있는 닫기 버튼(빨간색)을 클릭해서 IDLE 화면을 닫는다. 또는 IDLE 화면 >>> 프롬프트 오른쪽 옆에 quit()라 입력하고 return 키를 누르면 IDLE을 종료할 수 있다.

3 파이썬 프로그램 실행하기

지금까지 파이썬으로 작성한 프로그램을 실행해주는 개발 환경을 설치했다. 파이썬 개발 환경은 크게 두 가지로 나뉜다.

하나는 대화형 모드(interactive mode)다. 이름 그대로 파이썬 셸(shell)에서 대화하듯이 코드를 작성해서 실행하고 결과를 확인한다. 대화형 모드에서는 한 줄 한 줄 코드를 작성한 후 그 결과를 확인하면서 특정 작업을 진행할 수 있으므로 매우 편리하다.

다른 하나는 인터프리터 모드(interpreter mode)다. 코드 편집기를 통해 파이썬 프로그램을 작성한 후 운영체제 셸(shell)의 명령어 인터페이스(윈도우는 '명령 프롬프트'나 '윈도우 파워셸', 맥 OS는 '터미널'이다)에서 실행하는 방법이다. 'python'(또는 'python3')이라는 실행 파일을 통해 .py 확장자를 사용하는 파이썬 프로그램 파일을 직접 실행한다.

셸이란?

셸(shell)은 '껍질' 또는 '껍데기'라는 뜻이다. 커널(kernel, 견과류의 알맹이 또는 사상이나 사물의 핵심을 뜻한다)이라는 운영체제의 내부 핵심과 사용자 사이의 인터페이스 역할을 하면서 사용자의 명령을 해석해서 운영체제에 전달하고 처리 결과를 사용자에게 보여주는 시스템 프로그램이다.

셸은 일반적으로 크게 '명령어 셸'과 '그래픽 셸' 두 종류로 구분된다. 명령어 셸은 명령어 인터페이스 또는 명령 줄 인터페이스(Command Line Interface, CLI)라고 하며 사용자가 컴퓨터 키보드를 통해 문자 형태로 명령을 입력하면 실행 결과를 문자 형태로 출력한다. 윈도우에서는 도스(DOS) 셸 환경의

'명령 프롬프트'가 대표적인 명령어 셸이며 맥 OS에서는 배시(bash) 셸 환경의 '터미널'이 대표적인 명령어 셸이다. 그림 2-28는 '명령 프롬프트'와 '터미널'에서 폴더(디렉토리) 목록을 확인하는 명령을 실행한 예다. 셸 명령어의 간단한 사용법은 '부록 1 - 셸 명령어 기초'를 참고하기 바란다.

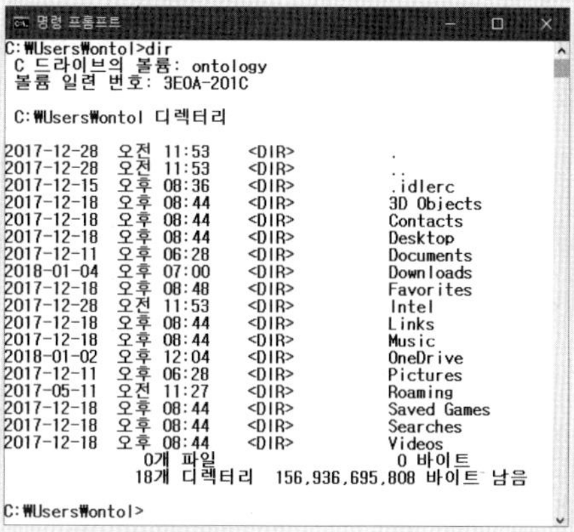

▲ 윈도우 명령어 셸

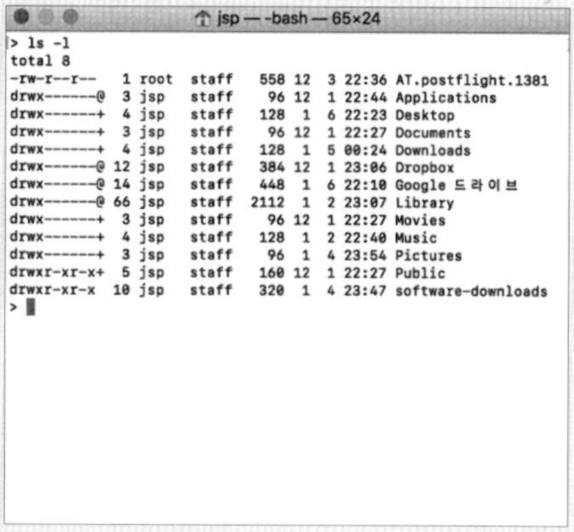

▲ 맥 OS 명령어 셸

[그림 2-28] 명령어 셸 예

그래픽 셸은 이미 우리에게 익숙한 그래픽 사용자 인터페이스(Graphic User Interface, GUI)를 제공한다. 사용자가 컴퓨터 화면상의 창에 나타나는 메뉴, 버튼, 아이콘 등의 그래픽 요소를 마우스 등으로 조작해서 명령을 입력한다. 출력 또한 창을 통해 그래픽 형태로 표시된다.

▲ 윈도우 그래픽 셸

▲ 맥 OS 그래픽 셸

[그림 2-29] 그래픽 셸 예

참고로 그림 2-29의 배경화면 등의 색깔은 시스템 설정에 따라 다를 수 있다.

앞서 설치한 IDLE은 파이썬의 대화형 모드와 인터프리터 모드를 모두 경험하기 가장 좋은 프로그램이다. 티케이인터(Tkinter), 즉 티케이(Tk) 기반의 틴터(Tinter) 그래픽 사용자 인터페이스 라이브러리를 사용해서 개발된 프로그램이다. 내장된 코드 편집기를 통해 코드 영역을 구분하는 자동 들여쓰기, 색깔을 통해 코드를 구분하는 구문 강조(syntax highlighting), 한두 글자만 입력하면 원하는 코드 전체를 입력해주는 자동 완성 등의 편리한 코드 편집 기능을 지원한다는 특징이 있다.

물론 파이썬으로 프로그래밍하기 위해 반드시 IDLE을 사용할 필요는 없다. 따로 소프트웨어를 설치할 필요 없이 웹 브라우저에서 직접 파이썬을 실행할 수 있는 repl.it,[3] PythonAnywhere[4] 등을 사용해도 된다. 혹은 텍스트 및 코드 편집기인 서브라임 텍스트(Sublime Text),[5] 노트패드++(Notepad++),[6] 아톰(Atom),[7] 비주얼 스튜디오 코드(Visual Studio Code)[8]를 사용할 수도 있다. 통합 개발 환경(Integrated Development Environment, IDE)인 파이참(PyCharm)[9] 등을 설치해서 사용해도 된다.

이처럼 다양한 파이썬 프로그래밍 개발 환경이 존재함에도 이 책에서 IDLE 사용을 권장하는 이유는 파이썬 개발 환경을 설치할 때 기본으로 함께 설치되는 프로그램이고, 초보자가 쉽게 사용할 수 있기 때문이다. 만약 선호하는 텍스트 편집기나 파이썬 개발 도구가 있다면 그것을 사용해도 무방하다. 그러나 아직 이러한 도구에 익숙하지 않다면, IDLE은 좋은 선택일 것이다. 특히 코드를 종류에 따라 색깔로 구분해주는 기능은 코드의 구조를 처음 익히는 데 많은 도움이 된다. 이 책에 쓰인 코드는 모두 맥 OS의 터미널에서 실행한 것이어서 IDLE에서는 일부 메시지가 다르게 출력될 수 있지만, IDLE을 사용해도 학습하는 데는 아무 문제가 없음을 미리 말해둔다. IDLE 사용법을 자세히 알고 싶다면 '부록 2 - IDLE 둘러보기'를 참고하기 바란다.

3 https://repl.it/languages/python3
4 https://www.pythonanywhere.com
5 http://www.sublimetext.com
6 https://notepad-plus-plus.org
7 https://atom.io/
8 https://code.visualstudio.com/
9 https://www.jetbrains.com/pycharm/

IDLE에서 파이썬 프로그램 실행하기

이제 IDLE을 사용해 대화형 모드와 인터프리터 모드에서 간단한 파이썬 코드를 작성하고 실행해보자.

IDLE은 코드 편집 기능과 py 파일 실행 환경을 동시에 제공한다. IDLE을 실행해서 처음 나타나는 창을 '파이썬 셸'이라고 한다. 앞서 파이썬 셸의 마지막 줄에 나타나는 >>> 표시는 파이썬 대화형 모드의 프롬프트 표시라고 설명했다. 프롬프트는 파이썬이 사용자로부터 코드를 입력받을 준비가 되었다는 시각적 표시다. 프롬프트 오른쪽에 커서가 깜빡이면 코드를 입력하고 Enter 또는 return 키를 누르면 입력한 코드가 실행된다.

프롬프트란?

프롬프트란 명령어 셸에서 사용자의 명령을 받아들일 준비가 되었다는 표시다. 파이썬 셸은 프롬프트 표시가 >>>이다. 참고로 윈도우 '명령 프롬프트'의 프롬프트 표시는 >이며, 맥 OS 터미널은 $다. 명령어 셸에서 파이썬을 실행하는 방법은 뒤에서 다룬다.

IDLE을 실행한 후 '파이썬 셸'이 나타나면 프롬프트 오른쪽에 다음처럼 4줄의 코드를 입력한다. 각 줄을 입력하고 Enter 또는 return 키를 누르면 다음 줄로 넘어간다. 마지막 print(z)를 입력하고 Enter 또는 return 키를 누르면 '안녕 파이썬'이 출력된 후 그 다음 줄에 프롬프트가 나타난다.

```
>>> x = '안녕'
>>> y = '파이썬'
>>> z = x + ' ' + y
>>> print(z)
안녕 파이썬
>>>
```

이렇게 간단한 방식으로 IDLE의 대화형 모드에서 파이썬 코드를 실행할 수 있다. 이제 파이썬 코드를 작성해 파일로 저장한 후 명령어 셸에서 실행하는 방법을 알아보자.

명령어 셸에서 파이썬 프로그램 실행하기

이번에는 앞에서 IDLE의 코드 편집기를 사용하여 대화형 모드로 실행한 간단한 코드를 py 파일로 저장한 후 윈도우나 맥 OS가 제공하는 명령어 셸에서 프로그램을 실행해보자. 그리고 같은 py 파일을 IDLE 대신 운영체제가 제공하는 셸 환경에서 대화형 모드로도 실행해보자. 파이썬을 잘 다루려면 IDLE뿐만 아니라 명령어 셸에서도 파이썬을 능숙하게 다룰 줄 알아야 한다. 이 부분을 확실히 이해하도록 하자.

참고로 이 책은 각 장의 마지막에 '연습문제'를 제공한다. 모든 연습문제는 py 파일로 저장한 후 명령어 셸에서 실행해야 하기 때문에 이 내용을 확실히 알아 두면 많은 도움이 된다. 이 책을 읽는 데 필요한 셸 명령어의 간단한 사용법은 '부록 1 - 셸 명령어 기초'에 설명했으니 셸 명령어를 잘 모르는 독자는 반드시 보기 바란다.

먼저 윈도우의 명령어 셸인 '명령 프롬프트'와 '윈도우 파워셸'에서 파이썬 프로그램을 실행하는 방법을 살펴본 후, 맥 OS의 명령어 셸인 '터미널'에서 파이썬 프로그램을 실행하는 방법을 알아보자. 맥 OS 사용자는 바로 61p로 넘어가도 된다.

윈도우의 명령어 셸에서 파이썬 프로그램 실행하기

앞으로 작성할 py 파일을 저장하기 위한 폴더를 만들자. 여러분이 기억하기 편한 위치에 폴더를 만들면 된다. 저자는 'Python Program'을 저장하는 폴더란 뜻으로 바탕 화면에 'pyprg'라는 폴더를 만들었다. 지금부터 작성하는 모든 py 파일은 여기에 저장할 것이다.

폴더를 만들었으면 이제 IDLE의 파이썬 코드 편집기에서 간단한 프로그램을 작성해보자. 먼저 IDLE을 실행한 후 위쪽 메뉴에서 **[File]→[New File]**(또는 단축키 Ctrl+N)을 선택하면 빈 화면이 나타난다. 여기서 바로 **[File]→[Save]**(또는 단축키 Ctrl+S)를 선택한다. 그림 2-30처럼 **[다른 이름으로 저장]** 창이 나타나면 여러분이 방금 만든 폴더에 'hi.py'라는 이름으로 파일을 저장한다.

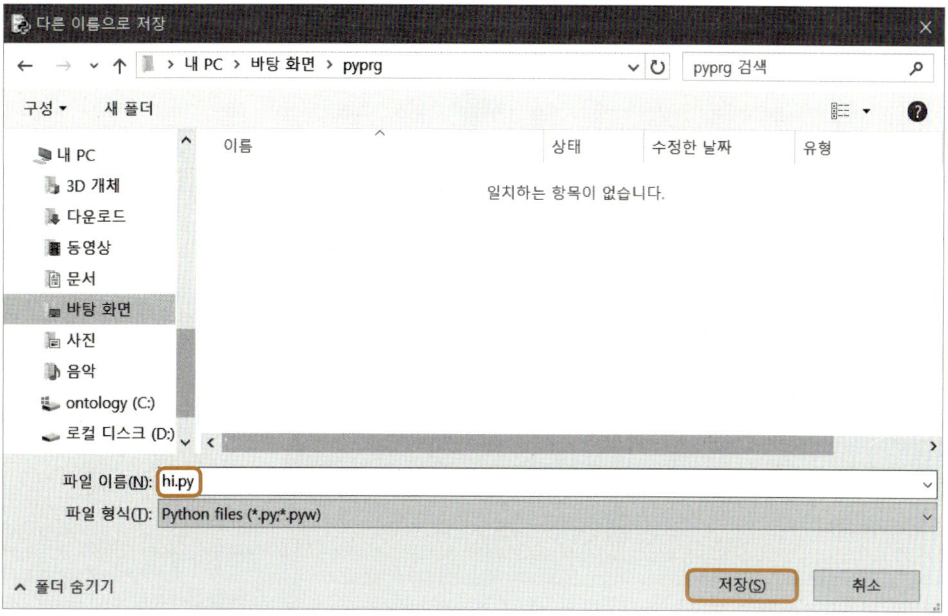

[그림 2-30] '다른 이름으로 저장'에서 py 파일 저장하기

파일을 저장한 후 다음 코드를 작성하고, **[File]** → **[Save]**(또는 단축키 Ctrl + S)를 선택해서 작성한 코드를 파일 안에 저장한다.

```
x = '안녕'
y = '파이썬'
z = x + ' ' + y
print(z)
```

저장한 파이썬 프로그램 파일을 실행하는 방법 중 두 가지만 알아보자. 여러분은 둘 중에 편한 방법을 선택하면 된다.

첫 번째는 '명령 프롬프트'를 연 후에 셸 명령어를 사용해 프로그램이 저장된 폴더로 이동한 후 파이썬 프로그램을 실행하는 방법이다. 윈도우의 기본 명령어 셸인 '명령 프롬프트'를 열기 위해 키보드에서 **[윈도우 시작(⊞)]** + R 키를 누르면 '실행' 창이 나타난다. 여기서 그림 2-31처럼 cmd라고 입력한 후 Enter 키를 누르면 'cmd.exe' 파일이 실행된다.

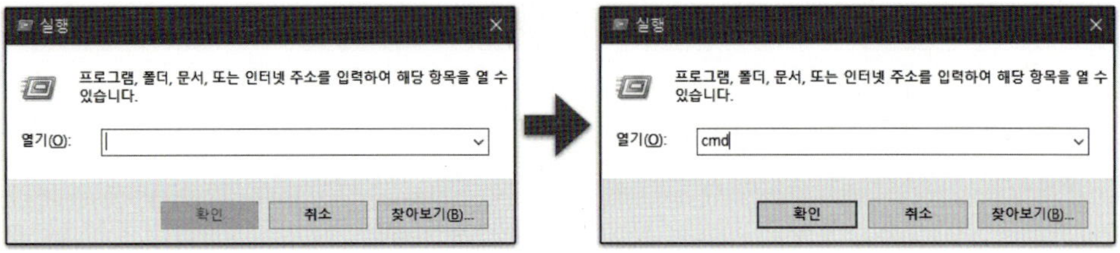

[그림 2-31] '실행' 창에서 'cmd'를 입력한 후 실행

'명령 프롬프트'가 열리면 그림 2-32처럼 프롬프트에 현재 디렉토리(폴더) 경로가 표시된다. 'ontol'은 저자의 윈도우 사용자명이다.

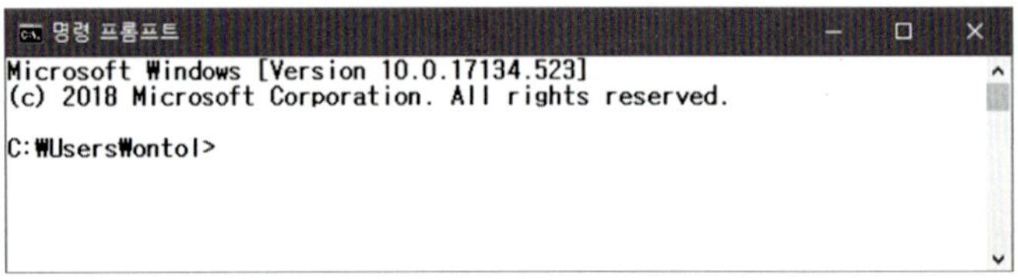

[그림 2-32]
'명령 프롬프트'

앞서 사용자 홈 폴더 아래 있는 '바탕 화면'에 'pyprg' 폴더를 만들어 'hi.py' 파일을 저장했다. 윈도우의 파일 탐색기 대부분에서 '바탕 화면'은 한글로 표시되지만 명령어 셸에서는 영어 'Desktop'으로 표시된다. 따라서 다음처럼 'cd'라는 셸 명령어를 사용해 'cd Desktop₩pyprg'라고 입력한 후 Enter 키를 누르면 'hi.py' 파일이 저장된 폴더로 이동할 수 있다. cd 명령어 사용법은 '부록 1 - 셸 명령어 기초'를 참고하기 바란다.

```
C:₩Users₩ontol>cd Desktop₩pyprg
```

'pyprg' 폴더에 성공적으로 이동했다면 다음과 비슷한 경로명이 나타날 것이다.

```
C:₩Users₩ontol₩Desktop₩pyprg>
```

Tip

'바탕 화면'에 'pyprg'(또는 여러분이 만든 폴더 이름)라는 폴더를 만들어 앞과 같이 폴더를 이동하려는데 오류가 날 수도 있다. '바탕 화면'이 마이크로소프트의 클라우드 저장 공간인 원드라이브(OneDrive)의 하위 폴더인 상황이 그런 경우이다. 이때는 cd "OneDrive₩바탕 화면₩pyprg"라고 입력하고 Enter 키를 누르면 'pyprg' 폴더로 이동할 수 있다.

두 번째는 셸 명령어를 사용하지 않고 좀 더 간단하게 원하는 폴더에서 셸 프로그램을 실행하는 방법이다. 먼저 파일 탐색기에서 방금 저장한 폴더로 이동한 후 아무것도 선택하지 않은 채 Shift 키를 누른 상태에서 마우스 오른쪽 버튼을 클릭하자. 그림 2-33처럼 팝업 메뉴가 나타난다.

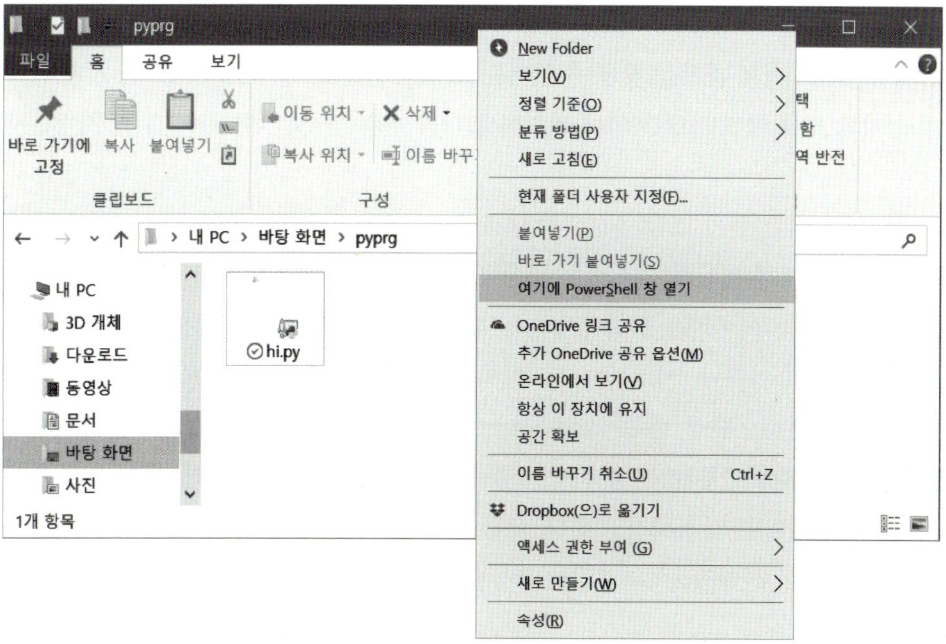

[그림 2-33] 파일 탐색기에서 명령어 셸 열기

팝업 메뉴 중간쯤 **[여기에 PowerShell 창 열기]**(또는 윈도우 버전에 따라 **[여기서 명령 창 열기]**)를 선택해서 해당 폴더에서 그림 2-34처럼 '윈도우 파워셸'을 실행한다.

[그림 2-34]
'윈도우 파워셸'

이제 여러분은 '명령 프롬프트'나 '윈도우 파워셸'을 통해 'hi.py' 파일이 들어 있는 폴더에 위치해 있다. 여기서 'python hi.py'를 입력한 후 Enter 키를 누르면 파이썬 실행 파일로 프로그램이 실행되고 다음처럼 실행 결과가 출력된다.

```
C:₩Users₩ontol₩Desktop₩pyprg>python hi.py
안녕 파이썬
```

만약 'python' 실행 파일을 찾을 수 없다는 오류 메시지가 나온다면, 파이썬 개발 환경을 설치할 때 파이썬 실행 파일이 위치한 폴더를 환경 변수의 경로(PATH)에 지정하지 않았기 때문일 것이다. 이를 해결하기 위해서는 파이썬을 다시 설치해야 한다. 41p를 참고해서 파이썬 설치 고급 옵션에서 **[Add Python to environment variables]**를 반드시 선택한 후 설치하자. 파이썬을 다시 설치하지 않고 환경 변수의 경로를 지정하려면, 윈도우 검색 아이콘을 선택해서 '시스템 환경 변수 편집'을 입력한 후 Enter 키를 눌러 검색해서 나타난 '시스템 속성' 창의 '고급' 탭의 맨 아래 있는 **[환경 변수(N)...]** 버튼을 클릭한다. '환경 변수' 창의 '시스템 변수(S)'의 변수 중 'PATH'를 선택해서 **[편집(I)...]**→**[새로 만들기(N)]**를 선택한 후 여러분이 설치한 파이썬의 경로(폴더)를 입력한 후 **[확인]** 버튼을 선택하면 된다. 예를 들어 C드라이브의 'Program Files' 폴더 아래 설치했다면 'C:₩Program Files₩Python311₩'을 입력한 후 **[확인]** 버튼을 선택하면 된다.

이번에는 방금 작성한 코드를 명령어 셸에서 대화형 모드로 실행해보자. '명령 프롬프트'나 '윈도우 파워셸'에서 그림 2-35처럼 'python' 실행 파일 이름을 입력하고 Enter 키를 누른다. IDLE 프로그램을 실행할 때처럼 파이썬 버전과 저작권 관련 정보가 출력되고 마지막 줄에 >>> 표시가 나타나면서 대화형 모드라는 것을 알려준다.

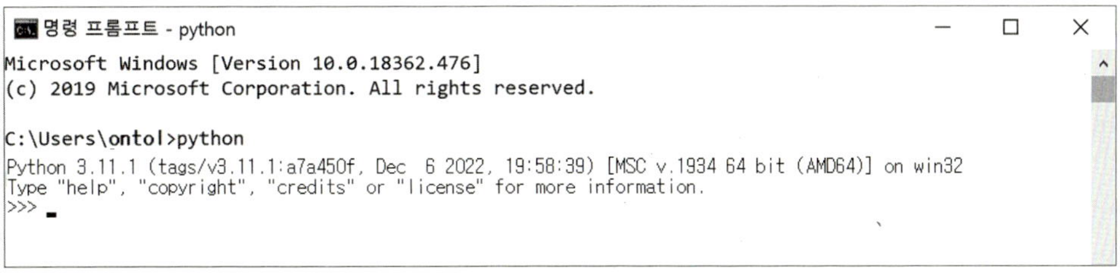

[그림 2-35] '명령 프롬프트'에서 python 명령어를 실행한 화면

앞서 작성한 'hi.py'라는 파일의 코드를 그대로 한 줄 한 줄 대화형 모드에서 입력하고 실행해보자. 세 번째 줄의 ' '가 없다면 '안녕파이썬'으로 출력되기 때문에 ' '를 사용했다.

```
>>> x = '안녕'
>>> y = '파이썬'
>>> z = x + ' ' + y
>>> z
'안녕 파이썬'
```

지금까지 파이썬이 제공하는 도구인 IDLE과 윈도우가 제공하는 명령어 셸에서 파이썬 프로그램을 실행하는 방법을 알아봤다. 이제 여러분은 두 가지 방법 중 편한 방법 한 가지를 선택해서 앞으로 학습할 파이썬 코드를 실행하면 된다. 본격적으로 파이썬을 학습할 준비가 끝난 것이다.

맥 OS의 명령어 셸에서 파이썬 프로그램 실행하기

여기에서는 맥 OS의 '터미널'에서 파이썬을 어떻게 실행하는지 알아볼 것이다. 윈도우 사용자는 바로 3장으로 넘어가면 된다.

앞으로 작성할 py 파일을 저장하기 위한 폴더를 만들어보자. 여러분이 기억하기 편한 위치에 폴더를 만들면 된다. 저자는 '사용자 이름' 폴더의 아래에 있는 '도큐멘트(Documents)'에 'pyprg'라는 폴더를 만들었다. 앞으로 작성하는 모든 py 파일은 여기에 저장할 것이다.

그럼 먼저 IDLE의 파이썬 코드 편집기에서 간단한 프로그램을 작성해보자. IDLE을 실행한 후 위쪽 메뉴에서 **[File]→[New File]**(또는 단축키 cmd+N)을 선택하면 빈 화면이 나타난다. 여기서 바로 **[File]→[Save]**(또는 단축키 cmd+S)를 선택해서 그림 2-36과 같은 창이 나타나면 여러분이 방금 만든 폴더에 'hi.py'라는 이름으로 저장한다.

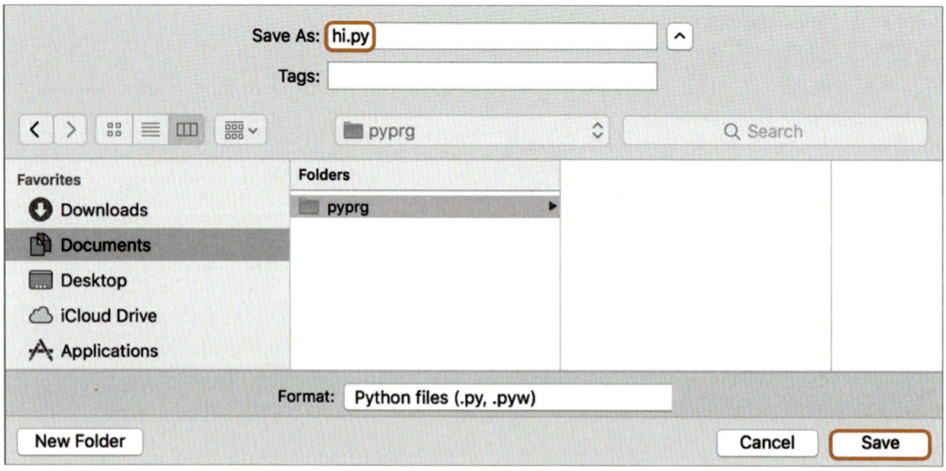

[그림 2-36] IDLE의 '파일 저장' 창에서 파일 저장하기

py 파일을 저장하고 다음처럼 코드를 작성한 후 다시 **[File]→[Save]**(또는 단축키 cmd+S)를 선택해서 작성한 코드를 파일 안에 저장한다.

```
x = '안녕'
y = '파이썬'
z = x + ' ' + y
print(z)
```

이제 맥 OS의 명령어 셸인 '터미널'을 실행해보자. '터미널'을 실행하는 방법은 IDLE을 실행하는 것과 비슷하다. 여러 가지 방법으로 '터미널'을 실행할 수 있는데 이 중 가장 많이 사용하는 두 가지 방법만 알아보자.

첫 번째 방법은 '스포트라이트(Spotlight) 검색' 창에서 '터미널'을 검색해서 실행하는 방법이다. 먼저 키보드에서 cmd+space bar 또는 ctrl+space bar를 누르면 '스포트라이트(Spotlight) 검색' 창이 뜬다. '스포트라이트(Spotlight) 검색' 창에 '터미널'이라고 입력한 후 **[터미널]** 항목을 더블 클릭하면 그림 2-37처럼 '터미널'이 실행된다.

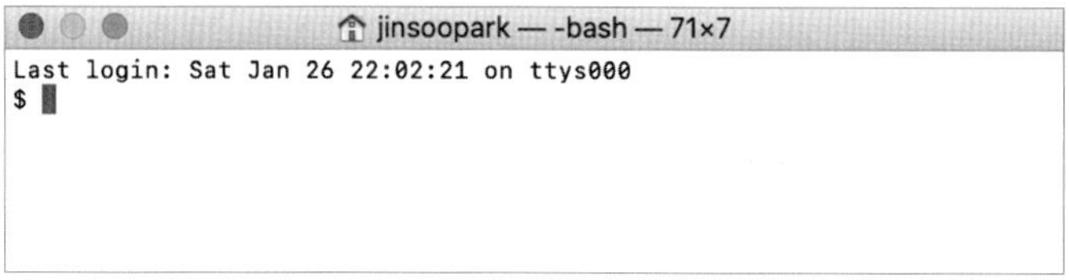

[그림 2-37]
터미널

두 번째 방법은 Finder에서 '터미널'을 찾아서 실행하는 방법이다. 그림 2-38처럼 Finder를 연 후 왼쪽 즐겨찾기에서 **[응용 프로그램]** → **[유틸리티]** → **[터미널]**을 선택해서 더블 클릭하면 '터미널'을 실행할 수 있다.

[그림 2-38]
Finder에서 '터미널' 실행하기

다음으로 터미널에서 'hi.py'가 저장되어 있는 폴더로 이동해보자. 저자는 그림 2-39처럼 '도큐멘트(Documents)' 폴더 안에 'pyprg'란 폴더를 만들어 'hi.py'를 저장했다.

[그림 2-39]
'hi.py'가 저장된 폴더

터미널에서 다음처럼 'cd'라는 셸 명령어를 사용해 'hi.py' 파일이 저장된 폴더로 이동했다. 'cd' 명령어 사용법은 '부록 1 - 셸 명령어 기초'를 참고하기 바란다.

```
$ cd Documents/pyprg
```

현재 폴더가 'pyprg'인지를 확인하기 위해 현재 폴더의 위치를 알려주는 'pwd' 명령어를 입력하자. 이어서 'ls' 명령어를 입력해 'hi.py' 파일이 이 폴더에 들어 있는지 확인해본다. 'ontology'는 저자의 맥 OS 사용자명이다.

```
$ pwd
/Users/ontology/Documents/pyprg
$ ls
hi.py
```

여기서 'python3 hi.py'를 입력한 후 return 키를 누르면 파이썬 프로그램이 실행된다. 실행 결과는 다음처럼 출력된다.

```
$ python3 hi.py
안녕 파이썬
```

맥 OS에는 기본적으로 파이썬 2가 설치되어 있기 때문에 파이썬 2의 실행 파일 이름이 'python'이다. 여기에 추가로 파이썬 3을 설치하면 파이썬 3의 실행 파일 이름은 대부분 'python3'으로 설정된다. 따라서 'python'으로 실행하면 파이썬 2에서 프로그램이 실행되기 때문에 오류가 발생할 수 있으니 주의하기 바란다. 물론 사용자의 설정 환경에 따라 'python'이 파이썬 3 실행 파일 이름일 수도 있으니 여러분의 설정 환경을 확인해서 파이썬 3에 맞는 실행 파일을 사용하자.

파이썬 버전을 확인하려면 다음처럼 파이썬 실행 파일 이름 뒤에 한 칸 띄운 후 '-V' 또는 '--version'을 입력한 후 실행한다. 해당 파이썬 버전이 출력된다.

```
$ python3 -V
Python 3.11.1
$ python --version
Python 2.7.10
```

이번에는 방금 작성한 코드를 명령어 셸에서 대화형 모드로 실행해보자. '터미널'에서 그림 2-40처럼 'python3'을 입력하고 return 키를 누르면, IDLE 프로그램을 실행할 때처럼 파이썬 버전과 저작권 관련 정보가 출력된다. 마지막 줄에 >>> 표시가 나타나면서 현재 모드가 대화형 모드라는 것을 알려준다.

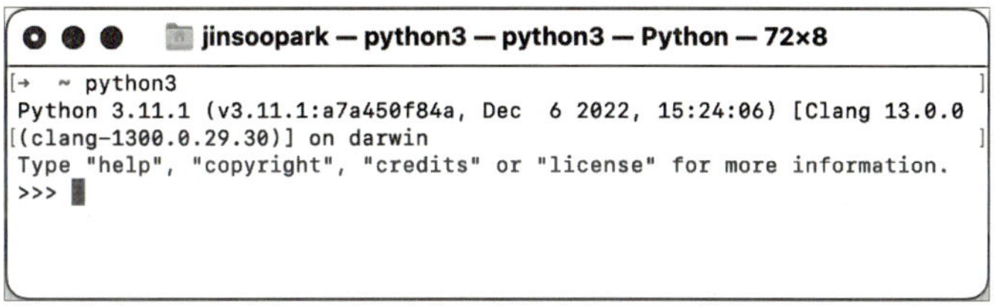

[그림 2-40]
'터미널'에서 'python3'을 실행한 화면

앞서 작성한 'hi.py'라는 프로그램을 한 줄 한 줄 대화형 모드에서 그대로 입력하고 실행해보자. 단, 이번에는 마지막 줄에서 print() 함수를 사용하지 않고 그냥 대표 형식으로 출력해보기로 한다. 대표 형식은 뒤에서 자세히 다룰 것이다.

```
>>> x = '안녕'
>>> y = '파이썬'
>>> z = x + ' ' + y
>>> z
'안녕 파이썬'
```

지금까지 파이썬이 제공하는 개발 도구 IDLE과 운영체제가 제공하는 명령어 셸에서 파이썬을 실행하는 방법을 알아봤다. 이제 여러분은 본격적으로 파이썬을 학습할 준비를 마쳤다. 두 가지 방법 중 여러분이 편한 방법 한 가지를 선택해서 앞으로 학습할 파이썬 코드를 실행하자.

3장

파이썬 문법 미리 알아두기

본격적으로 파이썬 문법을 학습하기 전 미리 알아두면 유익한 파이썬 프로그래밍의 기본을 다룬다. 간단한 코드를 직접 따라 작성해보면서 파이썬 코드 작성의 특징과 유의할 점을 알아본다.

1 파이썬 프로그램 파일 확장명

파이썬 프로그램의 파일 확장명은 주로 '.py'이며, 파이썬 그래픽 사용자 인터페이스(Graphical User Interface, GUI) 프로그램의 파일 확장명은 '.pyw'다. 리눅스나 맥 OS 등 유닉스 기반의 시스템에서는 파일 확장명 없는 파이썬 파일을 사용할 수도 있지만 가급적이면 파이썬 파일에 파일 확장명을 붙이는 것이 좋다.

2 인코딩

기본적으로 파이썬 3 파일은 UTF-8 문자 인코딩 방식을 사용한다. UTF-8은 파이썬 2의 기본 문자 인코딩 방식이었던 아스키(American Standard Code for Information Interchange, ASCII)코드보다 상위 개념이다.

아스키코드는 문자나 기호를 표현하는 표준 문자 체계로서, 글자 하나당 1바이트를 사용하는 7비트 부호체계이기 때문에 총 128개의 부호를 사용한다. 단, 아스키코드를 통해서는 영문 키보드로 입력할 수 있는 기호들만 표현 가능하기 때문에 전 세계의 모든 문자를 다루기에는 매우 제한적이다.

하지만 그 후에 만들어진 유니코드(Unicode)는 지구상에서 통용되는 문자 대부분을 다룰 수 있는 표준 문자 체계로 만들어진 것이다. 그리고 UTF-8은 유니코드에 기반한 부호체계 중 가장 많이 사용되는 가변 길이 문자 인코딩 방식 중 하나다. 글자 하나가 1~4바이트 중 하나로 인코딩될 수 있으며, 한글은 주로 3바이트를 사용한다.

UTF-8을 전 세계에서 가장 널리 사용하기 때문에 유니코드를 지원하는 프로그램 대부분은 UTF-8을 사용한다. 파이썬 3 파일도 UTF-8을 기본 인코딩 방식으로 채택하고 있다.

3 들여쓰기

파이썬 문법의 독특한 특징 중 하나는 블록을 구분하기 위해서 중괄호({ }) 등의 부호 대신 들여쓰기(indentation)를 사용한다는 점이다. 들여쓰기를 할 때 빈칸 네 개 또는 탭을 한 번 입력하면 된다. 이는 기준 단위로, 들여쓰기가 깊어질 경우 빈칸 여덟 개 또는 탭 두 번과 같은 방식으로 해주면 된다. 주의할 점은 한 코드 블록 안에서는 반드시 한 종류의 들여쓰기를 사용해야 한다는 것이다. 혼용할 경우 오류가 발생한다. 다시 말해, 탭으로 들여쓰면 계속 탭으로 들여써야 하며, 빈칸 네 개로 들여쓰기를 할 경우는 계속해서 빈칸 네 개로 들여쓰기를 해야 한다.

파이썬 개발자 커뮤니티에서는 빈칸 네 개로 들여쓰기할 것을 권장하고 있다. 하지만 여러분은 두 가지 방식 중 한 가지를 선택해서 일관성 있게 사용하면 된다.

다음은 들여쓰기를 잘못해서 오류가 발생하는 상황들이다. 첫 번째 예는 한 블록 안에서 한 번은 빈칸으로 들여쓰기했고 한 번은 탭을 사용했기 때문에 TabError가 발생한다. 참고로 코드 오른쪽에 있는 # 이후의 내용은 주석이다. 주석은 실제 코드가 아니라 설명하기 위해 적어 놓은 것으로, 뒤에서 더 자세히 설명할 것이다.

```
>>> if True:
...     print('4 spaces')           # 빈칸 네 개를 사용한다.
...             print('1 tab')      # 탭 한 개를 사용한다.
  File "<stdin>", line 3
    print('1 tab')     # 탭 한 개를 사용한다.
                 ^
TabError: inconsistent use of tabs and spaces in indentation
```

코드 첫 번째 줄의 왼쪽에 나타난 >>> 부호는 파이썬 셸의 기본 프롬프트라고 이미 설명한 바 있다. 그런데 두 번째 줄의 맨 왼쪽에 나타나는 ... 부호는 하나의 블록 안에서 줄 바꿈이 있을 때 나타나는 프롬프트다. IDLE의 대화형 모드에서는 이 부호가 나타나지 않지만 명령어 셸인 윈도우의 명령 프롬프트나 맥 OS의 터미널에서 파이썬 셸을 실행할 때는 줄 바꿈 표시를 보조하기 위해 이 프롬프트가 나타난다.

다음 두 번째 예는 모두 빈칸 들여쓰기를 사용했을 때다. 빈칸 들여쓰기를 하면 반드시 네 개의 빈칸을 사용해야 한다. 그런데 두 번째 들여쓰기에서는 빈칸을 세 개만 사용했기 때문에 IndentationError가 발생했다. 빈칸으로 들여쓰기할 때는 반드시 네 개의 빈칸을 사용해야 한다는 것을 명심하자.

```
>>> if True:
...     print('4 spaces')        # 빈칸 네 개를 사용한다.
...    print('3 spaces')         # 빈칸 세 개를 사용한다.
  File "<stdin>", line 3
    print('3 spaces')        # 빈칸 세 개를 사용한다.
                    ^
IndentationError: unindent does not match any outer indentation level
```

마지막으로 다음 예의 둘째 줄 코드는 첫 한 칸을 띄우고 시작해서 IndentationError가 발생했다. 이처럼 파이썬은 빈 공간에 민감(space sensitive)하기 때문에 빈칸 하나, 탭 한 번도 주의해서 사용해야 한다.

```
>>> x = 1
>>>  y = 3                           # 첫 한 칸을 띄우고 시작한다.
  File "<stdin>", line 1
    y = 3                          # 첫 한 칸을 띄우고 시작한다.
    ^
IndentationError: unexpected indent
```

4 연산

파이썬은 기본 연산부터 복잡한 수학 및 통계 계산까지 할 수 있다. 기본 연산자로는 +(더하기), -(빼기), *(곱하기), /(나누기) 연산자가 있으며, 이 중 어떤 연산자는 피연산자(오퍼랜드, operand)의 자료형에 따라 다른 결괏값을 돌려주기도 한다. 자료형(data type)이란 객체에 있는 값을 표현하는 방식으로, 숫자형이나 문자열 등 여러 종류가 있다. 자세한 내용은 5장에서 다룬다.

다음은 +(더하기) 연산자의 사용 예다. 정수끼리 더하면 정수의 합을 출력하지만, 문자열끼리 더하면 문자를 모두 결합한 형태로 출력하는 것을 보여준다.

```
>>> print(5 + 7)                          # 정수끼리 더한다.
12
>>> print('안녕' + '파이썬')              # 문자열끼리 더한다.
안녕파이썬
```

*(곱하기) 연산자는 정수끼리 곱하면 정수를 곱한 결괏값을 출력하지만 문자열에 정수를 곱하면 곱한 정수만큼 반복해서 결합한 문자 형태로 반환한다.

```
>>> print(5 * 7)                          # 정수끼리 곱한다.
35
>>> print('파이썬' * 3)                   # 문자열에 정수를 곱한다.
파이썬파이썬파이썬
```

참고로 -(빼기)와 /(나누기) 연산자를 문자열에 적용하면 TypeError가 발생한다.

5 변수와 변수 연산

변수는 컴퓨터 메모리에 있는 '객체'를 참조하기 위해 사용하는 이름이다. 객체(object)란 숫자, 문자 등 특정 값이 있는 모든 것을 말하며 파이썬은 객체지향 언어이기 때문에 모든 것이 객체로 구현되어 있다. 같은 변수에 다른 객체를 언제든 할당해서 참조하는 객체를 바꿀 수 있기 때문에 '변수'라고 한다.

파이썬에서는 변수에 객체를 할당할 때 '='을 사용하며 이 부호를 '할당 연산자'라고 한다. 할당 연산자는 변수를 컴퓨터 메모리에 있는 객체와 연결하는 역할을 하기 때문에 '객체를 참조(object reference)'하는 것이기도 하다. 수학에서는 =을 '같다'의 의미로 사용하지만 파이썬을 포함한 많은 프로그래밍 언어에서는 변수에 특정 객체를 할당하는 부호로 사용한다. 파이썬에서는 '=='을 수학에서의 '같다'와 같은 의미로 사용한다.

다음 예에서는 i, j, s가 변수다.

```
>>> i = 5                # 변수 i에 정수 5를 할당한다.
>>> j = 7                # 변수 j에 정수 7을 할당한다.
>>> s = '파이썬'          # 변수 s에 문자열 '파이썬'을 할당한다.
```

숫자나 문자를 직접 연산할 수도 있지만, 다음 예처럼 변수에 할당한 후 연산을 실행하면 더 편리할 때가 많다. 그리고 숫자나 문자를 변수와 함께 연산할 수도 있다.

```
>>> print(i + j)                          # 변수끼리 연산한다.
12
>>> print(i + 2)                          # 숫자와 변수를 연산한다.
7
>>> print('안녕' + s)                     # 문자와 변수를 연산한다.
안녕파이썬
```

그리고 변수로 연산한 결괏값을 다시 그 변수(다음 예에서는 i와 s)에 재할당할 수도 있고, 다른 값을 할당할 수도 있다. 다시 말해 같은 변수에 다른 객체(값)를 언제든 할당할 수 있다.

```
>>> i = i - j          # 변수 i에 변수 j를 뺀 결과를 다시 변수 i에 재할당한다.
>>> print(i)           # i 변숫값이 5에서 -2로 바뀌었다.
-2
>>> s = s * 3          # 변수 s를 3번 반복해서 결합한 후 다시 변수 s에 재할당한다.
>>> print(s)           # s 변숫값이 '파이썬'에서 '파이썬파이썬파이썬'으로 바뀌었다.
파이썬파이썬파이썬
>>> s = 'Python'       # 변수 s에 다른 객체(문자)를 할당한다.
>>> print(s)           # s 변숫값이 '파이썬파이썬파이썬'에서 'Python'으로 바뀌었다.
Python
```

변수 이름을 만들 때, 문자와 숫자를 조합할 수는 있지만 숫자로 시작할 수는 없다. 즉, x1은 변수 이름이 될 수 있지만 1x는 안 된다. 영문 대소문자를 구분하기 때문에 korea, Korea, KOREA는 각각 다른 변수 이름이다.

변수 이름의 길이는 제한이 없다. 다만 변수 이름이 길거나 두 개 이상의 단어로 이루어지면 가독성이 떨어질 수 있으므로, 단어 사이에 밑줄(_)을 사용해 가독성을 높인다. 예를 들어 firstname, lastname보다는 first_name, last_name이 좋다. 변수를 포함해서 식별자 이름으로 유효한 규칙은 4장에서 상세하게 다룰 것이다.

변수와 관련해 주의할 점이 있다. 간혹 변수를 특정 값, 즉 객체를 저장하는 장소로 알기도 하는데 이는 잘못 아는 것이다. 변수는 사실 객체 자체를 저장하는 것이 아니라 객체가 저장되어 있는 컴퓨터 메모리 주소를 저장하는 것이다. 다시 말해 변수는 특정 객체를 쉽게 참조해서 사용할 수 있도록 객체에 할당한 이름일 뿐이지 객체의 값을 저장하지 않는다. 결론적으로 변수는 특정 객체(값 또는 데이터)를 참조하는 이름이다.

만약 사람이 컴퓨터에 연산 등의 특정 작업을 실행하도록 명령할 때 컴퓨터 메모리에 저장한 값(객체)들을 직접 조작해야 한다고 생각해보자. 이 값들이 있는 메모리 주소를 일일이 기억해서 사용해야 한다. 그러면 사실상 프로그래밍하기가 매우 어려울 것이다. 그래서 기억하기 쉬운 이름(식별자)을 변수로 사용해서 컴퓨터 메모리에 저장한 값(객체)을 참조해서 접근하는 것이다.

실습 3-1

변수와 연산

- my_var이란 변수에 27을 할당한다.
- my_var의 값을 print() 함수를 사용해 출력한다.
- my_var을 숫자 5로 나눈 결괏값을 x라는 변수에 할당한다.
- x 값을 출력한다.
- 문자열 'hi'를 my_var에 할당한다.
- print() 함수를 사용해 my_var을 3으로 곱한 결과를 출력한다.

답

```
>>> my_var = 27                # 변수 my_var에 27을 할당한다.
>>> print(my_var)              # my_var 변숫값을 출력한다.
27
>>> x = my_var / 5             # my_var을 5로 나눈 결과를 변수 x에 할당한다.
>>> print(x)                   # x 변숫값을 출력한다.
5.4
>>> my_var = 'hi'              # 문자열 'hi'를 my_var에 할당한다.
>>> print(my_var * 3)          # 변수 my_var를 3으로 곱한 결과를 출력한다.
hihihi
```

6 출력 방식과 출력 형식

파이썬이 연산 결과를 출력하는 형식은 텍스트 형식과 대표 형식 두 가지가 있다. 첫 번째 방식은 객체를 사람이 보기 편한 텍스트 형식으로 출력하는 방식이다. print() 함수를 사용하면 이 형식으로 출력된다. print() 함수를 사용하기 때문에 대화형 모드와 인터프리터 모드 둘 다 사용할 수 있다. 나중에 더 상세히 배우겠지만 print() 함수는 객체를 출력하는 역할을 담당한다. 그리고 print() 함수의 괄호 안에 여러 개의 객체를 쉼표로 분리해 넣어주면 각 객체 사이에 공백이 하나씩 추가되어 출력된다는 사실을 반드시 기억하자.

두 번째 방식은 해당 객체를 대표하는 형식으로 출력하는 방식으로 대표 형식이라 한다. 주로 대화형 모드에서 print() 함수를 사용하지 않고 객체를 출력하는 방식이다. 그냥 객체를 그대로 입력한 후 Enter 나 return 키를 누르면 대표 형식으로 출력된다. 만약 출력하는 객체를 텍스트 형식으로 표현할 수 없을 때는 대표 형식으로 출력된다. 해당 객체를 대표 형식으로 표현할 수 없다면 꺾쇠 괄호(<>)로 묶은 문자로 출력된다.

다음부터 설명할 예는 대화형 모드에서 객체를 각각 대표 형식과 텍스트 형식으로 출력한 것이다. 이 두 가지 방식의 차이를 이해하도록 노력하자.

문자 출력하기

5장에서 자세히 다루겠지만 일반적으로 파이썬에서 객체를 작은따옴표('') 또는 큰따옴표("")로 묶으면 문자를 표현하는 문자열이 된다.

대표 형식과 텍스트 형식의 차이를 이해하기 위해 먼저 문자를 이 두 가지 형식으로 출력해서 비교해보자. 다음 예는 자료형이 문자열인 '홍길동'을 참조하는 a를 두 가지 방법으로 출력한 것이다. print() 함수를 사용하지 않고 그냥 대표 형식으로 출력하면 작은따옴표로 묶여 출력된다. 반면, print() 함수를 사용해 텍스트 형식으로 출력하면 작은따옴표 없이 그냥 출력됨을 알 수 있다.

```
>>> a = '홍길동'                              # 변수 a에 문자를 할당한다.
>>> a                                         # 문자를 대표 형식으로 출력한다.
'홍길동'
>>> print(a)                                  # 문자를 텍스트 형식으로 출력한다.
홍길동
```

다음으로 27이란 숫자를 정수가 아닌 문자열로 정의하기 위해 작은따옴표로 묶어 b에 할당한 후 대표 형식으로 출력할 때는 마찬가지로 27이 따옴표로 묶여 출력됨을 확인할 수 있다. 이처럼 문자를 대표 형식으로 출력하면 출력값만으로도 자료형이 문자열임을 알 수 있다.

```
>>> b = '27'                                  # 변수 b에 문자를 할당한다.
>>> b                                         # 문자를 대표 형식으로 출력한다.
'27'
>>> print(b)                                  # 문자를 텍스트 형식으로 출력한다.
27
```

숫자 출력하기

다음 예에서 자료형이 정수인 변수 c는 대표 형식과 텍스트 형식 둘 다 작은따옴표 없이 출력되는 것을 확인할 수 있다. 즉, 숫자를 대표 형식으로 출력할 때는 따옴표가 없기 때문에 그 값이 문자열이 아님을 바로 알 수 있다.

```
>>> c = 27                                    # 변수 c에 숫자를 할당한다.
>>> c                                         # 숫자를 대표 형식으로 출력한다.
27
>>> print(c)                                  # 숫자를 텍스트 형식으로 출력한다.
27
```

앞의 두 예를 통해 알 수 있는 점은 print() 함수를 사용하여 객체를 텍스트 형식으로 출력하면 문자열이든 숫자든 따옴표 없이 출력되므로, 출력값만으로는 자료형을 추측할 수 없다는 것이다. 따라서 작업하는 도중에 객체의 자료형을 확인하고 싶을 때는 대화형 모드에서만 사용할 수 있는 대표 형식으로 출력해보면 된다. 참고로 자료형을 확인하는 가장 좋은 방법은 type() 클래스를 사용하는 것이다. 이는 5장에서 다룬다.

특수 문자 출력하기

문자 안에 특수 문자가 들어 있는 경우를 살펴보자. 다음 예에서 d는 '첫째 줄\n둘째 줄'이라는 문자열을 참조하는 변수다. 그런데 여기서 '\n'은 무엇일까? 5장에서 다시 설명하겠지만 요약하면 \n은 한 줄이 끝남을 표시하는 '새줄바꿈(newline)'이란 특수 문자다. 즉, 문자열 안에 \n이 오면 줄 바꿈을 하게 된다. 윈도우용 한글 키보드에서는 \(역슬래시) 대신 원화 기호인 '₩'로 표시된다. 또한 한글 서체 중에 '\'을 '₩'로 나타내는 것도 있다. 윈도우에서 실행하는 IDLE에서도 '\'가 '₩'로 입력되지만, '\'로 인식하니 문제는 없다.

```
>>> d = '첫째 줄\n둘째 줄'          # 변수 d에 특수 문자가 있는 문자를 할당한다.
>>> d                              # 특수 문자가 있는 문자를 대표 형식으로 출력한다.
'첫째 줄\n둘째 줄'
>>> print(d)                       # 특수 문자가 있는 문자를 텍스트 형식으로 출력한다.
첫째 줄
둘째 줄
```

문자열 안에 특수 문자가 들어 있으면 print() 함수를 사용해서 텍스트 형식으로 출력할 때 줄 바꿈이 추가되어 두 줄로 출력됨을 알 수 있다. 이처럼 텍스트 형식으로 출력을 하면 사람이 봤을 때 직관적으로 이해하고 읽기 쉬운 형식으로 결과가 출력된다. 하지만 대표 형식으로 출력하면 객체의 자료형이 문자열이기 때문에 양쪽 끝을 작은따옴표로 묶은 문자 형태 그대로 출력된다.

여러 개의 객체 출력하기

다음처럼 쉼표로 분리된 여러 개의 객체를 대표 형식으로 출력하면 양끝이 괄호로 묶이고 각 객체는 쉼표로 분리되어 출력된다. 반면 print() 함수를 사용해서 텍스트 형식으로 출력하면 따옴표나 괄호 없이 각 객체 사이에 공백이 하나씩 추가되어 출력된다. 나중에 자세히 다루겠지만 여러 개의 객체를 쉼표로 분리한 자료형을 튜플이라 한다. 두 번째 줄에 대표 형식으로 출력한 결과를 보면 양쪽 끝이 괄호로 묶인 것을 볼 수 있다. 튜플은 이렇게 출력된다.

```
>>> 'Python',1, 2,        3                # 여러 개의 객체를 대표 형식으로 출력한다.
('Python', 1, 2, 3)
>>> print('Python',1, 2,        3)         # 여러 개의 객체를 텍스트 형식으로 출력한다.
Python 1 2 3
```

함수나 모듈 출력하기

함수나 모듈 등을 출력할 때는 해당 객체를 대표 형식으로 표현할 수 없기 때문에 꺾쇠 괄호(<>)로 묶여 출력된다. 다음 예는 파이썬 인터프리터와 관련된 정보와 기능을 제공하는 sys 모듈을 출력한 결과다. 모듈은 대표 형식이나 텍스트 형식으로 출력할 수 없기 때문에 꺾쇠 괄호 안에 sys가 파이썬 내장(built-in) 모듈이란 표현이 출력된다. 함수나 모듈은 파이썬이 자동으로 인식해서 이러한 형식으로 출력한다. import 등 함수와 모듈 관련해서는 10장에서 상세히 다룬다.

```
>>> import sys                             # sys 모듈을 불러온다.
>>> sys                                    # 모듈 이름을 대표 형식으로 출력한다.
<module 'sys' (built-in)>
>>> print(sys)                             # 모듈 이름을 텍스트 형식으로 출력한다.
<module 'sys' (built-in)>
```

7 사용자 키보드 입력

앞 절에서 파이썬의 두 가지 출력 방식을 알아봤다. 이번에는 파이썬의 입력 방식을 살펴보자.

사용자로부터 값을 입력받는 대표적인 함수로는 input()이 있다. 이 함수를 호출하기 위해 다음 예처럼 input()을 입력하고 Enter 나 return 키를 누르면 다음 줄에 즉시 커서가 나타나 깜빡거리면서 입력을 기다린다.

```
>>> input()
|
```

여기서 무언가를 입력하고 Enter 나 return 키를 누르면 입력을 종료한다. 입력한 내용은 문자 형태로 반환된다. 만약 아무런 값도 입력하지 않고 Enter 나 return 키를 누르면 빈 문자열('')이 반환된다.

다음 예는 '안녕 파이썬'을 입력하고 Enter 나 return 키를 누른 결과다. 반환 값으로 '안녕 파이썬'이 출력되었다.

```
>>> input()
안녕 파이썬                                    # 입력값
'안녕 파이썬'
```

input() 함수로 입력받은 값을 변수에 할당해서 사용할 수도 있다.

```
>>> text = input()                           # 입력받은 값을 text 변수에 할당한다.
안녕 파이썬!!!
>>> print(text)                              # 텍스트 형식으로 출력한다.
안녕 파이썬!!!
>>> text                                     # 대표 형식으로 출력한다.
'안녕 파이썬!!!'
```

그리고 input() 함수의 괄호 안에 문자를 넣으면 사용자로부터 입력을 받을 때 해당 문자를 출력한다. 사용자가 무엇을 입력해야 하는지 알려주는 역할을 한다. 이때 출력되는 문자를 프롬프트 메시지라 한다.

다음 예는 input() 함수로 '이름을 입력하세요: '라는 메시지를 출력해서 사용자의 입력을 기다리는 것을 보여준다.

```
>>> name = input('이름을 입력하세요: ')
이름을 입력하세요: |
```

그럼 input() 함수의 괄호 안에 문자를 넣어 이름과 나이를 물어보도록 하자. 다음 예는 이름과 나이를 입력받고 각 변수를 출력한 결과다.

```
>>> name = input('이름을 입력하세요: ')
이름을 입력하세요: 홍길동
>>> name
'홍길동'
>>> age = input('나이를 입력하세요: ')
나이를 입력하세요: 19
>>> age
'19'
```

주의할 점은 input() 함수를 통해 입력받은 값은 모두 문자열이라는 것이다. 즉, input() 함수는 입력한 내용을 모두 문자열로 반환한다. 따라서 숫자를 입력받아 정수와의 연산을 처리할 때는 다음처럼 TypeError가 발생한다.

```
>>> age = input('나이를 입력하세요: ')    # input() 함수를 이용해 변수에 값을 할당한다.
나이를 입력하세요: 19
>>> age                                 # 변수 age의 자료형은 문자열이다.
'19'
>>> age + 1
Traceback (most recent call last):
  File "<stdin>", line 1, in <module>
TypeError: can only concatenate str (not "int") to str
```

이처럼 입력받은 모든 값이 문자열이라면 더하기나 빼기 같은 연산 처리는 불가능한 것일까? 어떻게 하면 TypeError가 발생하지 않게 연산할 수 있을까? 숫자를 입력받아 연산을 처리해야 할 때는 자료형을 반드시 정수나 실수로 형변환(type casting)해야 한다. 형변환은 바로 다음 절에서 살펴보자.

실습 3-2

문자 입력받고 출력하기

- input() 함수를 이용해 사용자가 좋아하는 색깔을 물어보고('좋아하는 색깔이 무엇인가요? ') 결과를 변수 color에 할당한다.
- 변수 color를 출력한다.

답

```
>>> # input() 함수를 이용해 변수에 값을 할당한다.
... color = input('좋아하는 색깔이 무엇인가요? ')
좋아하는 색깔이 무엇인가요? 빨강
>>> print(color)                         # 변수 color를 출력한다.
빨강
```

실습 3-3

숫자 입력받고 출력하기

- input() 함수를 이용해 1과 10 사이의 임의의 정수를 입력하도록 물어보고('1과 10 사이의 아무 숫자를 입력하세요[1~10]: ') 결과를 변수 number에 할당한다.
- 변수 number를 출력한다.

답

```
>>> number = input('1과 10 사이의 아무 숫자를 입력하세요[1~10]: ')
1과 10 사이의 아무 숫자를 입력하세요[1~10]: 9
>>> print(number)                        # 변수 number를 출력한다.
9
```

8 형변환

자바나 C와 같은 프로그래밍 언어와 달리 파이썬은 변수를 선언할 때 자료형을 지정할 필요가 없다. 다음 예를 보도록 하자.

```
>>> a = 1                                   # 변수 a에 정수 1을 할당한다.
>>> b = 2                                   # 변수 b에 정수 2를 할당한다.
>>> a + b                                   # 변수 a와 b를 더한다.
3
```

변수 a와 b의 자료형이 정수라고 지정해주지 않았음에도, 파이썬은 두 변수의 자료형이 정수임을 알아채고 a + b의 결과로 3을 반환했다. 즉, 명시적으로 변수의 자료형을 지정하지 않아도 변수의 자료형이 자동으로 결정되는 것을 알 수 있다. 이것이 가능한 이유는 파이썬이 동적 언어이기 때문인데 좀 복잡한 주제이기 때문에 여기서는 다루지 않는다.

이제 비교를 위해 다음 코드를 살펴보자. 앞 코드와의 차이점을 알겠는가?

```
>>> a = '1'                                 # 변수 a에 문자열 '1'을 할당한다.
>>> b = '2'                                 # 변수 b에 문자열 '2'를 할당한다.
>>> a + b                                   # 변수 a와 b를 더한다.
'12'
```

이 코드에서는 a와 b 변수에 숫자를 할당할 때 작은따옴표(' ')로 묶어서 문자열로 지정했기 때문에 파이썬이 이를 알아채고 결과로 '12'를 반환했다. 앞서 설명했듯이 더하기 연산자를 문자열에서 사용할 때는 두 문자를 이어 붙인 결과를 반환한다. 따라서 1과 2를 더한 정수 3이 아니라 문자열 '12'를 반환한 것이다.

만약 변수가 서로 다른 자료형일 때 연산을 시도한다면 어떤 결과가 나올까? 다음 예는 정수 1을 할당받은 변수 a와 문자열 '2'를 할당받은 변수 b의 더하기 연산을 시도한 것이다. 그 결과 정수와 문자열 사이에는 + 연산을 할 수 없다는 TypeError가 발생했다.

```
>>> a = 1                                    # 변수 a에 정수 1을 할당한다.
>>> b = '2'                                  # 변수 b에 문자열 '2'를 할당한다.
>>> a + b                                    # 변수 a와 b를 더한다.
Traceback (most recent call last):
  File "<stdin>", line 1, in <module>
TypeError: unsupported operand type(s) for +: 'int' and 'str'
```

이처럼 두 변수의 자료형이 다른 경우에 연산을 실행하면 TypeError가 발생하기 때문에 형변환을 통해 같은 자료형(또는 연산이 가능한 유사 자료형)으로 바꿔야 한다.

형변환(type casting)이란 어떤 자료형(data type)을 다른 자료형으로 변환시키는 과정을 말한다. 예를 들어 문자열 '11'을 계산에 사용하기 위해 정수 11로 변환하는 것을 형변환이라 한다.

파이썬에서 가장 많이 사용하는 형변환 클래스[1]는 다음과 같다.

- str(객체): **객체를 문자열로 변환한다.**
- int(객체): **객체를 정수로 변환한다.**
- float(객체): **객체를 실수로 변환한다.**

앞의 예에서 서로 다른 자료형 사이에 +(더하기) 연산을 했을 때 TypeError가 발생했는데, 형변환해 자료형을 맞춘 후 연산하면 TypeError가 발생하지 않고 다음처럼 결과가 출력된다.

1 클래스(class)란 같은 종류의 집단에 속하는 객체(object)를 생성하는 코드 템플릿이다. 클래스를 통해 객체의 속성(attribute)과 행동(behavior)을 정의할 수 있기 때문에 사용자 정의 자료형이라고도 한다. 뒤에 자세히 다룬다.

```
>>> a = 1                    # 변수 a에 정수 1을 할당한다.
>>> b = '2'                  # 변수 b에 문자열 '2'을 할당한다.
>>> a + int(b)               # 변수 b를 정수로 변환한 후 a와 더하기 연산을 시도한다.
3
```

b 변수를 문자열로 지정했지만 int() 클래스(생성자)를 통해 정수로 변환했기 때문에 1과 + 연산을 해 결괏값으로 3을 반환하는 것을 확인할 수 있다.

82p의 예에서 나이를 입력받은 후 1을 더했을 때 TypeError가 발생했었다. 다음처럼 int() 생성자를 사용해서 입력받은 나이를 정수로 형변환한 후 1을 더하면 TypeError가 발생하지 않는다.

```
>>> age = input('나이를 입력하세요: ')
나이를 입력하세요: 19
>>> int(age) + 1          # int() 생성자를 사용해서 문자열을 정수로 변환한 후 1을 더한다.
20
```

앞의 예에서는 int() 생성자로 age 변수의 자료형을 정수로 바꾸었다. 다음 예는 input() 함수의 반환 값을 직접 정수로 변환하는 경우다. 이렇게 하면 age 변수에 할당한 값을 문자열이 아니라 정수로 이미 변환한 상태이기 때문에 age에 바로 1을 더해도 된다.

```
>>> # int() 생성자를 사용해서 input() 함수가 반환한 문자를 바로 정수로 변환한 후 age에 할당한다.
... age = int(input('나이를 입력하세요: '))
나이를 입력하세요: 19
>>> age + 1
20
```

실습 3-4

문자열을 정수로 변환한 후 연산하기

- [실습 3-3]에 이어서 이 실습을 한다.
- 변수 number의 자료형을 정수로 변경한다.
- 변수 number에 11을 더한 후 결과를 변수 total에 할당한다.
- 변수 total을 출력한다.

답

input() 함수로 입력받은 모든 값은 문자열이다. 따라서 숫자로 더하기 해야 할 때는 int() 생성자를 이용해 문자열을 정수로 변환한 후 사용해야 한다.

```
>>> number = int(number)   # number를 정수로 변환한 후 number에 재할당한다.
>>> total = number + 11 # number에 11을 더한 후 변수 total에 그 결괏값을 할당한다.
>>> print(total)          # total 변숫값을 출력한다.
20
```

9 주석 작성하기

마지막으로, 하지만 제일 중요한 주석 작성하기를 알아보자. 주석(comment)이란 코드에 대한 설명을 말한다. 즉, 주석은 프로그램을 작성하는 개발자 본인이나, 코드를 보게 될 다른 사람을 위한 것이다. 따라서 코드에 대한 설명뿐만 아니라 개발자가 생각할 때 중요한 점이나 다시 확인해야 하는 부분 등을 주석으로 작성할 수도 있다.

파이썬에서 주석을 작성하는 방법은 간단하다. 주석으로 처리할 내용 맨 앞에 '#'를 입력하면 된다. 해당 줄에서 # 이후의 내용은 모두 주석으로 처리한다. 따라서 주석은 다음 예처럼 한 줄을 온전히 차지할 수도 있고 그 줄의 코드 뒷부분에 작성할 수도 있다.

```
# 이름을 출력한다.                              ← 한 줄을 온전히 차지한 경우
print('파이썬')

print('파이썬')      # 이름을 출력한다.         ← 코드 뒷부분에 작성한 경우
```

개발자에게 주석을 작성하는 습관은 매우 중요한 일이다. 주석을 잘 작성하면 다른 사용자뿐만 아니라 본인도 나중에 작성한 코드를 쉽게 이해할 수 있고, 코드 분석 및 수정이 쉽다. 따라서 반드시 코딩과 동시에 주석을 작성하는 습관을 들이는 것이 중요하다.

컴퓨터는 주석을 인식하지 않는다. 따라서 주석은 코드 실행에 영향을 미치지 않을 뿐만 아니라, 프로그램 실행 속도를 느리게 하지도 않고, 실행 프로그램의 용량을 늘리지도 않는다. 그러므로 처음부터 코딩하는 순간순간 중요한 사항이나 코드 설명을 주석으로 작성하는 습관을 기르도록 하자.

연습문제

모든 연습문제는 인터프리터 모드에서 실행하기 때문에 먼저 문제를 읽고 분석한 후, 파이썬 코드로 작성해서 py 파일로 저장한다. 각 연습문제의 마지막에 나오는 실행 예는 프로그램을 정상적으로 작성했을 때 실행한 결과를 보여주는 것이기 때문에 코드를 작성할 때 참고하면 된다. 인터프리터 모드에서 파일을 실행하는 방법은 '명령어 셀에서 파이썬 프로그램 실행하기'(56p)에서 다뤘다.

3-1 좋아하는 계절과 태어난 날짜 출력하기

다음 내용을 처리하는 프로그램을 작성한 후 'ex3_1.py' 파일로 저장하자.

- input() 함수를 사용해 좋아하는 계절을 물어보고('좋아하는 계절은 무엇인가요? ') 결과를 변수 season에 할당한다.
- 변수 season을 출력한다.
- input() 함수를 사용해 태어난 날짜를 물어보고('며칠에 태어났나요? ') 결과를 변수 date에 할당한다.
- 변수 date를 정수로 변경한 후 다시 date로 재할당한다.
- 변수 date를 출력한다.
- 마지막으로 사용자가 입력한 좋아하는 계절과 태어난 날짜를 한 문장으로 출력한다.

힌트

마지막에 한 문장으로 출력할 때 변수와 문자를 +(더하기) 연산자를 사용해 결합해서 출력해야 한다. 이때 date를 앞에서 정수로 바꿨기 때문에 str() 생성자를 사용해서 다시 문자열로 변환한 후 + 연산자를 적용해야 한다.

실행 예

```
> python ex3_1.py
좋아하는 계절은 무엇인가요? 가을
가을
며칠에 태어났나요? 9
9
좋아하는 계절은 가을이고, 9일에 태어났습니다.
```

3-2 이름과 내년 나이 출력하기

다음 내용을 처리하는 프로그램을 작성한 후 'ex3_2.py' 파일로 저장하자.

- input() 함수를 사용해 사용자의 이름을 물어보고('이름을 입력하세요...: ') 결과를 변수 name에 할당한다.
- '안녕'이란 인사와 함께 이름을 출력한다.
- input() 함수를 사용해 사용자의 나이를 물어보고('몇 살이세요? ') 결과를 변수 age에 할당한다.
- 나이에 한 살을 더해서 내년에 몇 살이 되는지 알려준다.
- 'Bye~~~!'라고 출력한 후 프로그램을 종료한다.

실행 예

```
> python ex3_2.py
이름을 입력하세요...: 홍길동
안녕 홍길동
몇 살이세요? 19
내년에 20살이 되시는군요.
Bye~~~!
```

몰라도 바로 따라 쓰는 실전 파이썬 **답.정.너 게임**

동영상 강의 03 & 04-10 답.정.너 게임

'답.정.너'는 '답은 정해져 있고 너는 대답만 하면 돼'의 준말이다. 보통 자신이 원하는 대답이 나올 때까지 똑같은 말을 묻는 사람을 '답.정.너'라고 한다. '답.정.너'의 특징이 있는 사람은 자신이 바라는 답을 듣지 못하면 계속해서 물어보기 때문에 상대방을 답답하고 짜증 나게 한다. 다음 파이썬 코드를 실행하면 여러분도 모니터 안에 엄청난 '답.정.너'를 만나볼 수 있다. 여러분이 '사과'라고 대답할 때까지 계속 반복해 질문을 던질 것이다.

사용한 개념

사용자 입력, 리스트, 무한 루프, 랜덤(난수 생성)

코드 예시

```python
import random                                  # random 모듈을 불러온다.

questions = [                                  # 질문을 담은 리스트
    '제일 좋아하는 과일이 뭐야? ',
    '과일은 뭐니 뭐니 해도 빨갛고 둥글어야지. 어떤 과일 좋아해? ',
    '아니, 사과 몰라? 제일 좋아하는 과일이 뭐냐니깐? '
]

# 질문을 담은 리스트의 첫 번째 질문을 물어보고, 입력한 값을 answer에 할당한다.
answer = input(questions[0])

while True:                                    # 무한 루프
    if answer == '사과':                        # 입력한 값이 '사과'면
        break                                  # 무한 루프를 종료한다.

    # 질문을 담은 리스트 중 임의의 질문을 물어보고, 입력한 값을 answer에 할당한다.
    answer = input(random.choice(questions))

# 원하는 답인 '사과'를 입력했을 때 '답.정.너'의 반응을 출력한다.
print("맞아, 사과가 세상에서 제일 맛있어.")
```

실행 예

```
제일 좋아하는 과일이 뭐야? 블루베리
과일은 뭐니 뭐니 해도 빨갛고 둥글어야지. 어떤 과일 좋아해? 딸기
제일 좋아하는 과일이 뭐야? 포도
과일은 뭐니 뭐니 해도 빨갛고 둥글어야지. 어떤 과일 좋아해? 수박
과일은 뭐니 뭐니 해도 빨갛고 둥글어야지. 어떤 과일 좋아해? 산딸기
아니, 사과 몰라? 제일 좋아하는 과일이 뭐냐니깐? 사과
맞아, 사과가 세상에서 제일 맛있어.
```

생각해보기

만약 '사과'라는 대답을 입력할 때만 반복해서 질문하는 '답.정.너' 코드를 만들고 싶다면 앞 코드의 어느 부분을 수정해야 할까?

Part 2

파이썬의 기본 구성 요소

4장

식별자와 예약어

파이썬은 객체지향 언어이며 숫자와 문자를 포함한 모든 것이 객체(object)로 구현되어 있다. 객체를 식별하기 위한 이름인 식별자(identifier)의 의미와 성질, 그리고 파이썬에 기본적으로 탑재된 식별자인 예약어(reserved words)에 대해 알아본다.

1 파이썬 프로그램을 구성하는 요소

파이썬 프로그램을 구성하는 최소 단위로는 식별자와 리터럴이 있다. 좀 더 구체적으로 설명하면 다음과 같다.

식별자(identifier)는 변수나 함수 등을 구별하기 위해 붙이는 이름이다. 예를 들어 변수는 프로그램을 실행하는 동안 다양한 값을 저장할 수 있는 식별자다. 예약어는 프로그래밍 언어가 사용하기 위해 미리 정해 놓은 식별자다.

리터럴(literal)은 한국어로 번역하면 '문자 그대로'란 뜻이다. 예를 들어 숫자 3, 5, 7이나 문자 '드럼', 'apple'처럼 쓰여 있는 그대로의 값 그 자체를 말한다. 변수는 프로그램이 실행되는 동안 다양한 값을 가질 수 있는 식별자이지만, 리터럴은 식별자가 아니라 값 그 자체다. 만약 x = 3이라 할 때 x는 식별자(변수)고 3은 리터럴이다.

식별자(변수, 예약어 등)와 리터럴이 파이썬 프로그램의 최소 단위라면 표현식(expression)은 이보다는 좀 더 큰 단위다. 새로운 값을 생성하거나 계산하는 코드 조각을 일컫는다. 표현식의 예로는 다음과 같은 것들이 있다.

- `2 + 5`
- `1 + 2 + 3 * (8 ** 9) - sqrt(4.0)`
- `'drum' + 'guitar'`
- `round(81.5)`
- `max(3, 94)`
- `print(3 + 4)`

표현식 외에 명령문이 있다. 명령문(statement)이란 특정한 작업을 실행하는 코드 전체를 말한다. 예를 들어 앞에서 언급한 `print(3 + 4)`와 같은 표현식도 3과 4를 더한 값을 출력하는 코드 전체이기 때문에 명령문으로 볼 수 있다. 8장에서 배울 `if`문이나 `for`문 등도 여기에 속한다. 표현식과 명령문의 구별이 모호할 수 있지만, 표현식은 값을 생성하는 일부분이고 명령문은 특정 작업을 실행하는 코드 전체라고 보면 의미가 명확해질 것이다.

표현식과 명령문이 모여 함수를 구성한다. 함수(function)란 특정 명령을 실행하는 코드 묶음이다. 특정 명령을 실행하는 코드를 한번 작성하여 함수로 만들어놓으면, 필요할 때마다 다시 작성하지 않고 기존에 만들어두었던 것을 호출하여 간편하게 사용할 수 있다. 코드의 재활용성이 높아지는 것이다.

모듈(module)은 연관 있는 함수나 클래스를 담은 py 파일이다. 프로그램(program)은 모듈이나 함수를 활용해서 특정 작업을 실행하는 단위이며 이 또한 py 파일 형태로 저장되어 있다. 프로그램과 모듈은 둘 다 '.py'라는 확장명이 붙은 파일이라는 점에서는 같지만, 프로그램은 실행하기 위한 것이고 모듈은 다른 프로그램에서 불러와 사용하기 위한 것이라는 점에서 차이가 있다. 이 부분은 10장의 '모듈과 패키지'에서 자세하게 설명한다. 패키지(package)는 프로그램과 모듈을 모아 놓은 것이고 라이브러리(library)는 패키지의 묶음이라고 보면 된다.

2 식별자

앞 장에서 언급했듯이 파이썬은 객체지향 언어이며 숫자와 문자를 포함한 모든 것이 '객체(object)'로 구현되어 있다. 객체는 데이터를 저장한 일종의 캡슐(capsule)이라고 보면 된다. 캡슐은 원래 약품 등을 담는 작은 용기를 뜻하는데 파이썬에서는 객체가 데이터를 담기 때문에 캡슐에 비교할 수 있다.

프로그래밍 언어 대부분은 데이터를 저장하는 객체 각각을 식별하기 위해 이름이 필요하다. 이러한 이름을 '식별자(identifier)'라고 한다. 즉, 캡슐에 이름을 붙여서 쉽게 사용할 수 있도록 하는 것과 같은 개념이다. 식별자는 사용자가 작성한 프로그램의 개별 구성 요소인 변수, 함수, 클래스 등을 구분하기 위해 붙이는 고유한 이름이라고 봐도 된다.

컴퓨터에게 연산 등 특정 작업을 실행하도록 명령할 때, 컴퓨터 메모리에 저장한 객체를 직접 조작해야 한다면 객체가 있는 메모리 주소를 일일이 기억해야 할 것이다. 그런데 이렇게 메모리 주소를 일일이 기억해야 한다면 프로그래밍하기가 매우 복잡하고 어려워진다. 그래서 프로그래밍 언어에서는 식별자를 사용한다. 변수 등의 식별자는 메모리 주소보다 훨씬 기억하기 쉽기 때문이다. 즉, 컴퓨터 메모리에 저장되어 있는 객체를 식별자를 사용하여 참조(reference)하면 해당 객체에 쉽게 접근할 수 있어 프로그래밍이 간단해진다.

여기서 주의할 점은 식별자가 객체의 데이터 자체를 저장하는 장소라고 잘못 생각하는 것이다. 파이썬에서 식별자는 비록 객체에 붙여진 이름이기는 하지만, 객체에 있는 데이터를 저장하고 있는 것은 아니다. 즉, 식별자란 컴퓨터 메모리에 있는 개별 객체를 식별해서 불러오기 위한 목적으로, 사용자가 임시로 그 객체의 위치를 참조하기 위해 부여한 고유한 이름을 말한다. 따라서 식별자는 객체를 저장하는 것이 아니라 객체의 위치를 저장하는 것이다.

다음 예를 보면 s라는 변수, 즉 식별자에 'python'이란 값을 할당했다. 이때 s가 'python'을 저장하는 것이 아니라 컴퓨터 메모리 어딘가에 있는 'python'이란 값의 메모리 위치를 참조하는 것이다. 좀 더 코드를 살펴보면 변수 s와 리터럴 'python'의 id가 같다는 것을 알 수 있다. 이것이 의미하는 바는 'python'이라는 문자에 할당된 고유 번호가 0x10b28bab0이고, 이 고유 번호를 변수 s가 저장(참조)하기 때문에 변수 s를 통해 'python'을 불러올 수 있다는 것이다.

```
>>> s = 'python'                          # 'python'을 s에 할당한다.
>>> s                                     # s는 'python'을 참조한다.
'python'
>>> hex(id(s))                            # s와 'python'의 id는 같다.
'0x10b28bab0'
>>> hex(id('python'))
'0x10b28bab0'
```

또 다른 예를 들어보면 변수 i와 5의 id가 같다는 것을 확인할 수 있다.

```
>>> i = 5                                 # 5를 i에 할당한다.
>>> i                                     # i는 5를 참조한다.
5
>>> hex(id(i))                            # i와 5의 id는 같다.
'0x10ca758b0'
>>> hex(id(5))
'0x10ca758b0'
```

객체의 id

- id(객체)는 파이썬 내장 함수(built-in function)이며, 컴퓨터 메모리 어딘가에 있는 객체의 고유 번호를 정수 형태로 반환한다. 만약 객체 두 개가 같은 id값을 가진다면 두 객체는 같은 객체다.
- 예를 들어 다음 코드에서 x와 y 두 식별자는 같은 객체를 참조한다.

```
>>> x = '사과'
>>> y = x
>>> hex(id(x))
'0x103ee37c0'
>>> hex(id(y))
'0x103ee37c0'
```

- hex()도 파이썬 내장 함수다. 이 함수는 정숫값을 받아 16진수로 변환한 값을 반환하는 함수다.
- 파이썬 내장 함수는 https://docs.python.org/3/library/functions.html에 잘 정리되어 있다.

프로그래밍 언어 대부분은 식별자를 사용하기 전에 반드시 그 식별자가 참조하는 객체의 자료형을 미리 지정해야 한다. 하지만 파이썬은 별도로 자료형을 지정할 필요 없이 식별자에 객체를 할당하면 자동으로 자료형을 인식한다. 이는 파이썬이 다른 언어보다 유연하고 편리하다는 것을 보여주는 대표적인 예다.

식별자(변수) 선언

프로그래밍 언어 대부분에서 식별자는 사용하기 전에 먼저 선언을 해야 한다. 그리고 식별자를 선언할 때 식별자 이름과 그 식별자가 참조할 객체의 자료형을 함께 지정한다. 예를 들어 자바는 '악기'란 문자를 변수(식별자) s가 참조하려면 다음처럼 변수가 문자열을 참조할 것이라고 미리 선언한 후에 사용할 수 있다.

```
String s;
s = "악기";
```

다음 코드처럼 한 줄로 작성할 수도 있다. 즉, 변수 s가 문자열을 참조할 것이라고 선언함과 동시에 문자열을 할당할 수 있다.

```
String s = "악기";
```

하지만 파이썬은 다음 예처럼 어떤 자료형을 참조할 것이라고 지정하지 않고도 바로 식별자를 사용할 수 있기 때문에 매우 편리하다.

```
s = '악기'
```

s라는 식별자(변수)를 사용하기 위해 이 식별자가 참조할 객체가 문자열임을 미리 지정할 필요 없이 바로 '악기'를 할당하면 된다. 즉, s = '악기'라고 하면 파이썬이 자동으로 s가 문자열을 참조하는 식별자라는 것을 안다. 그뿐만 아니라, s가 현재 문자열을 참조하더라도 나중에 문자가 아닌 숫자를 할당했을 때 오류가 발생하지 않는다. 파이썬이 곧바로 객체가 참조하는 자료형이 무엇인지 인지하고 식별자의 자료형을 자동으로 인식하기 때문이다.

```
>>> s = '악기'
>>> s
'악기'
>>> s = 35
>>> s
35
```

반면에 파이썬 이외의 프로그래밍 언어 대부분은 식별자가 특정 자료형을 참조한다고 지정했다면 그 이후에 다른 자료형을 참조할 수 없다. 자바에서는 다음과 같은 오류가 난다.

```
String s;
s = "악기"
s = 35
...
Type mismatch: cannot convert from String to int
```

단, 객체를 할당하지 않은 식별자는 사용할 수 없다. 다음 예를 보면 y 식별자에 아무런 객체를 할당하지 않고 바로 사용할 때 오류가 발생하는 것을 알 수 있다.

```
>>> y
Traceback (most recent call last):
  File "<stdin>", line 1, in <module>
NameError: name 'y' is not defined
```

지금부터 식별자를 구성하는 규칙을 알아보자. 파이썬에서 사용할 수 있는 식별자는 다음과 같다.

- 하나 또는 그 이상의 문자와 숫자의 조합으로 구성되며, 길이는 제한이 없지만 숫자로 시작할 수 없으며, 공백이 없어야 한다.
  - 여기서 말하는 '문자'란 유니코드 문자 중 알파벳(a … z, A … Z), _(밑줄), 한글도 포함한다. 하지만 플랫폼에 따라 인코딩(encoding) 문제가 발생할 수 있기 때문에 가급적이면 알파벳 사용을 권장한다.
  - 식별자의 이름이 길거나 두 개 이상의 단어 조합일 때, 단어 사이에 _(밑줄)을 사용하면 가독성이 높아진다. 예를 들어, firstname, lastname보다는 first_name, last_name이 좋다.
  - 숫자란 0, 1, …, 9를 의미하며 식별자의 첫 글자에 숫자가 오면 안 되지만, 첫 글자 이외에는 사용할 수 있다. 예를 들어 student1은 유효한 식별자이지만 1student는 유효하지 않다.
- 영어 식별자는 대소문자를 구분(case sensitive)한다. 즉, blueberry, Blueberry, BlueBerry, BLUEBERRY는 모두 다른 식별자다.
- 파이썬 예약어(키워드)와 같은 이름은 사용할 수 없다.

식별자로 사용할 수 있는 예

다음 city, s, tax4, first_name, s_n__u 변수는 파이썬 식별자로 사용할 수 있다.

```
>>> city = '파리'
>>> s = '들국화'
>>> tax4 = 0.05
>>> first_name = '철수'
>>> s_n__u = [1, 2, 3]
```

파이썬은 다음처럼 한글을 변수로 사용할 수도 있다. 하지만 변수나 함수 이름 등의 식별자로 한글을 사용하는 것은 권장하지 않는다. 플랫폼에 따라 인코딩 문제가 발생할 수 있기 때문이다.

```
>>> 악기 = '드럼'              # 식별자로 한글도 사용할 수 있지만 권장하지 않는다.
>>> 악기
'드럼'
```

식별자로 사용할 수 없는 예

파이썬 예약어는 식별자로 사용할 수 없다. 다음 예는 for를 변수로 사용하려고 해서 오류가 난 것이다.

```
>>> for = 10                    # 파이썬 예약어를 사용할 수 없다.
SyntaxError: invalid syntax
```

식별자로 문자와 숫자 조합은 사용할 수 있지만 숫자가 첫 글자로 올 수는 없다.

```
>>> 4tax                        # 첫 문자에 숫자가 올 수 없다.
SyntaxError: invalid syntax
```

식별자로 _(밑줄)은 사용할 수 있지만 -(마이너스 부호)는 사용할 수 없다. 파이썬이 이 부호를 빼기 연산자로 사용하기 때문이다.

```
>>> first-name = '길동'         # -는 빼기 연산자이기 때문에 식별자에 사용할 수 없다.
SyntaxError: can't assign to operator
```

따옴표도 파이썬에서 문자열을 지정할 때 사용하는 부호이기 때문에 식별자의 일부로 사용하면 오류가 난다.

```
>>> park's = 9          # 따옴표는 사용할 수 없고 알파벳, 밑줄, 숫자는 사용할 수 있다.
SyntaxError: EOL while scanning string literal
```

밑줄은 파이썬에서 특별한 상황에 사용하기 때문에 가급적 식별자 이름의 시작과 끝 또는 단독으로 사용하는 것을 피하는 것이 좋다. 하지만 밑줄을 단어 사이나 문자 사이에 사용하는 것은 무방하다. 단지 다음 예처럼 대화형 모드에서 한 개의 밑줄은 가장 최근에 반환된 결괏값을 참조하기 때문에 필요할 때 적절히 사용할 수 있다. 참고로 인터프리터 모드에서 한 개의 밑줄은 주로 더미 변수(dummy variable)로 사용한다.

```
>>> a = 5
>>> b = 3
>>> a * b
15
>>> _ + 2                          # _(밑줄)은 가장 최근에 반환한 값인 15를 참조한다.
17
```

3 예약어

예약어(reserved words)란 컴퓨터 프로그래밍 언어에서 특별한 용도로 사용하기 위해 예약한 단어들이다. '예약 식별자(reserved identifiers)'라고도 한다. '예약'이란 단어의 의미에서 알 수 있듯이 때로는 아직 구현하지 않았지만 앞으로 사용할 수도 있는 이름을 미리 예약어로 지정하기도 한다. 따라서 예약어는 변수나 함수 이름 등 사용자가 정의하는 식별자로는 사용할 수 없는 단어(이름)들이다.

흔히 예약어는 '키워드(keywords)'와 혼용해서 사용하기도 한다. 좀 더 명확한 의미에서 예약어란 키워드로 사용하기 위해 예약한 단어라고 보면 된다.

표 4-1은 파이썬 예약어(키워드)전체 목록이다. 대소문자 구분 없이 알파벳순으로 정리한 것이다. 파이썬은 대소문자를 구분하기 때문에 None은 예약어지만 none은 예약어가 아니다. 대문자로 시작하는 예약어로는 False, None, True가 있다.

[표 4-1] 파이썬 예약어

and	as	assert	async	await	break	class
continue	def	del	elif	else	except	False
finally	for	from	global	if	import	in
is	lambda	None	nonlocal	not	or	pass
raise	return	True	try	while	with	yield

파이썬 예약어가 기억나지 않아서 프로그래밍 도중에 확인하려면 대화형 모드에서 help('keywords')를 입력하고 실행하면 된다.

```
>>> help('keywords')

Here is a list of the Python keywords.  Enter any keyword to get more help.

False               class               from                or
None                continue            global              pass
True                def                 if                  raise
and                 del                 import              return
as                  elif                in                  try
assert              else                is                  while
async               except              lambda              with
await               finally             nonlocal            yield
break               for                 not
```

5장

기본자료형

파이썬이 다루는 자료의 형태를 분류한 유형을 뜻하는 자료형(data type)은 크게 기본자료형과 복합자료형으로 나뉜다. 5장에서는 기본자료형(basic data type)인 불린, 숫자형, 문자열을 다룬다.

1 자료형 개요

자료형(data type)이란 프로그래밍 언어에서 숫자, 문자 등 여러 종류의 데이터를 쓰임새에 따라 분류한 유형을 뜻한다. 자료형은 다음과 같은 중요한 정보를 담고 있다.

- 해당 자료형이 가질 수 있는 가능한 값의 종류
- 해당 자료형으로 실행할 수 있는 수학적, 관계적, 논리적 명령들
- 해당 자료형이 참조하는 데이터(객체)가 컴퓨터 메모리에 저장되는 방식

앞 장에서도 간단히 설명했지만 어떤 표현식은 자료형에 따라 다른 결괏값을 반환하기도 한다. 예를 들어 +(더하기) 연산자는 숫자형끼리 더하면 해당 숫자들을 더한 값을 반환하지만 문자열끼리 더하면 해당 문자들을 결합한 형태를 반환한다.

```
>>> 5 + 9                                   # 숫자형끼리 더한다.
14
>>> '안녕' + 'Python'                        # 문자열끼리 더한다.
'안녕Python'
```

*(곱하기) 연산자는 숫자끼리 곱하면 해당 숫자들을 곱한 결괏값을 반환하지만 문자열에 숫자를 곱하면 해당 숫자만큼 반복한 문자열 결괏값을 반환한다.

```
>>> 5 * 9                                   # 숫자형끼리 곱한다.
45
>>> '파이썬' * 3                             # 문자열과 정수로 곱한다.
'파이썬파이썬파이썬'
```

하지만 문자열끼리 곱하거나 문자열과 숫자를 더하면 오류가 난다.

```
>>> '안녕' * 'Python'                          # 문자열끼리 곱할 수 없다.
Traceback (most recent call last):
  File "<stdin>", line 1, in <module>
TypeError: can't multiply sequence by non-int of type 'str'
>>> '파이썬' + 3                               # 문자열과 숫자형은 더할 수 없다.
Traceback (most recent call last):
  File "<stdin>", line 1, in <module>
TypeError: can only concatenate str (not "int") to str
```

그리고 -(빼기)나 /(나누기) 연산자는 문자열에서는 사용할 수 없다.

```
>>> '안녕' - '파이썬             # 문자열끼리 또는 문자열을 숫자형으로 뺄 수 없다.
Traceback (most recent call last):
  File "<stdin>", line 1, in <module>
TypeError: unsupported operand type(s) for -: 'str' and 'str'
>>> '파이썬' / 3                # 문자열끼리 또는 문자열을 숫자형으로 나눌 수 없다.
Traceback (most recent call last):
  File "<stdin>", line 1, in <module>
TypeError: unsupported operand type(s) for /: 'str' and 'int'
```

객체는 데이터를 저장한 일종의 캡슐(capsule)로 볼 수 있다. 이 캡슐에 저장한 데이터는 캡슐의 종류에 따라 변경할 수 있으며 변경 못 할 수도 있다. 캡슐 안 데이터의 속성을 정의하는 것이 자료형이다.

캡슐 안에 데이터를 담은 후 내용을 변경할 수 없는 자료형을 '불변자료형'이라 하며, 캡슐 안에 데이터를 담은 후에도 내용을 바꿀 수 있는 성질을 지닌 자료형을 '가변자료형'이라 한다. 이처럼 모든 자료형은 불변자료형과 가변자료형으로 구분된다.

좀 더 구체적으로 이 용어들을 정리하면, 불변자료형(immutable)이란 일단 객체를 생성하면 그 객체의 값을 변경하는 것이 불가능한 성질이 있는 자료형이다. 불린, 정수, 실수, 문자열, 튜플이 여기에 해당한다. 가변자료형(mutable)이란 객체를 생성한 후 그 객체의 값을 변경하는 것이 가능한 자료형을 말한다. 리스트, 딕셔너리, 세트가 여기에 속한다. 불변자료형과 가변자료형은 각 자료형을 설명할 때 좀 더 상세히 다루도록 하겠다.

파이썬 자료형의 종류는 그림 5-1처럼 분류할 수 있다.

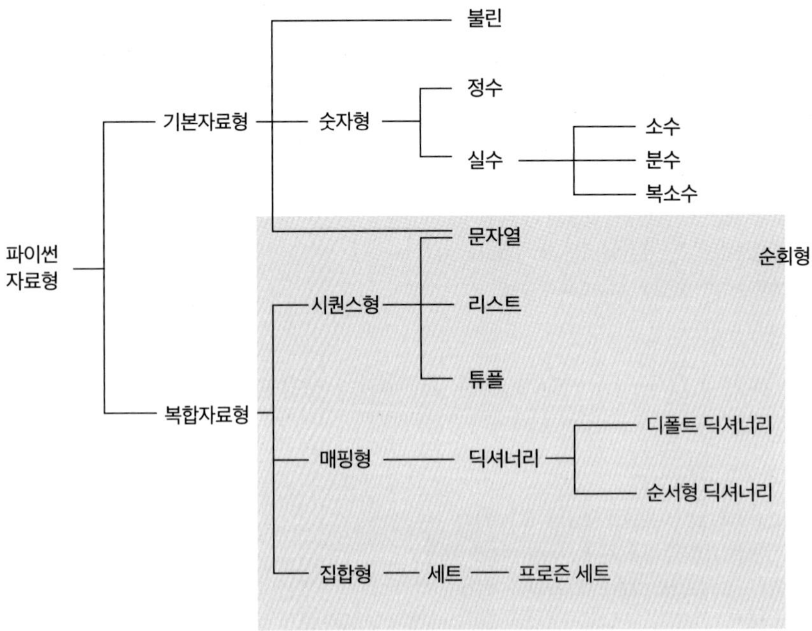

[그림 5-1] 파이썬 자료형 종류

기본자료형으로는 불린, 숫자형, 문자열이 있으며 복합자료형에는 시퀀스형, 매핑형, 집합형이 있다. 기본자료형 중 불린(Boolean)은 '참(True)' 또는 '거짓(False)' 둘 중 한 가지 값만 가질 수 있다. 숫자형(number type)은 다시 정수와 실수로 나뉜다. 정수(integer)는 1, 2, 3, …의 자연수(양의 정수)와 0, 음의 정숫값을 표현할 수 있고 실수(float)는 부동소수점수라고도 하며 -1.1, 3.14159…와 같은 소수점이 있는 숫자들을 표현한다. 그 외 소수(decimal), 분수(fraction), 실수와 허수로 이루어진 복소수(complex number) 등이 있다. 그리고 기본자료형 중 가장 많이 사용되는 문자열(string)은 유니코드 문자의 모음이다.

복합자료형 중 시퀀스형(sequence type)은 여러 객체를 차례로 접근할 수 있는 형태로 참조하기 때문에 각 객체에 순서가 있는 자료형이다. 리스트와 튜플이 있다. 리스트(list)와 튜플(tuple) 모두 순서가 있는 형태로 객체를 참조한다는 점에서는 같지만, 리스트는 가변자료형이고 튜플은 불변자료형이라는 차이점이 있다. 참고로 문자열도 순서가 있는 문자로 이루어져 있기 때문에 시퀀스형의 한 종류이긴 하지만 여러 종류의 객체를 참조하지 않기 때문에 복합자료형에 속하지 않고 기본자료형에 속한다.

매핑형(mapping type)은 키(key)와 매핑값(value)의 쌍으로 구성된 순서가 없는 객체를 참조한다. 딕셔너리(dictionary)와 이것을 확장한 자료형인 디폴트 딕셔너리(defaultdict), 순서형 딕셔너리(OrderedDict)가 있다. 이 책에서는 가장 많이 사용하는 딕셔너리만 다룬다.

집합형(set type)은 여러 객체를 순서 없이 참조하는 자료형으로 같은 값의 객체를 허용하지 않는다. 집합형은 세트(set)와 프로즌 세트(frozenset)가 있는데 이 책에서는 세트만 다룬다. 세트는 가변자료형이고 프로즌 세트는 불변자료형이란 것 외에 큰 차이는 없다.

그림 5-1에 나오는 순회형(iterable)은 순회 또는 반복이 가능한 자료형으로 시퀀스형(문자열, 리스트, 튜플), 매핑형(딕셔너리), 집합형(세트) 등이 있다. 자료형 각각에 대한 더 자세한 설명은 뒤에 다룰 것이다.

끝으로 변수나 객체가 어떤 자료형인지 확인할 수 있는 매우 유용한 type() 클래스를 소개할까 한다. type(객체)은 객체의 자료형이 무엇인지를 알려주는 클래스다. 여기서 객체로는 변수, 리터럴, 함수 이름 등이 올 수 있다. type() 클래스는 대화형 모드에서 객체의 자료형을 실시간으로 확인하거나 테스트 또는 디버그 단계에서 유용하게 사용할 수 있다.

다음 예는 type() 클래스로 예약어, 리터럴, 함수 등의 자료형을 확인한 결과다.

```
>>> type(True)                              # 예약어의 자료형 확인 → 불린
<class 'bool'>
>>> type(5)                                 # 숫자 리터럴의 자료형 확인 → 정수
<class 'int'>
>>> type(12.345)                            # 숫자 리터럴의 자료형 확인 → 실수
<class 'float'>
>>> type('12.345')                          # 문자 리터럴의 자료형 확인 → 문자열
<class 'str'>
>>> type('안녕 파이썬')                       # 문자 리터럴의 자료형 확인 → 문자열
<class 'str'>
>>> type(print)                             # 함수의 자료형 확인 → 내장 함수/메소드
<class 'builtin_function_or_method'>
>>> type(list)                              # 리스트의 자료형 확인 → 자료형
<class 'type'>
```

type() 클래스가 자료형이 무엇인지를 알려준다면 isinstance() 함수는 특정 자료형에 속하는지를 '참(True)' 또는 '거짓(False)'으로 반환하는 함수다. 다음 예는 객체가 특정 자료형의 인스턴스인지를 확인한 결과를 보여준다. isinstance() 함수의 상세한 설명은 12장에서 다룰 것이다.

```
>>> isinstance('안녕 파이썬', str)          # '안녕 파이썬'이 문자열인지 물어본다.
True
>>> isinstance(-11, int)                   # -11이 정수인지 물어본다.
True
>>> isinstance(3.14, int)                  # 3.14가 정수인지 물어본다.
False
```

2 불린

불린(Boolean)은 불변자료형으로 '거짓(False)'과 '참(True)' 두 가지 값 중 한 개만 취할 수 있는 논리 자료형이다. 참고로 '불린'은 영국의 수학자인 조지 불(George Boole)의 이름에서 따온 말이다. 다음 예처럼 True 또는 False라는 값만 갖지만 True는 1, False는 0에 대응하는 숫자로 인식하기도 해서 숫자형으로 분류되기도 한다.

```
>>> 11 - False                                    # 11 - 0과 같다.
11
>>> 11.0 + True                                   # 11.0 + 1과 같다.
12.0
>>> int(False)                                    # False를 정수로 변환한다.
0
>>> float(True)                                   # True를 실수로 변환한다.
1.0
```

파이썬에서 '거짓'에 해당하는 값은 다음과 같다. '거짓' 값이 아닌 다른 모든 값은 '참'이다.

- '거짓'인 값: False, 0, 0.0, None, 빈 문자열(''), 빈 복합자료형([], (), {}, set())
- '참'인 값: 그 외 나머지

여기서 []는 빈 리스트, ()는 빈 튜플, {}는 빈 딕셔너리, set()는 빈 세트를 만드는 연산자 또는 생성자다. 특정 값이나 데이터가 True인지 False인지를 검증하는 클래스로는 bool()이 있다. 다음 예를 보면 0 또는 빈 문자열, 빈 복합자료형 등 값이 없는 자료형은 False다. 그 외 나머지는 모두 True임을 알 수 있다.

```
>>> bool(False)                                # False는 False
False
>>> bool(0)                                    # 정수 0은 False
False
>>> bool(0.0)                                  # 실수 0.0은 False
False
>>> bool(None)                                 # None은 False
False
>>> bool('')                                   # 빈 문자열은 False
False
>>> bool([])                                   # 빈 리스트는 False
False
>>> bool(())                                   # 빈 튜플은 False
False
>>> bool({})                                   # 빈 딕셔너리는 False
False
>>> bool(set())                                # 빈 세트는 False
False
>>> bool(0.1)                                  # 그 외 나머지 모두는 True
True
>>> bool(-1)
True
>>> bool([1, 2])
True
```

실습 5-1

불린 값 할당 및 자료형 확인하기

- 변수 x에 True 값을 할당한다.
- 변수 y에 False 값을 할당한다.
- 변수 x의 자료형을 확인한다.
- 변수 y의 자료형을 확인한다.

답

```
>>> x = True                      # 변수 x에 True 값을 할당한다.
>>> y = False                     # 변수 y에 False 값을 할당한다.
>>> type(x)                       # 변수 x의 자료형을 확인한다.
<class 'bool'>
>>> type(y)                       # 변수 y의 자료형을 확인한다.
<class 'bool'>
```

불린은 주로 비교 연산자를 사용해서 수치나 텍스트 등을 서로 비교하거나, 논리 연산자로 논리 연산을 할 때 사용한다. 비교 연산자(comparison operator)는 양쪽에 있는 값을 서로 비교해서 결과를 '참(True)' 또는 '거짓(False)'으로 반환한다. 주로 숫자 또는 문자끼리 둘 사이의 관계를 비교하기 때문에 관계 연산자(relational operator)라고도 한다. 예를 들어 둘 중에 어떤 것이 큰지, 작은지, 같은지 등 둘 사이의 관계를 비교한다.

프로그래밍에서 비교 연산자는 수학에서 쓰일 때와는 조금 다른 형태로 표현된다. 예를 들어 수학에서는 양변이 같은지를 확인하는 부호가 =이지만 파이썬에서는 ==이다. 비교 연산자로는 ==, !=, >, <, >=, <=이 있는데 각각의 설명은 표 5-1에 정리되어 있다. 비교 연산을 실행하는 규칙은 8장에서 더 상세히 다룬다.

[표 5-1] 비교 연산자

문법	설명
x == y	x와 y가 같으면 True를 반환하고, 그렇지 않으면 False를 반환한다.
x != y	x와 y가 다르면 True를 반환하고, 그렇지 않으면 False를 반환한다.
x < y	x가 y보다 작으면 True를 반환하고, 그렇지 않으면 False를 반환한다.
x <= y	x가 y보다 작거나 같으면 True를 반환하고, 그렇지 않으면 False를 반환한다.
x > y	x가 y보다 크면 True를 반환하고, 그렇지 않으면 False를 반환한다.
x >= y	x가 y보다 크거나 같으면 True를 반환하고, 그렇지 않으면 False를 반환한다.

다음 예는 비교 연산자를 적용해서 간단한 연산을 실행한 결과다.

```
>>> 5 == 7                                  # 5와 7은 같은가?
False
>>> 5 != 7                                  # 5와 7은 다른가?
True
>>> 5 < 7                                   # 5가 7보다 작은가??
True
>>> 5 <= 7                                  # 5가 7보다 작거나 같은가?
True
>>> 5 > 7                                   # 5가 7보다 큰가?
False
>>> 5 >= 7                                  # 5가 7보다 크거나 같은가?
False
```

실습 5-2

비교 연산자를 사용해서 연산해보기

- 변수 x에 True 값을 할당한다.
- 변수 y에 False 값을 할당한다.
- x와 y가 같은 값인지 확인한다.
- x가 y보다 큰 값인지 확인한다.
- x가 y보다 작거나 같은 값인지 확인한다.

답

```
>>> x = True                          # 변수 x에 True 값을 할당한다.
>>> y = False                         # 변수 y에 False 값을 할당한다.
>>> x == y                            # x와 y가 같은 값인지 확인한다.
False
>>> x > y                             # x가 y보다 큰 값인지 확인한다.
True
>>> x <= y                            # x가 y보다 작거나 같은 값인지 확인한다.
False
```

해설

파이썬에서는 '거짓(False)'과 '참(True)'을 숫자로 표현할 때 False는 0이고 True는 1이다. 따라서 True가 False보다 크다.

논리 연산자(logic operator)는 여러 가지 조건을 복합적으로 판단할 때 편리하며 or, and, not 세 가지가 있다. 표 5-2는 이 세 가지 논리 연산자를 설명한다.

[표 5-2] 논리 연산자

문법	설명
x or y	~이거나, 또는 x 또는 y 둘 중 하나라도 참이면 True를 반환하고, 그렇지 않으면 False를 반환한다.
x and y	~이고, 그리고 x와 y가 모두 참일 때만 True를 반환하고, 그렇지 않으면 False를 반환한다.
not x	~아니다 x가 거짓이면 True를 반환하고, x가 참이면 False를 반환한다.

다음 예는 논리 연산자를 적용해서 불린 연산을 실행한 결과를 보여준다.

```
>>> True or False
True
>>> True and False
False
>>> not True
False
>>> not False
True
```

앞서 파이썬에서 True는 1, False는 0에 대응하는 숫자를 사용하기도 한다고 설명했는데, 거꾸로 0(과 0.0)은 False, 그 외 나머지 숫자는 True에 대응한다는 것을 다음 예를 통해 알 수 있다.

```
>>> 1 or 0                                    # True or False와 같다.
1
>>> 1 and 0                                   # True and False와 같다.
0
>>> not 1                                     # not True와 같다.
False
>>> not -5                                    # not True와 같다.
False
>>> not 0                                     # not False와 같다.
True
```

다음 예는 변수에 숫자를 할당한 후 그 변수와 다른 숫자와의 관계를 비교한 것이다.

```
>>> x = 5
>>> not x == 5
False
>>> x > 7 and x <= 9
False
>>> x > 7 or x <= 9
True
```

논리 연산자들을 같이 사용할 때는 논리 연산자 사이에 우선순위가 있다. not 연산자의 우선순위가 가장 높고, 그 다음으로 and 연산자, 마지막으로 or 연산자 순서다. 그리고 괄호를 사용하면 괄호 안의 연산이 가장 먼저 실행된다. 같은 레벨의 괄호가 여러 개 있으면 왼쪽부터 오른쪽 순으로 실행한다.

```
>>> False or not True and True              # False or ((not True) and True)와 같다.
False
>>> False and not True or True              # (False and (not True)) or True와 같다.
True
```

3 숫자형

숫자형에는 앞서 밝힌 것처럼 정수, 실수, 소수, 분수, 복소수가 있다. 하나씩 순서대로 살펴보자.

정수

정수(integer)는 불변자료형으로, 소수점이 없는 숫자(digit) 0, 1, 2, 3, 4, 5, 6, 7, 8, 9의 조합으로 이루어지며 음의 정수도 포함된다. 정수는 int로 표현되며 기본적으로 10진수를 사용하지만 2진수, 8진수, 16진수로도 표현할 수 있다.

특이한 점은 다른 프로그래밍 언어에서는 대부분 정숫값의 범위가 32비트, 64비트 등으로 한정되어 있는 반면 파이썬은 이보다도 훨씬 더 큰 정수를 담을 수 있다는 것이다. 정숫값은 컴퓨터 메모리의 크기가 허락하는 범위 안에서 표현할 수 있다.

정수는 다음 예처럼 양(+)과 음(-)의 부호를 사용해 표현할 수 있는데 양수는 주로 + 부호를 생략하고 사용한다.

```
>>> 11
11
>>> +123
123
>>> -5
-5
>>> 0
0
```

이제 정수의 산술 연산을 알아보자. 더하기 연산자는 + 부호, 빼기 연산자는 - 부호, 곱하기 연산자는 * 부호를 사용한다.

```
>>> 10 + 15                    # 더하기 연산
25
>>> 10 - 15                    # 빼기 연산
-5
>>> 1 + 2 + 3 - 4 + 5 - 6 + 7  # 괄호가 없으면 왼쪽에서 오른쪽 순서로 계산한다.
8
>>> 3 * 5                      # 곱하기 연산
15
```

나누기 연산자는 세 가지 종류가 있다. 첫 번째는 일반적으로 우리가 아는 나누기 연산으로 / 부호를 사용한다. 나누기 연산의 결괏값은 항상 실수이기 때문에 /를 실수 나누기 연산자라고도 부른다. 참고로 정수끼리 더하기, 빼기, 곱하기 연산을 실행하면 결괏값은 항상 정수다.

```
>>> 4 / 2                      # 나누기 연산의 결과는 항상 실수다.
2.0
>>> 13 / 7
1.8571428571428572
```

두 번째 나누기 연산자는 //이다. 이 연산자는 두 수를 나눈 몫을 구하는 연산자다. 두 수를 나눈 후 소수점 이하를 버리고 정수만 반환하기 때문에 정수 나누기 연산자라고도 부른다. 단 x, y 중 하나라도 실수면 결괏값은 실수다.

```
>>> 13 // 7                    # 몫 구하기 연산
1
```

세 번째 나누기 연산자는 나머지를 구하는 연산자로 % 부호를 사용한다.

```
>>> 13 % 7                     # 나머지 구하기 연산
6
```

-를 숫자나 변수 바로 앞에 붙여 단항 연산자로 사용하면 해당 숫자나 변수의 부호를 바꾼다. 즉, 양수면 음수로, 음수면 양수로 바꾼다.

```
>>> --5                                                  # 음수를 양수로 바꾼다.
5
>>> -+5                                                  # 양수를 음수로 바꾼다.
-5
>>> -5                                                   # -+5와 같다.
-5
```

반면에 +를 숫자나 변수 바로 앞에 붙여 사용하면 아무런 동작도 하지 않는다. 다만 가끔 코드의 의미를 명확히 할 필요가 있을 때 사용한다.

```
>>> +-5                 # 음수 앞에 +을 붙여도 결과는 변화가 없다.
-5
>>> ++5                 # 양수 앞에 +를 붙여도 결과는 변화가 없다.
5
>>> +5                  # 양수의 의미를 명확하게 하기 위해 사용하지만 결과는 변화가 없다.
5
```

**는 거듭제곱을 계산할 때 사용하는 연산자다. 예를 들어 2 ** 3은 2^3 즉, 2 × 2 × 2를 구한다.

```
>>> 2 ** 3                                          # 거듭제곱 연산(2³, 2 × 2 × 2)
8
```

더하기, 빼기, 곱하기, 거듭제곱 연산은 숫자가 모두 정수면 결괏값으로 정수를 반환하지만, 숫자 중 하나라도 실수면 결괏값을 실수로 반환한다.

```
>>> 1 + 2.0                                 # 숫자 중 하나라도 실수면 결괏값은 실수다.
3.0
>>> 3.0 - 3
0.0
>>> 1 * 1.0
1.0
```

표 5-3은 앞에서 보여준 산술 연산자를 요약 정리한 것이다. 이 표의 오른쪽에 있는 증강 할당 연산자(+=, -=, *=, /=, //=, %=, **=)를 사용하면 일부 표현식을 줄여 쓸 수 있다. 예를 들어 x = x + y 형식의 표현식이면 x += y 형식으로 간편하게 표현할 수 있다.

[표 5-3] 산술 연산자

문법	용어	설명	증강 할당 연산자
x + y	더하기	x와 y를 더한다. x, y 중 하나가 실수면 결괏값은 실수다.	x += y는 x = x + y와 같다.
x - y	빼기	x에서 y를 뺀다. x, y 중 하나가 실수면 결괏값은 실수다.	x -= y는 x = x - y와 같다.
x * y	곱하기	x에 y를 곱한다. x, y 중 하나가 실수면 결괏값은 실수다.	x *= y는 x = x * y와 같다.
x / y	나누기	x를 y로 나눈다. 결괏값은 항상 실수다.	x /= y는 x = x / y와 같다.
x // y	몫 구하기	x를 y로 나누고 소수점 이하는 버린다. x, y 중 하나가 실수면 결괏값은 실수다.	x //= y는 x = x // y와 같다.
x % y	나머지 구하기	x를 y로 나눴을 때의 나머지 값을 구한다. x, y 중 하나가 실수면 결괏값은 실수다.	x %= y는 x = x % y와 같다.
-x	양수-음수 바꾸기	x가 양수이면 음수로, 음수이면 양수로 바꾼다. x가 0이면 아무런 동작도 하지 않는다.	
+x		아무런 동작도 하지 않는다. 다만 가끔 코드의 의미를 명확히 할 필요가 있을 때 사용한다.	
x ** y	거듭제곱 구하기	x를 y번 곱한 값을 구한다. x, y 중 하나가 실수면 결괏값은 실수다.	x **= y는 x = x ** y와 같다.

연산 우선순위는 가장 높은 것부터 낮은 순서로 다음과 같다. ()(괄호) → **(거듭제곱) → *(곱하기)와 /(나누기) → +(더하기)와 -(빼기) 순서다. 다음 예는 곱하기 연산이 먼저 실행된 후 더하기 연산이 실행된 예다.

```
>>> 2 + 3 * 5                                    # 2 + (3 * 5)와 같다.
17
```

우선순위가 같은 연산자들(*, / 또는 +, -)이 있으면 왼쪽에서 오른쪽 순서로 계산된다.

```
>>> 1 / 2 * 5                                   # (1 / 2) * 5와 같다.
2.5
```

단, 괄호가 있으면 항상 괄호 안부터 먼저 계산된다.

```
>>> (2 + 3) * 5
25
```

다음 예는 증강 할당 연산으로 더하기, 빼기, 곱하기를 실행한 결과를 보여준다.

```
>>> x = 5
>>> y = 9
>>> x += 2                                      # x = x + 2와 같다.
>>> x
7
>>> x -= y                                      # x = x - y와 같다.
>>> x
-2
>>> y *= 3                                      # y = y * 3과 같다.
>>> y
27
```

나누기, 몫 구하기, 나머지 구하기 연산도 증강 할당 연산으로 계산할 수 있다.

```
>>> x = 8
>>> x /= 2                                      # x = x / 2와 같다.
>>> x
4.0
>>> y = 9
>>> y //= 2                                     # y = y // 2와 같다.
>>> y
4
>>> z = 10
>>> z %= y                                      # z = z % y와 같다.
>>> z
2
```

거듭제곱 연산자도 마찬가지로 증강 할당 연산을 할 수 있다.

```
>>> x = 5
>>> y = 2
>>> x **= y                                    # x = x ** y와 같다(5², 5 × 5).
>>> x
25
```

실습 5-3

정수 연산하기

- 변수 x에 정수 3을 할당한다.
- 변수 y에 정수 5를 할당한다.
- 변수 z에 정수 4를 할당한다.
- x, y, z의 총 합(total)을 구해서 출력한다.
- x, y, z의 평균(avg)을 구해서 출력한다.

답

```
>>> x = 3                          # 변수에 정수 3을 할당한다.
>>> y = 5                          # 변수에 정수 5를 할당한다.
>>> z = 4                          # 변수에 정수 4를 할당한다.
>>> total = x + y + z              # 앞 세 개 숫자의 합을 구한다.
>>> print(total)                   # 합을 출력한다.
12
>>> avg = total / 3                # 앞 세 개 숫자의 평균을 구한다.
>>> print(avg)                     # 평균을 출력한다.
4.0
```

실수

실수(float)는 불변자료형으로 소수점이 있는 숫자 0, 1, 2, 3, 4, 5, 6, 7, 8, 9로 이루어져 있다. float로 표현하기 때문에 부동소수점수(floating-point number)라고도 한다.

실수는 다음 예처럼 소수점 또는 지수 표현법을 사용해서 표현할 수 있다. 지수 표현법은 숫자, e, 숫자에 곱할 10진법의 지수를 이용하는 표현이다.

```
>>> 0.0                                  # 소수점을 사용해서 실수를 표현한다.
0.0
>>> .5
0.5
>>> 4.7
4.7
>>> -3.5
-3.5
>>> 7.9e-4                               # 지수 표현법을 사용해서 실수를 표현한다.
0.00079
```

다음 예를 살펴보면 두 숫자의 값은 같지만 자료형은 각각 실수와 정수로 다르다는 것을 알 수 있다.

```
>>> x = 5.0                              # x에는 실숫값을 할당한다.
>>> y = 5                                # y에는 정숫값을 할당한다.
>>> x == y                               # 둘의 값은 같다.
True
>>> type(x) == type(y)                   # 둘의 자료형은 다르다.
False
>>> type(x)                              # x의 자료형은 실수다.
<class 'float'>
>>> type(y)                              # y의 자료형은 정수다.
<class 'int'>
```

앞서 설명했듯이 / 연산자를 제외하고는 정수끼리 연산하면 정숫값을 반환한다. 하지만 숫자 중 하나라도 실수가 있으면 반환되는 결괏값은 실수다.

```
>>> x = 5.0
>>> x + 2                                            # 더하기
7.0
>>> x - 2                                            # 빼기
3.0
>>> x * 2                                            # 곱하기
10.0
>>> x / 2                                            # 나누기
2.5
>>> x // 2                                           # 몫 구하기
2.0
>>> x % 2                                            # 나머지 구하기
1.0
>>> x ** 2                                           # 거듭제곱 구하기
25.0
```

그리고 지수 표현법을 사용해서 연산할 수도 있으며 소수점 앞의 숫자가 0이면 생략해도 된다.

```
>>> 7.0e+1
70.0
>>> 3 * 7.0e+1                        # 지수 표현법으로도 실수를 연산할 수 있다.
210.0
>>> .0 - .2                           # 소수점 앞의 숫자가 0이면 생략해도 된다.
-0.2
```

실습 5-4

실수 연산하기

- 실수 변수 x에 21.0을 할당한다.
- x의 자료형을 출력한다.
- 증강 할당 연산자를 사용해서 x에 3을 곱한 결괏값을 다시 x에 재할당한다.
- x 값을 출력한다.
- 증강 할당 연산자를 사용해서 x에서 10을 뺀 결괏값을 다시 x에 재할당한다.
- x를 4로 나눈 나머지를 출력한다

답

```
>>> x = 21.0          # 변수 x에 21.0을 할당한다.
>>> print(type(x))  # x의 자료형을 출력한다.
<class 'float'>
>>> x *= 3            # x에 3을 곱한 결괏값을 다시 x에 재할당한다(증강 할당 연산).
>>> print(x)          # x 값을 출력한다(x가 실수라서 결괏값도 실수다).
63.0
>>> x -= 10           # x에서 10을 뺀 결괏값을 다시 x에 재할당한다(증강 할당 연산).
>>> print(x % 4)      # x를 4로 나눈 나머지를 출력한다(x가 실수라서 결괏값도 실수다).
1.0
```

정수와 실수에서 자주 사용하는 함수

abs(x) 함수는 x의 절댓값을 반환한다.

```
>>> abs(5)                         # 5의 절댓값을 구한다.
5
>>> abs(-12)                       # -12의 절댓값을 구한다.
12
```

divmod(x, y)는 x를 y로 나눴을 때의 '몫'과 '나머지', 총 두 개의 정수를 반환하는 함수다.

```
>>> divmod(13, 7)              # 몫과 나머지를 구한다.
(1, 6)
>>> x, y = divmod(13, 7)       # 몫과 나머지를 따로 변수에 할당해서 처리할 수 있다.
>>> x                          # 몫의 값을 확인한다.
1
>>> y                          # 나머지의 값을 확인한다.
6
```

pow(x, y)는 x를 y번 곱한 값을 구한다. 즉, x ** y와 같다.

```
>>> pow(2, 3)                      # 2 × 2 × 2
8
```

pow() 함수의 전달인자가 앞의 예처럼 두 개가 아니라 세 개면 전혀 다른 결괏값을 계산한다. pow(x, y, z)는 (x ** y) % z와 같다. 다시 말해 x를 y번 곱한 값을 구한 후 z로 나누어 나머지 값을 구한다.

```
>>> pow(2, 3, 5)                    # (2 ** 3) % 5와 같다.
3
```

round(x, n)는 반올림한 결과를 반환하는 함수다. n이 양의 정수면 x를 소수점 n자리로 반올림하여 반환하며, n이 음의 정수면 x를 n자리에서 반올림하여 반환한다. 만약 n이 생략되거나 0이면, 소수점 0자리로 반올림하기 때문에 소수점 이하를 모두 반올림하는 것과 같다. 그리고 round() 함수가 반환하는 값의 자료형은 x와 같다. 즉, x가 정수면 정수를 반환하고 실수면 실수를 반환한다.

```
>>> round(1.23546, 0)               # 소수점 0자리로 반올림하며 결괏값은 실수다.
1.0
>>> round(1.23546, 1)               # 소수점 1자리로 반올림하며 결괏값은 실수다.
1.2
>>> round(1.23546, 2)               # 소수점 2자리로 반올림하며 결괏값은 실수다.
1.24
>>> round(1.23546, 3)               # 소수점 3자리로 반올림하며 결괏값은 실수다.
1.235
>>> round(123546, -2)               # 2자리에서 반올림하며 결괏값은 정수다.
123500
>>> round(123546, -3)               # 3자리에서 반올림하며 결괏값은 정수다.
124000
>>> round(123546.789, -3)           # 3자리에서 반올림하며 결괏값은 실수다.
124000.0
```

int(x)와 float(x)는 x를 각각 정수와 실수로 변환하는 형변환 클래스라는 것을 3장에서 설명한 바 있다. 만약 x를 생략하면 다음 예처럼 각각 기본값인 0과 0.0을 반환한다.

```
>>> int()                   # 아무런 값(또는 변수)이 주어지지 않으면 기본값인 0을 반환한다.
0
>>> float()                 # 아무런 값(또는 변수)이 주어지지 않으면 기본값인 0.0을 반환한다.
0.0
```

int(x)는 x가 불린 또는 실수이거나, 숫자로만 이루어진 문자일 때 정수로 변환할 수 있다. x가 실수인 경우 소수점 이하는 반올림하지 않고 버린다.

```
>>> int(False)                # 불린은 정수로 변환할 수 있다.
0
>>> int(True)
1
>>> int(12.9999)              # 실수는 정수로 변환할 수 있지만 소수점 이하는 버린다.
12
>>> int('10')                 # 문자열은 문자가 숫자로만 되어 있으면 정수로 변환할 수 있다.
10
>>> int('   -53  ')           # 문자열은 앞과 뒤에 있는 공백은 무시하고 변환한다.
-53
```

여기서 주의할 점은 x가 문자열인 경우에는 숫자로만 이루어져 있어야 한다는 것이다. 다음 예처럼 공백이나 마침표 등 다른 부호가 있으면 변환할 수 없어 ValueError가 발생한다.

```
>>> int('5 + 3')              # 숫자 사이에 공백 등 숫자가 아닌 부호가 있어 오류가 난다.
Traceback (most recent call last):
  File "<stdin>", line 1, in <module>
ValueError: invalid literal for int() with base 10: '5 + 3'
>>> int('12.999')             # 숫자 외에 마침표 등 숫자가 아닌 부호가 있어 오류가 발생한다.
Traceback (most recent call last):
  File "<stdin>", line 1, in <module>
ValueError: invalid literal for int() with base 10: '12.999'
```

이 두 번째 예처럼 만약 문자가 실수 형태일 때는 float() 클래스를 먼저 사용해서 x를 실수로 변환한 후에 int() 클래스를 적용하면 오류 없이 변환된다.

```
>>> int(float('12.999'))                    # 먼저 실수로 변환한 후에 정수로 변환한다.
12
```

float()는 불린, 정수, 실수, 지수 표현법으로 된 수, 또는 형변환 가능한 형태의 문자를 실수로 변환하는 클래스다. 다음 예는 모두 실수로 형변환할 수 있는 것들이다.

```
>>> float(False)                 # 불린은 실수로 변환할 수 있다.
0.0
>>> float(True)                  # 모든 정수와 실수는 실수로 변환할 수 있다.
1.0
>>> float(0)
0.0
>>> float(-.1)
-0.1
>>> float(25)
25.0
>>> float('+1.2345')             # 실수로 변환 가능한 문자다.
1.2345
>>> float('  -12.345  ')         # 앞과 뒤에 있는 공백은 무시한다.
-12.345
>>> float('-.4528')              # 소수점 앞에 숫자가 없으면 소수점 앞을 0으로 인식한다.
-0.4528
>>> float('1e3')                 # 지수 표현도 실수로 변환할 수 있다.
1000.0
>>> float(-1e-3)
-0.001
>>> float('3.14') / float(-.1)   # 실수로 변환한 후 연산할 수도 있다.
-31.4
```

다음 예는 실수로 변환할 수 없는 경우들이다.

```
>>> float('False')               # 불린이 아니고 문자열이라 오류가 난다.
Traceback (most recent call last):
  File "<stdin>", line 1, in <module>
ValueError: could not convert string to float: 'False'
>>> float('-3.14f')              # 문자열은 숫자 또는 지수 표현만 실수로 변환할 수 있다.
Traceback (most recent call last):
  File "<stdin>", line 1, in <module>
ValueError: could not convert string to float: '-3.14f'
```

표 5-4는 앞에서 설명한 숫자형에서 많이 사용하는 함수와 클래스를 정리한 것이다.

[표 5-4] 숫자 조작 함수와 클래스

문법	설명
abs(x)	x의 절댓값을 반환한다.
divmod(x, y)	x를 y로 나눴을 때의 '몫'과 '나머지', 총 두 개의 정수를 반환한다.
pow(x, y)	x를 y번 곱한 값을 구한다. x ** y와 같다.
pow(x, y, z)	x를 y번 곱한 값을 구한 후 z로 나누어 나머지 값을 구한다. (x ** y) % z와 같다.
round(x, n)	n이 양의 정수면 x를 소수점 n자리로 반올림하여 반환한다. n이 음의 정수면 x를 n자리에서 반올림하여 반환한다. 반환하는 값의 자료형은 x와 같다.
int(x)	객체 x를 정수로 변환한다. x에 소수점이 포함되었다면 소수점 이하는 버린다. 즉, 반올림하지 않고 절삭한다. 변환이 실패하면 ValueError가 발생한다.
float(x)	객체 x를 실수인 부동소수점(float-point)수로 변환한다. 변환이 실패하면 ValueError가 발생한다.

실습 5-5

함수 사용하기

- divmod() 함수를 이용해 -27의 절댓값을 5로 나눈 '몫'과 '나머지'를 변수 x와 y에 각각 할당한 후 x와 y를 출력한다.
- pow() 함수를 사용해서 x의 제곱을 y로 나눈 나머지 값을 변수 z에 할당한 후 z를 출력한다.
- 변수 z를 7로 나눈 후 소수점 3자리로 반올림한 결괏값을 출력한다.

답

```
>>> # 27을 5로 나눈 '몫'과 '나머지'를 x와 y에 할당한다.
... x, y = divmod(abs(-27), 5)
>>> print(x)                # x 값을 출력한다.
5
>>> print(y)                # y 값을 출력한다.
2
>>> z = pow(x, 2, y)        # (x ** 2) % y의 결과를 변수 z에 할당한다.
>>> print(z)                # z 값을 출력한다.
1
>>> z /= 7                  # z를 7로 나눈 결괏값을 다시 z에 재할당한다.
>>> print(round(z, 3))      # z 값을 소수점 3자리로 반올림해서 출력한다.
0.143
```

기타 숫자형

숫자형에는 앞에서 설명한 정수와 실수 이외에 소수, 분수, 복소수가 있다. 소수(decimal)는 decimal 모듈의 Decimal 클래스를 불러와 사용할 수 있으며, 실수보다 소수를 정확히 계산할 수는 있지만 처리 속도가 실수보다는 느리다는 단점이 있다.

다음 예는 실수로 계산한 결과와 소수로 계산한 결과를 보여준다. 소수를 사용했을 때는 소수점 26자리까지 계산한 결과를 보여준다.

```
>>> print(23 / 1.123)                          # 실수로 나누기 연산을 한다.
20.480854853072127
>>>
>>> from decimal import Decimal                # decimal 모듈을 불러온다.
>>> print(23 / Decimal(1.123))                 # 소수로 나누기 연산을 한다.
20.48085485307212826035735227
```

분수(fraction)는 fractions 모듈에서 Fraction 클래스를 불러와 사용한다. 유리수를 계산할 때 유용하다.

```
>>> from fractions import Fraction             # fractions 모듈을 불러온다.
>>> print(Fraction(10, 3))                     # 분자와 분모다.
10/3
>>> print(Fraction(8, 6))                      # 약분한 결괏값을 반환한다.
4/3
>>> print(Fraction(8, 4))                      # 약분한 결괏값을 반환한다.
2
>>> print(Fraction(2.25))                      # 실수를 분수로 변환한다.
9/4
>>> print(Fraction('3/7'))                     # 문자를 분수로 변환한다.
3/7
```

복소수(complex number)는 실수와 허수로 이루어진 자료형으로 실수 쌍을 a ± bj 형태로 표현한다. a는 실수, b는 허수이며, j(또는 J)는 -1의 제곱근이다. 그리고 실수 부분이 0이면 생략할 수도 있다. 복소수는 다음과 같은 형식으로 표현할 수 있다.

```
>>> 3.5 + 2j                                    # 복소수의 일반적인 형태다.
(3.5+2j)
>>> -1 - 3.7j                                   # 실수와 허수가 음수다.
(-1-3.7j)
>>> 0.5j                                        # 실수가 0이라 생략한 형태로 0 + 0.5j와 같다.
0.5j
>>> 4 + 0j                                      # 허수가 0일 때는 0을 생략하면 안 된다.
(4+0j)
```

마지막으로 복소수에는 실수와 허수를 참조하는 속성인 `real`(real number를 의미)과 `imag`(imaginary number를 의미)가 있기 때문에 다음 예처럼 이 속성들을 사용해서 따로 뽑아 처리할 수도 있다.

```
>>> z = -5.15+3.9j
>>> z.real                 # real은 실수(real number)를 참조하는 속성(attribute)이다.
-5.15
>>> z.imag                 # imag는 허수(imaginary number)를 참조하는 속성(attribute)이다.
3.9
```

4 문자열

파이썬이 유명해진 이유 중 하나는 텍스트 문자를 처리하는 능력이 탁월하기 때문이다. 파이썬을 사용하면 통계 처리뿐만 아니라 비정형 텍스트 데이터를 분석하는 것이 매우 편리하다. 예를 들어 블로그 방문자들의 수많은 댓글을 크롤링하는 것도 단 몇 줄의 코드로 처리할 수 있으며, 텍스트 마이닝과 관련된 매우 편리한 라이브러리도 다수 존재한다. 따라서 문자로 이루어져 있는 비정형 데이터 분석도 아주 간단하게 처리할 수 있다.

특히 파이썬은 문자를 처리하는 함수들이 매우 강력하기 때문에 다른 프로그래밍 언어보다도 훨씬 더 빨리, 더 효과적으로 텍스트를 처리하고 분석할 수 있다. 예를 들어 파이썬에서는 수천 줄의 텍스트를 단 한 개의 문자열로 다루어 분석할 수 있고, 문장별로 나누어 분석하는 것도 문자열 메소드들을 사용해서 쉽게 처리할 수 있다. 이 절에서는 텍스트 문자를 다루는 자료형인 문자열에 대해 알아보자.

문자열은 시작과 끝을 따옴표로 묶어서 만든 순서가 있는 유니코드 문자(부호)의 배열로 이루어져 있다. 영어로는 'string'이라 하며, 여러 개의 사물을 함께 엮어 놓는 줄 또는 끈을 뜻한다. 즉, 문자들을 배열해서 묶어 놓은 자료형이라는 의미에서 문자열이라 부르는 것이다. 문자열은 순서가 있는 문자들의 배열로 이루어져 있기 때문에 시퀀스형 자료구조로 분류된다. 시퀀스형이란 객체 각각이 순서대로 배열된 자료구조이며, 'sequence type'이라고 하기 때문에 순서형 또는 배열형이라고도 번역할 수 있는데, 이 책에서는 시퀀스형이라고 하겠다. 시퀀스형으로는 문자열과 나중에 다루는 복합자료형인 리스트와 튜플이 있다. 문자열은 불변자료형이기 때문에 일단 만들어지면 내용을 변경할 수 없고 문자의 순서를 바꿀 수도 없다.

따옴표

문자열 리터럴을 생성할 때는 양쪽에 작은따옴표(' … ') 또는 큰따옴표(" … ")로 묶어서 사용한다. 작은따옴표로 시작했으면 작은따옴표로 끝나야 하고, 큰따옴표로 시작했으면 큰따옴표로 끝나야 한다. 만약 작은따옴표로 시작해서 큰따옴표로 끝나면(또는 그 반대) 다음처럼 오류가 난다.

```
>>> '안녕 파이썬"
  File "<stdin>", line 1
    '안녕 파이썬"
              ^
SyntaxError: EOL while scanning string literal
```

따옴표를 생략해도 오류가 난다.

```
>>> 안녕 파이썬
  File "<stdin>", line 1
    안녕 파이썬
         ^
SyntaxError: invalid syntax
```

파이썬은 작은따옴표(' … ')로 묶인 문자열과 큰따옴표(" … ")로 묶은 문자열을 동일하게 취급한다. 따라서 개인의 선호도에 따라 둘 중 하나를 선택해서 일관성 있게 적용하면 된다. 'PEP 8 파이썬 코드 스타일 가이드'[1]에서도 작은따옴표와 큰따옴표 둘 중 하나를 정해서 일관성 있게만 적용하면 된다고 말한다.

문자열 리터럴을 대표 형식으로 출력할 때는 작은따옴표를 사용하나 큰따옴표를 사용하나 상관없이 출력 결과는 항상 문자열의 양쪽 끝이 작은따옴표로 묶여 출력된다. 텍스트 형식으로 출력하기 위해 print() 함수를 사용하면 따옴표 없이 출력된다.

1 https://www.python.org/dev/peps/pep-0008/

```
>>> '안녕 파이썬'              # 대표 형식으로 출력하면 항상 작은따옴표로 묶어 출력된다.
'안녕 파이썬'
>>> "안녕 파이썬"              # 대표 형식으로 출력하면 항상 작은따옴표로 묶어 출력된다.
'안녕 파이썬'
>>> print('안녕 파이썬')       # 텍스트 형식으로 출력하면 따옴표 없이 출력된다.
안녕 파이썬
>>> print("안녕 파이썬")       # 텍스트 형식으로 출력하면 따옴표 없이 출력된다.
안녕 파이썬
```

문자열임을 확인하기 위해 type() 클래스를 사용하면 str로 표시되는데 이는 string의 약자로 문자열을 뜻한다. 다음 예를 보면 숫자도 따옴표로 묶으면 문자열이라는 것을 알 수 있다.

```
>>> s = '123'
>>> type(s)
<class 'str'>
```

그런데 문자열 중간에 따옴표를 넣어야 할 때는 어떻게 처리할까? 문자열 안에 다음처럼 작은따옴표 안에 작은따옴표를, 큰따옴표 안에 큰따옴표를 사용하면 오류가 난다.

```
>>> print('문자열 안에 '따옴표'를 사용하려면 어떻게 하나요?')
  File "<stdin>", line 1
    print('문자열 안에 '따옴표'를 사용하려면 어떻게 하나요?')
                          ^
SyntaxError: invalid syntax
>>> print("문자열 안에 "따옴표"를 사용하려면 어떻게 하나요?")
  File "<stdin>", line 1
    print("문자열 안에 "따옴표"를 사용하려면 어떻게 하나요?")
                          ^
SyntaxError: invalid syntax
```

이처럼 따옴표 안에 따옴표(중첩 따옴표)를 넣어야 할 때는 다음 세 가지 방법 중 한 가지를 선택해서 사용하면 된다. 첫 번째, 작은따옴표가 들어 있으면 큰따옴표로 문자열 리터럴을 만든다.

```
>>> print("문자열 안에 '작은따옴표'를 사용하려면 큰따옴표로 묶는다.")
문자열 안에 '작은따옴표'를 사용하려면 큰따옴표로 묶는다.
```

두 번째, 큰따옴표가 들어 있으면 작은따옴표로 문자열 리터럴을 만든다.

```
>>> print('문자열 안에 "큰따옴표"를 사용하려면 작은따옴표로 묶는다.')
문자열 안에 "큰따옴표"를 사용하려면 작은따옴표로 묶는다.
```

세 번째, 이스케이프 문자인 '\(역슬래시)'를 사용하면 문자열 리터럴 안에서 따옴표를 사용할 수 있다. 이스케이프 문자의 자세한 내용은 조금 뒤에 다룬다. 참고로 윈도우용 한글 키보드는 '₩'가 '\(역슬래시)'와 같은 기능을 한다. 하지만 이 책에서는 '₩' 대신 '\(역슬래시)'를 사용한다.

```
>>> print('문자열 안에 \'따옴표\'를 사용하려면 이스케이프 문자를 사용한다.')
문자열 안에 '따옴표'를 사용하려면 이스케이프 문자를 사용한다.
>>> print("문자열 안에 \"따옴표\"를 사용하려면 이스케이프 문자를 사용한다.")
문자열 안에 "따옴표"를 사용하려면 이스케이프 문자를 사용한다.
```

'PEP 8 파이썬 코드 스타일 가이드'에서는 문자열 안에 작은따옴표가 들어 있을 때는 양쪽 끝을 큰따옴표를 묶고, 문자열 안에 큰따옴표가 들어 있을 때는 양쪽 끝을 작은따옴표로 묶어서 사용하기를 권장한다. 저자는 문자열 안에 작은따옴표가 포함되었을 때만 양쪽 끝을 큰따옴표로 묶어 사용하고 그 외 모든 문자열은 작은따옴표로 표기한다.

참고로 'PEP 8 파이썬 코드 스타일 가이드'에서는 가급적이면 문자열 안에 \(역슬래시) 사용을 자제할 것을 권장한다. 문자열 내부에 \(역슬래시)를 사용하면 가독성이 낮아지기 때문이다. 따라서 문자열 안에 작은따옴표와 큰따옴표를 같이 넣어야 할 때가 아니라면 \(역슬래시) 사용을 가급적 피하도록 하자.

삼중 따옴표

파이썬에서는 따옴표가 세 개 연속으로 있는 삼중 따옴표(triple quotes)를 사용할 수 있다. 삼중 따옴표는 작은따옴표 세 개(''' … ''') 또는 큰따옴표 세 개(""" … """)로 표현할 수 있으며, 작은따옴표나 큰따옴표와 마찬가지로 문자열 리터럴을 생성할 때 사용할 수 있다. 대표 형식으로 출력할 때는 삼중 따옴표 역시 다른 따옴표와 마찬가지로 항상 문자열의 양쪽 끝을 작은따옴표로 묶어서 보여주며 print() 함수를 사용하면 따옴표 없이 출력된다.

```
>>> '''안녕 파이썬'''            # 대표 형식으로 출력하면 항상 작은따옴표로 묶여 출력된다.
'안녕 파이썬'
>>> """안녕 파이썬"""            # 대표 형식으로 출력하면 항상 작은따옴표로 묶여 출력된다.
'안녕 파이썬'
>>> print('''안녕 파이썬''')  # 텍스트 형식으로 출력하면 따옴표 없이 출력된다.
안녕 파이썬
>>> print("""안녕 파이썬""")  # 텍스트 형식으로 출력하면 따옴표 없이 출력된다.
안녕 파이썬
```

사실 이처럼 간단한 문자열 리터럴을 생성할 때 삼중 따옴표를 사용하는 경우는 드물다. 삼중 따옴표는 주로 다음 세 가지 상황에 사용한다.

첫 번째, 삼중 따옴표를 사용하면 따옴표 안에 따옴표를 넣을 때 일일이 \(역슬래시)를 넣어주지 않고 그냥 작은따옴표나 큰따옴표를 사용할 수 있다.

```
>>> print('''문자열 안에 '작은따옴표'나 "큰따옴표"를 사용할 수 있다.''')
문자열 안에 '작은따옴표'나 "큰따옴표"를 사용할 수 있다.
```

두 번째, 삼중 따옴표는 여러 줄로 된 문자열 리터럴도 표현할 수 있다. 여러 줄로 구성한 문자열을 작은따옴표나 큰따옴표로 묶으면 오류가 난다.

```
>>> print('''문자열 안에 '작은따옴표'나
... "큰따옴표"를 사용할 수도 있고
... 여러 줄을 사용할 때도
... 편리하다.''')
문자열 안에 '작은따옴표'나
"큰따옴표"를 사용할 수도 있고
여러 줄을 사용할 때도
편리하다.
```

이처럼 삼중 따옴표 부호 안에 있는 문자열이 여러 줄로 되어 있으면 각 줄의 마지막에 눈으로는 보이지 않지만 '\n(새줄바꿈)' 부호가 들어 있는 것과 같다. 출력할 때 줄바꿈을 보존해 출력한다. 새줄바꿈 부호뿐만 아니라 다른 화이트스페이스(whitespace) 문자도 그대로 보존해 출력한다. 화이트스페이스 문자는 142p에서 상세히 설명한다.

세 번째, 함수나 클래스의 설명문자열로 사용한다. 설명문자열(Docstring)이란 코드의 특정 부분의 기능을 설명하고 문서화하기 위해 소스 코드에 지정하는 문자열 리터럴이다. 주로 함수, 클래스, 모듈 등을 정의할 때 그 이름 바로 아래 적는다. 설명문자열은 반드시 삼중 따옴표를 사용해야 한다. 다음 예는 저자가 작성한 seconds() 함수의 소스 코드를 설명문자열로 문서화한 것이다.

```
def seconds(hour, minute, second):
    """Returns the total number of seconds of the given time.

    Args:
        hour (int): hour
        minute (int): minute
        second (int): second

    Returns:
        int: seconds (time is converted to seconds)

    To use:
        >>> seconds(1, 25, 57)
        5157
    """
    minutes = hour * 60 + minute
    seconds = minutes * 60 + second
    return seconds
```

삼중 따옴표도 개인의 선호도에 따라 작은따옴표 세 개(''' … ''') 또는 큰따옴표 세 개(""" … """) 둘 중 하나를 선택해서 일관성 있게 적용하면 된다. 저자는 설명문자열이 필요할 때 'PEP 8 파이썬 코드 스타일 가이드'의 권고에 따라 큰따옴표 세 개를 사용하며, 그 외에 삼중 따옴표를 사용해야 할 때는 작은따옴표 세 개로 표시한다.

앞의 함수를 다음처럼 실행하면 문서화한 함수의 정보를 볼 수 있다. __doc__은 함수, 클래스, 메소드, 모듈, 패키지 등에 자동으로 추가되는 속성이며, 다음처럼 설명문자열을 담고 있다. 따라서 필요할 때 언제든 호출해서 해당 함수에 관한 정보를 볼 수 있다.

```
>>> print(seconds.__doc__)
Returns the total number of seconds of the given time.

    Args:
        hour (int): hour
        minute (int): minute
        second (int): second

    Returns:
        int: seconds (time is converted to seconds)

    To use:
        >>> seconds(1, 25, 57)
        5157
```

이스케이프 문자

파이썬 문자열에서 이스케이프(escape) 문자는 바로 다음에 따라오는 문자를 원래 의미가 아닌 특별한 의미로 처리해야 할 때 사용한다. 문자의 본래 의미에서 탈출시킬 때 사용한다고 해서 탈출 코드라고도 하는데, 이 책에서는 이스케이프 문자라고 하겠다.

이스케이프 문자의 대표적인 사용 예는 다음과 같다.

- \n (또는 ₩n): 문자 n으로 처리하지 않고 새줄바꿈으로 처리한다. 새줄바꿈이란 한 줄의 끝남을 표시하는 문자로 '개행 문자' 또는 'EOL(end-of-line)'과 같은 뜻이다.

- \t (또는 ₩t): 문자 t로 처리하지 않고 탭(tab) 문자로 처리한다.
- \' (또는 ₩'): 작은따옴표를 파이썬 문자열 리터럴을 생성하는 특수 문자로 사용하지 않고 일반적으로 알려진 작은따옴표 문자로 처리한다.
- \" (또는 ₩"): 큰따옴표를 파이썬 문자열 리터럴을 생성하는 특수 문자로 사용하지 않고 일반적으로 알려진 큰따옴표 문자로 처리한다.
- \\n (또는 ₩₩n): 새줄바꿈(\n)으로 처리하지 않고 일반 문자인 \n으로 처리한다. \\는 앞의 \가 이스케이프 문자이기 때문에 뒤의 \를 이스케이프 문자가 아닌 일반 문자 역슬래시로 처리한다.

다음 예는 \n과 \\n의 차이를 보여준다.

```
>>> print('\n')                                    # 새줄바꿈(\n)을 한다.


>>> print('\\n')                                   # 문자열 \n을 출력한다.
\n
```

만약 \(역슬래시)가 문자열 안에서 특수 문자인 이스케이프 문자가 아니고 원래 의미인 역슬래시 문자를 뜻한다면 어떻게 해야 할까? 예를 들어 C 드라이브에 있는 'home' 폴더와 하위 폴더인 'nations'를 'C:\home\nations' 형태로 작성하면 역슬래시 뒤에 오는 n 때문에 \n이 되어 다음 예처럼 줄 바꿈해서 출력된다.

```
>>> print('C:\home\nations')
C:\home
ations
```

의도하는 상황은 아닐 것이다. 이를 해결하려면 앞서 설명한 역슬래시 앞에 역슬래시를 한번 더 사용해서 새줄바꿈(\n)으로 처리하지 말고 일반 문자로 처리하면 된다.

```
>>> print('C:\home\\nations')
C:\home\nations
```

그런데 문장 안에서 일반 문자인 역슬래시가 많이 들어 있다면 역슬래시가 나올 때마다 매번 역슬래시를 두 번 연속으로 작성해야 한다. 그럼 문장 안에 역슬래시가 지나치게 많이 들어가기 때문에 가독성이 매우 낮아질 것이다. 이때는 다음 예처럼 문자열을 나타내는 첫 따옴표 앞에 r을 넣어주면 해당 문자열 안의 모든 문자를 있는 그대로 인식한다. 이스케이프 문자를 사용할 필요가 없다. 이처럼 문자열 앞에 붙이는 r을 '로스트링(raw string)'이라고 한다.

```
>>> print(r'C:\home\nations')
C:\home\nations
```

역슬래시의 이러한 이중적인 역할은 파이썬에서 정규표현식을 활용할 때 가끔 충돌과 혼선을 불러일으킬 수 있다. 예를 들어 파이썬에서 정규표현식을 사용해 이스케이프 문자가 아닌 일반 문자열 리터럴 \(역슬래시)를 검사하고 싶으면 \\\\처럼 역슬래시를 네 번 입력해야 한다. 이때는 코드가 매우 복잡해진다. 따라서 정규표현식을 사용할 때는 로스트링으로 이런 문제를 간단히 해결하자.

화이트스페이스 문자

화이트스페이스(whitespace) 문자란 화면상에는 표시하지 않지만 컴퓨터 모니터나 프린터와 같은 출력 장치를 제어하는 문자를 말한다. ' '(공백문자), \n(새줄바꿈), \t(탭), \r(캐리지 리턴), \v 또는 \x0b(수직 탭), \f 또는 \x0c(페이지 넘기기) 등이 있다. 여러분이 설치한 파이썬 버전이 사용하는 화이트스페이스 문자를 확인하려면 다음과 같은 코드를 입력하면 된다.

```
>>> import string
>>> string.whitespace
' \t\n\r\x0b\x0c'
```

화이트스페이스 문자의 역할은 print() 함수를 사용해서 텍스트 형식으로 출력해보면 쉽게 알 수 있다. 다음 예는 \t(탭)과 \n(새줄바꿈)을 문자열 안에 삽입한 후 대표 형식과 텍스트 형식으로 출력한 결과다.

```
>>> s = '\t일\n월\n화\n수\n목\n금\n\t토'
>>> s                                          # 대표 형식으로 출력한다.
'\t일\n월\n화\n수\n목\n금\n\t토'
>>> print(s)                                   # 텍스트 형식으로 출력한다.
	일
월
화
수
목
금
	토
```

실습 5-6

문자열 리터럴 만들기

print() 함수를 한 번만 사용해서 다음 텍스트를 출력해보자.

"She's gone! Yon' Heathcliff's run off wi' her!" gasped the girl.

"That is not true!" exclaimed Linton, rising in agitation.

(텍스트 출처: https://www.gutenberg.org/files/768/old/wuthr10h.htm)

- 변수 text에 위의 문장을 문자열로 할당한다.
- 변수 text를 출력한다.

답

삼중 따옴표를 사용하면 따옴표 안에 작은따옴표나 큰따옴표를 사용할 수 있을 뿐만 아니라, \n을 넣지 않고도 여러 줄로 이루어진 문자열 리터럴을 표현할 수 있다.

```
>>> text = '''"She's gone! Yon' Heathcliff's run off wi' her!" gasped the girl.
... "That is not true!" exclaimed Linton, rising in agitation.'''
>>> print(text)
"She's gone! Yon' Heathcliff's run off wi' her!" gasped the girl.
"That is not true!" exclaimed Linton, rising in agitation.
```

이스케이프 문자를 사용해도 되지만 가독성이 낮아지는 단점이 있다.

```
>>> text = ('\"She\'s gone! Yon\' Heathcliff\'s run off wi\' her!\" gasped'
...         ' the girl.\n\"That is not true!\" exclaimed Linton, rising'
...         ' in agitation.')
>>> print(text)
"She's gone! Yon' Heathcliff's run off wi' her!" gasped the girl.
"That is not true!" exclaimed Linton, rising in agitation.
```

줄 연결

컴퓨터 화면의 너비는 제한적이기 때문에 코드가 너무 길면 스크롤 없이 보기가 불편할 뿐만 아니라 출력할 때도 매우 번거롭다. 이때는 긴 코드를 여러 줄에 나눠 작성하는 것이 편리하다. 이런 이유 때문에 'PEP 8 파이썬 코드 스타일 가이드'에서도 코드 한 줄을 최대 79자로 제한할 것을 권한다.

특정 코드를 한 줄로 인식하게 하면서 실제로는 여러 줄에 나누어 작성하는 방법은 두 가지가 있다. 첫 번째는 소괄호를 사용하는 방법이고, 두 번째는 앞서 설명한 이스케이프 문자인 '\(역슬래시)'를 각 줄의 맨 마지막에 추가해서 줄 바꿈을 방지(탈출)하는 방법이다. 이 두 가지 방법 중 PEP 8에서는 소괄호를 사용할 것을 권장한다. 소괄호는 표현식으로 인식하기 때문에 코드 처리가 효율적이고 역슬래시보다 가독성이 높다. 따라서 두 가지 방식 모두 사용할 수 있지만, 다음 예의 첫 번째처럼 소괄호를 사용하는 방식을 추천한다.

```
>>> (3 * 5                                        # 소괄호를 사용한다.
... + 2)
17
>>> 3 * 5 \                                       # \를 사용한다.
... + 2
17
```

한 줄의 문자열 리터럴도 여러 줄의 코드로 나누어 작성할 수 있다. 이때도 소괄호를 사용하면 문자열 처리가 효율적이기 때문에 다음 첫 번째 예처럼 사용할 것을 권장한다.

```
>>> x = ('소괄호를 사용하면 여러 줄로 작성한 문자열을 간편하게 합할 수 있다. '
...      '표현식으로 이루어지기 때문에 깔끔하게 보인다.')
>>> print(x)
소괄호를 사용하면 여러 줄로 작성한 문자열을 간편하게 합할 수 있다. 표현식으로
이루어지기 때문에 깔끔하게 보인다.
>>> y = '이스케이프 문자인 역슬래시를 사용해서 여러 줄로 작성한 문자열을 '\
...     '합할 수 있지만 PEP 8 파이썬 코드 스타일 가이드에서 추천하지 않는다.'
>>> print(y)
이스케이프 문자인 역슬래시를 사용해서 여러 줄로 작성한 문자열을 합할 수 있지만
PEP 8 파이썬 코드 스타일 가이드에서 추천하지 않는다.
```

문자열의 인덱스

파이썬에서 '문자'는 말 그대로 한 개의 문자를 뜻한다. 문자가 순서대로 정해진 위치에 들어가면 문자의 배열인 문자열이 된다. 따라서 '문자열'은 순서가 있는 문자의 묶음으로, 문자 각각의 위치가 정해져 있는 시퀀스형 자료구조다. 이때 파이썬에서는 문자 위치 번호를 항상 0부터 센다는 점에 주의해야 한다. 따라서 첫 문자의 위치는 0이며 마지막 문자의 위치는 n - 1이 된다. 여기서 n은 문자열의 총 길이를 뜻한다. 다음 예는 len()이라는 내장 함수로 문자열의 길이를 구한 결과를 보여준다.

```
>>> len('안녕 파이썬')                              # 문자열의 전체 길이를 구한다.
6
```

그림 5-2는 영어와 한글 문자열의 문자 위치 번호를 보여준다. 'Hi Python'의 길이는 공백을 포함해서 9이며 첫 문자 H의 위치는 0, 마지막 n의 위치는 전체 길이에서 1을 뺀(9 - 1) 8이다. 문자열의 마지막 위치는 '전체 길이 - 1'임을 기억하자. 한글 문자열도 마찬가지다. '안녕 파이썬'의 총 길이는 6이고 첫 문자 '안'의 위치는 0이며, '녕'은 1, 마지막 문자 '썬'의 위치는 5(6-1)다. 참고로 문자열은 뒤에서부터 번호를 매길 수도 있다. 마지막 문자가 -1로 시작해서 첫 문자가 -n으로 끝난다. n은 문자열의 총 길이다.

H	i		P	y	t	h	o	n
0	1	2	3	4	5	6	7	8
-9	-8	-7	-6	-5	-4	-3	-2	-1

안	녕		파	이	썬
0	1	2	3	4	5
-6	-5	-4	-3	-2	-1

[그림 5-2] 문자열의 인덱스

이처럼 문자열 안 개별 문자의 위치를 나타내는 번호를 문자열의 인덱스(index)라고 한다. 따라서 개별 문자는 문자열의 인덱스로 접근할 수 있다. 참고로 인덱스란 시퀀스형 안에 있는 각 값의 위치를 말하며 대괄호 속에 인덱스 번호를 표기한다.

```
문자열[인덱스번호]
```

따라서 문자열의 첫 번째 문자 인덱스는 [0] 또는 [-n]이며, 마지막 문자의 인덱스는 [n - 1] 또는 [-1]이다. n은 문자열의 전체 길이를 뜻한다. 인덱스 [-1]은 문자열의 길이에 상관없이 항상 마지막 문자를 찾아주기 때문에 편리하다. 다음 예는 '안녕 파이썬'의 개별 문자를 인덱스로 추출하는 것을 보여준다.

```
>>> s = '안녕 파이썬'
>>> s[0]                    # 문자열 s의 첫 번째 단어를 추출한다.
'안'
>>> s[5]                    # 문자열 s의 여섯 번째 단어(마지막 단어)를 추출한다.
'썬'
>>> s[3]                    # 문자열 s의 네 번째 단어를 추출한다.
'파'
>>> s[-1]                   # 문자열 s의 마지막 단어(s[5]와 같다)를 추출한다.
'썬'
>>> s[-3]                   # 문자열 s의 뒤에서 세 번째 단어를 추출한다.
'파'
>>> s[-6]                   # 문자열 s의 뒤에서 여섯 번째 단어(첫 단어)를 추출한다.
'안'
```

만약 문자열 전체 길이의 범위를 벗어난 인덱스에 접근하거나 빈 문자열에 접근하려고 하면 IndexError가 발생한다.

```
>>> s[6]          # 문자열의 크기가 6인데 일곱 번째 단어를 추출하려고 해서 오류가 난다.
Traceback (most recent call last):
  File "<stdin>", line 1, in <module>
IndexError: string index out of range
>>> ''[0]         # 빈 문자열의 첫 번째 단어를 추출하려고 해서 오류가 난다.
Traceback (most recent call last):
  File "<stdin>", line 1, in <module>
IndexError: string index out of range
```

문자열 분할

문자열의 인덱스는 문자를 한 개씩만 가져올 수 있지만, 문자열 분할(slicing) 연산자를 사용하면 문자열의 일부 또는 전부를 추출할 수 있다. 예를 들어 '바로 쓰는 파이썬 기초편'이라는 문자열에서 일부인 '파이썬'을 추출하고자 한다면 다음처럼 하면 된다.

```
>>> s = '바로 쓰는 파이썬 기초편'
>>> s[6:9]                              # 일곱 번째부터 아홉 번째 문자까지 추출한다.
'파이썬'
```

문자열 분할 연산자는 인덱스처럼 대괄호 안에 위치를 나타내는 번호의 시작과 끝 사이에 :(쌍점, colon)을 표기한다. 참고로 분할 연산자는 시퀀스형(문자열, 리스트, 튜플 등)에서만 사용할 수 있다. 분할 연산자는 다음과 같은 형식으로 사용한다.

문자열[시작번호:끝번호]

문자열의 시작번호부터 끝번호 바로 앞까지의 문자를 추출한다. 끝번호에 해당하는 문자는 포함하지 않는다는 점에 유의하자. 시작번호와 끝번호는 생략할 수 있다. 시작번호를 생략하면 기본값인 0에서 출발한다. 만약 '바로 쓰는 파이썬 기초편'에서 '바로' 만 추출하려면 [0:2] 대신에 다음처럼 [:2]로 작성해도 된다.

```
>>> s[:2]                               # s[0:2]와 같다.
'바로'
```

끝번호를 생략하면 문자열의 마지막 문자까지 추출한다.

```
>>> s[3:]                               # 네 번째부터 마지막까지 추출한다.
'쓰는 파이썬 기초편'
```

시작번호와 끝번호 둘 다 생략하면 모든 대상을 가져온다. 다시 말해 문자열[:]은 문자열[0:len(문자열)]과 같다. 따라서 다음 코드 세 개의 실행 결과는 같다.

```
>>> s[:]
'바로 쓰는 파이썬 기초편'
>>> s[0:len(s)]
'바로 쓰는 파이썬 기초편'
>>> s[0:13]
'바로 쓰는 파이썬 기초편'
```

다음처럼 분할 연산자를 사용할 수도 있다.

문자열[시작번호:끝번호:폭]

대괄호 안에 두 개의 쌍점을 사용하면 마지막에 오는 번호는 폭(step)을 뜻한다. 이때는 시작번호와 끝번호 사이의 모든 문자를 가져오지 않고 폭에서 설정한 숫자만큼씩 건너뛰며 추출한다. 시작번호와 끝번호를 생략할 수 있다. 시작번호를 생략하면 문자열의 처음부터 추출하고 끝번호를 생략하면 문자열의 마지막까지 추출한다. 다음 예는 폭을 지정해서 특정 대상만 추출하는 것이다.

```
>>> s[::2]            # 문자열의 처음부터 끝까지 2만큼씩 건너뛰며 대상을 추출한다.
'바 는파썬기편'
>>> s[::3]            # 문자열의 처음부터 끝까지 3만큼씩 건너뛰며 대상을 추출한다.
'바쓰파 편'
>>> s[1:9:2]          # 문자열의 두 번째부터 여덟 번째까지 2만큼씩 건너뛰며 대상을 추출한다.
'로쓰 이'
```

폭의 기본값은 1이다. 즉, 폭을 생략하면 1이기 때문에 문자열 시작부터 끝의 바로 앞에 있는 모든 문자를 추출한다. 시작번호, 끝번호, 폭을 모두 생략하면 모든 문자를 추출한다. 따라서 다음 코드 세 개의 실행 결과는 같다.

```
>>> s[:]
'바로 쓰는 파이썬 기초편'
>>> s[::]
'바로 쓰는 파이썬 기초편'
>>> s[::1]
'바로 쓰는 파이썬 기초편'
```

만약 폭으로 설정한 숫자가 음의 정수라면 문자열 시작과 끝이 바뀌어 뒤쪽 끝에서 출발해서 앞쪽으로 폭만큼 건너뛰면서 문자를 추출한다. 예를 들어 문자열 전체를 뒤에서부터 거꾸로 추출하고 싶다면 다음처럼 하면 된다.

```
>>> s[::-1]
'편초기 썬이파 는쓰 로바'
```

다음 예는 '바로 쓰는 파이썬 기초편'에서 첫 두 문자를 제외한 후 뒤에서 두 개 문자씩 건너뛰며 단어를 추출하는 것을 보여준다.

```
>>> s[:2:-2]                                    # s[-1:2:-2]와 같다.
'편기썬파는'
```

앞서 인덱스로 접근할 때 문자열 길이 범위를 벗어난 인덱스에 접근하면 오류가 난다는 것을 살펴봤다.

```
>>> s[13]
Traceback (most recent call last):
  File "<stdin>", line 1, in <module>
IndexError: string index out of range
```

하지만 분할 연산자를 사용할 때는 범위를 벗어난 인덱스에 접근해도 다음 예처럼 오류가 나지 않는다.

```
>>> s[13:]
''
>>> s[13:100]
''
```

실습 5-7

문자열 분할하기

- 지역번호를 포함한 집 전화번호를 문자열로 변수 telephone에 할당한 후, telephone을 출력한다. 예를 들어 집 전화번호가 '02-1345-6789'이면, '0213456789'를 telephone에 할당해야 한다.
- 변수 telephone에서 지역번호만 가져와 변수 area_code에 할당한 후, area_code를 출력한다. 예를 들어 집 전화번호가 '02-1345-6789'이면, '02'를 area_code에 할당해야 한다.
- 변수 telephone에서 지역번호를 제외한 번호를 가져와 변수 number에 할당한 후, number를 출력한다. 예를 들어 집 전화번호가 '02-1345-6789'이면, '13456789'를 number에 할당해야 한다.
- 변수 area_code와 number의 자료형을 출력한다.

답

```
>>> telephone = '0213456789'  # 변수 telephone에 문자열 전화번호를 할당한다.
>>> print(telephone)             # 변수 telephone을 출력한다.
0213456789
>>> area_code = telephone[0:2]   # 첫 두 문자를 추출해서 변수에 할당한다.
>>> print(area_code)             # 결과를 출력한다.
02
>>> number = telephone[2:]  # 세 번째부터 나머지 문자를 추출해서 변수에 할당한다.
>>> print(number)                # 결과를 출력한다.
13456789
>>> print(type(area_code))       # 변수 area_code의 자료형을 출력한다.
<class 'str'>
>>> print(type(number))          # 변수 number의 자료형을 출력한다.
<class 'str'>
```

문자열 수정

문자열의 일부를 다른 문자열로 교체하거나 추가하려고 하면 오류가 난다. 그 이유는 문자열이 불변자료형이기 때문이다. 앞서 불변자료형은 일단 값을 생성한 후에는 일부나 전부를 변경이나 수정할 수 없다고 설명했다.

```
>>> s = '안녕 파이썬'
>>> s[:2] = 'Hi'                    # '안녕'을 'Hi'로 바꾸려고 시도하니 오류가 난다.
Traceback (most recent call last):
  File "<stdin>", line 1, in <module>
TypeError: 'str' object does not support item assignment
```

이 문제를 해결하기 위해서는 약간의 트릭이 필요하다. 문자열 분할 연산자를 사용해서 필요한 문자만 추출한 후 + 연산자를 사용해서 결합하면 된다. 그리고 기존 변수에 새로 결합한 문자열을 재할당하면 마치 기존 문자열을 새로운 문자열로 바꾼 것과 같은 효과를 볼 수 있다.

```
>>> s = '안녕 파이썬'
>>> s = 'Hi' + s[2:]                # ' 파이썬'을 추출해 'Hi'와 결합한 후 s로 재할당한다.
>>> s
'Hi 파이썬'
```

실습 5-8

문자열 분할과 결합을 통해 문자열 수정하기

- 'I', 'love', 'Python'이라는 문자열 세 개를 변수 str1, str2, str3에 순서대로 할당한다.
- 이 문자열 세 개를 결합해서 'I love Python'이란 문자열을 만든 후, 변수 str4에 할당하고 str4 값을 출력한다.
- 분할 연산자를 사용해서 str4로부터 'I love' 문자열만 추출한 후, 그 결괏값을 다시 str4에 할당한다.
- 결합 연산자를 사용해서 str4와 'programming'이란 문자열을 합한 후, 결괏값인 'I love programming'을 새로운 변수인 str5에 할당한다. 그리고 str5 값을 출력한다.

답

```
>>> str1 = 'I'
>>> str2 = 'love'
>>> str3 = 'Python'
>>> str4 = str1 + ' ' + str2 + ' ' + str3# 각 문자열 사이에 공백을 넣고 합한다.
>>> print(str4)                         # 결과를 출력한다.
I love Python
>>> str4 = str4[:6]                     # 'I love'라는 문자열만 추출해서 재할당한다.
>>> str5 = str4 + ' ' + 'programming' # 변수 str4, 공백, 'programming'을 합한다.
>>> print(str5)                         # 결과를 출력한다.
I love programming
```

자주 사용하는 문자열 메소드

파이썬은 객체지향 언어이기 때문에 자료형을 포함한 모든 요소를 객체로 취급한다. 따라서 문자열도 객체다. 문자열 클래스는 문자열을 처리할 수 있는 다양하고 유용한 클래스 메소드를 제공한다.

클래스 메소드란 특정 클래스에 속해 있는 함수를 말한다. 일반적으로 함수는 특정 클래스에 속해 있지 않기 때문에 print()나 len()처럼 함수 이름만 불러서 사용한다. 하지만 클래스 메소드는 메소드가 속해 있는 클래스나 그 클래스가 생성한 객체를 통해서만 사용할 수 있다. 즉, 클래스.메소드() 또는 객체.메소드() 형식으로 호출해서 사용해야 한다. 예를 들어 곧 다룰 split() 메소드는 문자열.split()처럼 사용한다. 클래스와 객체는 12장에서 상세히 다룬다.

❶ 문자열 분할 메소드

문자열 분할 메소드 split()와 rsplit()은 다음과 같은 형식으로 사용한다.

```
문자열.split(sep=None, maxsplit=-1)
문자열.rsplit(sep=None, maxsplit=-1)
```

이 두 메소드는 문자열을 리스트 형태로 반환한다. 특징은 다음과 같다.

- split()메소드는 sep를 기준으로 문자열을 왼쪽부터 나눈 후 리스트 형태로 반환한다.
- rsplit()메소드는 sep를 기준으로 문자열을 오른쪽부터 나눈 후 리스트 형태로 반환한다.
- sep는 구분자로 문자열을 분할할 때의 기준이다. 만약 구분자 sep를 생략하면 기본값인 화이트스페이스 문자 기준으로 분할한다. 구분자 sep는 반환하는 리스트에 포함되지 않는다.
- maxsplit는 최대 분할 값으로 이 값만큼만 구분자 sep로 분할한다. 예를 들어 최대 분할 값 maxsplit로 2가 주어지면 문자열을 두 번만 분할해서 세 개의 리스트를 반환한다. 만약 문자열에서 구분자 sep의 개수가 최대 분할 값 maxsplit보다 작다면 구분자 sep를 기준으로 모두 분할한다. 최대 분할 값 maxsplit을 생략하거나 기본값인 -1이 주어지면 구분자 sep만큼 모두 분할한다.

다음 코드는 구분자 sep와 최대 분할 값 maxsplit를 생략하고 기본값을 적용했기 때문에 화이트스페이스 문자 기준으로 모두 분할해서 리스트로 반환하는 것을 보여준다. 리스트는 6장에서 더 자세하게 다룰 것이다.

```
>>> kor = '파이썬을 배우면서 파이썬을 즐기자!!!'
>>> kor.split()                    # 기본값인 화이트스페이스 문자 기준으로 모두 분할한다.
['파이썬을', '배우면서', '파이썬을', '즐기자!!!']
```

최대 분할 값 maxsplit를 지정하면 split() 메소드는 그 값만큼만 왼쪽부터 분할하고 rsplit() 메소드는 오른쪽부터 분할한 후 결과를 리스트로 반환한다.

```
>>> kor.split(maxsplit=2)      # 화이트스페이스 문자 기준으로 왼쪽부터 두 번만 분할한다.
['파이썬을', '배우면서', '파이썬을 즐기자!!!']
>>> kor.rsplit(maxsplit=1)     # 화이트스페이스 문자 기준으로 오른쪽부터 한 번만 분할한다.
['파이썬을 배우면서 파이썬을', '즐기자!!!']
```

구분자 sep를 지정하면 화이트스페이스 문자 대신 지정한 구분자 sep를 기준으로 split() 메소드는 왼쪽부터 분할하고 rsplit() 메소드는 오른쪽부터 분할한 후 결과를 리스트로 반환한다. 주의할 점은 구분자 sep를 기준으로 양쪽으로 분할하기 때문에 반환한 리스트에는 구분자 sep를 포함하지 않는다는 것이다.

```
>>> kor.split(sep='을')                  # '을' 기준으로 모두 분할한다.
['파이썬', ' 배우면서 파이썬', ' 즐기자!!!']
>>> kor.rsplit(sep='을', maxsplit=1)     # '을' 기준으로 오른쪽부터 한 번만 분할한다.
['파이썬을 배우면서 파이썬', ' 즐기자!!!'']
```

구분자 sep를 지정하지 않고 기본값인 화이트스페이스 문자 기준으로 문자열을 구분할 때, 만약 연속으로 화이트스페이스 문자가 있으면 화이트스페이스 문자 하나로 취급한다. 따라서 화이트스페이스 문자나 빈 문자열('')로만 이루어져 있는 문자열은 빈 리스트를 반환한다.

```
>>> ' \t   \n  \n\t   \t  '.split()
[]
>>> '                           '.split()
[]
```

split()는 자주 사용하는 메소드니 활용법을 잘 익히도록 하자. 예를 들어 여러분이 웹 사이트, 블로그, 트위터 데이터를 수집했을 때 문장이 주로 마침표(.)로 끝나는 것을 이용하면 len(your_doc.split('.'))라는 코드를 실행해서 반환된 리스트의 길이를 확인할 수 있다. 수집한 문서가 몇 개의 문장으로 되어 있는지 알 수 있는 것이다(your_doc은 여러분이 수집한 텍스트 파일이다). 영어의 경우 각 단어는 띄어쓰기로 구분되기 때문에 split() 메소드를 이용하면 간단하게 단어 수를 셀 수도 있다. 중복 단어를 포함해서 수집한 문서의 총 단어 개수를 알아야 할 때는 간단히 기본값인 len(your_doc.split())를 실행하면 된다.

❷ 문자열 결합 메소드

문자열 결합 메소드 join()은 다음과 같은 형식으로 사용한다.

결합문자열.join(순회형)

특징은 다음과 같다.

- 여러 문자열을 한꺼번에 연결할 때 사용하며, 순회형(iterable) 자료를 결합문자열로 결합해서 문자열 한 개로 반환하는 함수다.
- 결합문자열은 문자열을 결합할 때 사용하는 문자열이다.
- 순회형(iterable)은 순회 또는 반복이 가능한 자료형으로 문자열, 리스트, 튜플, 딕셔너리, 세트 등이 있다. join() 메소드는 순회형의 문자열들을 결합문자열로 결합해서 하나의 문자열로 반환하기 때문에 순회형의 객체들이 반드시 모두 문자열로 이루어져 있어야 한다.

다음 예는 문자열 네 개로 이루어진 리스트 자료를 각각 공백문자(' ') 하나와 빈 문자열('')을 결합문자열로 사용해 결합한 후 문자열 하나로 반환한 결과를 보여준다.

```
>>> instruments = ['드럼', '기타', '베이스', '키보드']
>>> ' '.join(instruments)          # 리스트의 모든 문자열 객체를 공백문자로 결합한다.
'드럼 기타 베이스 키보드'
>>> ''.join(instruments)           # 리스트의 모든 문자열 객체를 빈 문자열로 결합한다.
'드럼기타베이스키보드'
```

결합문자열로 쉼표와 공백을 사용해 결합하면 마치 리스트의 객체를 그대로 문자열로 바꾼 것과 같은 효과를 가져온다.

```
>>> ', '.join(instruments)     # 리스트의 모든 문자열 객체를 쉼표와 공백문자로 결합한다.
'드럼, 기타, 베이스, 키보드'
```

이번에는 여러 부호를 조합해서 문자열들을 결합해보자.

```
>>> '=><='.join(instruments)       # 리스트의 모든 문자열 객체를 =><= 문자열로 결합한다.
'드럼=><=기타=><=베이스=><=키보드'
```

단, join() 메소드로 전달하는 순회형 객체 모두가 문자열이 아니면 오류가 나기 때문에 주의해야 한다. 다음 예는 리스트 안의 객체 중 숫자가 있기 때문에 오류가 났다.

```
>>> '+'.join([5, '드럼', '베이스'])           # 리스트의 모든 객체는 문자열이어야 한다.
Traceback (most recent call last):
  File "<stdin>", line 1, in <module>
TypeError: sequence item 0: expected str instance, int found
```

join() 메소드와 split() 메소드는 상반된 기능을 제공한다고 볼 수 있다. 다음 예는 join() 메소드를 사용해 문자열 하나로 결합한 것을 split() 메소드로 다시 분리하는 것을 보여준다. 이때 join() 메소드의 결합문자열과 split() 메소드의 구분자 sep가 같은 것을 알 수 있다.

```
>>> fruits = ['사과', '복숭아', '블루베리', '바나나', '체리']
>>> x = ', '.join(fruits)          # 모든 항목을 쉼표와 공백문자로 결합해서 x에 할당한다.
>>> x                              # 문자열 하나로 결합해 생성했다.
'사과, 복숭아, 블루베리, 바나나, 체리'
>>> y = x.split(sep=', ')          # 다시 분할해서 리스트 항목으로 반환한다.
>>> y
['사과', '복숭아', '블루베리', '바나나', '체리']
```

❸ 문자열 삭제 메소드

문자열 삭제 메소드 strip()는 다음과 같은 형식으로 사용한다.

```
문자열.strip([삭제할-문자-세트])
문자열.lstrip([삭제할-문자-세트])
문자열.rstrip([삭제할-문자-세트])
```

특징은 다음과 같다.

- 이 세 메소드는 문자열에서 삭제할-문자-세트를 제거한 문자열을 반환하는 함수다.
  - strip()은 삭제할-문자-세트를 문자열의 양쪽 끝부터 삭제한 문자열을 반환한다.
  - lstrip()은 삭제할-문자-세트를 문자열의 왼쪽 끝부터 삭제한 문자열을 반환한다.
  - rstrip()은 삭제할-문자-세트를 문자열의 오른쪽 끝부터 삭제한 문자열을 반환한다.
- 삭제할-문자-세트는 삭제할 문자들의 집합으로, 문자열의 끝부터 삭제할-문자-세트에 포함되지 않은 문자에 도달할 때까지 계속 삭제한다. 이때 삭제할-문자-세트에 포함된 모든 문자를 문자열에서 삭제하기 때문에 삭제할-문자-세트에 포함된 문자의 순서는 중요하지 않다. 만약 삭제할-문자-세트를 지정하지 않으면 기본값인 화이트스페이스 문자를 문자열에서 삭제한다.

다음 예는 문자열에서 기본값인 화이트스페이스 문자를 각각 문자 양쪽, 왼쪽, 오른쪽 끝부터 삭제한 결과를 보여준다. 문자열의 오른쪽 끝에는 화이트스페이스 문자가 없기 때문에 아무것도 삭제하지 않았다.

```
>>> kor = '\t 초급자를\n위한 파이썬!!!'
>>> kor.strip()                    # 문자열 양쪽 끝부터 화이트스페이스 문자를 삭제한다.
'초급자를\n위한 파이썬!!!'
>>> kor.lstrip()                   # 문자열 왼쪽 끝부터 화이트스페이스 문자를 삭제한다.
'초급자를\n위한 파이썬!!!'
>>> kor.rstrip()                   # 문자열 오른쪽 끝부터 화이트스페이스 문자를 삭제한다.
'\t 초급자를\n위한 파이썬!!!'
```

strip() 메소드를 사용해서 문자열을 삭제할 때, 삭제할-문자-세트에 포함하지 않은 문자에 도달하면 삭제를 중단한다. 다음 예는 문자열의 양쪽 끝부터 시작해서 goPniR에 포함된 문자들을 삭제하여 반환한 결과를 보여준다.

```
>>> eng = 'Right way to Python'
>>> eng.strip('goPniR')           # 문자열의 양쪽 끝부터 'goPniR'에 포함된 문자를 삭제한다.
'ht way to Pyth'
```

위 코드에서 왼쪽 끝부터 R, i, g가 삭제할 문자 세트 'goPniR'에 포함된 문자이며, h는 포함하지 않은 문자다. 오른쪽 끝부터 n과 o가 삭제할 문자 세트 'goPniR'에 포함된 문자이며 마찬가지로 h은 포함되지 않은 문자다. 따라서 양쪽 끝부터 'h'에 도달할 때까지 이 문자들을 제거한 새로운 문자열을 반환했다.

❹ 문자열 교체 메소드

문자열 교체 메소드 replace()는 다음과 같은 형식으로 사용한다.

```
문자열.replace(기존-부분문자열, 새로운-부분문자열[, 교체횟수])
```

특징은 다음과 같다.

- 문자열 중 기존-부분문자열을 모두 새로운-부분문자열로 교체한 새 문자열을 반환한다.
- 선택 사항인 교체횟수(count)를 지정하면, 그 교체횟수만큼만 교체한 새 문자열을 반환한다.
- 부분문자열이란 문자열의 일부 또는 전부를 뜻한다.

문자열 분할 연산자로 문자열을 수정할 때는 필요한 부분만 분할해서 추출한 후 재결합하면 된다. replace() 메소드는 좀 더 유연하게 문자열을 수정할 수 있다. 예를 들어 문자열에서 필요한 부분만 검색해서 교체할 수도 있고, 교체 횟수를 정해 그 횟수만큼만 바꿀 수도 있다. 다음 예는 기존 문자 중 일부를 교체하는 것을 보여준다.

```
>>> s = '초급자를 위한 파이썬'
>>> s.replace('초', '중')                # 문자열에 '초'가 있으면 '중'으로 교체한다.
'중급자를 위한 파이썬'
```

실제로 문자열이 수정되었는지 확인해보자. 그런데 s 값은 여전히 바뀌지 않았다.

```
>>> s
'초급자를 위한 파이썬'
```

그 이유는 앞서 설명했듯이 문자열이 불변자료형이기 때문이다. 따라서 새로 바뀐 문자열을 사용하려면 변수에 재할당해야 한다. 다음 예는 기존 변수에 재할당해 마치 해당 문자열의 일부를 수정한 것과 같은 효과를 보는 코드다.

```
>>> s = s.replace('초', '중')            # '초'를 '중'으로 교체해서 s에 재할당한다.
>>> s
'중급자를 위한 파이썬'
```

replace() 메소드를 사용해 교체횟수를 지정할 수도 있다.

```
>>> s = 'I love Python programming'
>>> s.replace('o', 'O', 2)              # 소문자 'o'를 대문자 'O'로 두 번만 교체한다.
'I lOve PythOn programming'
```

❺ 문자열 서식 메소드

문자열 서식 메소드에는 center(), ljust(), rjust()가 있다. 다음과 같은 형식으로 사용한다.

```
문자열.center(폭[, 채움문자])
문자열.ljust(폭[, 채움문자])
문자열.rjust(폭[, 채움문자])
```

특징은 다음과 같다.

- 세 가지 메소드는 폭(width) 길이만큼 넓힌 문자열을 반환하는 메소드다. 폭이 문자열의 원래 길이보다 길면 나머지 부분을 채움문자(fillchar)로 채운다.
  - center() 메소드는 문자열을 중앙 정렬해서 양쪽을 채움문자로 채운 문자열로 반환한다.
  - ljust() 메소드는 문자열을 왼쪽 정렬해서 오른쪽을 채움문자로 채운 문자열로 반환한다.
  - rjust() 메소드는 문자열을 오른쪽 정렬해서 왼쪽을 채움문자로 채운 문자열로 반환한다.
- 폭은 반환할 전체 문자열의 너비다. 만약 폭이 문자열의 원래 길이와 같거나 작으면 원래 문자열을 반환한다.
- 채움문자를 지정할 때는 반드시 한 개의 문자여야 한다. 빈 문자열(0개)이거나 두 개 이상의 문자열이면 오류가 난다. 기본값은 한 개의 공백문자(' ')다. 즉, 채움문자를 지정하지 않으면 공백문자로 채운다.

다음 예는 문자열의 길이가 21인데 폭이 30으로 문자열보다 크기 때문에 문자열을 중앙 정렬한 후 양쪽을 기본값인 공백문자로 채운다.

```
>>> s = '파이썬을 배우면서 파이썬을 즐기자!!!'
>>> len(s)              # s의 문자열 길이는 21이다.
21
>>> s.center(30)        # 폭을 30으로 설정하고 중앙 정렬한 후 양쪽을 공백 문자로 채운다.
'    파이썬을 배우면서 파이썬을 즐기자!!!     '
```

다음 첫 번째 코드는 폭을 30으로 설정해서 문자열을 왼쪽 정렬한 후 오른쪽을 기본값인 공백문자 대신 채움문자 @로 채웠다. 두 번째 코드는 문자열을 오른쪽 정렬한 후 왼쪽을 $로 채웠다.

```
>>> s.ljust(30, '@')          # 폭을 30으로 설정하고 왼쪽 정렬한 후 오른쪽을 '@'로 채운다.
'파이썬을 배우면서 파이썬을 즐기자!!!@@@@@@@@@'
>>> s.rjust(30, '$')          # 폭을 30으로 설정하고 오른쪽 정렬한 후 왼쪽을 '$'로 채운다.
'$$$$$$$$$파이썬을 배우면서 파이썬을 즐기자!!!'
```

다음 예는 폭이 원래 문자열 길이보다 작기 때문에 채움문자로 채우지 않고 원래 문자열만 반환하는 것을 보여준다.

```
>>> s.center(15, '#')
'파이썬을 배우면서 파이썬을 즐기자!!!'
>>> s.ljust(15, '#')
'파이썬을 배우면서 파이썬을 즐기자!!!'
>>> s.rjust(15, '#')
'파이썬을 배우면서 파이썬을 즐기자!!!'
```

❻ expandtabs 메소드

expandtabs 메소드는 다음과 같은 형식으로 사용한다.

```
문자열.expandtabs(tabsize=8)
```

특징은 다음과 같다.

- 문자열에 포함된 모든 탭 문자(\t)가 있는 열과 지정한 탭 크기를 기준으로 삼아 한 개 이상의 공백문자로 바꾼 새 문자열을 반환한다.
- tabsize는 탭 크기이며 기본값은 8이다. 기본값이 8이면 0, 8, 16, 24 등의 열(column)이 탭 지정 위치가 된다.
- 문자열을 확장할 때, 현재 열이 0으로 설정되고, 문자열을 문자 단위로 검사를 해서, 문자가 탭(\t)이면 현재 열이 다음 탭 위치와 같아질 때까지 탭 문자를 하나 이상의 공백문자로 대체한다.

다음 예는 탭 크기를 기본값인 8, 4와 16으로 각각 지정했을 때의 차이를 보여준다.

```
>>> s = '12\t1234\t1234567\t12345678\t123'
>>> s.expandtabs()
'12      1234    1234567 12345678        123'
>>> s.expandtabs(4)
'12  1234    S4567   12345678    123'
>>> s.expandtabs(16)
'12              1234            S4567           12345678        123'
```

❼ format 메소드

마지막으로 format() 메소드를 알아보자. 이 메소드를 사용하면 문자열 서식 설정(포맷)을 다양하고도 유연하게 표현할 수 있는 장점이 있다.

```
문자열.format(*위치-전달인자, **키워드-전달인자)
```

특징은 다음과 같다.

- 문자열의 서식 설정 혹은 포맷과 관련된 작업을 실행한다. 이 메소드를 호출하는 문자열은 문자열 리터럴과 대체 필드(replacement field)를 포함할 수 있다. 각 대체 필드를 format() 메소드의 전달인자로 대체한 새 문자열을 반환한다.
- 대체 필드란 문자열 안의 특정 값을 바꿔야 할 때 사용한다. { }로 표시한다.
- 각 대체 필드에는 위치-전달인자의 인덱스 번호나 키워드-전달인자의 키워드 식별자가 들어 있다.
    - 전달인자(argument)란 format() 메소드의 '()' 안으로 전달되는 값이나 변수를 말한다.
    - 위치-전달인자(positional argument)란 앞에 키워드 식별자가 없는 전달인자를 말한다. 예를 들어 문자열.format('A4', 50, False) 같은 것이 이에 해당한다. 위치-전달인자의 위치 인덱스 번호는 0부터 시작한다. 즉, 'A4'의 인덱스 번호는 0이며, 50의 인덱스 번호는 1, False의 인덱스 번호는 2다.
    - 키워드-전달인자(keyword argumnts)란 키워드 식별자가 오는 전달인자를 말한다. 예를 들어 문자열.format(paper='A4', copies=50, color=False) 같은 것이 이에 해당한다. paper, copies, color가 키워드 식별자다.

- 위치-전달인자를 사용한다면 대체 필드인 { } 안에 전달인자의 위치를 알려주는 인덱스 번호(0, 1, ...)가 들어간다. 단, 파이썬 버전 3.1 이후부터는 인덱스 번호를 생략할 수 있다.
- 키워드-전달인자를 사용한다면 대체 필드인 { } 안에 전달인자의 키워드 식별자를 입력한다.
- 위치 전달인자와 키워드 전달인자는 10장에서 상세히 다룬다.

다음 예는 위치 전달인자를 사용해서 대체 필드 '{ }'에 변수 s 값을 대체한 것이다. 이때 format() 메소드의 괄호 안에 들어 있는 위치 전달인자가 한 개뿐이기 때문에 인덱스 번호가 0이다.

```
>>> s = '파이썬'
>>> '바로 쓰는 {0}'.format(s)                # 위치 전달인자가 변수 s 하나 뿐이다.
'바로 쓰는 파이썬'
```

format() 메소드로 전달하는 전달인자는 변수나 리터럴뿐만아니라 표현식도 사용할 수 있다.

```
>>> '3 * 5 = {0}'.format(3 * 5)              # 위치 전달인자로 표현식을 사용했다.
'3 * 5 = 15'
```

위치 전달인자를 사용한다면 앞서 설명했듯이 인덱스 번호는 생략해도 된다.

```
>>> '3 * 5 = {}'.format(3 * 5)         # 대체 필드 { } 안의 인덱스 번호는 생략해도 된다.
'3 * 5 = 15'
```

인덱스 번호를 생략하면 전달인자의 위치를 왼쪽부터 0, 1, 2, ... 순서로 자동 인식해서 해당 대체 필드를 대체한다. 다음 예에서는 인덱스 번호 없이 실행한 결과를 보여준다.

```
>>> '{} * {} = {}입니다.'.format(3, 5, 3 * 5)
'3 * 5 = 15입니다.'
```

그런데 전달인자의 위치, 즉 순서를 바꾸어서 값을 대체하고자 한다면 인덱스 숫자를 반드시 입력해야 한다. 다음 예는 첫 번째 대체 필드를 두 번째 전달인자 값으로 대체하고 두 번째 대체 필드를 첫 번째 전달인자 값으로 대체한 것이다. 세 번째 대체 필드는 세 번째 전달인자로 대체한다.

```
>>> '{1} * {0} = {2}입니다.'.format(3, 5, 3 * 5)  # 3과 5의 순서를 바꿔서 출력한다.
'5 * 3 = 15입니다.'
```

대체 필드는 특히 반복 실행해야 하는 코드에서 특정 부분만 다른 값으로 대체할 때 편리하다. 다음 코드는 for문을 활용해서 구구단 중 5단의 계산 결과를 출력한 것이다 (for문은 8장에서 상세히 다룬다).

```
>>> for i in range(1, 10):                              # i 값은 1부터 9까지다.
...     print('{} * {} = {}'.format(5, i, 5 * i))
...
5 * 1 = 5
5 * 2 = 10
5 * 3 = 15
5 * 4 = 20
5 * 5 = 25
5 * 6 = 30
5 * 7 = 35
5 * 8 = 40
5 * 9 = 45
```

이 코드에 키워드 전달인자를 사용하면 다음처럼 바뀐다. 키워드 전달인자를 사용하면 전달인자의 위치는 중요하지 않다. 즉, 전달인자의 위치와 무관하게 키워드 식별자를 통해 값을 전달하기 때문이다.

```
>>> for i in range(1, 10):                                    # i 값은 1부터 9까지다.
...     print('{left} * {right} = {result}'.format(result=5 * i, right=i,
...         left=5))
...
5 * 1 = 5
5 * 2 = 10
5 * 3 = 15
5 * 4 = 20
5 * 5 = 25
5 * 6 = 30
5 * 7 = 35
5 * 8 = 40
5 * 9 = 45
```

대체 필드는 단순히 값만 대체하는 것이 아니라 출력하는 문자열의 형태를 지정한 서식에 맞게 설정할 수 있다. 다음 예는 35275824.26581을 소수점 2자리에서 반올림하고 쉼표로 세 자리씩 분리해서 출력하도록 ({:,.2f}) 대체 필드의 서식 명세(format specification) 기능을 사용한다.

```
>>> '${:,.2f}'.format(35275824.26581)
'$35,275,824.27'
```

대체 필드 안에는 이처럼 서식 명세뿐만 아니라 객체를 출력할 때 대표 형식 또는 텍스트 형식 중 원하는 형태로 출력 형식을 지정할 수도 있다. 자세한 내용은 '부록 4 - format() 메소드를 활용한 문자열 서식 설정'을 참조하기 바란다. 또 문자열 클래스는 지금까지 설명한 메소드 외에도 유용한 메소드들을 다수 제공한다. 이는 '부록 3 - 유용한 문자열 메소드'를 참고하기 바란다.

실습 5-9

문자열 메소드 사용하기

- '\t 나의 살-던 고향은 꽃피는- 산골-\n\t복숭아-꽃 살-구꽃 아-기 진-달래!!!'를 변수 str1에 할당한다.
- split() 메소드를 사용해서 str1을 화이트스페이스 문자 기준으로 분할한 후 변수 str2에 할당하고 str2 값을 출력한다.
- join() 메소드를 사용해서 str2를 공백 하나로 결합한 후 str3에 할당하고 str3 값을 출력한다.
- rstrip() 메소드를 사용해서 str3의 오른쪽 끝 ! 문자를 모두 삭제한 후 str4에 할당하고 str4 값을 출력한다.
- replace() 메소드를 사용해서 str4에 있는 - 문자를 모두 빈 문자로 바꾼 후 str5에 할당한다.
- format() 메소드의 서식 명세 기능을 사용해서 문자열.center(50, '#')을 출력한 것과 같은 결과가 나오도록 str5를 출력한다.

힌트

문자열의 폭을 50으로 하고 중앙 정렬한 후 양쪽을 '#'으로 채우려면 format() 메소드의 대체 필드에서 {:#^50}로 표현한다.

답

```
>>> str1 = '\t  나의 살-던 고향은 꽃피는- 산골-\n\t복숭아-꽃 살-구꽃
아-기 진-달래!!!'
>>> str2 = str1.split()         # 문자열을 화이트스페이스 문자 기준으로 분할한다.
>>> print(str2)                 # str2를 출력한다.
['나의', '살-던', '고향은', '꽃피는-', '산골-', '복숭아-꽃', '살-구
꽃', '아-기', '진-달래!!!']
>>> str3 = ' '.join(str2)       # 공백 하나로 순회형 문자열들을 결합한다.
>>> print(str3)                 # str3을 출력한다.
나의 살-던 고향은 꽃피는- 산골- 복숭아-꽃 살-구꽃 아-기 진-달래!!!
>>> str4 = str3.rstrip('!')     # 문자열의 오른쪽 끝 '!'를 모두 삭제한다.
>>> print(str4)                 # str4를 출력한다.
나의 살-던 고향은 꽃피는- 산골- 복숭아-꽃 살-구꽃 아-기 진-달래
>>> str5 = str4.replace('-', '')        # '-'를 빈 문자열로 모두 교체한다.
>>> print('{:#^50}'.format(str5))       # print(str5.center(50, '#'))과 같다.
#########나의 살던 고향은 꽃피는 산골 복숭아꽃 살구꽃 아기 진달
래#########
```

연습문제

모든 연습문제는 인터프리터 모드에서 실행하기 때문에 먼저 문제를 읽고 분석한 후, 파이썬 코드로 작성해서 py 파일로 저장한다. 각 연습문제의 마지막에 나오는 실행 예는 프로그램을 정상적으로 작성했을 때 실행한 결과를 보여주는 것이기 때문에 코드를 작성할 때 참고하면 된다. 인터프리터 모드에서 파일을 실행하는 방법은 '명령어 셀에서 파이썬 프로그램 실행하기'(56p)에서 다뤘다.

5-1 식사 비용 계산하기

다음 내용을 처리하는 프로그램을 작성한 후 'ex5_1.py' 파일로 저장하자.

이번 휴가 때 가족들과 함께 해외여행을 가기로 했다. 이것저것 준비하다가 외국 식당에서는 음식을 주문하면 음식 가격에 봉사료(tip)와 세금(meal tax)을 부과한다는 것을 알게 되었다. 그래서 출국하기 전에 미리 가족의 저녁 식사를 위해 예약한 식당의 웹 사이트를 방문해서 주문할 음식의 총 가격, 음식 세율, 그 나라의 봉사료를 확인해보니 다음과 같았다.

- 음식 총 가격: $137.50
- 세율: 음식 총 가격의 8.875%
- 봉사료: 음식과 세금을 합한 가격의 15%

여기서 주의할 점은 봉사료가 음식 가격의 15%가 아니라 음식과 세금을 합한 가격의 15%라는 것이다. 그럼 가족의 저녁 식사에 지불해야 할 비용은 얼마일까?

실행 예

```
> python ex5_1.py
172.16
```

5-2 오바마 대통령의 명언 출력하기

다음 내용을 처리하는 프로그램을 작성한 후 'ex5_2.py' 파일로 저장하자.

미국의 오바마 전 대통령이 다음과 같은 유명한 말을 남겼다.
(출처: https://obamawhitehouse.archives.gov/blog/2013/12/09/don-t-just-play-your-phone-program-it)

"휴대폰으로 놀지 말고 프로그래밍을 해봐라(Don't just play on your phone, program it)"

학생들에게 스마트폰으로 게임 등을 하면서 시간을 보내지 말고 직접 프로그래밍을 해보라는 뜻이다. 어릴 때부터 프로그래밍을 교육하는 것이 중요하다는 것을 강조한 말이다.

이 문장을 다음처럼 세 줄로 표현해보자. 단, print() 함수를 한번만 사용해야 하며, 두 번째 줄은 첫 글자 앞에 공백 한 개를, 세 번째 줄은 첫 글자 앞에 탭 한 개를 삽입한다. 어떻게 하면 될까?

```
President Barack Obama said,
 "Don't just play on your phone,
	program it."
```

실행 예

```
> python ex5_2.py
President Barack Obama said,
 "Don't just play on your phone,
	program it."
```

5-3 문자 암호화하기

다음 내용을 처리하는 프로그램을 작성한 후 'ex5_3.py' 파일로 저장하자.

입력한 문자열을 암호화하는 프로그램을 작성하려고 한다. 특정 메시지를 암호화하는 수많은 방법 중 가장 간단한 방법을 생각해보자. 편의상 암호화하려는 문자열에는 공백이 없고, 한글과 영어 문자열 둘 다 처리할 수 있어야 한다. 문자열의 길이가 길면 길수록 암호화 효과가 크다.

입력한 문자열은 다음과 같은 규칙으로 암호화한다.

- 문자열의 두 번째에 위치한 문자부터 시작해서 문자 세 개 간격(두 번째, 다섯 번째, 여덟 번째, ...에 위치한 문자들)으로 추출해서 결합한 후 이 문자들을 맨 앞으로 옮긴다.
- 문자열의 첫 번째에 위치한 문자부터 시작해서 문자 세 개 간격(첫 번째, 네 번째, 일곱 번째, ...에 위치한 문자들)으로 추출해서 결합한 후 이 문자들을 그 뒤에 붙인다.
- 문자열의 세 번째에 위치한 문자부터 시작해서 문자 세 개 간격(세 번째, 여섯 번째, 아홉 번째, ...에 위치한 문자들)으로 추출해서 결합한 후 이 문자들을 맨 마지막에 붙인다.

예를 들어 '파이썬프로그래밍'을 입력했다면, 암호화한 결과는 '이로밍파프래썬그'가 된다. 'PythonProgramming'을 입력했다면, 암호화한 결과는 'yorrmgPhPgmntnoai'가 된다.

실행 예

```
> python ex5_3.py
암호화하려는 문자열을 입력하세요: 파이썬프로그래밍
이로밍파프래썬그
```

몰라도 바로 따라 쓰는 실전 파이썬 텍스트 분석

동영상 강의 05-9 텍스트 분석 : 웹 문서

파이썬을 이용하면 다양한 분석을 할 수 있다. 그중에는 텍스트 분석도 있다. 텍스트 분석은 비정형 데이터인 문서로부터 유용한 정보를 추출하고 가공하는 분석 기법을 의미한다. 파이썬으로 다양하고 복잡한 텍스트 분석 기법을 활용할 수 있지만, 여기에서는 매우 간단한 단어 수 세기(Word Count)를 직접 해보도록 하자.

사용한 개념

문자열 처리, 파일 처리, HTTPrequest, 텍스트 분석, 패키지 사용, matplotlib, 시각화

파이썬 라이브러리 설치

먼저 명령어 셀에서 pip 명령어를 사용해서 matplotlib 라이브러리를 설치해야 한다. 이때 설치할 컴퓨터는 인터넷에 연결되어야 한다. matplotlib는 차트 등의 도형을 손쉽게 2D로 시각화해 주는 오픈소스 패키지다. 설치는 명령어 셀에서 pip install matplotlib로 하면 된다. 설치가 성공하면 다음과 비슷한 메시지가 나타난다.

```
> pip install matplotlib
Collecting matplotlib
  Downloading matplotlib-xxx
    100% |████████████████████████████████| 13.2MB 125kB/s
...
Successfully installed matplotlib-xxx ...
```

코드 예시

먼저 인터넷에 있는 영어 텍스트 파일의 내용을 읽어온다.

```
>>> from urllib.request import urlopen          # 인터넷 접속에 사용하는 라이브러리
>>> # 인터넷에 있는 파일을 열어서 source에 저장한다.
... source = urlopen('https://www.w3.org/TR/PNG/iso_8859-1.txt')
>>> # source를 읽어서 utf-8로 디코딩한 텍스트 파일을 저장한다.
... text = source.read().decode('utf-8')
>>> type(source)                                 # source의 자료형을 확인한다.
<class 'http.client.HTTPResponse'>
>>> type(text)                                   # text의 자료형을 확인한다.
<class 'str'>
>>> text[:100]                                   # text에서 100개 문자만 화면에 출력한다.
'The following are the graphical (non-control) characters defined by\nISO
8859-1 (1987).  Descriptions'
```

읽어온 텍스트 파일은 화이트스페이스 문자를 기준으로 단어들을 구분할 수 있다. 이렇게 문서를 단어의 구성 요소로 간주해서 분석하는 접근 방법을 'Bag of Words 모델'이라고 한다.

```
>>> # 텍스트를 단어 단위로 나눠서 분리한 객체들을 갖는 리스트 words를 반환한다.
... words = text.split()
>>> len(words)                    # 총 몇 개의 단어가 텍스트에 들어있는지 화면에 출력한다.
858
>>> words[:10]                    # words에서 열 개만 화면에 출력한다.
['The', 'following', 'are', 'the', 'graphical', '(non-control)',
'characters', 'defined', 'by', 'ISO']
```

리스트 안의 객체(단어)가 각각 몇 번씩 들어있는지 세기 위해서 Counter 클래스를 사용한다.

```
>>> from collections import Counter      # 각 단어가 등장한 횟수를 세기 위한 라이브러리
>>> top5 = Counter(words).most_common(5)    # 가장 많이 등장한 단어 다섯 개를 추출한다.
>>> top5                                    # top5 내용을 확인한다.
[('LETTER', 114), ('SMALL', 58), ('CAPITAL', 56), ('WITH', 55), ('SIGN', 21)]
```

결과를 그래프로 보여준다.

```
>>> from matplotlib import pyplot            # 화면에 그래프를 출력하기 위한 라이브러리
>>> # top5 리스트에서 객체(튜플)의 첫 번째 값(단어)을 추출한다.
... top5_words = [t[0] for t in top5]
>>> # top5 리스트에서 객체(튜플)의 두 번째 값(출현 횟수)을 추출한다.
... top5_frequencies = [t[1] for t in top5]
>>> pyplot.bar(top5_words, top5_frequencies) # 출현 횟수 순서로 막대그래프를 그린다.
<BarContainer object of 5 artists>.
>>> pyplot.xlabel('Word')                      # x축 이름을 Word로 지정한다.
Text(0.5, 0, 'Word')
>>> pyplot.ylabel('Frequency')                 # y축 이름을 Frequency로 지정한다.
Text(0, 0.5, 'Frequency')
>>> pyplot.show()                              # 그래프를 화면에 출력한다.
```

출력 결과

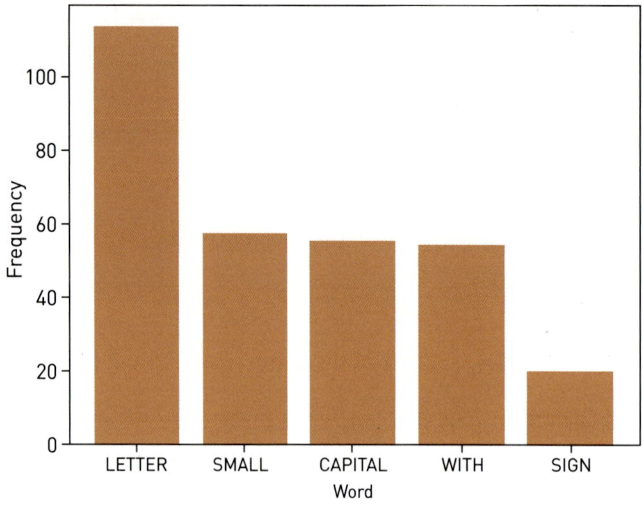

생각해보기

가장 많이 출현한 단어 열 개의 막대그래프를 그리려면 코드의 어느 부분을 수정해야 할까?

6장

복합자료형

복합자료형(compound data type)이란 기본자료형들이 복합 형태로 구성되어 자료구조를 형성하는 자료형이다. 복합자료형의 종류로는 리스트형, 튜플형, 딕셔너리형, 세트형이 있다. 복합자료형은 기본자료형뿐만 아니라 복합자료형으로도 구성될 수 있기 때문에 상당히 복잡한 자료구조 형태를 가질 수 있다.

1 리스트

시퀀스형은 각 객체가 순서대로 나열되어 있는 자료구조이며, 문자열 외에 리스트와 튜플이 있다. 시퀀스형은 0개 이상의 객체를 참조하는 자료형이기 때문에, 각 자료형에 포함된 객체에 번호가 있다. 이를 인덱스라고 한다.

대표적인 시퀀스형으로는 리스트가 있다. 리스트란 그림 6-1처럼 대괄호([ ])로 묶으며 순서가 있는 0개 이상의 객체를 참조한다. 각 객체는 쉼표(,)로 구분한다. 리스트는 출력할 때도 모든 객체가 항상 대괄호에 묶인 형태로 출력된다.

[그림 6-1] 리스트 자료구조

문자열은 일단 만들어지면 내용을 수정할 수 없는 반면 리스트는 생성한 후 내용을 변경할 수 있기 때문에 객체를 추가하거나 삭제할 수 있다. 이처럼 내용을 변경할 수 있는 자료형을 가변자료형(mutable)이라 한다. 또한 리스트는 자신을 포함해 어떠한 자료형도 담을 수 있다. 이러한 유연성 때문에 파이썬에서 가장 흔히 사용되는 자료형이다.

리스트 생성

리스트를 생성하는 방법으로는 다음 세 가지가 있다.

- [ ](대괄호)
- list() 생성자(클래스)
- 리스트 축약(list comprehension)

리스트 축약은 고급 기능이기 때문에 따로 '부록 5 - 리스트/딕셔너리/세트 축약'에서 다루고, 여기서는 대괄호와 리스트 생성자를 사용해서 리스트를 생성하는 방법만 소개한다.

먼저 대괄호를 사용해서 리스트를 만드는 방법을 알아보자. 리스트를 생성할 때 대괄호 안에 아무 것도 포함시키지 않으면 빈 리스트가 생성된다. 이 리스트의 길이는 0이다. 빈 리스트는 주로 리스트를 초기화할 때 사용하며, 나중에 순환문이나 조건문 등에서 필요한 객체를 추가할 수 있다.

```
>>> empty_list = []                    # []로 빈 리스트를 만든다.
>>> type(empty_list)                   # 자료형은 리스트다.
<class 'list'>
>>> len(empty_list)                    # 객체가 없어 길이가 0이다.
0
>>> empty_list                         # 비어 있기 때문에 []로 출력된다.
[]
```

같은 자료형만 있는 리스트를 생성할 수도 있고, 서로 다른 자료형들을 섞어 리스트를 생성할 수도 있다. 리스트에 여러 개의 객체를 담을 때는 각 객체를 쉼표(,)로 구분해서 입력한다.

```
>>> string_list = ['a', 'b', 'c', 'Python', '홍길동']  # 문자열로만 구성한다.
>>> number_list = [1, 2, 3, 105, -7, -1.23, -753.999]  # 정수와 실수로 구성한다.
>>> mixed_list = [True, 3.14, 'big data', '프로그래밍']# 여러 자료형으로 구성한다.
```

앞서 len() 함수로 문자열의 길이를 구했는데, 리스트에 사용하면 리스트의 길이(리스트에 있는 객체의 개수)를 확인할 수 있다. 다음 예는 len() 함수로 mixed_list에 있는 객체의 개수를 확인한 것이다.

```
>>> len(mixed_list)
4
```

이번에는 좀 더 복잡한 리스트를 다루어 보자. 다음 예에서 complex_list는 좀 전에 만든 mixed_list를 포함하며, 심지어 string_list는 또 다른 리스트 안에 포함되어 있다. 그리고 None도 하나의 객체로 취급할 수 있기 때문에 리스트에 포함할 수 있다.

```
>>> complex_list = [mixed_list, [3, string_list], None, -11, '파이썬']
```

이처럼 리스트는 다양한 자료형을 포함할 수 있어서 상당히 복잡한 구조를 만들 수 있다. 앞에서 만든 리스트 중 string_list의 길이는 5고 mixed_list의 길이는 4다. 그러면 이 두 리스트를 포함한 complex_list의 길이는 얼마일까?

```
>>> len(complex_list)
5
```

complex_list의 길이는 5이다. 그 이유는 리스트의 길이를 계산할 때 쉼표로 분리한 객체 하나를 길이 1로 계산하기 때문이다. 즉, mixed_list, [3, string_list], None, -11, '파이썬', 이렇게 5가 되는 것이다.

리스트를 만드는 또 다른 방법은 생성자인 list() 클래스를 사용하는 것이다. 생성자란 형변환 클래스와 같은 역할을 하며, 다음 두 가지 상황처럼 사용할 수 있다.

- list()는 [ ]처럼 빈 리스트를 생성한다.
- list(순회형)는 형변환 클래스인 str(), int(), float()처럼 다른 자료형의 객체를 리스트로 변환할 때 사용한다. 순회형만 리스트로 변환할 수 있다. 순회형(iterable)이란 담고 있는 객체들에 하나씩 순서대로 접근할 수 있는 자료형을 말한다. 순회형으로는 문자열, 리스트, 튜플, 딕셔너리, 세트가 있다. 불린, 정수, 실수는 순회형이 아니다.

다음 예는 아무런 전달인자 없이 그냥 list()를 사용한 경우다. 빈 리스트가 생성된 것을 알 수 있다.

```
>>> empty_list2 = list()                    # empty_list2 = []와 같다.
>>> empty_list2
[]
```

문자열로 리스트를 생성하려고 하면 다음 예처럼 개별 문자 각각이 객체인 리스트가 생성된다.

```
>>> char_list = list('abcde')
>>> char_list
['a', 'b', 'c', 'd', 'e']
```

순회형이 아닌 자료형에 list() 생성자를 사용하면 TypeError가 발생한다.

```
>>> alist = list(5)
Traceback (most recent call last):
  File "<stdin>", line 1, in <module>
TypeError: 'int' object is not iterable
```

리스트의 인덱스

다음 예는 보컬, 현악기 그룹, 드럼, 키보드로 구성된 음악 밴드를 리스트로 만든 것이다. 이 밴드의 총 길이(객체 수)는 4다. 현악기 그룹은 기타 2명과 베이스 기타 1명으로 구성된 리스트이기 때문에 하나의 객체로 취급된다.

```
>>> band = ['보컬', ['기타1', '기타2', '베이스'], '드럼', '키보드']
>>> len(band)
4
```

리스트는 문자열과 마찬가지로 시퀀스형이기 때문에 인덱스로 각 객체를 추출하는 것이 가능하다. 그럼 이 밴드의 객체를 추출해보자.

```
>>> band[0]                    # 첫 번째 객체
'보컬'
>>> band[-1]                   # 마지막 객체
'키보드'
>>> band[1]                    # 두 번째 객체
['기타1', '기타2', '베이스']
>>> band[1][1]                 # 두 번째 객체의 두 번째 객체
'기타2'
>>> band[1][-1][0]             # 두 번째 객체의 마지막 객체(문자열)의 첫 번째 객체
'베'
```

band[0]과 band[-1]은 각각 첫 번째 객체인 '보컬'과 마지막 객체인 '키보드'를 가져온다. band[1]의 두 번째 객체는 리스트 ['기타1', '기타2', '베이스']이기 때문에 전체를 하나의 객체로 가져온다. band[1][1]은 두 번째에 위치한 리스트의 두 번째 객체인 '기타2'를 가져왔고, 마지막 코드 band[1][-1][0]은 두 번째 객체 리스트의 마지막 문자열 '베이스'에서 첫 번째 문자인 '베'를 추출한다. 이처럼 리스트는 이중 삼중 구조일 수 있기 때문에 인덱스도 두 개 또는 세 개를 조합해야 하는 경우가 있다.

주의할 점은 리스트 범위 밖의 객체를 지정해서는 안 된다는 것이다. 다음처럼 오류가 난다.

```
>>> band[99]
Traceback (most recent call last):
  File "<stdin>", line 1, in <module>
IndexError: list index out of range
```

기존 객체를 새로운 객체로 바꿀 수도 있는데 교체하고자 하는 자리의 인덱스 번호를 지정한 후 새로운 객체를 할당하면 된다. 교체하는 형식은 다음과 같다.

```
리스트[인덱스번호] = 새로운-객체
```

세 번째에 위치한 '드럼'을 '카혼'으로 바꿔보자. 다음 코드를 실행하면 '카혼'이 '드럼' 자리에 들어간다.

```
>>> band = ['보컬', ['기타1', '기타2', '베이스'], '드럼', '키보드']
>>> band[2] = '카혼'                          # 리스트의 세 번째 객체를 교체한다.
>>> band
['보컬', ['기타1', '기타2', '베이스'], '카혼', '키보드']
```

리스트 안의 리스트에 있는 객체도 바꿀 수 있다. 다음 코드는 두 번째 객체 리스트의 첫 번째 '기타1'을 '통기타'로 교체한 결과를 보여준다.

```
>>> band[1][0] = '통기타'                     # 리스트의 두 번째 객체의 첫 객체를 교체한다.
>>> band
['보컬', ['통기타', '기타2', '베이스'], '카혼', '키보드']
```

리스트 관련 연산자

리스트와 관련된 연산자로는 다음과 같은 것이 있다.

- +: 결합 연산자
- *: 반복 결합 연산자
- +=: 확장 연산자
- [:]: 분할 연산자
- del: 삭제 연산자
- in/not in: 멤버십 연산자

이들 각각의 연산자를 알아보자.

❶ 결합 및 반복 결합 연산자

+ 연산자는 두 대상 리스트를 결합한다. 결합할 때 두 리스트의 모든 객체를 하나의 리스트로 반환한다.

```
>>> a = [1, 2, 3]
>>> b = [4, 5, 6]
>>> c = a + b
>>> c
[1, 2, 3, 4, 5, 6]
>>> ['a', 'b'] + ['c', 'd']
['a', 'b', 'c', 'd']
```

* 연산자는 지정한 숫자의 횟수만큼 리스트의 객체를 반복 결합한 리스트를 반환한다. 이는 문자열의 * 연산자와 같은 원리다.

```
>>> [0] * 5
[0, 0, 0, 0, 0]
>>> [1, 2, 3] * 3
[1, 2, 3, 1, 2, 3, 1, 2, 3]
```

❷ 확장 연산자

+= 연산자는 양변의 두 리스트를 결합한 후 좌변의 리스트에 재할당한다. 결국 좌변의 리스트에 우변의 리스트의 객체들을 추가해서 확장한 것과 같은 결과다.

```
>>> x = [1, 2, 3]
>>> y = [4, 5, 6]
>>> x += y                                    # x = x + y와 같다.
>>> x
[1, 2, 3, 4, 5, 6]
```

이때 **+=** 연산자의 우변에는 반드시 리스트 등 순회형 객체가 와야 한다. 순회형 안에 있는 개별 객체를 하나씩 추출하여 좌변의 리스트에 추가하기 때문이다. 다음 예는 우변에 순회형이 아닌 정수가 왔기 때문에 오류가 난다.

```
>>> x = [1, 2]
>>> x += 3                     # 우변에 정수나 실수는 올 수 없다(순회형만 가능).
Traceback (most recent call last):
  File "<stdin>", line 1, in <module>
TypeError: 'int' object is not iterable
```

만약 변수 x에 3을 추가하는 것이라면 다음처럼 해야 한다.

```
>>> x = [1, 2]
>>> x += [3]                        # 우변에 리스트(순회형)는 올 수 있다.
>>> x
[1, 2, 3]
```

만약 우변에 문자열이 오면 어떻게 될까? 다음 코드를 실행하고 결과를 살펴보자.

```
>>> x = [1, 2]
>>> x += 'drum'                     # 우변에 문자열(순회형)이 온 경우다.
>>> x
[1, 2, 'd', 'r', 'u', 'm']
```

문자열도 순회형이라서 우변에 올 수 있다. 하지만 += 연산자는 순회형의 개별 객체를 추출해서 추가하기 때문에 문자열의 각 문자를 개별 객체로 취급해서 추출한 후 좌변의 리스트에 추가한다. 만약 변수 x에 문자열 'drum'을 하나의 객체로 추가하려면 다음처럼 해야 한다.

```
>>> x = [1, 2]
>>> x += ['drum']                   # 리스트의 객체인 'drum'으로 추가한다.
>>> x
[1, 2, 'drum']
```

❸ 분할 연산자

분할 연산자 [:]는 리스트 분할을 통해 리스트의 객체를 추출한다. 앞서 배운 문자열 분할 연산자와 같은 기능을 실행한다고 보면 된다. 예를 들어 인덱스의 시작 번호와 끝 번호 둘 다 생략하면 모든 대상을 가져온다.

```
>>> s = ['a', 'b', 'c', 'd', ['x', 'y', 'z'], 'e', 'f']
>>> s[:]                            # s[0:len(s)]와 같다.
['a', 'b', 'c', 'd', ['x', 'y', 'z'], 'e', 'f']
```

시작 번호를 생략하면 리스트의 처음부터 객체를 추출하고, 끝 번호를 생략하면 리스트의 마지막 객체까지 추출한다.

```
>>> s[:3]                                    # 처음 세 개 객체만 추출한다.
['a', 'b', 'c']
>>> s[-3:]                                   # 마지막 세 개 객체만 추출한다.
[['x', 'y', 'z'], 'e', 'f']
```

리스트는 가변자료형이라 객체를 추가, 삭제, 교체할 수 있다. 다음 예는 리스트 s의 세 번째와 네 번째 객체를 '가'와 '나'로 교체한 결과를 보여준다.

```
>>> s[2:4] = ['가', '나']                    # 3~4번째 객체 'c'와 'd'를 '가'과 '나'로 교체한다.
>>> s
['a', 'b', '가', '나', ['x', 'y', 'z'], 'e', 'f']
```

한 개의 객체만 추출하고 그 자리를 여러 개의 객체로 교체할 수도 있다. 다음 코드는 두 번째 객체 'b'를 추출한 후 그 자리에 'l', 'm', 'n'을 추가한 결과를 보여준다.

```
>>> s[1:2] = ['l', 'm', 'n']                 # 두 번째 객체 'b'를 'l', 'm', 'n'으로 교체한다.
>>> s
['a', 'l', 'm', 'n', '가', '나', ['x', 'y', 'z'], 'e', 'f']
```

앞에서는 객체 하나를 추출하기 위해 분할 연산자를 사용했다. 이번에는 분할 연산자와 인덱스의 차이를 알아보기 위해 두 번째 객체인 'l'을 인덱스로 추출하고 그 자리를 여러 개의 객체가 있는 리스트로 교체해보자. 분할 연산자를 사용했을 때와는 다른 결과를 가져온다.

```
>>> s[1] = ['p', 'q']                        # 두 번째 객체 'l'을 ['p', 'q']로 교체한다.
>>> s
['a', ['p', 'q'], 'm', 'n', '가', '나', ['x', 'y', 'z'], 'e', 'f']
```

s[1:2]처럼 분할 연산자를 사용하면 s[1](포함)에서 s[2](불포함) 사이를 'l', 'm', 'n'으로 바꾼다는 뜻인 반면, 단일 객체를 추출하는 인덱스 s[1]은 s의 두 번째 객체를 ['p', 'q']로 바꾼다는 뜻이다.

이번에는 추출하는 객체의 수보다 적은 수의 객체를 교체해보자.

```
>>> s[1:-1] = ['다', '라']                    # 마지막 객체는 포함되지 않는다.
>>> s
['a', '다', '라', 'f']
```

리스트 안의 모든 객체를 지우려면 다음처럼 빈 리스트로 교체하면 된다.

```
>>> s[:] = []                                # 리스트의 모든 객체를 빈 리스트로 교체한다.
>>> s
[]
```

❹ 삭제 연산자

del은 객체의 참조를 삭제하는 연산자다. 따라서 리스트 객체뿐만 아니라 파이썬에서 사용하는 모든 자료형에서 객체 참조를 삭제하는 데 사용할 수 있다. 형식은 다음과 같다.

```
del 객체
```

del 연산자를 사용해서 리스트의 객체를 한 개 또는 여러 개 삭제할 수 있다. 인덱스로 리스트의 객체 한 개를 삭제해보자.

```
>>> band = ['보컬', ['기타1', '기타2', '베이스'], '드럼', '키보드']
>>> del band[1][-1]                          # 두 번째 객체 안의 마지막 객체를 삭제한다.
>>> band
['보컬', ['기타1', '기타2'], '드럼', '키보드']
```

분할 연산자로 리스트의 객체를 여러 개 삭제해보자.

```
>>> del band[1:3]                            # 두 번째부터 세 번째 객체를 삭제한다.
>>> band
['보컬', '키보드']
```

리스트 전체를 삭제해보자.

```
>>> del band[:]                                   # band[:] = []와 같다.
>>> band
[]
```

❺ 멤버십 연산자

멤버십 연산은 순회형 값 안에 객체가 존재하는지 여부를 '참(True)' 또는 '거짓(False)'으로 알려준다. 다음과 같은 표현식으로 나타내며 in과 not in을 사용한다.

```
객체 in 순회형
객체 not in 순회형
```

리스트에서 멤버십 연산자는 특정 객체가 존재하는지 여부를 확인할 때 사용한다. in 연산자는 리스트 안에 특정 객체가 속해 있다면 '참(True)'을 반환하고, 속하지 않았다면 '거짓(False)'을 반환한다. 반면에 not in 연산자는 리스트 안에 특정 객체가 속하지 않았다면 '참(True)'을 반환하고, 속해 있다면 '거짓(False)'을 반환한다.

앞서 만든 음악 밴드 리스트에 멤버십 연산자를 사용해보자. 먼저 '드럼'의 존재를 확인해보자.

```
>>> band = ['보컬', ['기타1', '기타2', '베이스'], '드럼', '키보드']
>>> '드럼' in band
True
```

이번에는 '베이스'가 리스트에 있는지 확인해보자.

```
>>> '베이스' in band
False
```

'베이스'가 존재하지 않는다고 한다. '베이스'는 band 리스트에 속해 있는 객체가 아니라, band 리스트의 두 번째 객체인 리스트 ['기타1', '기타2', '베이스']에 속한 객체이기 때문이다. 따라서 다음 코드는 True를 반환한다.

```
>>> '베이스' in band[1]
True
```

이번에는 not in 연산자를 사용해서 '키보드'와 '기타1'이 존재하지 않는지 확인해 보자.

```
>>> '키보드' not in band
False
>>> '기타1' not in band
True
```

참고로 멤버십 연산자는 순회형인 문자열에 일부 문자가 포함되어 있는지 확인할 때도 사용할 수 있다. 다음 예는 문자열 안에 '기초'가 포함되어 있는지 확인한 결과를 보여준다.

```
>>> s = '바로 쓰는 파이썬 기초편'
>>> '기초' in s
True
```

실습 6-1

리스트 연산자 사용하기

- 객체 3.13, 'school', [1, 2, 3]을 포함하는 리스트를 대괄호([ ])를 사용하여 생성한 후 변수 list1에 할당한다.
- 변수 list1을 출력한다.
- 객체 '가나다'를 포함하는 리스트를 list() 생성자를 사용하여 생성한 후 변수 list2에 할당한다.
- 변수 list2를 출력한다.
- list1과 list2를 결합해서 변수 list3에 할당한다.
- 변수 list3을 출력한다.
- 분할 연산자와 del 연산자를 사용해서 list3의 마지막 두 객체를 삭제한다.
- 변수 list3을 출력한다.
- list3의 두 번째 객체를 '학교'로 교체한다.
- list3에 'school'이 있는지 확인한다.
- 변수 list3을 출력한다.

답

```
>>> list1 = [-3.13, 'school', [1, 2, 3]]     # [] 연산자로 리스트를 생성한다.
>>> print(list1)                             # 변수 list1을 출력한다.
[-3.13, 'school', [1, 2, 3]]
>>> list2 = list('가나다')                    # list() 생성자로 리스트를 생성한다.
>>> print(list2)                             # 변수 list2를 출력한다.
['가', '나', '다']
>>> list3 = list1 + list2                    # 결합 연산자 +로 두 리스트를 결합한다.
>>> print(list3)                             # 변수 list3을 출력한다.
[-3.13, 'school', [1, 2, 3], '가', '나', '다']
>>> del list3[-2:]                           # 리스트의 마지막 두 객체를 삭제한다.
>>> print(list3)                             # 변수 list3을 출력한다.
[-3.13, 'school', [1, 2, 3], '가']
>>> list3[1] = '학교'                         # 리스트 두 번째 객체를 '학교'로 교체한다.
>>> 'school' in list3                        # 리스트에 'school' 객체가 있는지 확인한다.
False
>>> print(list3)                             # 변수 list3을 출력한다.
[-3.13, '학교', [1, 2, 3], '가']
```

리스트 관련 메소드

여기서는 리스트에서 사용할 수 있는 주요 메소드를 소개한다.

❶ 복사 메소드

copy() 메소드를 사용하면 리스트의 복사본을 만들 수 있다. copy() 메소드로 반환한 리스트를 '얕은 복사'한 리스트라고 한다. 리스트와 같은 가변자료형을 얕은 복사하면 예상치 못한 결과가 생길 수 있다. 얕은 복사(shallow copy)와 깊은 복사(deep copy)는 7장에서 좀 더 상세히 다루기로 한다.

```
>>> x = [1, 2, 3, ['x', 'y', 'z']]
>>> y = x.copy()                              # x[:]와 같다.
>>> y
[1, 2, 3, ['x', 'y', 'z']]
```

❷ 추가 메소드

리스트는 가변자료형이기 때문에 객체를 추가하고 삭제하는 등 내용을 변경할 수 있다. 리스트에 새로운 객체를 추가하는 메소드로는 append(), insert(), extend()가 있다.

먼저 빈 리스트를 만든 후 append() 메소드로 객체를 추가해보자. append() 메소드는 새 객체를 리스트의 맨 끝에 추가한다.

```
>>> friends = []
>>> friends.append('라이언')
>>> friends.append('어피치')
>>> friends                                   # 순서대로 객체를 추가했다.
['라이언', '어피치']
```

만약 객체를 리스트의 마지막이 아니라 특정 위치에 추가하고 싶다면 insert() 메소드를 사용한다. insert() 메소드로 추가해야 할 위치의 인덱스 번호와 객체를 전달하면 된다. 다음 예는 '무지'를 friends 리스트의 두 번째 위치에 추가한 결과를 보여준다.

```
>>> friends.insert(1, '무지')
>>> friends
['라이언', '무지', '어피치']
```

이번에는 append() 메소드로 리스트 ['프로도', '네오']를 friends 리스트의 끝에 추가해보자.

```
>>> friends.append(['프로도', '네오'])
>>> friends
['라이언', '무지', '어피치', ['프로도', '네오']]
```

append() 메소드를 사용하여 ['프로도', '네오'] 리스트를 하나의 객체로 추가했다. 반면에 extend() 메소드를 사용하면 ['프로도', '네오'] 리스트를 단일 객체로 추가하지 않고 리스트 안에 있는 각 객체를 추출해서 추가한다.

이번에는 extend() 메소드로 리스트 ['프로도', '네오']를 friends 리스트의 끝에 추가해보자.

```
>>> friends.extend(['프로도', '네오'])
>>> friends
['라이언', '무지', '어피치', ['프로도', '네오'], '프로도', '네오']
```

extend() 메소드의 전달인자로는 순회형만 올 수 있다. 이는 앞서 설명한 리스트의 확장 연산자 +=과 같다. 따라서 이 코드는 extend() 메소드 대신 +=를 사용해도 같은 결과가 나온다.

```
>>> friends += ['프로도', '네오']
>>> friends
['라이언', '무지', '어피치', ['프로도', '네오'], '프로도', '네오']
```

❸ 삭제 메소드

리스트에 들어 있는 객체를 삭제하는 메소드로는 pop()과 remove()가 있다. pop() 메소드는 리스트의 가장 오른쪽 끝에 있는 마지막 객체를 삭제한다. 이때 삭제 대상인 객체를 반환한 후 삭제한다.

```
>>> friends = ['콘', '무지', '콘', '라이언', ['프로도', '네오'], '프로도', '
제이지']
>>> friends.pop()
'제이지'
>>> friends
['콘', '무지', '콘', '라이언', ['프로도', '네오'], '프로도']
```

만약 특정 객체를 삭제하려면 삭제 대상 객체의 인덱스 번호를 지정하면 된다. 다음 예는 네 번째에 위치한 '라이언'을 삭제하는 코드다.

```
>>> friends.pop(3)
'라이언'
>>> friends
['콘', '무지', '콘', ['프로도', '네오'], '프로도']
```

pop()과 remove() 메소드의 차이는 다음과 같다. pop() 메소드는 인덱스 번호로 특정 객체를 삭제하는 반면, remove() 메소드는 삭제하려는 객체를 직접 지정해서 삭제한다. 그리고 remove() 메소드는 pop() 메소드와는 달리 삭제할 객체를 반환하지 않고 그냥 삭제한다. 또한 remove() 메소드는 만약 리스트에 같은 값을 가진 객체가 여러 개 존재하면, 왼쪽 첫 번째 객체부터 검색해서 처음 찾은 객체를 삭제한다. 다음 코드는 '콘'을 검색해서 삭제하는 것을 보여준다. '콘'이 첫 번째와 세 번째에 위치하기 때문에 맨 먼저 찾은 첫 번째 '콘'을 삭제한다.

```
>>> friends.remove('콘')
>>> friends                                    # 첫 번째 '콘'을 삭제했다.
['무지', '콘', ['프로도', '네오'], '프로도']
```

이번에는 '프로도'를 삭제해보자.

```
>>> friends.remove('프로도')
>>> friends                                    # [-1]의 '프로도'를 삭제했다.
['무지', '콘', ['프로도', '네오']]
```

세 번째 객체 리스트에 들어 있는 '프로도'는 friends 리스트의 객체가 아니기 때문에 삭제 대상이 아니고, 마지막에 있는 '프로도'가 삭제되었다.

remove() 메소드는 삭제할 객체가 없으면 다음처럼 ValueError가 발생한다.

```
>>> friends.remove('라이언')                    # '라이언'은 존재하지 않는다.
Traceback (most recent call last):
  File "<stdin>", line 1, in <module>
ValueError: list.remove(x): x not in list
```

pop() 메소드도 마찬가지로 설정한 인덱스 번호가 리스트 범위 밖이거나 빈 리스트일 때 IndexError가 발생한다.

```
>>> friends.pop(3)                             # 네 번째 객체는 존재하지 않는다.
Traceback (most recent call last):
  File "<stdin>", line 1, in <module>
IndexError: pop index out of range
```

❹ 질의 메소드

리스트에 있는 객체와 관련한 질의(query) 메소드로는 count()와 index()가 있다. count() 메소드는 찾고자 하는 객체가 리스트에 몇 개 있는지 알려준다. 다음 예는 '라이언'이 리스트 안에 몇 번 나타나는지 확인한다.

```
>>> friends = ['라이언', '콘', ['프로도', '네오'], '무지', '라이언', '프로도']
>>> friends.count('라이언')
2
```

'라이언'이 리스트 안에 두 개 있다는 것을 확인했다. 이번에는 '프로도'가 몇 개 있는지 알아보자.

```
>>> friends.count('프로도')
1
```

'프로도'는 한 개 있다고 답이 나왔다. 이제는 여러분도 그 이유를 충분히 알 것이다. 세 번째 객체인 리스트는 단일 객체로 보기 때문에 이 리스트 안에 있는 '프로도'는 확인할 수 없다. 즉, 리스트에서 다른 복합자료형이 리스트의 객체일 때는 그 복합자료형의 내용을 확인할 수 없다.

index() 메소드는 찾으려는 객체가 리스트 안에 있으면, 첫 번째(가장 왼쪽) 발견한 객체의 인덱스를 반환한다. 만약 객체가 없으면 오류가 난다. 다음 예는 '라이언'이 리스트 안에 있으면 인덱스 번호가 무엇인지 물어보는 코드다. 리스트의 첫 번째 객체(0)라고 알려준다.

```
>>> friends = ['라이언', '콘', ['프로도', '네오'], '무지', '라이언', '프로도']
>>> friends.index('라이언')
0
```

index() 메소드로 객체를 찾을 때, 리스트 안에서 검색할 시작 지점과 끝 지점의 범위를 정할 수 있다. 이때 분할 연산자처럼 시작부터 끝의 바로 앞까지만 검색한다. 만약 끝을 생략하면 시작부터 끝까지 검색한 후 가장 먼저 찾은 객체의 인덱스를 반환한다. 이번에는 '라이언'을 리스트의 두 번째부터 끝까지 검색해보자.

```
>>> friends.index('라이언', 1)
4
```

검색 결과 '라이언'이 다섯 번째에 있다는 것을 확인할 수 있다. 만약 찾고자 하는 객체가 없으면 다음처럼 오류가 난다.

```
>>> friends.index('네오')
Traceback (most recent call last):
  File "<stdin>", line 1, in <module>
ValueError: '네오' is not in list
```

'네오'는 세 번째 객체인 리스트 안에 포함되었기 때문에 찾을 수가 없다. 다음 예는 세 번째 객체 안에 '네오'가 있는지 확인하는 코드다. 결과로 1을 출력하는데 이는 세 번째 객체인 리스트의 두 번째 객체임을 알 수 있다.

```
>>> friends[2].index('네오')
1
```

❺ 정렬 메소드

reverse() 메소드는 리스트에 있는 객체의 순서를 반대로 뒤집어 정렬한다. 리스트는 가변자료형이기 때문에 reverse() 메소드로 객체를 반대로 정렬하면 정렬한 결과가 그대로 반영된다.

```
>>> friends = ['라이언', '콘', ['프로도', '네오'], '무지', '라이언', '프로도']
>>> friends.reverse()
>>> friends
['프로도', '라이언', '무지', ['프로도', '네오'], '콘', '라이언']
```

sort() 메소드는 리스트의 객체를 알파벳 순서로 정렬한다. 하지만 정렬하는 모든 객체를 비교할 수 있어야 한다. 만약 앞서 사용한 friends 리스트를 정렬하려고 하면 다음처럼 오류가 난다.

```
>>> friends = ['라이언', '콘', ['프로도', '네오'], '무지', '라이언', '프로도']
>>> friends.sort()
Traceback (most recent call last):
  File "<stdin>", line 1, in <module>
TypeError: '<' not supported between instances of 'list' and 'str'
```

오류 메시지를 살펴보면 리스트 안의 객체 중 문자열과 리스트는 서로 비교할 수 없다고 한다. 다음처럼 리스트 안에 비교할 수 있는 객체들만 넣어 정렬해보자.

```
>>> friends = ['튜브', '라이언', '무지', '콘', '프로도']
>>> friends.sort()
>>> friends
['라이언', '무지', '콘', '튜브', '프로도']
```

sort() 메소드는 기본값이 오름차순이다. 내림차순으로 정렬하려면 다음처럼 키워드 전달인자로 reverse=True를 사용하면 된다.

```
>>> friends = ['튜브', '라이언', '무지', '콘', '프로도']
>>> friends.sort(reverse=True)
>>> friends
['프로도', '튜브', '콘', '무지', '라이언']
```

표 6-1은 앞에서 설명한 리스트 관련 메소드들을 정리한 것이다.

[표 6-1] 리스트 관련 메소드

문법	설명
L.copy()	리스트 L의 얕은 복사(shallow copy)를 반환한다.
L.append(x)	리스트 L의 마지막에 객체 x를 추가한다.
L.insert(i, x)	리스트 L의 인덱스 i에 객체 x를 삽입한다.
L.extend(m) L += m	순회형 m의 모든 객체를 리스트 L의 끝에 추가한다. += 연산자도 같은 기능을 실행한다.
L.remove(x)	리스트 L의 가장 왼쪽에 있는 객체(첫 번째 객체) x를 삭제한다. 객체 x가 존재하지 않으면 ValueError가 발생한다.
L.pop()	리스트 L의 가장 오른쪽에 있는 객체(마지막 객체)를 반환한 후 삭제한다.
L.pop(i)	리스트 L의 인덱스 i에 있는 객체를 반환한 후 삭제한다.
L.count(x)	리스트 L에서 객체 x의 개수를 반환한다.
L.index(x, start, end)	리스트 L에 있는 객체 x 중 가장 왼쪽에 있는 객체 x의 인덱스를 반환한다. 리스트 L의 start:end 인덱스가 정해진 경우에는 인덱스 범위 안에 있는 객체 x 중 가장 왼쪽에 있는 객체 x의 인덱스를 반환한다. 객체 x가 없으면 ValueError가 발생한다.
L.reverse()	리스트 L에 있는 객체들의 순서를 거꾸로 뒤집는다.
L.sort(key=None, reverse=False)	리스트 L을 정렬한다. 이 메소드는 sorted() 함수처럼 키워드 전달인자 key와 reverse를 선택적으로 사용할 수 있다. key의 전달인자로 함수를 사용해서 원하는 방식으로 리스트 L을 정렬할 수 있고 reverse의 전달인자가 참(True)이면 정렬이 역순으로 이루어진다.

실습 6-2

리스트 메소드 사용하기

- 객체 'a', 'b', 'c', 'a', 'a', 'd', 'c'를 포함하는 리스트를 생성한 후 변수 L에 할당한다.
- 변수 L을 출력한다.
- [1, 2]를 L의 마지막에 추가한다.
- 'x'를 L의 두 번째 객체로 추가한다.
- 변수 L을 출력한다.
- L에서 처음 나타나는 'a'를 삭제한다.
- 변수 L을 출력한다.
- L의 마지막 객체를 삭제한다.
- 변수 L을 출력한다.
- L에서 'a'가 몇 개 있는지 확인한다.
- L을 내림차순으로 정렬한다.
- 변수 L을 출력한다.

답

```
>>> L = list('abcaadc')              # list() 생성자를 사용하면 간단하다.
>>> print(L)                         # 변수 L을 출력한다.
['a', 'b', 'c', 'a', 'a', 'd', 'c']
>>> L.append([1, 2])                 # 리스트 마지막에 하나의 객체로 추가한다.
>>> L.insert(1, 'x')                 # 리스트의 두 번째 객체로 'x'를 추가한다.
>>> print(L)                         # 변수 L을 출력한다.
['a', 'x', 'b', 'c', 'a', 'a', 'd', 'c', [1, 2]]
>>> L.remove('a')                    # 첫 번째 나타나는 'a'를 삭제한다.
>>> print(L)                         # 변수 L을 출력한다.
['x', 'b', 'c', 'a', 'a', 'd', 'c', [1, 2]]
>>> L.pop()                          # 리스트의 마지막 객체를 반환한 후 삭제한다.
[1, 2]
>>> print(L)                         # 변수 L을 출력한다.
['x', 'b', 'c', 'a', 'a', 'd', 'c']
>>> L.count('a')                     # 리스트에 있는 'a'의 개수를 반환한다.
2
>>> L.sort(reverse=True)             # 리스트를 내림차순으로 정렬한다.
>>> print(L)                         # 변수 L을 출력한다.
['x', 'd', 'c', 'c', 'b', 'a', 'a']
```

2 튜플

튜플(tuple)은 리스트와 비슷한 자료형이다. 그림 6-2처럼 소괄호'()'로 둘러싸인 순서 있는 0개 이상의 객체(항목)를 참조하는 시퀀스형이다. 각 객체는 쉼표(,)로 구분한다. 튜플을 생성할 때는 소괄호를 사용하지 않아도 되지만 출력할 때는 양쪽 끝이 항상 소괄호 형태로 묶여서 출력된다.

객체1,	객체2,	객체3,	객체4,	객체5,	객체6,	객체7,	객체8,	객체9
0	1	2	3	4	5	6	7	8
-9	-8	-7	-6	-5	-4	-3	-2	-1

[그림 6-2] 튜플 자료구조

튜플은 리스트와 마찬가지로 튜플 자신을 포함해 어떠한 자료형이든 담을 수 있다. 리스트와 가장 큰 차이점은 리스트가 가변자료형인 반면에 튜플은 불변자료형이라는 것이다. 따라서 튜플은 한번 생성하고 나면 내용을 변경할 수 없다. 만약 튜플의 객체를 변경해야 할 때는 `list()` 생성자를 사용해 튜플을 리스트로 변환한 후 변경해야 한다.

튜플 생성

튜플을 생성하는 방법으로는 다음 세 가지가 있다.

- ()(소괄호) 안에 쉼표(,)로 구분한 객체를 입력
- 소괄호 없이 쉼표(,)로 구분한 객체를 입력
- `tuple()` 생성자(클래스)

소괄호 안에 쉼표(,)로 구분한 객체를 입력하거나, 소괄호 없이 객체를 쉼표(,)로 구분하면 튜플이 만들어진다. 튜플을 만들 때 소괄호 안에 아무 것도 입력하지 않으면 빈 튜플이 생성된다. 빈 튜플의 길이는 0이다.

```
>>> empty_tuple = ()                          # ()로 빈 튜플을 만든다.
>>> type(empty_tuple)                         # 자료형은 튜플이다.
<class 'tuple'>
>>> len(empty_tuple)                          # 객체가 없어 길이가 0이다.
0
>>> empty_tuple                               # 비워져 있기 때문에 ()로만 출력된다.
()
```

튜플도 리스트처럼 튜플 자신을 포함해 여러 가지 자료형을 섞어서 만들 수 있다. 객체가 한 개 이상 있는 튜플을 만들 때는 소괄호를 사용하든 사용하지 않든 쉼표로 객체를 분리해서 생성하면 튜플이 된다.

```
>>> atuple = (5, -3.14, None, True, 'red', '드럼')  # ()로 튜플을 만들 수 있다.
>>> btuple = [1, 2, 'a'], atuple                  # () 없이도 튜플을 만들 수 있다.
>>> atuple
(5, -3.14, None, True, 'red', '드럼')
>>> btuple
([1, 2, 'a'], (5, -3.14, None, True, 'red', '드럼'))
```

type() 클래스를 사용해 자료형을 확인해보면 둘 다 튜플임을 알 수 있다.

```
>>> type(atuple)
<class 'tuple'>
>>> type(btuple)
<class 'tuple'>
```

atuple은 여섯 개의 객체를, btuple은 두 개의 객체(리스트와 atuple)를 가지고 있다.

```
>>> len(atuple)
6
>>> len(btuple)
2
```

튜플을 만들 때는 주의할 점이 하나 있다. 기본자료형인 객체 하나만 있는 튜플을 만들 때는 객체 뒤에 반드시 쉼표(,)가 따라와야 한다. 그렇지 않으면 다음 예처럼 튜플이 아닌 다른 자료형을 생성하게 된다. 즉, 튜플을 만들 때는 소괄호가 중요한 것이 아니라 쉼표로 객체를 구분하는 것이 가장 중요하다. 쉼표가 없다면 소괄호는 표현식의 역할을 할 뿐이다.

```
>>> t1 = ('파이썬')                    # 단일 객체 뒤에 쉼표가 없다.
>>> t2 = (3.14)                        # 단일 객체 뒤에 쉼표가 없다.
>>> type(t1)                           # t1의 자료형을 확인해보니 문자열이다.
<class 'str'>
>>> t1
'파이썬'
>>> type(t2)                           # t2의 자료형을 확인해보니 실수다.
<class 'float'>
>>> t2
3.14
```

소괄호가 없는 경우도 마찬가지다. 객체가 하나인 경우에 쉼표를 입력하지 않으면 튜플이 아니다.

```
>>> t3 = 'drum'                        # 단일 객체 뒤에 쉼표가 없다.
>>> t4 = -5                            # 단일 객체 뒤에 쉼표가 없다.
>>> type(t3)                           # t3의 자료형을 확인해보니 문자열이다.
<class 'str'>
>>> t3
'drum'
>>> type(t4)                           # t4의 자료형을 확인해보니 정수다.
<class 'int'>
>>> t4
-5
```

따라서 객체가 하나뿐인 튜플을 만들 때는 소괄호가 있든 없든 반드시 객체 뒤에 쉼표를 붙여야 한다. 다음 코드는 기본자료형 객체 한 개만 있는 튜플을 여러 개 생성하는 예를 보여준다.

```
>>> t5 = ('블루베리',)                    # 단일 객체 뒤에 쉼표가 있다.
>>> t6 = '블루베리',                      # 소괄호는 없지만 단일 객체 뒤에 쉼표가 있다.
>>> t7 = (-3.14,)                         # 단일 객체 뒤에 쉼표가 있다.
>>> t8 = -3.14,                           # 소괄호는 없지만 단일 객체 뒤에 쉼표가 있다.
>>> type(t5)                              # t5의 자료형을 확인해보니 튜플이다.
<class 'tuple'>
>>> t5                                    # 튜플은 반드시 소괄호로 묶어서 출력된다.
('블루베리',)
>>> type(t6)                              # t6의 자료형을 확인해보니 튜플이다.
<class 'tuple'>
>>> t6                                    # 튜플은 반드시 소괄호로 묶어서 출력된다.
('블루베리',)
>>> type(t7)                              # t7의 자료형을 확인해보니 튜플이다.
<class 'tuple'>
>>> t7                                    # 튜플은 반드시 소괄호로 묶어서 출력된다.
(-3.14,)
>>> type(t8)                              # t8의 자료형을 확인해보니 튜플이다.
<class 'tuple'>
>>> t8                                    # 튜플은 반드시 소괄호로 묶어서 출력된다.
(-3.14,)
```

tuple() 생성자를 사용해서 튜플을 만들 수도 있다. 만약 아무런 전달인자 없이 그냥 tuple() 생성자를 사용하면 ()처럼 빈 튜플이 생성된다.

```
>>> empty_tuple2 = tuple()                # empty_list2 = ()와 같다.
>>> type(empty_tuple2)                    # 자료형은 튜플이다.
<class 'tuple'>
>>> len(empty_tuple2)                     # 객체가 없어 길이가 0이다.
0
>>> empty_tuple2                          # 소괄호만 출력된다.
()
```

tuple() 생성자도 list() 생성자처럼 순회형만 튜플로 변환할 수 있다. 따라서 순회형이 아닌 다른 자료형이 오면 다음처럼 오류가 난다.

```
>>> atuple = tuple(3.14)
Traceback (most recent call last):
  File "<stdin>", line 1, in <module>
TypeError: 'float' object is not iterable
```

다음 예는 순회형 중 리스트를 튜플로 바꾼 결과를 보여준다.

```
>>> alist = [5, -3, 3.14, 'red', '드럼']
>>> atuple = tuple(alist)                          # 리스트를 튜플로 바꾼다.
>>> type(atuple)                                   # 자료형이 튜플로 바뀌었다.
<class 'tuple'>
>>> atuple
(5, -3, 3.14, 'red', '드럼')
```

순회형 중 문자열을 튜플로 변환하면 list() 생성자를 사용하는 경우와 마찬가지로 개별 문자가 하나의 객체인 튜플을 만든다.

```
>>> char_tuple = tuple('abcde')
>>> char_tuple
('a', 'b', 'c', 'd', 'e')
```

튜플의 인덱스, 관련 연산자와 메소드

튜플 또한 시퀀스형이기 때문에 인덱스와 분할 연산자를 문자열 혹은 리스트와 같은 방식으로 사용할 수 있다. 우선 다음처럼 튜플을 만들어보자.

```
>>> complex_tuple = tuple(), [-7, 1.23], '드럼', None, ('토', '일', True)
>>> type(complex_tuple)                                   # 자료형이 튜플이다.
<class 'tuple'>
```

쉼표로 분리한 최상위 객체만 튜플의 객체로 보기 때문에 complex_tuple의 길이는 5다.

```
>>> len(complex_tuple)                                  # 다섯 개의 객체가 있다.
5
```

인덱스를 사용하는 방법은 리스트와 같다.

```
>>> complex_tuple[-1]                          # 마지막 객체를 추출한다.
('토', '일', True)
>>> complex_tuple[1][-1]                       # 두 번째 객체의 마지막 객체를 추출한다.
1.23
```

분할 연산자도 마찬가지다.

```
>>> complex_tuple[:]                          # 튜플의 전체 객체를 추출한다.
((), [-7, 1.23], '드럼', None, ('토', '일', True))
>>> complex_tuple[-2::-1]                     # 끝에서 두 번째 객체부터 거꾸로 추출한다.
(None, '드럼', [-7, 1.23], ())
```

튜플은 일단 생성하면 변경할 수 없기 때문에 튜플이 담은 객체에 영향을 미치지 않는 메소드와 연산자만 지원한다. 따라서 리스트 관련 연산자와 메소드 중 객체를 변경하는 연산자와 메소드를 제외한 나머지는 같다. 구체적으로 del, append(), insert(), remove(), pop(), extend(), reverse(), sort()를 제외한 나머지 연산자와 메소드는 사용할 수 있다.

튜플 할당

튜플 할당(tuple assignment)이란 등호를 기준으로 우변의 값 혹은 표현식 각각을 좌변의 같은 위치에 해당하는 변수로 할당하는 것이다. 다음과 같은 형식으로 사용한다.

```
(x, y, z) = (i, j, k)
또는 괄호 없이
x, y, z = i, j, k
```

우변의 모든 값이나 표현식은 할당하기 전에 미리 평가 또는 계산한 것이어야 한다. 그리고 좌변의 변수 개수와 우변의 값이나 표현식 개수가 반드시 일치해야 한다. 다음 예를 살펴보면 이해할 것이다.

```
>>> i, j, k = '드럼', '기타', '피아노'
>>> print(i, j, k)
드럼 기타 피아노
```

우변에 복합자료형이 와도 상관없다. 단, 양변의 객체 개수가 같아야 하기 때문에 우변의 객체 개수가 좌변의 변수 개수와 같아야 한다.

```
>>> # 우변 리스트의 세 번째 객체는 튜플이다.
... x, y, z = ['엄마', '아빠', ('나', '동생')]
>>> print(x, y, z)
엄마 아빠 ('나', '동생')
```

튜플 할당의 가장 큰 이점은 여러 변수의 값을 한 줄의 코드로 한꺼번에 할당할 수 있어 코드가 간략해진다는 것이다. 그리고 변수 사이의 값을 서로 맞바꿀 때도 편리하다. 다음 예는 y와 z의 값을 맞바꾼 결과를 보여준다.

```
>>> y, z =  z, y                                    # y와 z의 값을 맞바꾼다.
>>> print(x, y, z)
엄마 ('나', '동생') 아빠
```

좌변의 변수 개수와 우변의 객체 개수가 같지 않으면 다음처럼 오류가 발생한다.

```
>>> x, y = 1, 2, 3
Traceback (most recent call last):
  File "<stdin>", line 1, in <module>
ValueError: too many values to unpack (expected 2)
```

이런 경우 우변의 불필요한 객체 값을 좌변에서 더미 변수인 밑줄(_)로 받아 처리하면 된다. 이렇게 더미 변수로 받은 객체 값은 출력되지 않는다.

```
>>> x, _, y = 1, 2, 3
>>> print(x, y)
1 3
```

튜플 패킹과 언패킹

튜플 패킹(tuple packing)이란 우변의 객체들을 좌변에 있는 변수 하나에 할당하는 것이다. 다음과 같은 형식으로 사용한다.

```
t = (x, y, z)
또는 괄호 없이
t = x, y, z
```

다음 예에서 알 수 있듯이 쉼표로 분리한 우변의 객체들을 좌변의 변수에 할당하기 때문에 좌변의 변수는 튜플이 된다.

```
>>> t = 3.14, [5, -3], 'green', ('드럼', '기타')          # 튜플 패킹
>>> type(t)                                              # t의 자료형은 튜플이다.
<class 'tuple'>
>>> t
(3.14, [5, -3], 'green', ('드럼', '기타'))
```

이는 마치 박스 하나에 여러 개의 물건을 집어넣는 것과 같다. 다음 코드를 보면 알 수 있듯이, 이미 튜플을 생성할 때 하는 일이다.

```
>>> one_tuple = (5, -3, 3.14, 'red', '드럼')
>>> another_tuple = 5, -3, 3.14, 'red', '드럼'
```

튜플 패킹과 반대로, 우변의 패킹한 튜플 변수에서 여러 개의 값을 좌변으로 꺼내오는 것을 튜플 언패킹(tuple unpacking)이라고 한다. 다음과 같은 형식으로 사용한다. 이때 좌변의 변수 개수와 우변의 튜플 길이가 같아야 한다.

```
(x, y, z) = t
또는 괄호 없이
x, y, z = t
```

이는 마치 박스에 들어 있는 여러 개의 물건을 꺼내는 것과 같다. 튜플 언패킹은 결국 튜플 안의 객체들을 여러 개의 변수에 한 번에 할당하는 것이라 할 수 있다. 튜플 언패킹은 사실상 튜플 할당과 비슷한데 그 차이점을 보면, 튜플 할당은 우변의 객체 개수가 좌변의 변수 개수와 일치해야 하지만, 튜플 언패킹은 우변이 튜플 변수이기 때문에 좌변의 변수 개수와 같지 않다는 것 정도다. 하지만 우변의 튜플 변수가 참조하는 튜플의 길이는 좌변의 변수 개수와 같아야 한다. 그럼 앞서 튜플 패킹으로 만든 변수 t에 들어 있는 객체들을 언패킹해보자.

```
>>> t = 3.14, [5, -3], 'green', ('드럼', '기타')          # 튜플 패킹
>>> a, b, c, d = t                                         # 튜플 언패킹
>>> a
3.14
>>> b
[5, -3]
>>> c
'green'
>>> d
('드럼', '기타')
```

시퀀스형 패킹 및 언패킹 연산자

시퀀스형 자료형에는 문자열, 리스트, 튜플이 있다. 이들 자료형은 시퀀스형 패킹 및 언패킹 연산자 *를 사용하여 담고 있는 객체들을 패킹 또는 언패킹할 수 있다. * 부호는 이항 연산자(연산자 양쪽에 변수나 객체가 오는 경우)로 사용할 때는 곱하기 연산자 등으로 기능하지만, 변수 바로 앞에 붙여 단항 연산자로 사용할 때는 시퀀스형 패킹 및 언패킹 연산자로 기능한다. 여기에서는 시퀀스형 패킹 연산자를 살펴보고 *를 시퀀스형 언패킹 연산자로 사용하는 경우는 10장(387p)에서 다루기로 한다.

시퀀스형 패킹 연산자는 다음처럼 좌변의 변수 중 어느 한 변수 앞에 * 부호를 붙여 사용한다.

```
x, …, *y = i, j, k,…
```

다음과 같은 특징이 있다.

- 좌변의 변수는 반드시 두 개 이상이어야 한다.
- *y는 좌변의 맨 앞이나 맨 뒤, 중간 어디에 와도 상관없다.
- 우변의 객체를 좌변의 변수에 할당하는 경우 우변의 객체 개수가 좌변의 변수 개수보다 많으면, 우변의 객체를 좌변의 변수에 순서대로 할당된다. 우변의 남은 객체는 모두 변수 *y에 리스트로 할당된다.
- 남은 객체는 좌변의 *y 위치에 따라 달라진다.
- 패킹한 *y의 자료형은 리스트다.

예를 들어 살펴보면 이해가 훨씬 쉽다. 먼저 시퀀스형 패킹 연산자 *를 좌변의 마지막 변수의 단항 연산자로 사용하면 다음처럼 우변의 객체들이 차례로 좌변의 맨 왼쪽 변수부터 할당되고 남은 객체는 모두 좌변의 마지막 변수로 패킹된다.

```
>>> x, y, *z = 3.14, [5, -3], 'green', ('드럼', '기타')
>>> x
3.14
>>> y
[5, -3]
>>> z                                          # 나머지를 리스트로 패킹했다.
['green', ('드럼', '기타')]
```

이번에는 시퀀스형 패킹 연산자 *를 좌변의 첫 번째 변수의 단항 연산자로 사용한 경우를 살펴보자. 이때는 우변의 객체들을 역순으로 좌변의 맨 오른쪽 변수부터 할당하고 남은 객체는 모두 좌변의 첫 번째 변수로 패킹한다.

```
>>> *x, y, z = 3.14, [5, -3], 'green', ('드럼', '기타')
>>> x                                          # 나머지를 리스트로 패킹했다.
[3.14, [5, -3]]
>>> y
'green'
>>> z
('드럼', '기타')
```

시퀀스형 패킹 연산자 *를 좌변의 양 끝 변수가 아닌 변수에 사용하면 우변의 객체도 마찬가지로 양 끝부터 좌변의 대응하는 변수에 할당된 후, 나머지 객체들이 *가 앞에 붙은 변수에 패킹된다.

```
>>> x, *y, z = 3.14, [5, -3], 'green', ('드럼', '기타')
>>> x
3.14
>>> y                                          # 나머지를 리스트로 패킹했다.
[[5, -3], 'green']
>>> z
('드럼', '기타')
```

실습 6-3

튜플 연산하기

- 객체 'a', (1, 2), [(10, 9), '한글날'], -15를 포함하는 튜플을 생성하여 변수 t에 할당한다.
- t의 자료형을 출력한다.
- 변수 t를 출력한다.
- 분할 연산자를 사용해서 t의 두 번째와 세 번째 객체를 추출해서 변수 t1에 할당한다.
- 변수 t1을 출력한다.
- 시퀀스형 패킹 연산자를 사용해서 t의 두 번째와 세 번째 객체를 변수 t2에 할당한다.
- 변수 t2를 출력한다.

답

```
>>> t = 'a', (1, 2), [(10, 9), '한글날'], -15# 튜플을 생성하여 변수 t에 할당한다.
>>> print(type(t))                      # t의 자료형을 출력한다.
<class 'tuple'>
>>> print(t)                            # 변수 t를 출력한다.
('a', (1, 2), [(10, 9), '한글날'], -15)
>>> t1 = t[1:3]                 # t의 2, 3번 객체를 추출해서 변수 t1에 할당한다.
>>> print(t1)                   # 변수 t1을 출력한다.
((1, 2), [(10, 9), '한글날'])
>>> _, *t2, _ = t               # 더미 변수 _와 시퀀스형 패킹 연산자를 사용한다.
>>> print(t2)                   # 변수 t2를 출력한다.
[(1, 2), [(10, 9), '한글날']]
```

튜플은 언제 사용할까?

튜플과 리스트의 차이점은 생성 방법과 출력 형태, 그리고 담은 내용을 바꿀 수 있는지 여부 정도다. 즉, 리스트는 가변자료형인 반면에 튜플은 불변자료형이다.

그럼 언제 리스트 대신 튜플을 사용할까? 다음은 리스트 대신 튜플을 사용하는 경우다.

- **처리 속도 향상 및 메모리 공간을 절약해야 하는 경우:** 파이썬에서는 튜플을 처리하는 속도가 리스트를 처리하는 속도보다 빠르다. 그리고 튜플은 리스트보다 더 적은 메모리 공간을 사용하기 때문에 많은 데이터를 처리할 때 효율적이다. 따라서 담은 객체 개수가 엄청나게 많으면서 객체를 변경할 필요가 없다면 튜플을 사용하는 것이 좋다.
- **값이 변하면 안 되는 경우:** 예를 들어 함수로 시퀀스형 값을 전달할 때, 전달한 값이 함수 안에서 처리되는 동안 변하지 않아야 한다면 튜플로 전달하는 것이 좋다. 튜플은 불변자료형이므로 내용이 변할 가능성이 없기 때문에 가변자료형인 리스트보다 안전하게 사용할 수 있다.
- **구문을 더 간단하게 사용하는 경우:** 튜플을 사용하는 것이 리스트보다 구문이 더 간결한 경우가 있다. 예를 들어 앞서 배운 튜플 할당은 코드 한 줄로 여러 변수에 객체를 할당할 수 있다. 나중에 다시 설명하겠지만 다른 프로그래밍 언어는 함수가 반환하는 값이 보통 하나지만, 파이썬에서 함수의 `return` 값으로 튜플을 사용하면 여러 개의 값을 한꺼번에 반환할 수가 있다. `divmod()` 함수가 대표적인 예다.
- **딕셔너리의 키로 시퀀스형 값을 사용하는 경우:** 곧이어 배울 딕셔너리는 키(key) 값으로 가변자료형을 이용할 수 없다. 따라서 리스트, 딕셔너리, 세트는 딕셔너리의 키로 사용할 수 없다. 복합자료형을 딕셔너리의 키로 사용해야 한다면 튜플을 사용해야 한다.

3 딕셔너리

앞서 배운 시퀀스형인 리스트나 튜플은 다음 예처럼 같은 값의 객체가 와도 상관없다. 객체 각각은 인덱스 번호가 있어서 이 번호를 통해 개별 객체를 구분한다.

```
>>> alist = [1, 2, 3, 1, 2, 3, 4]          # 리스트는 중복 값을 사용할 수 있다.
>>> alist
[1, 2, 3, 1, 2, 3, 4]
```

그런데 어떤 복합자료형은 객체를 순서 없이 담고 있다. 즉, 인덱스 번호를 사용하지 않기 때문에 참조하는 객체를 순회할 때 임의 순서로 객체를 꺼낸다. 대표적인 자료형이 매핑형이다. 매핑형(mapping type)은 0개 이상의 키-매핑값 쌍으로 구성된 객체를 순서 없이 참조하는 자료형이다.

매핑형에 속하는 자료형은 세 가지가 있다. 이 중 가장 대표적인 것은 딕셔너리(dict)다. 두 번째는 딕셔너리의 하위 클래스인 디폴트 딕셔너리(defaultdict), 세 번째는 마찬가지로 딕셔너리의 하위 클래스인 순서형 딕셔너리(OrderedDict)다. 디폴트 딕셔너리와 순서형 딕셔너리는 collections 모듈에서 불러오기를 해야 사용할 수 있다. 디폴트 딕셔너리는 키로 매핑값에 접근할 때 딕셔너리에 키가 없어도 오류가 발생하지 않고 해당 키와 미리 지정한 기본값을 매핑값으로 하는 객체를 생성한다. 매핑형은 기본적으로 객체를 순서 없이 담지만, 순서형 딕셔너리는 객체들을 추가하는 순서대로 저장한다는 점이 다른 매핑형과 다르다. 이 책에서는 가장 많이 사용하는 딕셔너리(dict)만 다룬다.

딕셔너리(dictionary)는 그림 6-3처럼 각 객체를 키(key)와 값(value)의 쌍으로 구성한다. 마치 항아리 같은 용기에 순서가 없이 키와 값이 들어 있는 형태이지만 키와 매핑하는 값은 서로 1:1로 연결되어 있다. 그리고 키와 값으로 매핑한 개별 객체는 쉼표(,)로 구분한다. 이 책에서는 키와 값의 쌍을 키:매핑값으로 표기한다.

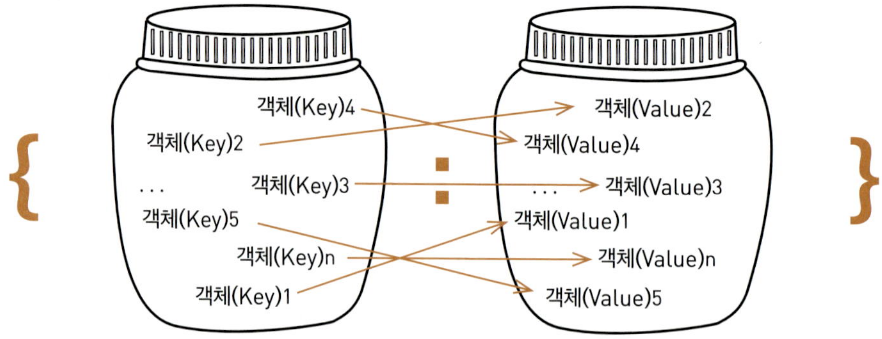

[그림 6-3] 딕셔너리 자료구조

딕셔너리는 항상 양 끝을 중괄호로 묶은 형태로 출력된다. 딕셔너리는 리스트처럼 가변자료형이라 담은 객체를 변경, 삭제하거나 새로운 객체를 추가할 수 있다. 딕셔너리는 리스트와 비슷한 성질이 있지만 다음과 같은 차이가 있다.

- 리스트와 달리 딕셔너리는 담고 있는 객체의 순서가 없다.
- 딕셔너리는 객체 하나가 키:매핑값 형태로 되어 있다. 키(key)와 매핑값(value)도 객체다.
- 리스트는 같은 값을 가진 객체를 포함할 수 있지만 딕셔너리는 키의 중복을 허락하지 않기 때문에 같은 키를 가진 객체는 포함할 수 없다. 단, 매핑값은 중복이 가능하다. 즉, 키만 다르면 매핑값은 같아도 상관없다.
- 리스트와 달리 딕셔너리는 인덱스 개념이 없기 때문에 분할 연산자를 사용해 객체 전체 또는 일부를 추출할 수 없다.
- 리스트는 인덱스 번호로 객체를 추출하지만, 딕셔너리는 키로 객체를 추출한다.

딕셔너리는 중복 키를 사용할 수 없기 때문에 값이 변할 수 있는 객체를 키로 사용할 수 없다. 나중에 키 값이 바뀌어 기존 키와 같아지면 문제가 될 수 있기 때문이다. 예를 들어 주민등록번호는 각각 고유한 번호를 사용하며 한번 부여받으면 바뀌지 않는다. 만약 주민등록번호를 변경할 수 있고, 나중에 누군가 자신의 주민등록번호를 바꿔 나와 같은 주민등록번호를 사용한다면 많은 혼란이 있을 것이다. 따라서 딕셔너리의 키는 해시 가능한(hashable) 객체만을 담을 수 있다. 해시 가능한 객체란 값을 바꿀 수 없는 불변자료형을 말한다. 딕셔너리 자신은 가변자료형이기 때문에 키로 사용할 수 없다.

딕셔너리의 키로 사용할 수 있는 자료형과 사용할 수 없는 자료형은 다음과 같다.

- **키로 사용할 수 있는 자료형: 해시 가능한 불변자료형이다. 정수(int), 실수(float), 문자열(str), 튜플(tuple), 프로즌 세트(frozenset)가 있다.**
- **키로 사용할 수 없는 자료형: 해시 가능하지 않은 가변자료형이다. 리스트(list), 딕셔너리(dict), 세트(set)가 있다.**

하지만 각 키의 매핑값으로는 모든 종류의 자료형이 올 수 있다.

딕셔너리 생성

딕셔너리를 생성하는 방법으로는 세 가지가 있다.

- {}(중괄호)
- dict() 생성자(클래스)
- 딕셔너리 축약(dictionary comprehension)

딕셔너리 축약은 '부록 5 - 리스트/딕셔너리/세트 축약'에서 다루고 여기서는 중괄호와 dict() 생성자를 사용해서 딕셔너리를 만드는 방법만 소개한다. 중괄호를 사용할 때는 중괄호 안에 쉼표(,)로 구분한 객체를 입력하면 된다.

딕셔너리를 생성할 때 중괄호 안에 값을 따로 입력하지 않으면 빈 딕셔너리를 생성하며 이때 딕셔너리의 길이는 0이다. 빈 딕셔너리는 딕셔너리를 초기화할 때 주로 사용한다.

```
>>> empty_dict = {}                               # {}로 빈 딕셔너리를 만든다.
>>> type(empty_dict)                              # 자료형은 딕셔너리다.
<class 'dict'>
>>> len(empty_dict)                               # 객체가 없어 길이가 0이다.
0
>>> empty_dict                                    # 비어 있기 때문에 {}로만 출력된다.
{}
```

중괄호 안에 '키:매핑값' 쌍의 객체를 넣고 쉼표(,)로 구분하면 딕셔너리를 만들 수 있다. 먼저 키는 정수고 매핑값은 문자열인 간단한 딕셔너리를 만들어보자.

```
>>> # 기본자료형으로 구성된 딕셔너리다.
... simple_dict = {1: '엄마', 2: '아빠', 3: '동생'}
>>> len(simple_dict)                            # 세 개의 객체를 담았다.
3
>>> simple_dict                                 # 딕셔너리는 중괄호로 묶어 출력된다.
{1: '엄마', 2: '아빠', 3: '동생'}
```

이번에는 좀 더 복잡한 딕셔너리를 만들어보자. 단 리스트, 딕셔너리, 세트는 딕셔너리의 키로 올 수 없다는 것을 꼭 기억하자.

```
>>> instruments = ['드럼', '기타', '베이스', '키보드'] # 리스트
>>> complex_dict = {
...     '악기': instruments,             # 매핑값이 리스트다.
...     '가족': simple_dict,             # 매핑값이 딕셔너리다.
...     (10, 9): '한글날',               # 키가 튜플(불변자료형)이다.
...     'RGB': [255, 72, 90],
...     'id': (),                        # 매핑값이 빈 튜플이다.
...     0: 55,
...     -307: None,                      # 매핑값뿐만 아니라 키에도 None이 올 수 있다.
...     'fruits': set()                  # 매핑값이 세트다.
... }
```

이 코드에서 매핑값은 리스트, 딕셔너리, 세트 등 가변자료형을 포함한 모든 자료형이 올 수 있는 반면 키는 불변자료형인 숫자형, 문자열, 튜플 등만 사용할 수 있다. 딕셔너리와 같은 가변자료형을 키로 사용하면 다음처럼 오류가 난다.

```
>>> d = {{307: '58동'}: '연구실'}
Traceback (most recent call last):
  File "<stdin>", line 1, in <module>
TypeError: unhashable type: 'dict'
```

앞에서 만든 complex_dict가 몇 개의 객체를 가지고 있는지 확인해보자.

```
>>> len(complex_dict)
8
```

여덟 개의 객체가 있다는 것을 알 수 있다. 출력해서 확인해보자.

```
>>> complex_dict
{'악기': ['드럼', '기타', '베이스', '키보드'], '가족': {1: '엄마', 2: '아빠',
3: '동생'}, (10, 9): '한글날', 'RGB': [255, 72, 90],'id': (), 0: 55, -307:
None, 'fruits': set()}
```

이번에는 dict() 생성자를 사용해서 딕셔너리를 만들어보자. dict() 생성자로 딕셔너리를 만들 때 다음 네 가지 방법을 사용할 수 있다.

- dict() 생성자는 {}처럼 빈 딕셔너리를 생성한다.
- dict(키워드-전달인자)는 불특정 다수의 키워드-전달인자를 사용해서 키워드 식별자를 키로, 키워드의 값을 매핑값으로 하는 딕셔너리를 만든다. 이때 키워드 식별자는 유효한 파이썬 식별자여야 한다. 즉, 키워드 식별자는 공백이 없는 문자와 숫자의 조합으로 이루어져야 하며, 숫자로 시작할 수는 없다.
- dict(순회형-전달인자)는 불특정 다수의 순회형 전달인자를 사용해서 딕셔너리를 생성한다. 순회형-전달인자의 각 객체는 두 개의 객체로 이루어져 있어야 하며, 첫 번째 객체는 키, 두 번째 객체는 매핑값이 된다.
- dict(매핑형-전달인자)는 불특정 다수의 매핑형 객체에 기반해서 딕셔너리를 생성한다. zip() 함수 등을 사용해서 딕셔너리를 생성할 수 있는데, 이 책에서는 다루지 않는다.

먼저 아무 전달인자 없이 그냥 dict() 생성자를 호출해보자. 객체를 하나도 포함하지 않은 빈 딕셔너리가 만들어진다.

```
>>> empty_dict2 = dict()                    # empty_list2 = {}와 같다.
>>> type(empty_dict2)                       # 자료형은 딕셔너리다.
<class 'dict'>
>>> len(empty_dict2)                        # 객체가 없어 길이가 0이다.
0
>>> empty_dict2                             # 비어 있기 때문에 {}로만 출력한다.
{}
```

두 번째 방법인 키워드 전달인자를 사용해서 딕셔너리를 만들어보자.

```
>>> d1 = dict(drum='드럼', guitar='기타', bass='베이스')   # 키워드 전달인자
>>> type(d1)                                             # 자료형은 딕셔너리다.
<class 'dict'>
>>> d1
{'drum': '드럼', 'guitar': '기타', 'bass': '베이스'}
```

이때 키워드 식별자가 딕셔너리의 키로 변환되면서 모두 문자열로 바뀌었다. 간단히 딕셔너리를 만들 수 있기 때문에 자주 사용하는 방법이다.

마지막으로 같은 데이터를 순회형 전달인자를 사용해서 딕셔너리를 만들어보자.

```
>>> d2 = dict([('drum', '드럼'), ('guitar', '기타'), ('bass', '베이스')])
>>> type(d2)                                             # 자료형은 딕셔너리다.
<class 'dict'>
>>> d2
{'drum': '드럼', 'guitar': '기타', 'bass': '베이스'}
```

순회형 전달인자로 리스트, 튜플, 딕셔너리 등이 올 수 있다. 그뿐만 아니라 순회형의 개별 객체로도 리스트, 튜플, 딕셔너리 등이 올 수 있다. 이때 각 객체는 반드시 쌍으로 이루어져 있어야 첫 번째 객체를 키로, 두 번째 객체를 매핑값으로 해서 딕셔너리를 만들 수 있다.

다중 줄 들여쓰기와 (대/중/소) 괄호 닫기

앞서 생성한 딕셔너리 complex_dict는 객체 개수가 많아서 다음처럼 한 줄로 표현하면 가독성이 떨어진다.

```
>>> complex_dict = {'악기': instruments, '가족': simple_dict, (10, 9): '한글날', 'RGB': [255, 72, 90], 'id': (), 0: 55, -307: None,'fruits': set()}
```

이런 경우는 여러 줄로 표현하면 가독성이 높아진다. 앞에서 표현식 등이 길면 사실상 한 줄이라도 여러 줄로 작성하는 것이 편리하기 때문에 소괄호를 사용할 것을 권장(144p 참고)한다고 했다. 소괄호뿐만 아니라 대괄호와 중괄호를 사용할 수도 있다. 따라서 이 딕셔너리처럼 한 줄로 표현하기 어려운 경우에는 두 가지 방법 중 하나를 사용하면 된다.

첫 번째 방법은 다음 코드처럼 닫는 괄호를 다중 줄이 시작하는 줄의 첫 번째 문자와 같은 열에 위치시키는 것이다.

```
>>> complex_dict = {
...     '악기': instruments,
...     '가족': simple_dict,
...     (10, 9): '한글날',
...     'RGB': [255, 72, 90],
...     'id': (),
...     0: 55,
...     -307: None,
...     'fruits': set()
... }
```

두 번째 방법은 닫는 괄호를 복합자료형 마지막 객체의 시작 문자와 같은 열에 위치시키는 것이다.

```
>>> complex_dict = {
...     '악기': instruments,
...     '가족': simple_dict,
...     (10, 9): '한글날',
...     'RGB': [255, 72, 90],
...     'id': (),
...     0: 55,
...     -307: None,
...     'fruits': set()
...     }
```

리스트나 튜플도 한 줄로 표현하는 것이 복잡한 경우 다음 두 가지 중 한 가지 방식을 선택하면 된다.

```
>>> alist = [
...     [1, 2, 3],
...     [4, 5, 6],
...     [7, 8, 9]
... ]
```

```
>>> alist = [
...     [1, 2, 3],
...     [4, 5, 6],
...     [7, 8, 9]
...     ]
```

딕셔너리의 인덱스

딕셔너리가 참조하는 객체들은 리스트와는 달리 순서가 없기 때문에 인덱스 번호로 개별 객체를 추출할 수도 없고, 분할 연산자를 사용해서 일부 또는 전체를 가져올 수도 없다. 대신 다음 형식으로 키를 통해 매핑값을 추출할 수 있다.

딕셔너리[키]

앞에서 사용한 딕셔너리로 개별 객체를 추출하는 방법을 알아보자.

```
>>> instruments = ['드럼', '기타', '베이스', '키보드']                # 리스트
>>> simple_dict = {1: '엄마', 2: '아빠', 3: '동생'}                # 딕셔너리
>>> complex_dict = {
...     '악기': instruments,            # 매핑값이 리스트다.
...     '가족': simple_dict,            # 매핑값이 딕셔너리다.
...     (10, 9): '한글날',              # 키가 튜플(불변자료형)이다.
...     'RGB': [255, 72, 90],
...     'id': (),                       # 매핑값이 빈 튜플이다.
...     0: 55,
...     -307: None,                     # 매핑값뿐만 아니라 키에도 None이 올 수 있다.
...     'fruits': set()                 # 매핑값이 세트다.
... }
```

키 값이 '악기'인 객체의 값을 추출해보자.

```
>>> complex_dict['악기']                    # 매핑값이 리스트다.
['드럼', '기타', '베이스', '키보드']
```

실행 결과 '악기'의 매핑값을 출력했다. 이 매핑값은 앞서 정의한 리스트인 instruments다. 이번에는 자료형이 튜플인 (10, 9)를 키 값으로 사용하는 객체를 추출해보자.

```
>>> complex_dict[(10, 9)]                   # 매핑값이 문자열이다.
'한글날'
```

딕셔너리의 키 값으로는 가변자료형인 리스트, 딕셔너리, 세트를 제외한 모든 자료형을 사용할 수 있다. 예를 들어 True, False, None 등도 올 수 있다. 물론 이런 예약어를 키로 사용하는 것은 권장하지 않는다.

```
>>> mydict = {None: 'Null value', True: '참', False: 0}
>>> mydict[None]                            # None이 키다.
'Null value'
>>> mydict[False]                           # False가 키다.
0
```

만약 존재하지 않는 키의 매핑값을 추출하려고 하면, 인덱스 범위 밖의 객체를 추출할 때처럼 오류가 난다.

```
>>> complex_dict['color']
Traceback (most recent call last):
  File "<stdin>", line 1, in <module>
KeyError: 'color'
```

이번에는 키에 매핑값을 할당해보자. 만약 키가 존재하지 않으면, 새로운 객체를 키와 매핑값 쌍으로 딕셔너리에 추가할 수 있다. 다음과 같은 형식으로 코드를 작성한다.

```
딕셔너리[키] = 매핑값
```

이는 리스트에서 append() 메소드로 객체를 추가하는 것과 비슷하다. 그럼 complex_dict에 없는 키를 추가해보자.

```
>>> complex_dict['x'] = -258.42          # 'x': -258.42를 딕셔너리에 추가한다.
>>> complex_dict
{'악기': ['드럼', '기타', '베이스', '키보드'], '가족': {1: '엄마', 2: '아빠',
3: '동생'}, (10, 9): '한글날', 'RGB': [255, 72, 90], 'id': (), 0: 55, -307:
None, 'fruits': set(), 'x': -258.42}
```

키가 'x'고 매핑값이 -258.42인 객체를 추가했음을 알 수 있다. 그런데 키가 이미 존재한다면 어떻게 될까? 키가 존재하는 경우에는 기존의 매핑값을 새로운 매핑값으로 대체한다. 이는 마치 리스트에서 인덱스를 사용해 인덱스 위치에 있는 객체를 새로운 객체로 교체하는 것과 비슷하다. 방금 추가한 'x'의 매핑값을 새로운 값으로 대체해보자.

```
>>> complex_dict['x'] = '강아지'          # 키가 'x'인 객체의 매핑값을 '강아지'로 바꾼다.
>>> complex_dict
{'악기': ['드럼', '기타', '베이스', '키보드'], '가족': {1: '엄마', 2: '아빠',
3: '동생'}, (10, 9): '한글날', 'RGB': [255, 72, 90], 'id': (), 0: 55, -307:
None, 'fruits': set(), 'x': '강아지'}
```

주의할 점은 매핑값이 복합자료형이면, 매핑값의 자료형이 객체를 추가하는 방법을 사용해야 한다는 것이다 예를 들어 매핑값이 리스트면 여기에 객체를 추가할 때 append() 등 리스트 자료형이 객체를 추가하는 메소드를 사용해야 한다. 다음처럼 키가 '악기'인 객체의 매핑값(리스트)으로 '보컬'을 추가해보자.

```
>>> complex_dict['악기'].append('보컬')
```

이번에는 키가 'fruits'인 객체의 매핑값으로 '블루베리'를 추가해보자. 이 객체의 매핑값이 세트이기 때문에 add() 메소드를 사용해야 한다. 참고로 다음 절에서 다룰 세트는 add() 메소드를 사용해서 객체를 추가한다.

```
>>> complex_dict['fruits'].add('블루베리')
```

매핑값이 딕셔너리인 경우에는 딕셔너리에서 객체를 추가하는 방식인 dict[키] = 매핑값 형식을 사용해야 한다. 먼저 키로 해당 매핑값을 부른 후, 딕셔너리에 객체를 추가해야 한다. 따라서 dict[키][새로운-키] = 새로운-키의-매핑값 형식이 될 것이다. 키가 '가족'이고 매핑값이 딕셔너리인 객체에 키가 4고 매핑값이 '동생'인 객체를 추가해보자.

```
>>> complex_dict['가족'][4] = '동생'
```

이제 complex_dict는 다음과 같은 객체들을 가지고 있다.

```
>>> complex_dict
{'악기': ['드럼', '기타', '베이스', '키보드', '보컬'], '가족': {1: '엄마',
2: '아빠', 3: '동생', 4: '동생'}, (10, 9): '한글날', 'RGB': [255, 72, 90],
'id': (), 0: 55, -307: None, 'fruits': {'블루베리'}, 'x': '강아지'}
```

매핑값이 복합자료형인 경우에는 매핑값을 수정하는 방법도 매핑값의 자료형이 객체를 수정하는 방법을 사용해야 한다. 예를 들어 매핑값이 딕셔너리라면, dict[기존-키] = 매핑값 형식이 될 것이다. 키가 '가족'이고 매핑값이 딕셔너리인 객체에서 키가 3인 매핑값을 '동생'에서 '나'로 교체해보자.

```
>>> complex_dict['가족'][3] = '나'
>>> complex_dict
{'악기': ['드럼', '기타', '베이스', '키보드', '보컬'], '가족': {1: '엄마',
2: '아빠', 3: '나', 4: '동생'}, (10, 9): '한글날', 'RGB': [255, 72, 90],
'id': (), 0: 55, -307: None, 'fruits': {'블루베리'}, 'x': '강아지'}
```

딕셔너리의 키는 중복을 허락하지 않지만 키만 다르면 매핑값은 중복 사용할 수 있다. 키가 0인 객체의 매핑값이 55인데, 이번에는 다른 키에 매핑값 55가 있는 객체를 추가해보자.

```
>>> complex_dict[1] = 55
>>> complex_dict[2] = 55
```

complex_dict를 확인하면 같은 매핑값 55가 있는 객체가 세 개라는 것을 알 수 있다.

```
>>> complex_dict
{'악기': ['드럼', '기타', '베이스', '키보드', '보컬'], '가족': {1: '엄마',
2: '아빠', 3: '나', 4: '동생'}, (10, 9): '한글날', 'RGB': [255, 72, 90],
'id': (), 0: 55, -307: None, 'fruits': {'블루베리'}, 'x': '강아지', 1: 55, 2:
55}
```

딕셔너리 관련 연산자

딕셔너리와 관련한 대표적인 연산자로는 다음과 같은 것이 있다.

- del: 삭제 연산자
- in/not in: 멤버십 연산자

이들 연산자를 알아보자.

❶ 삭제 연산자

리스트에서 사용한 삭제 연산자 del은 딕셔너리에도 같은 원리로 사용할 수 있다. 단지 차이점은 리스트처럼 인덱스 번호나 분할 연산자를 사용하지 않고, 키를 통해 대상 객체를 삭제한다는 점이다. 키가 'id'인 객체를 삭제해보자.

```
>>> del complex_dict['id']
>>> complex_dict
{'악기': ['드럼', '기타', '베이스', '키보드', '보컬'], '가족': {1: '엄마',
2: '아빠', 3: '나', 4: '동생'}, (10, 9): '한글날', 'RGB': [255, 72, 90], 0:
55, -307: None, 'fruits': {'블루베리'}, 'x': '강아지', 1: 55, 2: 55}
```

❷ 멤버십 연산자

멤버십 연산자의 in과 not in은 딕셔너리에서도 같은 원리로 동작한다. 즉, 딕셔너리 안에 객체가 존재하는지 확인할 때 사용한다. 예를 들어 'x'가 complex_dict에 존재하는지 확인하려면 다음처럼 하면 된다.

```
>>> 'x' in complex_dict
True
```

이번에는 튜플 (10, 9)의 매핑값인 '한글날'이 포함되어 있는지 확인해보자.

```
>>> '한글날' in complex_dict
False
```

'한글날'은 존재하지 않는다고 답을 한다. 이유가 뭘까? 딕셔너리에서 in과 not in은 기본적으로 키가 존재하는지를 확인하기 때문이다. 그럼 매핑값이 존재하는지 확인하려면 어떻게 해야 할까? 뒤에서 자세히 설명할 딕셔너리 메소드 중 하나인 values()를 사용하면 된다. values() 메소드는 딕셔너리의 모든 매핑값을 담은 읽기 전용 순회형을 반환하기 때문에 매핑값의 존재를 확인할 수 있다. 따라서 다음처럼 실행하면 된다.

```
>>> '한글날' in complex_dict.values()    # '한글날'이 매핑값에 존재하는지 확인한다.
True
```

이번에는 존재한다고 '참(True)'을 반환한 것을 확인할 수 있다.

실습 6-4

딕셔너리 생성 및 수정하기

- 다음 객체 쌍을 포함하는 딕셔너리를 생성한 후 변수 d에 할당한다. 키(key)의 자료형은 문자열, 매핑값(value)의 자료형은 리스트로 한다.

키(key)	매핑값(value)
'짝수'	2, 4, 6, 8
'홀수'	1, 3, 5, 7, 9

- d를 출력한다.
- d의 길이(객체 개수)를 구한다.
- 다음 키:매핑값 쌍을 d의 객체로 추가한다. 마찬가지로 키의 자료형은 문자열, 매핑값의 자료형은 리스트로 한다.

키(key)	매핑값(value)
'소수'	2, 3, 5, 7

- d를 출력한다.
- d에 키가 '짝수'인 객체가 있는지 확인한다.
- 키가 '짝수'인 객체를 삭제한다.
- d를 출력한다.
- 키가 '홀수'인 객체의 매핑값에서 마지막 객체를 추출한다.

답

```
>>> d = {'짝수': [2, 4, 6, 8], '홀수': [1, 3, 5, 7, 9]}
>>> print(d)                          # 변수 d를 출력한다.
{'짝수': [2, 4, 6, 8], '홀수': [1, 3, 5, 7, 9]}
>>> len(d)                            # d에 몇 개의 객체가 있는지 확인한다.
2
>>> d['소수'] = [2, 3, 5, 7]          # 딕셔너리에 객체 한 개를 추가한다.
>>> print(d)                          # 변수 d를 출력한다.
{'짝수': [2, 4, 6, 8], '홀수': [1, 3, 5, 7, 9], '소수': [2, 3, 5, 7]}
>>> '짝수' in d                       # '짝수' in d.keys()와 같다.
True
>>> del d['짝수']                     # 키가 '짝수'인 객체를 삭제한다.
>>> print(d)                          # 변수 d를 출력한다.
{'홀수': [1, 3, 5, 7, 9], '소수': [2, 3, 5, 7]}
>>> d['홀수'][-1]         # 키가 '홀수'인 객체의 매핑값에서 마지막 객체를 추출한다.
9
```

딕셔너리 관련 메소드

이번에는 딕셔너리에서 사용할 수 있는 주요 메소드를 소개한다.

❶ 복사 메소드

리스트처럼 딕셔너리도 copy() 메소드로 자신의 복사본을 만들 수 있다. 앞에서 만든 complex_dict의 복사본을 만들어보자.

```
>>> d = complex_dict.copy()
>>> d
{'악기': ['드럼', '기타', '베이스', '키보드', '보컬'], '가족': {1: '엄마',
2: '아빠', 3: '동생', 4: '동생'}, (10, 9): '한글날', 'RGB': [255, 72, 90], 0:
55, -307: None, 'fruits': {'블루베리'}, 'x': '강아지', 1: 55, 2: 55}
```

❷ 키 생성 메소드

앞서 {} 또는 dict() 생성자로 딕셔너리를 만드는 방법을 알아보았다. 이외에도 fromkeys() 메소드를 사용하면 키 값만 있는 딕셔너리를 만들 수 있다. fromkeys()는 클래스 메소드이기 때문에 따로 객체를 만들어 메소드를 호출할 필요 없이 클래스 dict를 사용해서 메소드를 호출하면 된다.

fromkeys() 메소드를 사용해서 딕셔너리를 만들 때는 전달인자로 키 값을 지정해줘야 한다. 전달인자로는 순회형만 올 수 있다. 이때 순회형의 개별 항목을 키로 하는 딕셔너리의 매핑값은 기본값인 None이다. 예를 들어 문자열인 'abcde'를 fromkeys() 메소드의 전달인자로 사용하면 다음과 같은 결과를 보여준다.

```
>>> d1 = dict.fromkeys('abcde') # 문자열의 개별 문자로 키만 생성해서 딕셔너리를 만든다.
>>> d1
{'a': None, 'b': None, 'c': None, 'd': None, 'e': None}
```

문자열의 각 문자가 키로 할당되고, 기본값인 None이 모든 키의 매핑값으로 할당되었다. 이번에는 다른 순회형인 리스트를 사용해서 딕셔너리를 생성해보자.

```
>>> d2 = dict.fromkeys([1, 2, 3])   # 리스트의 객체로 키만 생성해서 딕셔너리를 만든다.
>>> d2
{1: None, 2: None, 3: None}
```

기본 매핑값을 None 대신 다른 값으로도 생성할 수 있는데, fromkeys() 메소드의 두 번째 전달인자로 원하는 매핑값을 지정하면 된다. 다음 코드는 None 대신에 '음악'을 키의 기본 매핑값으로 해서 딕셔너리를 만들었다.

```
>>> d3 = dict.fromkeys([1, 2, 3], '음악')  # 매핑값이 모두 '음악'인 딕셔너리를 만든다.
>>> d3
{1: '음악', 2: '음악', 3: '음악'}
```

한편 중복되는 값을 키로 사용할 수 없기 때문에 다음처럼 2를 두 번 사용하면 하나만 키로 사용된다.

```
>>> d4 = dict.fromkeys([1, 2, 2], '음악') # 중복 키가 있으면 하나만 키로 사용할 수 있다.
>>> d4
{1: '음악', 2: '음악'}
```

❸ 추가 메소드

딕셔너리에 객체를 추가하는 메소드로는 setdefault()와 update()가 있다. setdefault() 메소드로 키를 지정하면 해당 키의 기본 매핑값으로는 None이 온다.

```
>>> d4.setdefault(3)                 # 키가 3이고 매핑값이 None인 객체를 추가한다.
>>> d4
{1: '음악', 2: '음악', 3: None}
```

키와 매핑값을 동시에 지정하면 지정한 키와 매핑값으로 객체가 추가된다.

```
>>> d4.setdefault(4, '스포츠')          # 키가 4고 매핑값이 '스포츠'인 객체를 추가한다.
'스포츠'
>>> d4
{1: '음악', 2: '음악', 3: None, 4: '스포츠'}
```

그런데 추가하려는 객체의 키가 이미 존재하면 객체가 추가되지 않는 대신 해당 키의 기존 매핑값이 반환된다. 이때 함께 지정한 매핑값은 무시된다.

```
>>> d4.setdefault(2)              # 키가 이미 존재하기 때문에 해당 키의 매핑값을 반환한다.
'음악'
>>> d4.setdefault(2, '스포츠')  # 키가 이미 존재하기 때문에 해당 키의 매핑값을 반환한다.
'음악'
>>> d4
{1: '음악', 2: '음악', 3: None, 4: '스포츠'}
```

update() 메소드도 객체를 추가할 때 사용한다. 참고로 update() 메소드는 딕셔너리뿐만 아니라, 키:매핑값 쌍의 키워드 전달인자 혹은 순회형을 사용해서 한꺼번에 여러 객체를 추가할 수도 있다. 다음 코드는 영한사전을 만들기 위해 빈 딕셔너리를 생성한 후, 딕셔너리와 키워드 전달인자를 사용해서 딕셔너리에 객체를 추가한 결과를 보여준다.

```
>>> eng_kor = {}                                            # 빈 딕셔너리 생성
>>> eng_kor.update({'apple': '사과'})                        # 딕셔너리 사용
>>> eng_kor.update(strawberry='딸기', raspberry='산딸기')   # 키워드 전달인자 사용
>>> eng_kor
{'apple': '사과', 'strawberry': '딸기', 'raspberry': '산딸기'}
```

update() 메소드로 순회형을 전달하는 경우 첫 번째 객체는 키로, 두 번째 객체는 매핑값으로 사용하는 객체 쌍으로 이루어져 있어야 한다. 다음 예는 순회형을 사용해 딕셔너리에 객체를 추가한 것이다.

```
>>> words = [('grape', '포도'), ('fig', '무화과'), ('peach', '복숭아')]
>>> eng_kor.update(words)                                   # 순회형 사용
>>> eng_kor
{'apple': '사과', 'strawberry': '딸기', 'raspberry': '산딸기', 'grape': '포
도', 'fig': '무화과', 'peach': '복숭아'}
```

setdefault() 메소드와 달리, update() 메소드는 키가 이미 존재하는 경우 그 키에 있는 기존 매핑값을 새로운 매핑값으로 교체한다.

```
>>> colors = dict.fromkeys('abcde', 'white')
>>> colors
{'a': 'white', 'b': 'white', 'c': 'white', 'd': 'white', 'e': 'white'}
>>> x = [('b', 'blue'), ('c', 'red'), ('d', 'green'), ('e','yellow')]
>>> colors.update(x)                          # 'b', 'c', 'd', 'e'의 매핑값을 교체한다.
>>> colors
{'a': 'white', 'b': 'blue', 'c': 'red', 'd': 'green', 'e': 'yellow'}
```

❹ 삭제 메소드

딕셔너리 내용을 삭제하는 메소드는 세 개다. popitem() 메소드는 딕셔너리에 있는 마지막 객체(키:매핑값)를 추출해서 반환한 후, 해당 객체를 딕셔너리에서 삭제한다. 딕셔너리가 비어 있는 경우에는 KeyError가 발생한다. 방금 만든 colors에서 마지막 객체를 삭제해보자. 삭제해서 반환하는 객체는 (키, 매핑값) 튜플이다.

```
>>> colors.popitem()                    # 삭제한 객체는 (키, 매핑값) 튜플로 반환한다.
('e', 'yellow')
>>> colors
{'a': 'white', 'b': 'blue', 'c': 'red', 'd': 'green'}
```

popitem() 메소드는 마지막 객체를 딕셔너리에서 추출해 반환한 후에 삭제하기 때문에, 삭제하는 객체를 받아서 다른 목적으로 사용할 수도 있다.

```
>>> d = colors.popitem()                # 삭제하는 객체를 d에 할당한다.
>>> d                                   # 삭제한 객체가 무엇인지 확인한다.
('d', 'green')
>>> colors                              # 객체를 삭제한 후 colors 내용을 확인한다.
{'a': 'white', 'b': 'blue', 'c': 'red'}
```

두 번째 삭제 메소드는 pop()이다. 이 메소드는 삭제하고자 하는 객체의 키를 지정해서 삭제할 수 있다. pop() 메소드도 popitem() 메소드처럼 객체를 반환한 후에 해당 객체를 삭제하는데, 키를 이미 알기 때문에 매핑값만 반환된다. 키가 'a'인 객체를 삭제해보자.

```
>> colors.pop('a')                    # 'a'의 매핑값을 반환한 후 해당 객체를 삭제한다.
'white'
>>> colors                            # 키가 'a'인 객체가 삭제되었다.
{'b': 'blue', 'c': 'red'}
```

만약 삭제하려는 객체의 키가 존재하지 않으면 KeyError가 발생한다. 다음 코드는 방금 삭제한 객체를 다시 삭제하려고 해서 오류가 났다.

```
>>> colors.pop('a')               # 키가 'a'인 객체를 이미 삭제했기 때문에 오류가 난다.
Traceback (most recent call last):
  File "<stdin>", line 1, in <module>
KeyError: 'a'
```

만약 삭제하려는 객체의 키와 매핑값을 지정했는데, 삭제하려는 객체의 키가 존재하지 않으면 오류가 나지 않고 대신 지정한 매핑값을 반환한다. 이 경우 삭제하려는 객체가 없기 때문에 실제로 아무것도 삭제되지 않는다.

```
>>> colors.pop('a', 'black')        # 키가 'a'인 객체가 없으면 'black'이 반환된다.
'black'
>>> colors                          # 삭제하려는 객체가 없어 아무것도 삭제되지 않았다.
{'b': 'blue', 'c': 'red'}
```

하지만 삭제하려는 키가 있으면 지정한 매핑값 대신 해당 객체의 기존 매핑값을 반환하고 해당 객체를 삭제한다.

```
>>> colors.pop('b', 'black')      # 삭제할 키가 있으면 해당 키의 기존 매핑값이 반환된다.
'blue'
>>> colors                        # 삭제하려는 객체가 있어 'b'가 삭제되었다.
{'c': 'red'}
```

이렇게 pop() 메소드는 약간은 복잡해 보이지만, 유용하게 사용할 수 있다. 예를 들어 pop() 메소드로 객체를 추출할 때 만약 해당 키가 있는 객체가 존재하지 않으면, 오류가 발생하므로 예외 처리해야 한다. 하지만 두 번째 전달인자를 사용해서 추출하려는 객체가 있으면 해당 객체의 매핑값을 반환한 후 삭제하고, 다음 예시처럼 해당 객체가 없으면 예외 처리하기보다는 미리 지정한 매핑값을 반환하게 할 수도 있다.

```
>>> colors.pop('a', '삭제하려는 객체가 존재하지 않습니다')
'삭제하려는 객체가 존재하지 않습니다'
```

세 번째 삭제 메소드는 clear()다. 이 메소드는 딕셔너리의 모든 객체를 삭제한다.

```
>>> colors.clear()
>>> colors
{}
```

❺ 질의 메소드

딕셔너리의 내용을 질의하는 메소드로는 keys(), values(), items(), get()이 있다. complex_dict의 복사본을 참조하는 d를 만들어 질의 메소드들의 특징을 알아보자.

```
>>> d = complex_dict.copy()
>>> d
{'악기': ['드럼', '기타', '베이스', '키보드', '보컬'], '가족': {1: '엄마',
2: '아빠', 3: '나', 4: '동생'}, (10, 9): '한글날', 'RGB': [255, 72, 90], 0:
55, -307: None, 'fruits': {'블루베리'}, 'x': '강아지', 1: 55, 2: 55}
```

keys() 메소드는 딕셔너리의 모든 키를 담은 읽기 전용 리스트인 dict_keys를 반환한다.

```
>>> d.keys()                    # 딕셔너리의 모든 키를 읽기 전용 리스트로 반환한다.
dict_keys(['악기', '가족', (10, 9), 'RGB', 0, -307, 'fruits', 'x', 1, 2])
```

values() 메소드는 딕셔너리의 모든 매핑값을 담은 읽기 전용 리스트 dict_values를 반환한다.

```
>>> d.values()                    # 딕셔너리의 모든 매핑값을 읽기 전용 리스트로 반환한다.
dict_values([['드럼', '기타', '베이스', '키보드', '보컬'], {1: '엄마', 2: '아빠', 3: '나', 4: '동생'}, '한글날', [255, 72, 90], 55, None, {'블루베리'}, '강아지', 55, 55])
```

items() 메소드는 딕셔너리의 모든 객체를 (키, 매핑값) 튜플로 담은 읽기 전용 리스트 dict_items를 반환한다.

```
>>> d.items()    # 딕셔너리의 모든 객체를 (키, 매핑값) 형태의 읽기 전용 리스트로 반환한다.
dict_items([('악기', ['드럼', '기타', '베이스', '키보드', '보컬']), ('가족', {1: '엄마', 2: '아빠', 3: '나', 4: '동생'}), ((10, 9), '한글날'), ('RGB', [255, 72, 90]), (0, 55), (-307, None), ('fruits', {'블루베리'}), ('x', '강아지'), (1, 55), (2, 55)])
```

이 세 가지 메소드는 읽기 전용 리스트를 반환하기 때문에, 반환한 값을 받아서 직접 사용할 수는 없다. 다음 예를 보면 x가 참조하는 객체의 자료형은 리스트가 아니다.

```
>>> x = d.keys()
>>> type(x)                                    # 자료형이 리스트가 아니다.
<class 'dict_keys'>
>>> x
dict_keys(['악기', '가족', (10, 9), 'RGB', 0, -307, 'fruits', 'x', 1, 2])
```

따라서 읽기 전용 리스트를 일반 리스트나 튜플로 형변환한 후에 직접 사용할 수 있다.

```
>>> x = list(d.keys())
>>> type(x)                                     # 이제 리스트로 바뀌었다.
<class 'list'>
>>> x
['악기', '가족', (10, 9), 'RGB', 0, -307, 'fruits', 'x', 1, 2]
>>> y = tuple(d.values())
>>> type(y)                                     # 이제 튜플로 바뀌었다.
<class 'tuple'>
>>> y
(['드럼', '기타', '베이스', '키보드', '보컬'], {1: '엄마', 2: '아빠', 3: '나', 4: '동생'}, '한글날', [255, 72, 90], 55, None, {'블루베리'}, '강아지', 55, 55)
```

왜 이 세 메소드가 처음부터 바로 처리가 가능한 리스트 등의 자료형이 아닌 읽기 전용 리스트를 반환할 것일까? 컴퓨터의 자원을 더 효율적으로 사용하기 위해서다.

예를 들어 리스트 등의 특정 자료형으로 변환해서 반환하는 것보다 읽기 전용 리스트로 반환하면 처리 시간도 줄어들고 컴퓨터 메모리도 효율적으로 사용할 수 있다. 사실 파이썬 3 이전까지는 이 세 메소드 모두 일반 리스트를 반환했다. 하지만 앞과 같은 이유로 파이썬 3부터는 읽기 전용 리스트로만 반환한다. 대부분의 경우 읽기 전용 리스트만으로 충분히 사용할 수 있다. 특히 이 세 메소드가 반환하는 읽기 전용 리스트는 순회형이기 때문에, for문 등의 순환문에서 많이 사용한다. 즉, 딕셔너리의 객체를 하나씩 꺼내어 처리할 때가 많기 때문에 굳이 미리 자료를 변환할 필요가 없다.

다음 예는 for문을 사용해 딕셔너리에 있는 키와 매핑값을 따로 x와 y 변수로 참조해서 출력하는 코드다. 이때 items() 메소드는 객체를 (키, 매핑값) 튜플로 담은 읽기 전용 리스트로 반환하기 때문에 x에 키를, y에 매핑값을 할당하여 처리한다. for문은 8장에서 상세히 다룰 것이다.

```
>>> for x, y in d.items():        # items() 메소드는 각 객체를 (키, 매핑값) 형태로 반환한다.
...     print('키 =', x, ':', '매핑값 =', y)
...
키 = 악기 : 매핑값 = ['드럼', '기타', '베이스', '키보드', '보컬']
키 = 가족 : 매핑값 = {1: '엄마', 2: '아빠', 3: '동생', 4: '동생'}
키 = (10, 9) : 매핑값 = 한글날
키 = RGB : 매핑값 = [255, 72, 90]
키 = 0 : 매핑값 = 55
키 = -307 : 매핑값 = None
키 = fruits : 매핑값 = {'블루베리'}
키 = x : 매핑값 = 강아지
키 = 1 : 매핑값 = 55
키 = 2 : 매핑값 = 55
```

마지막으로 get() 메소드는 지정한 키의 매핑값을 반환한다. 키가 '악기'인 객체의 매핑값을 확인해보자.

```
>>> d.get('악기')
['드럼', '기타', '베이스', '키보드', '보컬']
```

만약 지정한 키가 딕셔너리에 존재하지 않으면 아무것도 반환하지 않는다. 즉, None을 반환한다. 앞서 본 pop() 메소드는 삭제하려는 객체의 키가 존재하지 않으면 KeyError를 발생시키지만, get() 메소드는 다음 예처럼 아무런 반응이 없다.

```
>>> d.get(5)                          # 키가 5인 객체는 없다.
```

반면에 pop() 메소드처럼 찾는 객체의 키와 매핑값을 둘 다 지정한 경우에는, 객체의 키가 존재한다면 해당 객체의 매핑값을 반환하고, 찾는 키가 있는 객체가 존재하지 않으면 대신 지정한 매핑값을 반환한다.

```
>>> d.get(1, 0)                       # 키가 1인 객체가 있으면 1의 매핑값을 반환한다.
55
>>> d.get(5, 0)                       # 키가 5인 객체가 없으면 0을 반환한다.
0
```

get() 메소드도 pop() 메소드와 마찬가지 이유로 상황에 맞춰 유용하게 사용할 수 있다. 만약 '간장공장공장장은 간공장장이고, 공장공장공장장은 공공장장이다'란 문장에서 각 문자가 몇 번 나타나는지를 세는 코드를 작성한다고 해보자. 먼저 get() 메소드를 사용하지 않고 각 문자의 출현 횟수를 세어보자. 각 단어나 문자의 출현 횟수를 계산할 때 딕셔너리를 사용하면 편리하며, 이때 각 단어나 문자를 키로 하고 출현 횟수를 매핑값으로 담으면 된다. 딕셔너리는 중복 키를 허용하지 않기 때문에 같은 단어나 문자가 나타나면 해당 단어나 문자의 매핑값만 하나 증가시키면 된다. 이렇게 계산된 딕셔너리는 각 단어나 문자의 출현 횟수를 담고 있다. 그럼 먼저 각 문자의 출현 횟수를 담을 빈 딕셔너리를 초기화하자.

```
>>> words = {}              # 각 문자를 키, 빈도수를 값으로 하는 딕셔너리를 초기화한다.
```

이제 대상 문장을 변수에 할당하자.

```
>>> s = '간장공장공장장은 간공장장이고, 공장공장공장장은 공공장장이다'
```

이 문자열을 순회하면서 개별 문자를 추출한 후 같은 문자가 나오면 dict[키] += 1처럼 해당 문자의 매핑값만 1씩 증가시키면 된다. 그런데 이 경우는 기존 키가 존재해야만 가능하다. 기존 키가 없으면 다음처럼 오류가 난다. 처음에 빈 딕셔너리를 만들었으니 당연히 아무것도 존재하지 않는다. 따라서 처음 나타나는 문자를 따로 처리해야 한다. 참고로 지금부터 for문과 if문이 나오는데 아직 제어문을 배우지 않았다. 하지만 get() 메소드를 어떤 상황에 잘 활용할 수 있는지를 보여주기 위한 것이므로 우선 이해가 안 되어도 따라해보자.

```
>>> for c in s:
...     words[c] += 1
...
Traceback (most recent call last):
  File "<stdin>", line 2, in <module>
KeyError: '간'
```

처음에 빈 딕셔너리로 초기화했기 때문에 처음 나오는 문자인 '간'을 1 증가시키려 하면 '간'이 키로 존재하지 않기 때문에 오류가 발생하므로 문자가 처음 나올 때와 두 번 이상 나타날 때를 구분해서 처리해야 한다. if문을 사용해, 만약 키가 딕셔너리에 존재하지 않으면, 즉 처음 나타나는 문자면 그 문자를 키로 하고 매핑값을 1로 하는 객체를 생성한다. 만약 키가 이미 딕셔너리에 존재하면 해당 키의 매핑값을 1 증가시키면 된다.

```
>>> for c in s:                  # 문자열 s에서 문자 하나를 추출해 변수 c에 할당한다.
...     if c not in words:       # 만약 딕셔너리에 문자 c가 없으면,
...         words[c] = 1         # 처음 나타나는 문자를 키로 추가하면서 매핑값은 1로 한다.
...     else:                    # 만약 딕셔너리에 문자 c가 있다면,
...         words[c] += 1        # 문자 c를 키로 갖는 문자의 매핑값을 1 증가시킨다.
...
>>> words
{'간': 2, '장': 12, '공': 8, '은': 2, ' ': 3, '이': 2, '고': 1, ',': 1, '다':
1}
```

그런데 각 문자와 각 문자의 출현 횟수를 담은 딕셔너리에는, 불필요한 공백(' ')과 쉼표(,)의 출현 횟수도 함께 포함되어 있다. 문장 안에 있는 불필요한 문장 부호를 제거할 때는 문자열 클래스의 속성을 사용하면 편리하다. 문자열 클래스를 사용하기 위해서는 먼저 import문을 사용해서 string 모듈을 불러와야 한다. 그리고 화이트스페이스 문자와 문장 부호로 이루어진 문자열을 noise라는 변수에 할당해놓자.

```
>>> import string
>>> noise = string.whitespace + string.punctuation
```

변수 noise는 다음과 같은 부호들을 담고 있다.

```
>>> noise
' \t\n\r\x0b\x0c!"#$%&\'()*+,-./:;<=>?@[\\]^_`{|}~'
```

이제 문장에서 불필요한 부호나 공백을 찾아내는지 확인해보자.

```
>>> words = {}
>>> s = '간장공장공장장은 간공장장이고, 공장공장공장장은 공공장장이다'
>>> for c in s:
...     if c in noise:                # 화이트스페이스 문자나 문장 부호가 있으면,
...         c                         # c의 내용을 대표 형식으로 출력한다.
...
' '
','
' '
' '
>>>
```

공백문자가 3회, 쉼표가 1회 출력되었다. 이제 불필요한 문자의 출현 횟수는 계산하지 않고 문장 안에서 나타나는 각 문자의 출현 횟수를 계산할 준비가 다 되었다. 다음 코드는 방금 테스트한 코드를 정리한 결과다.

```
>>> words = {}                      # 각 문자를 키로, 빈도 수를 매핑값으로 하는 딕셔너리 초기화
>>> s = '간장공장공장장은 간공장장이고, 공장공장공장장은 공공장장이다'
>>> for c in s:
...     if c in noise:              # 화이트스페이스 문자나 문장 부호는 처리하지 않는다.
...         continue
...     if c not in words:          # 만약 딕셔너리에 문자 c가 없으면,
...         words[c] = 1            # 처음 나타나는 문자를 키로 추가하면서 매핑값은 1로 한다.
...     else:                       # 만약 딕셔너리에 문자 c가 있다면,
...         words[c] += 1           # 문자 c를 키로 갖는 문자의 매핑값을 1 증가시킨다.
...
>>> words
{'간': 2, '장': 12, '공': 8, '은': 2, '이': 2, '고': 1, '다': 1}
```

words에서 공백문자와 쉼표를 제거하고, 각 문자의 출현 횟수가 계산된 딕셔너리 words를 만들었다. 참고로 이렇게 긴 코드는 파일로 저장해서 필요할 때마다 인터프리터 모드에서 불러 사용하는 것이 편리하다.

위의 코드 중 다음 부분에서 get() 메소드를 사용하면 편리하다.

```
if c not in words:
    words[c] = 1
else:
    words[c] += 1
```

get() 메소드에서 키가 존재하지 않을 때 지정한 매핑값을 반환하는 특징을 이용하면 위의 네 줄로 작성된 코드를 다음처럼 한 줄로 줄여 쓸 수 있다.

```
words[c] = words.get(c, 0) + 1
```

만약 c가 처음 나타난다면 get(c, 0)이 0을 반환해서 여기에 1을 더한 후 c를 키로 하는 객체를 추가한다. 만약 c를 키로 갖는 객체가 딕셔너리 안에 이미 존재한다면, get(c, 0)은 0 대신 c에 있는 매핑값을 반환하여 여기에 1을 추가한 후, c의 매핑값을 업데이트한다. 다음 코드는 get() 메소드를 사용해서 앞의 코드를 재구현한 것이다.

```
>>> import string
>>> noise = string.whitespace + string.punctuation
>>> words = {}           # 각 문자를 키로, 빈도 수를 매핑값으로 하는 딕셔너리를 초기화한다.
>>> s = '간장공장공장장은 간공장장이고, 공장공장공장장은 공공장장이다'
>>> for c in s:
...     if c in noise: # 화이트스페이스 문자나 문장 부호는 처리하지 않는다.
...         continue
...     words[c] = words.get(c, 0) + 1
...
>>> words
{'간': 2, '장': 12, '공': 8, '은': 2, '이': 2, '고': 1, '다': 1}
```

코드가 훨씬 간결해졌다는 것을 알 수 있다.

표 6-2는 지금까지 설명한 딕셔너리 관련 메소드들을 요약 정리한 것이다.

[표 6-2] 딕셔너리 관련 메소드

문법	설명
d.copy()	딕셔너리 d의 얕은 복사본(shallow copy)을 반환한다.
dict.fromkeys(i[, v])	순회형 i의 모든 객체가 키가 되고, v가 주어지지 않으면 매핑값이 None, v가 주어지면 매핑값이 v인 새로운 딕셔너리를 반환하는 클래스 메소드다.
d.setdefault(k[, v])	키 k가 딕셔너리 d에 없으면, 키가 k고, v가 주어지지 않으면 매핑값이 None, v가 주어지면 매핑값이 v인 객체를 딕셔너리 d에 삽입하고 해당 매핑값 v를 반환한다. 키 k가 딕셔너리 d에 이미 있으면, 해당 매핑값을 반환한다.
d.update(x)	x의 모든 키:매핑값 쌍 중에 딕셔너리 d에 없는 키:매핑값 쌍을 딕셔너리 d에 추가한다. 딕셔너리 d의 키 중 x와 같은 키가 있는 객체가 있으면 x의 키에 담긴 매핑값으로 대체한다. x는 딕셔너리, 키워드 전달인자 또는 (키, 매핑값) 쌍의 순회형일 수도 있다.
d.popitem()	딕셔너리 d에서 마지막 객체를 (키, 매핑값) 튜플로 반환하고 해당 객체를 딕셔너리 d에서 삭제한다. 딕셔너리 d가 비어 있으면 KeyError가 발생한다.
d.pop(k[, v])	키 k가 딕셔너리 d에 있으면, 그 매핑값을 반환하고 해당 객체를 딕셔너리 d에서 삭제한다. 키 k가 딕셔너리 d에 없고, v가 주어지지 않으면 KeyError가 발생하고, v가 주어지면 v를 반환한다.
d.clear()	딕셔너리 d의 모든 객체를 삭제한다.
d.keys()	딕셔너리 d의 모든 키를 담은 형식(읽기 전용 리스트) dict_keys를 반환한다.
d.values()	딕셔너리 d의 모든 매핑값을 담은 형식(읽기 전용 리스트) dict_values를 반환한다.

문법	설명
d.items()	딕셔너리 d의 모든 (키, 매핑값) 쌍을 담은 형식(읽기 전용 리스트) dict_items를 반환한다.
d.get(k[, v])	키 k가 딕셔너리 d에 있으면, 해당 매핑값을 반환한다. 키 k가 딕셔너리 d에 없고, v가 주어지지 않으면 None, v가 주어지면 v를 반환한다.

실습 6-5

딕셔너리 메소드 사용하기

- fromkeys() 메소드를 사용해서 다음 객체 쌍을 포함하는 딕셔너리를 생성한 후 변수 d에 할당한다. 키의 자료형은 문자열이고, 매핑값의 자료형은 정수다.

키(key)	매핑값(value)
'국어'	0
'음악'	0

- d를 출력한다.
- setdefault() 메소드를 사용해서 다음 객체 쌍을 변수 d에 추가한다. 키의 자료형은 문자열이고 매핑값은 None이다.

키(key)	매핑값(value)
'체육'	None

- d를 출력한다.
- update() 메소드를 사용해서 다음 객체 쌍을 변수 d에 추가한다. 키의 자료형은 문자열이고 매핑값의 자료형은 정수다.

키(key)	매핑값(value)
'미술'	94

- d를 출력한다.
- update() 메소드를 사용해서 키가 '국어'와 '체육'인 객체 쌍의 매핑값을 각각 95와 91로 갱신한다.
- update() 메소드를 사용하지 않고 키가 '음악'인 객체 쌍의 매핑값을 83으로 갱신한다.
- d를 출력한다.
- pop() 메소드를 사용해서 키가 '체육'인 객체 쌍을 d에서 삭제하면서 매핑값을 변수 x로 받는다.
- x를 출력한다.
- d를 출력한다.
- get() 메소드를 사용해서 키가 '미술'인 객체 쌍의 매핑값을 출력한다.
- get() 메소드를 사용하지 않고 키가 '미술'인 객체 쌍의 매핑값을 출력한다.
- d의 모든 키를 출력한다.
- d의 모든 매핑값을 튜플로 변환해서 출력한다.
- d의 키와 매핑값 쌍을 모두 리스트로 변환해서 출력한다.

답

```
>>> d = dict.fromkeys(['국어', '음악'], 0) # 매핑값이 0인 딕셔너리를 생성한다.
>>> print(d)                              # 변수 d를 출력한다.
{'국어': 0, '음악': 0}
>>> d.setdefault('체육')      # 키가 '체육'이고 매핑값이 None인 객체 쌍을 추가한다.
>>> print(d)                              # 변수 d를 출력한다.
{'국어': 0, '음악': 0, '체육': None}
>>> d.update(미술=94)         # 키가 '미술'이고 매핑값이 94인 객체 쌍을 추가한다.
>>> print(d)                  # 변수 d를 출력한다.
{'국어': 0, '음악': 0, '체육': None, '미술': 94}
>>> # '국어' 점수를 95로, '체육' 점수를 91로 갱신한다.
... d.update(국어=95, 체육=91)
>>> d['음악'] = 83                        # '음악' 점수를 83으로 갱신한다.
>>> print(d)                              # 변수 d를 출력한다.
{'국어': 95, '음악': 83, '체육': 91, '미술': 94}
>>> # 키가 '체육'인 객체 쌍을 삭제하면서, '체육'의 매핑값을 변수 x에 할당한다.
... x = d.pop('체육')
>>> print(x)                              # 변수 x를 출력한다.
91
>>> print(d)                              # 변수 d를 출력한다.
{'국어': 95, '음악': 83, '미술': 94}
>>> print(d.get('미술'))          # 키가 '미술'인 객체 쌍의 매핑값을 출력한다.
94
>>> print(d['미술'])              # 키가 '미술'인 객체 쌍의 매핑값을 출력한다.
94
>>> print(d.keys())               # d의 모든 키를 출력한다.
dict_keys(['국어', '음악', '미술'])
>>> print(tuple(d.values()))      # d의 매핑값을 모두 튜플로 변환해서 출력한다.
(95, 83, 94)
>>> # d의 키와 매핑값 쌍을 모두 리스트로 변환해서 출력한다.
... print(list(d.items()))
[('국어', 95), ('음악', 83), ('미술', 94)]
```

4 세트

집합형(set type)은 0개 이상의 객체를 순서 없이 참조하는 자료형이다. 따라서 집합형도 매핑형처럼 참조하는 객체를 순회해야 할 때는 객체를 임의 순서로 꺼내온다. 순서가 없이 참조하기 때문에 중복을 허락하지 않는다. 따라서 집합형에 속한 자료형은 고유한 객체 값만 담는다. 집합형은 매핑형처럼 키:매핑값의 자료구조가 아닌 단순히 키(key)만 있는 자료구조라고 생각하면 이해가 쉬울 것이다. 대표적인 집합형에는 세트(set)와 프로즌 세트(frozenset)가 있다. 프로즌 세트는 이 책에서는 다루지 않는다.

세트(set)는 그림 6-4처럼 항아리 같은 용기에 순서 없이 물건들이 들어 있는 형태에 비유할 수 있다. 비록 순서는 없지만, 리스트나 튜플처럼 각 객체는 쉼표(,)로 구분한다.

[그림 6-4] 세트 자료구조

세트는 딕셔너리와 마찬가지로 항상 양 끝이 중괄호로 묶인 형태로 출력된다. 세트도 가변자료형이기 때문에 담고 있는 객체를 변경, 삭제하거나 새로운 객체를 추가할 수 있다. 단, 세트는 해시 가능한(hashable) 객체만을 담을 수 있다. 해시 가능한 객체란 그

값을 바꿀 수 없는 불변자료형을 말한다. 따라서 정수(int), 실수(float), 문자열(str), 튜플(tuple), 프로즌 세트(frozenset)만 세트의 객체로 포함할 수 있다. 해시 불가능한 가변자료형인 세트(set) 자신을 포함해서 리스트(list)와 딕셔너리(dict)는 세트의 객체로 담을 수 없다.

세트 생성

세트를 생성하는 방법은 다음 세 가지가 있다.

- {}(중괄호). 단, 빈 세트는 중괄호({ })로 생성할 수 없다. 빈 중괄호({ })는 빈 딕셔너리를 생성할 때 사용하기 때문이다.
- set()생성자(클래스). 빈 세트는 set() 생성자로만 만들 수 있다.
- 세트 축약(set comprehension)

세트 축약은 '부록 5 - 리스트/딕셔너리/세트 축약'에서 다루고, 여기서는 중괄호와 set() 생성자를 사용해서 세트를 만드는 방법만 소개한다. 중괄호를 사용하면 다른 복합자료형과 마찬가지로 중괄호 안에 쉼표(,)로 구분한 객체를 입력하면 된다.

```
>>> fruits = {'사과', '포도', ('딸기', '블루베리'), '오렌지', '포도'}
>>> fruits
{('딸기', '블루베리'), '오렌지', '포도', '사과'}
```

코드를 보면, 세트 안의 객체가 입력한 순서대로 정렬되지 않은 것을 확인할 수 있다. 그리고 '포도'를 두 번 입력했지만 한 개만 세트에 포함되었다. 이처럼 같은 값인 객체는 아무리 많이 입력해도 하나만 세트에 포함된다. ('딸기', '블루베리')는 튜플이고 해시 가능한 불변자료형이라 세트에 포함되었지만, 리스트 형태로 포함하려고 하면 다음처럼 오류가 난다. 리스트, 딕셔너리, 세트는 가변자료형이라 세트의 객체로 올 수 없다.

```
>>> fruits = {'사과', '포도', ['딸기', '블루베리'], '오렌지', '포도'}
Traceback (most recent call last):
  File "<stdin>", line 1, in <module>
TypeError: unhashable type: 'list'
```

세트를 만들 때 객체가 하나면 튜플처럼 쉼표(,)로 구분할 필요 없이 그냥 객체를 중괄호로 싸서 만들면 된다. len() 함수로 길이를 구해보면 객체가 하나라는 것을 알 수 있다.

```
>>> set1 = {'바나나'}
>>> type(set1)                  # 자료형이 세트다.
<class 'set'>
>>> len(set1)                   # 세트의 객체가 하나라서 길이가 1이다.
1
>>> set1                        # 세트는 딕셔너리처럼 양 끝을 중괄호({})로 묶어 출력한다.
{'바나나'}
```

이번에는 set() 생성자로 세트를 만들어보자. 앞서 설명했듯이 빈 중괄호({})는 빈 딕셔너리를 생성할 때 사용하기 때문에 빈 세트를 만들려면 다음처럼 set() 생성자를 사용해야만 한다.

```
>>> empty_set = set()           # set()로 빈 세트를 만든다.
>>> type(empty_set)             # 자료형은 세트다.
<class 'set'>
>>> len(empty_set)              # 객체가 없어 길이가 0이다.
0
>>> empty_set                   # 비어 있기 때문에 set()로 출력된다.
set()
```

앞서 '바나나'만 포함한 세트를 중괄호({})를 사용해서 만들었는데, 이번에는 set() 생성자로 만들어보자.

```
>>> set2 = set('바나나')
>>> type(set2)                                   # 자료형이 세트다.
<class 'set'>
>>> len(set2)                                    # 세트의 객체가 하나가 아니라 둘이다.
2
>>> set2
{'나', '바'}
```

어떻게 된 영문일까? set() 생성자도 list()나 tuple() 생성자처럼 괄호 안의 순회형을 세트로 변환할 때, 문자열로 세트를 생성하려고 하면 다음 예처럼 개별 문자 하나가 세트의 개별 객체로 생성된다.

```
>>> char_set = set('abcde')
>>> char_set
{'d', 'a', 'b', 'e', 'c'}
```

따라서 문자열을 set() 생성자의 전달인자로 사용할 때는 주의가 필요하다. 더욱이 세트는 중복 값을 허용하지 않기 때문에 문자열 안에 같은 단어가 들어 있다면 하나로 처리하니 주의해야 한다. 그래서 앞에서는 '바나나'가 하나의 세트 객체로 들어간 것이 아니라, '바', '나', '나' 따로 세트 객체가 되지만, 중복 값을 허용하지 않기 때문에 '바'와 '나' 이렇게 두 개가 세트의 객체로 들어갔다. 만약 set1처럼 '바나나' 하나만 객체로 가진 세트를 set() 생성자로 만들려면 다음처럼 하면 된다.

```
>>> set3 = set({'바나나'})
>>> type(set3)                                   # 자료형이 세트다.
<class 'set'>
>>> len(set3)                                    # 이제는 세트의 객체가 하나다.
1
>>> set3
{'바나나'}
```

세트 관련 연산자

세트 관련 연산자는 다음과 같다.

- in/not in: 멤버십 연산자
- <, >: 진부분집합인지 확인하는 비교 연산자
- <=, >=: 부분집합인지 확인하는 비교 연산자
- |: 세트 결합(합집합)
- &: 세트 교차(교집합)
- -: 세트 빼기(차집합)
- ^: 세트 대칭차(대칭차집합)

이들 연산자를 알아보자.

❶ 멤버십 연산자

멤버십 연산자는 리스트나 튜플에서처럼 사용할 수 있다. 다음은 '포도'가 세트 안에 있는지 확인하는 예다.

```
>>> fruits = {'사과', '포도', ('딸기', '블루베리'), '오렌지'}
>>> '포도' in fruits
True
```

이번에는 '딸기'가 있는지 확인해보자. '딸기'는 세트에 속한 객체가 아니라 튜플 ('딸기', '블루베리')에 속해 있기 때문에 fruits의 멤버는 아니다.

```
>>> '딸기' in fruits
False
```

하지만 ('딸기', '블루베리')가 멤버인지 확인하면 True를 반환한다.

```
>>> ('딸기', '블루베리') in fruits
True
```

이번에는 not in을 사용해서 '사과'와 '블루베리'가 존재하지 않는지를 확인해보자.

```
>>> '사과' not in fruits
False
>>> '블루베리' not in fruits
True
```

❷ 비교 연산자

비교 연산자 중 <, >, <=, >=를 세트에서 사용하면 두 세트 사이의 진부분집합 또는 부분집합 여부를 확인할 수 있다. 다음 예는 '사과'와 '포도'가 fruits의 진부분집합인지 확인하기 위해 코드를 실행한 결과다.

```
>>> {'사과', '포도'} < fruits
True
```

이번에는 '사과', '포도', '드럼'이 fruits의 부분집합인지 확인해보자.

```
>>> {'사과', '포도', '드럼'} <= fruits
False
```

진부분집합은 비교 대상 세트의 부분집합이지만 비교 대상 세트와 일치하지 않는 집합을 말한다.

```
>>> {'사과', '포도', ('딸기', '블루베리'), '오렌지'} < fruits
False
```

부분집합은 비교 대상 세트와 일치하는 경우도 포함한다.

```
>>> {'사과', '포도', ('딸기', '블루베리'), '오렌지'} <= fruits
True
```

❸ 세트 연산 관련 연산자

세트 관련 연산자를 사용해서 합집합과 교집합 등을 구해보자. 우선 다음처럼 세트 두 개를 만들어보자.

```
>>> x = {1, 2, 3, 4, 5}
>>> y = {3, 4, 5, 6, 7}
```

세트 결합 연산자는 수학의 합집합(union)과 같다. 따라서 두 세트의 객체를 모두 포함한 세트를 반환한다.

```
>>> x | y
{1, 2, 3, 4, 5, 6, 7}
```

세트 교차 연산자는 수학의 교집합(intersection)과 같기 때문에 두 세트에 동시에 속하는 객체로 구성한 세트를 반환한다.

```
>>> x & y
{3, 4, 5}
```

세트 빼기 연산자는 수학의 차집합(difference)과 같다. 차집합 X - Y는 X에는 속하지만, Y에는 속하지 않는 객체로 구성된 집합이며, 이를 X에 대한 Y의 차집합이라고 한다. 따라서 X와 Y의 위치가 바뀌면 다른 결과를 가져올 수 있다.

```
>>> x - y                                  # x에 대한 y의 차집합
{1, 2}
>>> y - x                                  # y에 대한 x의 차집합
{6, 7}
```

세트 대칭차 연산자를 수학에서는 대칭차집합(symmetric difference)이라고 한다. 이는 두 집합의 상대 여집합의 합을 말한다. 다시 말해 X와 Y 두 집합이 있을 때 두 집합 모두의 차집합인 X - Y와 Y - X의 합집합을 반환한다. 따라서 X와 Y의 순서와 관계없이 결괏값은 같다.

```
>>> x ^ y
{1, 2, 6, 7}
>>> y ^ x
{1, 2, 6, 7}
```

세트 관련 메소드

여기서는 세트에서 사용할 수 있는 주요 메소드를 소개한다.

❶ 복사 메소드

세트 클래스도 copy() 메소드를 제공하기 때문에 세트의 복사본을 만들 수 있다. 참고로 리스트나 튜플은 copy() 메소드를 사용하지 않고 분할 연산자로 전체를 추출(y = x[:])해도 copy() 메소드를 사용한 것과 같은 결과를 가져오지만, 세트와 딕셔너리는 분할 연산자를 사용할 수 없다.

```
>>> x = {1, 2, 3}
>>> y = x.copy()
>>> y
{1, 2, 3}
```

❷ 세트 연산과 질의 메소드

앞서 세트 관련 연산자로 부분집합 관계를 확인하거나, 합집합, 교집합, 차집합, 대칭차집합을 구했는데, 이에 대응하는 메소드들을 세트 클래스에서 제공한다.

예를 들어 x가 y의 부분집합(subset)인지 확인하려면 issubset() 메소드를 사용할 수 있고, 반대로 포함집합(superset)인지를 확인하려면 issuperset() 메소드를 사용하면 된다.

```
>>> x = {1, 2, 3, 4, 5}
>>> y = {3, 4, 5, 6, 7}
>>> z = {4, 5, 6}
>>> z.issubset(x)                                # z가 x의 부분집합인가? z <= x
False
>>> z.issubset(y)                                # z가 y의 부분집합인가? z <= y
True
>>> x.issuperset(y)                              # x가 y의 포함집합인가? x >= y
False
>>> y.issuperset(z)                              # y가 z의 포함집합인가? y >= z
True
```

isdisjoint() 메소드는 만약 x와 y의 객체 중 서로 같은 것이 하나도 없으면 True를, 하나라도 같은 객체가 있으면 False를 반환한다.

```
>>> x.isdisjoint(y)
False
```

union() 메소드를 사용하면 세트 결합 연산자 | 로 합집합을 구하는 것과 같다. 하지만 x 값이 변하지는 않는다.

```
>>> x.union(y)                                   # x | y와 같다.
{1, 2, 3, 4, 5, 6, 7}
>>> x                                            # x 값을 바꾸지는 않는다.
{1, 2, 3, 4, 5}
```

만약 x와 y의 합집합 결과를 x에 반영하려면 update() 메소드를 사용해야 한다. 이는 y 객체 중 x에 없는 객체를 x로 추가하는 것과 같은 결과를 가져온다. 세트는 가변자료형이기 때문에 객체를 추가할 수 있다.

```
>>> x.update(y)                                  # x |= y와 같다.
>>> x
{1, 2, 3, 4, 5, 6, 7}
```

intersection() 메소드는 세트 교차 연산자 &와 같다. 즉, 두 세트에 공통으로 존재하는 객체들이 반환된다. 이때도 x 값이 변하지는 않는다.

```
>>> x.intersection(y)                    # x & y와 같다.
{3, 4, 5, 6, 7}
>>> x                                    # x 값을 바꾸지는 않는다.
{1, 2, 3, 4, 5, 6, 7}
```

교집합 결과를 x에 반영하려면 intersection_update() 메소드를 사용해야 한다. 이렇게 하면, 세트 x 자신과 y에 공통으로 존재하는 객체만 담는 것과 같다.

```
>>> x.intersection_update(y)             # x &= y와 같다.
>>> x
{3, 4, 5, 6, 7}
```

x에는 있지만 y에 없는 객체들로 새로운 세트를 구하려면 difference() 메소드를 사용하면 된다. 마찬가지로 x 값이 변하지는 않는다.

```
>>> x.difference(z)                      # x - z와 같다(z = {4, 5, 6}).
{3, 7}
>>> x                                    # x 값을 바꾸지는 않는다.
{3, 4, 5, 6, 7}
```

x의 객체 중 y에도 있는 객체를 x에서 삭제하려면 difference_update() 메소드를 사용한다.

```
>>> x.difference_update(z)               # x -= z와 같다.
>>> x
{3, 7}
```

세트 대칭차 연산자 ^와 같은 메소드는 symmetric_difference()다. 이 메소드는 두 집합에 모두 속한 객체를 제외한 나머지 객체들을 담은 새로운 세트를 반환한다.

```
>>> x.symmetric_difference(y)                    # x ^ y와 같다(y = {3, 4, 5, 6, 7}).
{4, 5, 6}
>>> x                                            # x 값을 바꾸지는 않는다.
{3, 7}
```

x에 자신과 y, 두 집합에 모두 속한 객체를 제외한 나머지를 담으려면 다음처럼 symmetric_difference_update() 메소드를 사용하면 된다.

```
>>> x.symmetric_difference_update(y)             # x ^= y와 같다.
>>> x
{5, 4, 6}
```

❸ 추가와 삭제 메소드

리스트처럼 세트도 가변자료형이기 때문에 객체를 추가하고 삭제할 수 있다. 세트에 객체를 추가하는 메소드는 add()가 유일하다. 이때 추가할 객체가 세트에 없으면 추가하고, 이미 같은 값인 객체가 있다면 추가하지 않는다.

```
>>> x = {1, 2, 3, 4, 5}
>>> x.add(5)                                     # 같은 객체가 있으면 추가하지 않는다.
>>> x
{1, 2, 3, 4, 5}
>>> x.add('a')
>>> x
{1, 2, 3, 4, 5, 'a'}
```

세트에 속한 객체를 삭제하는 메소드로는 pop(), remove(), discard(), clear()가 있다. pop() 메소드는 무작위로 객체를 한 개 뽑아서 반환한 후 해당 객체를 세트에서 삭제한다. 만약 세트가 비어 있으면 KeyError가 발생한다.

```
>>> x.pop()
1
>>> x
{2, 3, 4, 5, 'a'}
```

특정 객체를 삭제하려면 remove() 또는 discard() 메소드를 사용하면 된다.

```
>>> x.remove(4)
>>> x                                         # 4를 삭제했다.
{2, 3, 5, 'a'}
>>> x.discard('a')
>>> x                                         # 'a'를 삭제했다.
{2, 3, 5}
```

둘의 차이점은 다음과 같다. 삭제하려는 객체가 없으면 remove() 메소드는 KeyError가 발생하며, discard() 메소드는 오류 메시지를 출력하지 않는다.

```
>>> x.discard('a')          # 방금 삭제한 'a'를 다시 삭제한다(오류가 발생하지 않는다).
>>> x.remove('a')           # 방금 삭제한 'a'를 다시 삭제한다(오류가 발생한다).
Traceback (most recent call last):
  File "<stdin>", line 1, in <module>
KeyError: 'a'
```

표 6-3은 지금까지 설명한 세트 관련 메소드들을 정리한 것이다.

[표 6-3] 세트 관련 메소드

문법	설명
s.copy()	세트 s의 얕은 복사본(shallow copy)을 반환한다.
s.isdisjoint(t)	세트 s와 t에 서로 같은 객체가 하나도 없을 때 참(True)을 반환한다.
s.issubset(t) s <= t	세트 s가 세트 t의 부분집합일 때 참(True)을 반환한다. 세트 s가 세트 t의 진부분집합(proper subset)인지 확인할 때는 s < t를 사용한다.
s.issuperset(t) s >= t	세트 s가 세트 t의 포함집합일 때 참(True)을 반환한다. 세트 s가 세트 t의 진포함집합(proper superset)인지 확인할 때는 s > t를 사용한다.
s.union(t) s | t	세트 s의 모든 객체와 세트 t의 객체 중 세트 s에 없는 객체들을 담은 새로운 세트를 반환한다.
s.update(t) s |= t	세트 t에 있는 객체 중 세트 s에 없는 객체들을 세트 s에 추가한다.
s.intersection(t) s & t	세트 s와 t에 공통으로 존재하는 객체들(교집합)을 담은 새로운 세트를 반환한다.

문법	설명
s.intersection_update(t) s &= t	세트 s 자신과 세트 t에 공통으로 존재하는 객체들만 세트 s에 담는다.
s.difference(t) s - t	세트 s에는 있지만 세트 t에 없는 객체들을 담은 새로운 세트를 반환한다.
s.difference_update(t) s -= t	세트 s의 객체 중 세트 t에 있는 모든 객체를 삭제한다.
s.symmetric_difference(t) s ^ t	세트 s와 t의 객체 중 두 세트에 모두 속한 객체를 제외한 나머지를 담은 새로운 세트를 반환한다.
s.symmetric_difference_update(t) s ^= t	세트 s 자신과 세트 t의 객체 중 두 세트에 모두 속한 객체를 제외한 나머지를 세트 s에 담는다.
s.add(x)	객체 x가 세트 s에 없다면 x를 세트 s에 추가한다.
s.pop()	세트 s에서 임의(random) 객체를 반환하고 해당 객체를 세트 s에서 삭제한다. 세트 s가 비어 있으면 KeyError가 발생한다.
s.remove(x)	객체 x를 세트 s에서 삭제한다. 객체 x가 세트 s 안에 없으면 KeyError가 발생한다. discard() 참고.
s.discard(x)	객체 x를 세트 s에서 삭제한다. 객체 x가 세트 s 안에 없어도 오류 메시지를 출력하지 않는다. remove() 참고.
s.clear()	세트 s의 모든 객체를 삭제한다.

실습 6-6

세트 연산자와 메소드 사용하기

- 객체 'a', 'b', 'c'를 포함하는 세트를 중괄호를 사용해서 생성한 후 변수 set1에 할당한다.
- 변수 set1을 출력한다.
- 객체 'b', 'c', 'd', 'e', 'f'를 포함하는 세트를 set() 생성자를 사용해서 생성한 후 변수 set2에 할당한다.
- 변수 set2를 출력한다.
- set1과 set2의 세트 교차(교집합) 연산 결과를 변수 set3에 할당한다.
- 변수 set3을 출력한다.
- set3이 set1의 진부분집합인지 확인한다.
- update() 메소드를 사용하여 set3에 객체 1, 2, 3을 추가한다.
- 변수 set3을 출력한다.

답

```
>>> set1 = {'a', 'b', 'c'}          # {}를 사용해서 세트를 생성한다.
>>> print(set1)                     # set1을 출력한다.
{'a', 'b', 'c'}
>>> set2 = set('bcdef')             # set() 생성자를 사용해서 세트를 생성한다.
>>> print(set2)                     # set2를 출력한다.
{'e', 'd', 'f', 'b', 'c'}
>>> # set1 & set2은 set1.intersection(set2) 또는  set2.intersection(set1)과 같다.
... set3 = set1 & set2
>>> print(set3)                     # set3을 출력한다.
{'b', 'c'}
>>> set3 < set1                     # set3.issubset(set1)과 같다.
True
>>> set3.update({1, 2, 3})          # set3 |= {1, 2, 3}과 같다.
>>> print(set3)                     # set3을 출력한다.
{1, 2, 3, 'b', 'c'}
```

연습문제

모든 연습문제는 인터프리터 모드에서 실행하기 때문에 먼저 문제를 읽고 분석한 후, 파이썬 코드로 작성해서 py 파일로 저장한다. 각 연습문제의 마지막에 나오는 실행 예는 프로그램을 정상적으로 작성했을 때 실행한 결과를 보여주는 것이기 때문에 코드를 작성할 때 참고하면 된다. 인터프리터 모드에서 파일을 실행하는 방법은 '명령어 셀에서 파이썬 프로그램 실행하기'(56p)에서 다뤘다.

6-1 도서관 책 정리하기

다음 내용을 처리하는 프로그램을 작성한 후 'ex6_1.py' 파일로 저장하자.

도서관의 책을 정리하는 프로그램을 작성하려고 한다. 도서관에 새로운 책들이 들어와서 도서관 사서인 당신은 이번 기회에 도서관 안의 책을 전체적으로 정리하기로 했다. 오래된 책은 버리고, 새로운 책을 등록하려고 한다. 책은 가나다 순서로 정렬해야 하며, 전체적으로 책이 몇 권이 남았는지도 알고자 한다.

- 현재 있는 책: '마법천자문', '논어', '미움받을 용기', '자존감 수업', '채식주의자'
- 오래된 책: '마법천자문', '논어'
- 새로 들어온 책: '골든아워', '바로 쓰는 파이썬'

책을 정렬한 결과와 몇 권이 남았는지 어떻게 알 수 있을까?

실행 예

```
> python ex6_1.py
기존 책 목록: ['마법천자문', '논어', '미움받을 용기', '자존감 수업',
'채식주의자']
정리된 책 목록: ['골든아워', '미움받을 용기', '바로 쓰는 파이썬',
'자존감 수업', '채식주의자']
남아있는 책 수: 5
```

6-2 장바구니 물건 탐색하기

다음 내용을 처리하는 프로그램을 작성한 후 'ex6_2.py' 파일로 저장하자.

한 인터넷 쇼핑몰에서 물건을 구입하려고 한다. 이 쇼핑몰은 특이하게 장바구니 목록을 바꿀 수 없다고 한다. 하지만 장바구니에 마지막으로 추가한 물품을 구입하지 않고 싶어졌다. 또한 특정 물품이 장바구니에 담겨 있는지 알고자 한다.

- 장바구니는 튜플 자료형으로 한다.
- 장바구니 목록: '바지', '치마', '니트', '책', '니트', '치마', '바지', '바지', '니트', '치마', '책', '필통'

장바구니에서 마지막으로 추가한 물품을 제거하고, 특정 물품이 담겨있는지 알고자 한다면 어떻게 해야 할까?

실행 예

```
> python ex6_2.py
어떤 물품을 확인하시겠습니까(있으면 True, 없으면 False)? 필통
False
> python ex6_2.py
어떤 물품을 확인하시겠습니까(있으면 True, 없으면 False)? 책
True
```

6-3 슈퍼마켓에서 물건 팔기

다음 내용을 처리하는 프로그램을 작성한 후 'ex6_3.py' 파일로 저장하자.

계절이 바뀌면서 슈퍼마켓의 일부 판매 물품을 바꾸게 되었다. 바뀐 내역을 고객에게 보여주고, 고객이 구입하고자 하는 물건의 가격을 알려주고자 한다(단위: 원).

- 이전 물품: 수박: 15000, 콩나물: 850, 초콜릿: 1500, 생선: 9000, 파리채: 1000
- 바뀐 물품: 콩나물: 850, 초콜릿: 1500, 생선: 9000, 감: 800, 전기장판: 20000

교체할 물품은 '수박'과 '파리채'고, 새로 들어온 물품은 '감'과 '전기장판'이다. 바뀐 물품 내역과 고객이 문의하는 물건의 가격을 어떻게 알려줄 수 있을까?

실행 예

```
> python ex6_3.py
바뀐 물품 내역: {'콩나물': 850, '초콜릿': 1500, '생선': 9000, '감':
800, '전기장판': 20000}
어떤 물품을 구매하실 예정인가요? 생선
생선은 9,000원입니다.
```

몰라도 바로 따라 쓰는 실전 파이썬 네트워크를 그림으로 나타내기

동영상 강의 06-11 네트워크를 그림으로 나타내기

파이썬을 이용해 프로그래밍한다는 것은 파이썬에서 사용할 수 있게 제작한 다양한 라이브러리를 이용한다는 것을 의미한다. 파이썬에서는 연결을 나타내는 네트워크를 처리하기 위한 다양한 라이브러리가 있는데, 그중에 networkx 라이브러리를 이용해 간단한 그림을 그리는 코드를 따라 해보자. 그래프를 화면에 그리기 위해서는 matplotlib 라이브러리도 필요하다. 설치 방법은 아래에 설명한다.

일반적으로 연결은 연결에 참여한 점(노드, node)과 연결(엣지, edge)의 두 가지 요소로 구성된다. 노드와 엣지의 두 요소로 구성한 연결망은 네트워크 혹은 그래프(graph)라고 한다.

사용한 개념

패키지 사용, networkx, matplotlib, 그래프, 네트워크, 리스트, 시각화

파이썬 라이브러리 설치

먼저 명령어 셀에서 pip 명령어를 사용해서 networkx 라이브러리를 설치해야 한다. 이때 설치할 컴퓨터는 인터넷에 연결되어 있어야 한다. 설치는 명령어 셀에서 pip install networkx로 하면 된다. 설치가 성공하면 다음과 비슷한 메시지가 나타난다.

```
> pip install networkx
Collecting networkx
  Downloading networkx-xxx
    100% |████████████████████████████████████████| 1.6MB
883kB/s
Installing collected packages: networkx
  Running setup.py install for networkx ... done
Successfully installed networkx-xxx
```

네트워크를 화면으로 출력하는 데 필요한 matplotlib 라이브러리 설치 방법은 5장에 있는 '몰라도 바로 따라 쓰는 실전 파이썬 – 텍스트 분석(168p)'을 참고하면 된다.

코드 예시 1

다음 코드를 실행해보자.

```
>>> import networkx                          # 그래프 구조를 처리하기 위한 라이브러리
>>> from matplotlib import pyplot            # 화면에 그래프를 출력하기 위한 라이브러리
>>> G = networkx.Graph()                     # 빈 그래프 인스턴스 G를 선언한다.
>>> G.add_node('A')                          # G에서 A라는 이름을 갖는 노드를 생성한다.
>>> G.add_node('B')                          # G에서 B라는 이름을 갖는 노드를 생성한다.
>>> G.add_node('C')                          # G에서 C라는 이름을 갖는 노드를 생성한다.
>>> G.add_edge('A', 'B')                     # G에서 A와 B 사이에 엣지를 연결한다.
>>> # 그래프를 그림으로 변환한다(화면에는 출력되지 않는다).
... networkx.draw(G, with_labels=True)
>>> pyplot.figure(figsize=(5, 5))         # 출력할 그림의 크기를 가로 5, 세로 5로 정의한다.
<Figure size 500x500 with 0 Axes>
>>> pyplot.show()                            # 변환한 그림을 실제로 화면에 출력한다.
```

출력 결과 1

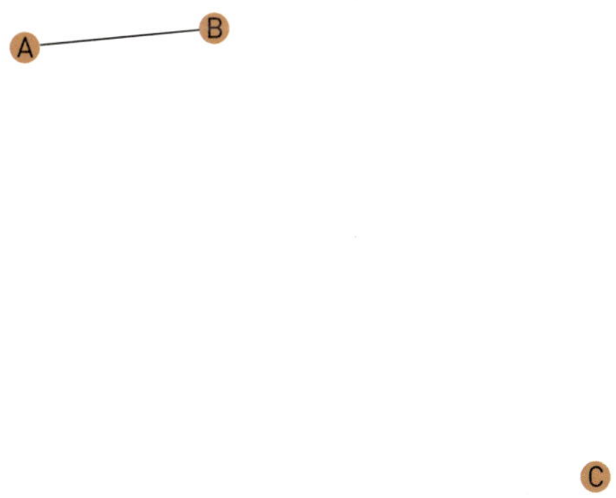

코드 예시 2

networkx 라이브러리는 매우 똑똑해서 그래프에 존재하지 않는 노드를 연결하면 자동으로 노드를 생성한다. 앞의 코드는 다음 코드로 간단하게 바꿀 수 있다.

```
>>> G = networkx.Graph()                  # 빈 그래프 인스턴스 G를 선언한다.
>>> G.add_node('C')                       # G에서 C라는 이름을 갖는 노드를 생성한다.
>>> G.add_edge('A', 'B')                  # G에서 A와 B 사이에 엣지를 암묵적으로 연결한다.
>>> # 그래프를 그림으로 변환한다(화면에는 출력되지 않는다).
... networkx.draw(G, with_labels=True)
>>> pyplot.figure(figsize=(5, 5))      # 출력할 그림의 크기를 가로 5, 세로 5로 정의한다.
<Figure size 500x500 with 0 Axes>
>>> pyplot.show()                         # 변환한 그림을 실제로 화면에 출력한다.
```

출력 결과 2

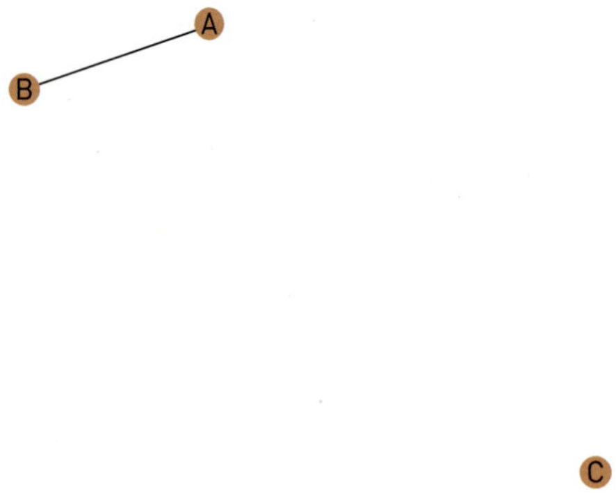

그래프 객체에 노드 혹은 엣지를 하나씩 더하는 일은 그래프가 간단할 때는 문제되지 않지만, 다음 그림처럼 그래프가 복잡할 때는 많이 번거롭다.

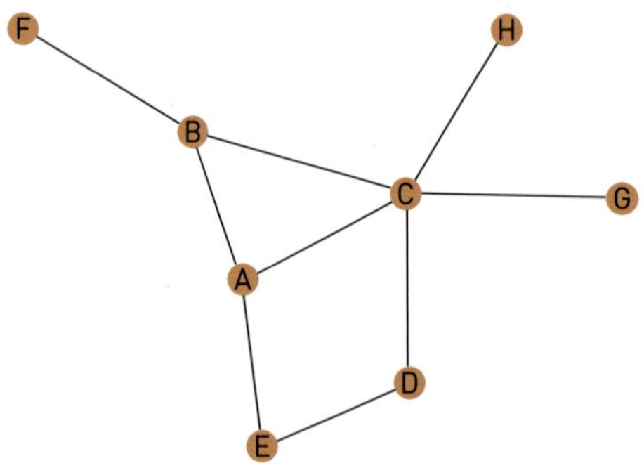

[그림 출처: https://i.imgur.com/sunifWi.png]

코드 예시 3

이럴 때는 연결 정보를 저장한 리스트를 이용하면 손쉽게 그래프를 생성할 수 있다.

```
>>> G = networkx.Gragh                        # 빈 그래프 인스턴스 G를 선언한다.
>>> edges = [                                 # 그래프의 연결 정보를 튜플로 저장한 리스트다.
...     ('A', 'B'), ('B', 'C'), ('C', 'A'),
...     ('C', 'D'), ('D', 'E'), ('E', 'A'),
...     ('B', 'F'), ('G', 'C'), ('H', 'C')
... ]
>>> # 리스트에 있는 모든 연결 정보를 그래프 G에 한 번에 추가한다.
... G.add_edges_from(edges)                   # A부터 H까지 모든 노드를 암묵적으로 생성한다.
>>> # 그래프를 그림으로 변환한다(화면에는 출력되지 않는다).
... networkx.draw(G, with_labels=True)
>>> pyplot.figure(figsize=(5, 5))            # 출력할 그림의 크기를 가로 5, 세로 5로 정의한다.
<Figure size 500x500 with 0 Axes>
>>> pyplot.show()                            # 변환한 그림을 실제로 화면에 출력한다.
```

출력 결과 3

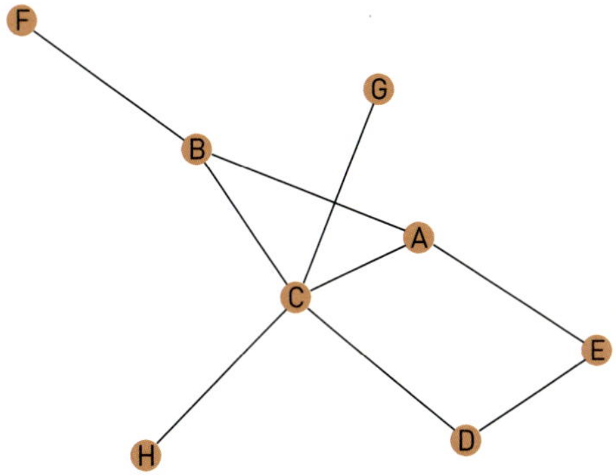

코드 예시 4

만약 리스트를 사용하지 않는다면 다음처럼 불필요하게 긴 코드를 작성해야 한다.

```
>>> G = networkx.Graph()                    # 빈 그래프 인스턴스 G를 선언한다.
>>> G.add_edge('A', 'B')
>>> G.add_edge('B', 'C')
>>> G.add_edge('C', 'A')
>>> G.add_edge('C', 'D')
>>> G.add_edge('D', 'E')
>>> G.add_edge('E', 'A')
>>> G.add_edge('B', 'F')
>>> G.add_edge('G', 'C')
>>> G.add_edge('H', 'C')
>>> # 그래프를 그림으로 변환한다(화면에는 출력되지 않는다).
... networkx.draw(G, with_labels=True)
>>> pyplot.figure(figsize=(5, 5))       # 출력할 그림의 크기를 가로 5, 세로 5로 정의한다.
<Figure size 500x500 with 0 Axes>
>>> pyplot.show()                       # 변환한 그림을 실제로 화면에 출력한다.
```

생각해보기

앞의 코드를 응용해서 삼각형, 사각형, 오각형을 그려보자.

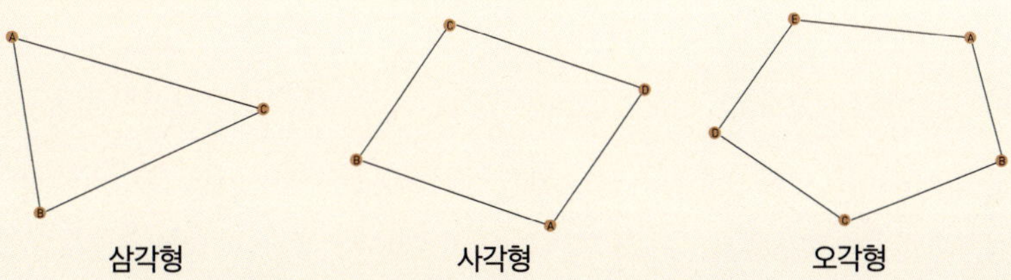

7장

객체 복사, 순회 연산자와 함수

이 장에서는 객체를 복사하는 방법을 익히고, 순회형 자료에 사용하는 연산자와 함수를 알아본다. 순회형에는 앞 5, 6장에서 학습한 문자열, 리스트, 튜플, 딕셔너리, 세트가 포함된다.

1 객체 복사

이 절에서는 객체를 복사하는 방법을 알아보고자 한다. 객체를 복사하는 방법은 크게 세 가지로 구분할 수 있다. 첫 번째는 할당 연산자(=)를 사용해서 변수에 객체를 할당하는 방법이다. 두 번째는 얕은 복사(shallow copy)고, 세 번째는 깊은 복사(deep copy)다. 이 세 가지 방법의 특징과 장단점을 알아보기 전에 먼저 객체 참조의 의미를 다시 살펴보고 항등 연산자를 알아보자.

객체 참조와 항등 연산자

4장(98p)에서 변수 등의 식별자는 객체를 직접 저장하는 것이 아니라 객체를 쉽게 불러오기 위해 컴퓨터 메모리 어딘가에 있는 개별 객체의 위치를 참조하는 것이라고 설명했다. 이를 객체 참조라고 한다. 따라서 두 객체의 객체 참조 값이 다르면 객체가 서로 다른 메모리 공간에 있기 때문에 비록 객체가 같은 값이어도 다른 객체인 것이다. 이는 마치 비록 사람의 이름이 같아도 서로 다른 주소에 산다면 다른 사람인 것에 비유할 수 있다. 만약 사는 주소도 같고 이름도 같다면 같은 사람이라고 여긴다.

물론 현실에서는 같은 이름의 다른 사람이 같은 집에 살 수도 있지만, 컴퓨터는 같은 메모리 주소에 단 하나의 객체만 있기 때문에 객체의 주소가 같다면 같은 객체로 다룬다. 따라서 객체의 값도 같다. 다음처럼 같은 값인 문자열을 만들어 각각 다른 변수에 할당해보자.

```
>>> x = 'stay hungry, stay foolish'
>>> y = 'stay hungry, stay foolish'
>>> x
'stay hungry, stay foolish'
>>> y
'stay hungry, stay foolish'
```

이 둘은 비록 같은 내용의 문자열이지만, 참조하는 객체의 위치는 다르다. 참고로 'stay hungry, stay foolish'는 책 이름이기도 하지만, 스티브 잡스의 스탠퍼드대학교 2005년 졸업식 연설 문구로도 유명한 말이다.[1]

두 객체의 값이 같은지 확인하는 연산자로는 ==(같다)와 !=(다르다)가 있다. 두 문자열의 값이 같은지 확인해보자.

```
>>> x == y                                  # 두 문자열의 값이 같은가?
True
>>> x != y                                  # 두 문자열의 값이 다른가?
False
```

그러면 두 문자열 값이 아니라, 둘이 같은 객체를 참조하는지 확인하는 연산자는 없을까? 항등 연산자 is와 is not을 사용하면 된다. 항등 연산자(identity operator)란 왼쪽에 있는 변수와 오른쪽에 있는 변수가 같은 객체를 참조하는지 확인할 때 사용하는 연산자다. 사용하는 방법은 다음과 같다.

```
x is y
x is not y
```

is 항등 연산자는 x와 y가 같은 객체를 참조하면(즉, 같은 메모리 공간에 있으면) '참(True)'을 반환하고, 아니면 '거짓(False)'을 반환한다. is not은 반대로 x와 y가 같은 객체를

1 'stay hungry'는 과거에 성취한 것에 만족하지 말고, 항상 미래를 위해 준비하고 공부하라는 뜻이다. 'stay foolish'란 사람들이 불가능한 일이라고 생각하는 것도 (최소한 시도는) 해 봐야 한다는 뜻이다.

참조하면 '거짓(False)'을 반환하고, 아니면 '참(True)'을 반환한다. 항등 연산자를 사용해서 좀 전에 만든 두 문자열을 비교해보자.

```
>>> x is y                                # 두 문자열은 같은 객체를 참조하는가?
False
>>> x is not y                            # 두 문자열은 다른 객체를 참조하는가?
True
```

항등 연산자로 확인해보니 비록 두 문자열의 값은 같지만 다른 객체를 참조한다는 것을 확인할 수 있다. 이번에는 z에 x를 할당해보자.

```
>>> z = x                                 # z에 x를 할당한다.
```

z와 y 값을 비교해보자.

```
>>> z == y                                # z와 y 값은 같은가?
True
```

그럼 z와 y가 같은 객체를 참조하는지 확인해보자.

```
>>> z is y                                # z와 y는 같은 객체를 참조하는가?
False
```

z와 y 값은 같지만 둘은 서로 다른 객체를 참조한다. 그럼 z와 x는 어떨까?

```
>>> z is x                                # z와 x는 같은 객체를 참조하는가?
True
```

z는 x의 객체 참조를 할당받았기 때문에 같은 객체를 참조한다. 양쪽 다 같은 객체를 참조한다면, 당연히 값도 같다.

```
>>> z == x                                          # z와 x값은 같은가?
True
```

그림 7-1은 z에 x를 할당한 결과 z가 x의 객체 참조를 복사해서 갖고 있음을 보여준다.

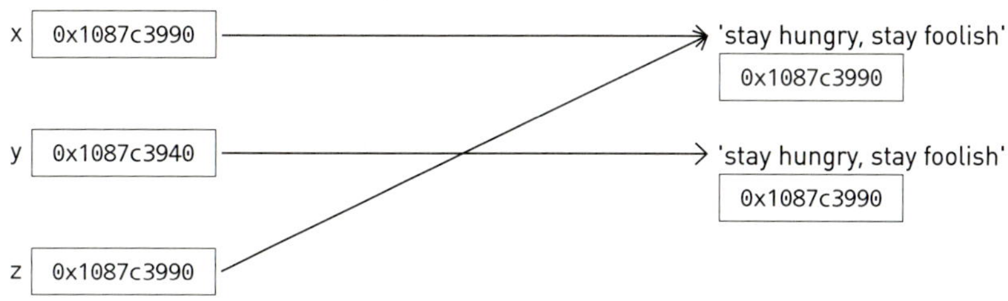

[그림 7-1] 할당 연산자(=)로 z에 x의 객체 참조를 할당한 결과

파이썬은 기본적으로 문자열이나 숫자형 등의 리터럴로 객체를 생성하더라도 서로 다른 주소를 갖는 객체를 생성한다. 그러나 간혹 예외가 있다. 아주 짧은 정수(-5에서 256 사이)나 짧은 문자열 리터럴은 값이 같은 경우에 서로 다른 주소를 갖는 객체를 생성하지 않고 같은 객체를 참조할 수 있다. 모든 파이썬 변수는 사실상 객체 참조이기 때문에, 각 변수가 같은 객체를 참조하는지 확인해야 할 때가 있는데, 이때 항등 연산자를 사용한다. 그뿐만 아니라 변수에 객체가 할당되었는지 확인할 때도 항등 연산자를 사용한다. 즉, 변수가 비어 있는지 확인할 때 사용한다. 물론 객체의 값을 비교할 때가 훨씬 더 많기 때문에 항등 연산자는 자주 사용하지 않는 연산자다. 하지만 객체에 있는 모든 값을 확인해서 비교하지 않고, 객체의 메모리 주솟값만을 비교하기 때문에 처리 속도가 훨씬 빠른 연산자다. 메모리 주소가 같다는 것은 결국 같은 객체라는 뜻이다.

할당

객체를 복사하는 가장 간단한 방법은 할당 연산자(=)를 사용하는 것이다. 앞에서 설명했듯이(그림 7-1 참고), 할당 연산자를 사용해 객체를 할당(z = x)하는 경우에는 실제로 해당 객체 자체를 '복사'하는 것이 아니라 해당 객체 참조만 복사한다. 즉, 해당 객체의 메모리 주소를 복사하는 것으로, 실제 새로운 객체를 만들지 않고 객체 참조만 복사해서 다른 변수에 할당하기 때문에 효율적이다.

문제는 가변자료형이다. 객체를 할당할 때 객체 참조만 복사하기 때문에 사실상 두 변수는 같은 객체를 참조한다. 따라서 한쪽의 값을 변경하면 다른 쪽도 변경한 값을 참조한다. 다음 예는 같은 값이 있는 리스트 두 개를 각각 다른 변수에 할당한 후, 이 중 하나를 새로운 변수에 할당한 결과다.

```
>>> x = ['블루베리', '사과', '바나나'] # 가변자료형인 리스트를 x에 할당한다.
>>> y = ['블루베리', '사과', '바나나'] # 같은 값을 가진 또 다른 리스트를 y에 할당한다.
>>> z = x                            # x를 z에 할당한다.
```

앞의 코드를 실행한 결과 세 리스트의 값은 같다.

```
>>> x == y == z                       # x, y, z 값은 같다.
True
```

z의 마지막 객체를 '포도'로 교체해보자.

```
>>> z[-1] = '포도'                    # z의 '바나나'를 '포도'로 교체한다.
>>> z
['블루베리', '사과', '포도']
```

z의 마지막 객체가 '바나나'에서 '포도'로 바뀐 것을 알 수 있다. x와 y도 한번 확인해보자.

```
>>> x
['블루베리', '사과', '포도']
>>> y
['블루베리', '사과', '바나나']
```

이처럼 z 값만 바꾸었는데 x 값도 바뀐 것을 확인할 수 있다. 그리고 y는 그대로다. x와 y는 비록 같은 값이지만 각기 다른 메모리 공간에 있다. 하지만 z는 x의 객체 참조를 할당받았기 때문에 같은 메모리 공간에 있는 리스트를 참조한다. 리스트 등 복합자료형의 경우, 담고 있는 것은 객체 그 자체가 아니라 객체 참조다. 이는 다음 코드를 실행해보면 알 수 있다.

```
>>> x[0] is z[0]                    # x의 '블루베리'와 z의 '블루베리'는 같은 객체인가?
True
>>> x[0] is y[0]                    # x의 '블루베리'와 y의 '블루베리'는 같은 객체인가?
False
```

x의 첫 번째 객체와 z의 첫 번째 객체는 같은 메모리 주소를 참조하지만, y의 첫 번째 객체는 x의 첫 번째 객체(따라서 z의 첫 번째 객체)와 다른 메모리 주소를 참조한다. 그림 7-2를 보면 이 세 리스트와 각 리스트가 담은 객체들 사이의 관계를 알 수 있다.

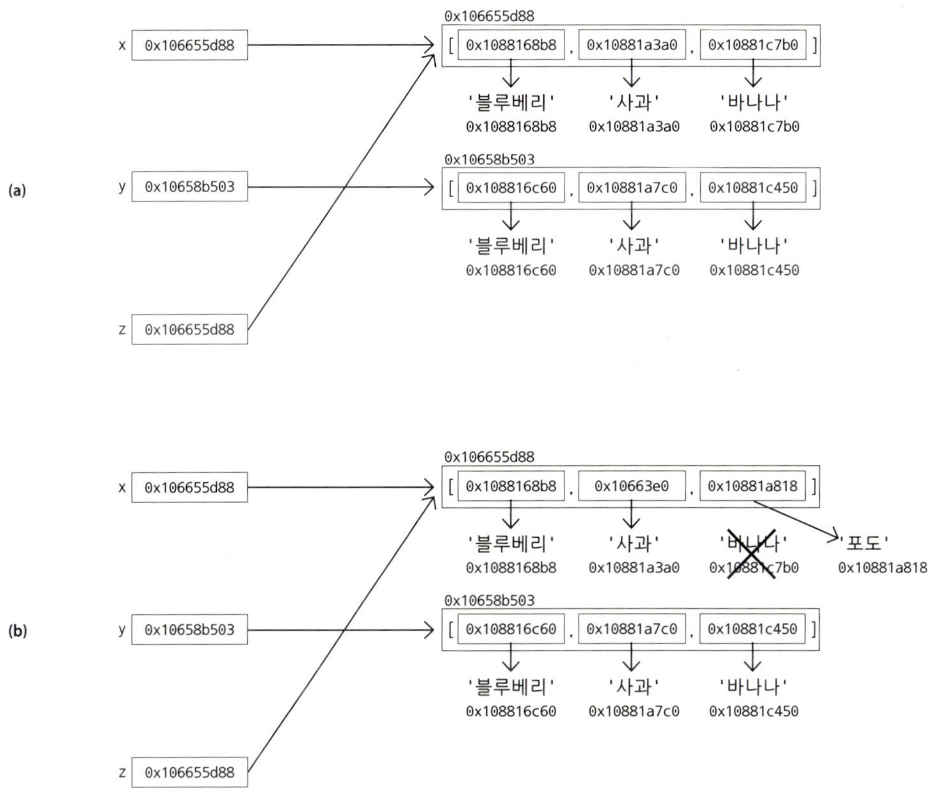

[그림 7-2] 리스트 사이의 객체 참조 구조

그림 7-2 (a)는 같은 값인 리스트 두 개를 만든 후 하나는 x에, 다른 하나는 y에 각각 할당한 후, 변수 z에 x를 할당한 결과를 나타낸다. 리스트 안의 객체가 객체를 직접 포함하는 것이 아니며, 각 문자열의 객체 참조임을 이해하는 것이 중요하다. 리스트 안의

각 객체도 메모리의 어딘가에 있는데, 리스트가 이들의 위치를 참조하는 것이다. 그림 7-2 (b)는 z의 마지막 객체인 '바나나'를 '포도'로 바꾼 후 세 리스트의 관계를 보여준다.

이처럼 할당 연산자(=)를 사용해서 가변자료형의 객체를 참조하면 생각하지 못한 결과를 초래할 수도 있으니 주의할 필요가 있다. 불변자료형은 내용을 바꿀 수 없기 때문에 문제가 없다. 불변자료형에서 새로운 값을 할당한다는 것은 새로운 객체를 만든 후 그 객체의 위치, 즉 객체 참조를 새로 할당하는 것이 때문에 기존 객체를 바꾸어도 값이 변하지 않는다.

얕은 복사

얕은 복사(shallow copy)는 객체를 복사하는 방법 중 하나이며, 원본 객체에 있는 모든 객체의 객체 참조를 복사한 새로운 복사본을 만들어 반환한다. 다시 말해 원본 객체에 있는 하위 객체들 자체를 복사하지 않고, 해당 객체들의 주솟값을 복사하여 복사본을 반환한다. 따라서 얕은 복사는 참조하는 객체를 공유하기 때문에 원본 객체의 하위 객체들 자체를 따로 복사하는 것보다 속도도 빠르고 메모리 공간도 적게 사용하기 때문에 더 효율적이다.

얕은 복사는 원본은 그대로 둔 채 새로운 복사본을 만든다는 점에서 할당 연산자를 사용하는 것과는 다르다. 할당 연산자를 사용해 가변자료형을 할당하면 원본 객체의 객체 참조만 복사해오기 때문에 원본이나 사본 중 하나가 바뀌면 다른 하나의 값도 같이 바뀐다(그림 7-2의 x와 z). 반면에 얕은 복사를 하면 새로운 복사본을 만들기 때문에 원본이나 사본 중 하나의 값이 바뀌어도 다른 하나는 영향을 받지 않는다.

한편 튜플을 포함한 불변자료형은 내용 수정이 불가능하기 때문에 얕은 복사나 깊은 복사 대신 할당 연산자(=)를 이용하더라도 원본과 복사본이 서로 원하지 않는 영향을 주지 않는다. 따라서 할당 연산자를 사용하는 것이 컴퓨터 자원을 가장 효율적으로 사용하는 방법이다.

얕은 복사를 하는 방법은 크게 네 가지로 나누어 볼 수 있다.

- 분할 연산자([:]): 분할 연산자로 전체를 추출하면 원본 객체와 별도로 개별 복사본을 생성할 수 있다. 단, 시퀀스형에서만 사용할 수 있다.
- 리스트, 딕셔너리, 세트의 copy( ) 메소드
- 생성자 list(순회형), dict(순회형), set(순회형)
- copy 모듈의 copy( ) 함수

먼저 분할 연산자를 사용해서 얕은 복사를 하는 방법을 알아보자. 분할 연산자는 시퀀스형에 있는 객체의 일부 또는 전체를 추출해서 반환한다. 따라서 분할 연산자로 원본 객체의 전체를 추출한 복사본을 가지고 있는 새로운 객체를 만들 수 있다. 분할 연산자로 얕은 복사를 할 수 있는 가변자료형은 리스트뿐이다.

할당과 얕은 복사의 차이점을 코드로 비교해보자. 먼저 리스트 x를 만든 후 할당 연산자를 사용해서 y에 x를 할당하고, 분할 연산자로 x의 모든 객체를 추출(복사)한 후 z에 다음처럼 할당한다.

```
>>> x = [1, 2, 3]
>>> y = x                                  # 할당(객체 참조)
>>> z = x[:]                               # 분할 연산자([:])로 얕은 복사를 한다.
```

y와 z가 x와 같은 객체를 참조하는지 확인해보자.

```
>>> y is x                                 # y는 x와 같은 객체를 참조한다.
True
>>> z is x                                 # z는 x와 같은 객체를 참조하지 않는다.
False
```

y는 x와 같은 객체를 참조하지만 z는 x와 같은 객체를 참조하지 않는다. y는 x의 객체 참조를 받았고, z는 x로부터 추출한 모든 객체의 객체 참조를 복사한 새로운 복사본을 할당받았기 때문에 z는 x와 다른 위치에서 새 복사본을 참조한다.

x의 마지막 객체인 3을 '드럼'으로 바꾸어보자. 그리고 x, y, z 값을 확인해보자.

```
>>> x[-1] = '드럼'                    # x의 마지막 객체를 '드럼'으로 교체한다.
>>> x
[1, 2, '드럼']
>>> y
[1, 2, '드럼']
>>> z
[1, 2, 3]
```

y는 x와 같은 객체를 참조하기 때문에 x의 내용을 바꾸니 y의 내용도 같이 바뀌었다. 반면에 z는 별도의 복사본을 참조하기 때문에 x의 내용을 변경해도 영향을 받지 않는다.

이번에는 z의 첫 번째 객체를 '기타'로 교체해보자. 그리고 다시 x, y, z 값을 확인해보자.

```
>>> z[0] = '기타'                     # z의 첫 번째 객체를 '기타'로 교체한다.
>>> x
[1, 2, '드럼']
>>> y
[1, 2, '드럼']
>>> z
['기타', 2, 3]
```

이번에는 z 값만 바뀌었고, x와 y 값은 그대로다. x와 y는 같은 객체를 참조하지만 z는 다른 객체를 참조하기 때문이다.

나머지 세 가지 얕은 복사 방법은 리스트뿐만 아니라 딕셔너리나 세트에서도 사용할 수 있다. 결과는 분할 연산자를 사용한 것과 같다. 먼저 copy() 메소드를 사용해서 할당과 얕은 복사의 차이를 살펴보자.

```
>>> x = [1, 2, 3]
>>> y = x                                    # 할당(객체 참조)
>>> z = x.copy()                             # copy() 메소드로 얕은 복사를 한다.
>>> y is x
True
>>> z is x
False
>>> x[-1] = '드럼'
>>> z[0] = '기타'
>>> x
[1, 2, '드럼']
>>> y
[1, 2, '드럼']
>>> z
['기타', 2, 3]
```

세 번째 방법인 생성자(list(), dict(), set())를 사용해서 같은 코드를 실행해보자.

```
>>> x = [1, 2, 3]
>>> y = x                                    # 할당(객체 참조)
>>> z = list(x)                              # list()로 얕은 복사를 한다.
>>> y is x
True
>>> z is x
False
>>> x[-1] = '드럼'
>>> z[0] = '기타'
>>> x
[1, 2, '드럼']
>>> y
[1, 2, '드럼']
>>> z
['기타', 2, 3]
```

끝으로 copy 모듈의 copy() 함수를 불러와서 얕은 복사를 해보자. 이때는 먼저 import 문으로 copy 모듈을 불러와야 한다.

```
>>> x = [1, 2, 3]
>>> y = x                                     # 할당(객체 참조)
>>> import copy                               # copy 모듈 불러오기
>>> z = copy.copy(x)                          # copy 모듈의 copy() 함수로 얕은 복사를 한다.
>>> y is x
True
>>> z is x
False
>>> x[-1] = '드럼'
>>> z[0] = '기타'
>>> x
[1, 2, '드럼']
>>> y
[1, 2, '드럼']
>>> z
['기타', 2, 3]
```

이처럼 가변자료형이 참조하는 객체가 전부 불변자료형이면, 얕은 복사를 했을 때 원본이나 복사본 값이 바뀌어도 서로 영향을 미치지 않고 사용할 수 있다. 비록 원본과 복사본 모두 같은 객체를 참조하지만, 그 객체 참조가 불변이기 때문에, 원본 객체와 별도의 객체(복사본)는 각각 서로에 영향을 주지 않으면서 변경할 수 있다. 오히려 개별 객체를 하나하나 따로 복사하는 것보다 메모리도 덜 차지하고 복사하는 속도도 빨라 일반 복사(객체 자체를 복사)보다 훨씬 효율적이다.

문제는 복합자료형 안에 또 다른 가변자료형이 있는 중첩 복합자료형일 때다. 예를 들어 리스트 안에 또 다른 가변자료형(리스트, 딕셔너리, 세트)이 있다면, 얕은 복사를 할 때 리스트에 있는 객체의 객체 참조(메모리 위치)만 복사하기 때문에, 복사본 역시 원본 리스트와 같은 객체를 참조한다. 따라서 이 중 하나가 수정되면 나머지에서도 변경한 내용을 반영한다.

방금 설명한 내용을 예를 통해 알아보자. 이번에는 x에 불변자료형인 정수 1, 2 외에도 가변자료형인 리스트가 함께 포함되어 있다.

```
>>> x = [1, 2, ['드럼', '기타', '베이스']]
```

얕은 복사를 한 후 x와 y 값이 같은지와 같은 객체를 참조하는지 확인해보자.

```
>>> y = x.copy()                          # 얕은 복사를 한다.
>>> x == y                                # 둘의 값이 같은지 확인한다.
True
>>> x is y                                # 둘이 같은 객체를 참조하는지 확인한다.
False
```

비록 x와 y 값은 같지만 얕은 복사를 했기 때문에 서로 다른 별도의 객체를 참조한다. x의 첫 번째 객체를 'Python'으로 교체해보자. 그리고 x와 y 값을 비교해보자.

```
>>> x[0] = 'Python'                   # x의 첫 번째 객체를 1에서 'Python'으로 바꾼다.
>>> x
['Python', 2, ['드럼', '기타', '베이스']]
>>> y                                         # y의 값은 영향을 받지 않았다.
[1, 2, ['드럼', '기타', '베이스']]
```

x와 y는 서로 다른 객체(복사본)를 참조하기 때문에 x 값이 바뀌어도 y 값은 바뀌지 않는다. 이번에는 y의 마지막 객체인 가변자료형 리스트 안의 객체를 바꾸어보자. 리스트의 마지막 객체인 '베이스'를 '키보드'로 교체한 후 x와 y 값을 비교해보자.

```
>>> y[-1][-1] = '키보드'     # y의 마지막 객체(리스트) 안의 '베이스'에서 '키보드'로 바꾼다.
>>> y
[1, 2, ['드럼', '기타', '키보드']]
>>> x                                         # x의 리스트 마지막 값도 바뀌었다.
['Python', 2, ['드럼', '기타', '키보드']]
```

어찌된 영문인지 y 값만 바꿨는데 x 값도 같이 바뀐 것을 알 수 있다. x를 얕은 복사했을 때 y는 x가 참조하는 모든 객체의 객체 참조만 복사했기 때문이다. 다음 코드를 실행하면 둘 다 같은 같은 객체를 참조한다는 것을 확인할 수 있다.

```
>>> x[-1] is y[-1]          # x와 y의 마지막 객체가 같은 객체를 참조하는지 확인한다.
True
```

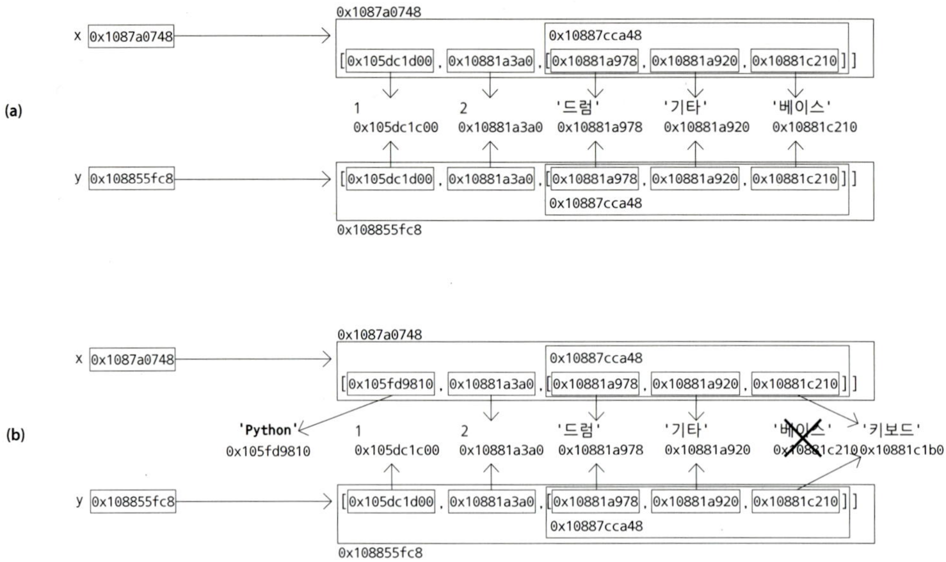

[그림 7-3] 가변자료형을 포함하는 복합자료형의 얕은 복사

그림 7-3 (a)는 가변자료형을 객체로 갖고 있는 복합자료형의 얕은 복사 결과를 보여준다. 그림에서 알 수 있듯이 원본 객체인 x에 있는 모든 객체의 객체 참조를 복사해서 원본 객체와는 별도로 새로운 복사본(객체)을 만들어 y에 할당했다. 따라서 x와 y의 객체 참조 값은 다르지만 개별 객체의 객체 참조 값은 같다. 그림 7-3 (b)는 x의 첫 번째 항목인 불변자료형 정수 1을 문자열 'Python'으로 바꿨기 때문에 'Python'을 새로 생성한 후 그 객체 참조를 x의 첫 번째 객체로 할당했다. 반면에 y의 세 번째 객체인 리스트의 마지막 객체를 '베이스'에서 '키보드'로 교체한 결과 x와 y 값 모두 바뀐 것을 알 수 있다. 이 둘의 세 번째 객체는 같은 리스트를 참조하고, 리스트는 가변자료형이기 때문에 안에 있는 객체가 바뀌면 양쪽 모두 영향을 받는다. 따라서 가변자료형을 참조할 때 둘 중 하나를 바꾸면 다른 쪽도 바뀌게 된다. 만약 가변자료형의 값도 바꿀 수 없도록 하려면 깊은 복사를 해야 한다.

깊은 복사

깊은 복사(deep copy)란 원본 객체에 있는 모든 가변자료형 객체 자체를 별도로 복사해서 다른 메모리 위치에 할당한 후, 복사한 객체들의 새 메모리 위치를 복사본의 변수에 할당한다. 즉, 깊은 복사는 얕은 복사처럼 원본의 객체 참조를 복사하는 것이 아니라 새로 만든 복사본의 객체 위치를 참조한다. 따라서 얕은 복사와는 다른 결과를 가져온다. 얕은 복사는 같은 객체를 참조하지만, 깊은 복사는 값은 같지만 원본과는 완전히 서로 다른 객체(복사본)를 참조한다.

깊은 복사는 copy 모듈에 있는 deepcopy() 함수를 사용하면 된다. copy() 함수처럼 import문으로 copy 모듈을 불러온 후에 deepcopy() 함수를 사용할 수 있다. 앞에서 사용한 같은 예로 이번에는 깊은 복사를 해보자.

```
>>> x = [1, 2, ['드럼', '기타', '베이스']]
>>> import copy
>>> y = copy.deepcopy(x)        # 깊은 복사를 한다.
>>> x[0] = 'Python'             # x의 첫 번째 객체를 1에서 'Python'으로 바꾼다.
>>> y[-1][-1] = '키보드'        # y의 마지막 객체(리스트) 안의 '베이스'를 '키보드'로 바꾼다.
>>> x
['Python', 2, ['드럼', '기타', '베이스']]
>>> y
[1, 2, ['드럼', '기타', '키보드']]
```

이번에는 y의 마지막 객체인 리스트 안의 객체를 바꿨지만(y[-1][-1] = '키보드'), x는 그 영향을 받지 않는다는 것을 알 수 있다. x와 y의 마지막 항목이 같은 리스트 객체를 참조하는지 확인해보자.

```
>>> x[-1] is y[-1]          # x와 y의 마지막 객체가 같은 객체를 참조하는지 확인한다.
False
```

x와 y의 마지막 객체가 같은 객체를 참조하지 않음을 알 수 있다.

이처럼 깊은 복사를 하면 서로 참조하는 객체가 달라지며, 가변자료형을 깊은 복사하면 원본과 복사본을 서로 별개의 독립 객체로 처리하기 때문에 어느 하나가 바뀌어도 다른 쪽이 영향을 받지 않는다. 하지만 깊은 복사를 하면 모든 가변자료형 객체를 새로 생성해야 하기 때문에 시간도 많이 걸리고 컴퓨터 메모리도 많이 사용한다. 따라서 반드시 필요한 경우에만 사용하기를 권장한다.

2 순회형에 사용하는 연산자와 함수

기본자료형과 복합자료형 중 객체 안의 내용을 하나씩 차례로 처리할 수 있는 자료형들이 있다. 이런 자료형을 순회가 가능한 자료형, 또는 짧게 순회형(iterable)이라고 한다. 객체 안의 내용을 대상으로 실행하는 같은 작업을 하나씩 반복 처리할 수 있기 때문에 반복 가능한 자료형이라고도 한다. 순회형으로는 문자열, 리스트, 튜플, 딕셔너리, 세트 등이 있다.

순회형에 사용하는 연산자와 함수가 있는데 이들을 잘 활용하면 매우 유용하다. 순회 연산자는 앞서 이미 다룬 +(더하기), *(곱하기), in 등이 있다.

```
>>> [1, 2, 3] + ['a', 'b', 'c']          # 리스트와 리스트를 결합한 결과를 반환한다.
[1, 2, 3, 'a', 'b', 'c']
>>> (1, 2, 3) * 5                        # 튜플을 5번 반복 결합한 새로운 튜플을 반환한다.
(1, 2, 3, 1, 2, 3, 1, 2, 3, 1, 2, 3, 1, 2, 3)
>>> 'a' in {'a', 'b', 'c'}               # 세트 안에 'a'가 있는지 확인한다.
True
```

자주 사용한 len() 함수도 순회형 객체의 길이, 즉 개수를 계산하여 반환하는 함수다.

```
>>> len([1, 2, 3])                     # 리스트의 길이(담고 있는 객체의 개수)를 반환한다.
3
```

이외에도 순회형과 함께 자주 사용하는 함수들을 알아보자. min()과 max()는 순회형의 값 중 최솟값과 최댓값을 반환하는 함수다.

```
>>> x = [7, -5, 8, 3, 9]
>>> max(x)                                      # x 중 최댓값을 찾아서 반환한다.
9
>>> min(x)                                      # x 중 최솟값을 찾아서 반환한다.
-5
```

min()과 max() 함수는 key의 전달인자로 함수를 사용할 수 있다. 이때 함수 이름만 사용하며 함수 뒤에 붙는 괄호는 생략한다. 순회형 안에 있는 개별 객체들을 전달인자 함수로 처리한 결괏값 중 최솟값이나 최댓값을 반환한다. 예를 들어 key로 전달하는 함수로 abs()를 사용하면 다음 코드처럼 x의 모든 객체 절댓값 중 최솟값을 반환한다.

```
>>> min(x, key=abs)                       # x의 절댓값 중 최솟값을 찾아서 반환한다.
3
```

min()과 max() 함수에 숫자가 아닌 문자도 올 수 있다.

```
>>> s = ['a', 'B', 'c', 'd', 'E']
>>> max(s)                                      # s 중 최댓값을 찾아서 반환한다.
'd'
>>> min(s)                                      # s 중 최솟값을 찾아서 반환한다.
'B'
```

그런데 가장 큰 알파벳이 'E'가 아니라 'd'다. 그 이유는 파이썬이 유니코드 문자의 순서를 기준으로 최솟값과 최댓값을 찾기 때문이다. 알파벳은 대문자가 먼저 오고, 그 다음에 소문자가 온다. 대문자 'E'의 유니코드 번호는 16진법으로는 '\u0045'이고, 10진법으로는 '69'다. 소문자 'd'는 16진법으로는 '\u0064'이고 10진법으로는 '100'이다. 따라서 s의 알파벳 중 최댓값은 'E'가 아니라 'd'이다. 만약 대소문자를 구분하지 않고 최댓값을 구하려면 다음처럼 문자열 클래스의 lower() 메소드를 불러 모두 소문자로 처리한 후 비교해서 최댓값 알파벳 문자를 찾는다.

```
>>> max(s, key=str.lower)         # s 중 대소문자 구분하지 않고 최댓값을 찾아서 반환한다.
'E'
```

sum() 함수는 순회형 안에 있는 모든 객체의 합을 반환한다. 참고로 순회형 안에 문자열이 있으면 오류가 난다.

```
>>> x = [7, -5, 8, 3, 9]
>>> sum(x)                                          # x의 모든 값을 합한다.
22
```

sum() 함수로 객체의 합과 함께 추가로 더할 값을 지정할 수 있는데, 이를 start 전달인자(시작 값)라고 한다. 만약 시작 값을 지정하지 않으면, 기본값으로 0이 지정된다. 시작 값을 지정할 때는 순회형 다음에 쉼표로 추가하면 된다.

```
>>> sum(x, 9)                                       # 9와 x의 모든 값을 합한다.
31
```

all() 함수는 순회형에 포함된 모든 객체가 참이면 True를 반환하고, 반면에 any() 함수는 객체 중 하나라도 참이면 True를 반환한다.

```
>>> x = [7, -5, 8, 3, 9, 0]
>>> all(x)                                          # 0이 거짓이라 False를 반환한다.
False
>>> any(x)
True
```

앞에서 불린을 설명할 때 '거짓'의 값은 False, 0, 0.0, None, 빈 문자열(''), 빈 복합자료형이라고 했는데 이를 any()나 all() 함수로 간단히 확인해볼 수 있다.

```
>>> any([False, 0, 0.0, None, '', [], (), set(), {}])       # False로 처리하는 값
False
>>> all([-15, 1.34, [1], (1,), set('a'), {None: 'NaN'}, '']) # 빈 문자열이 있다.
False
```

reversed() 함수는 시퀀스형 안에 있는 객체들을 역순으로 순회(traverse)하는 순회자를 반환한다. 순회자(iterator)란 시퀀스형을 포함한 순회형 안의 객체들을 탐색하

고 순회할 수 있게 하는 객체다. 반복자라고도 한다. 다음 코드는 리스트의 내용을 reversed() 함수를 사용해 역순으로 바꾼 순회자를 확인한다.

```
>>> x = [7, -5, 8, 3, 9]
>>> alist = reversed(x)
>>> alist                                          # 순회자이다.
<list_reverseiterator object at 0x10191f898>
>>> type(alist)                                    # 자료형을 확인한다.
<class 'list_reverseiterator'>
```

앞서 설명했듯이 reversed() 함수는 순회자를 반환하기 때문에 for문 등에서 순회자를 받아 사용해서 개별 객체에 접근할 수 있다. 그리고 순회자를 리스트나 튜플 등으로 변환시켜서 목적에 맞게 처리할 수 있다. 다음 코드는 리스트의 객체를 역순으로 바꾼 후 다시 리스트로 형변환한 후 객체를 추가한 결과를 보여준다.

```
>>> alist = list(reversed(x))                     # 리스트로 변환한다.
>>> type(alist)                                   # 자료형을 확인한다.
<class 'list'>
>>> alist
[9, 3, 8, -5, 7]
>>> alist.append(2)                               # 리스트에 객체를 추가한다.
>>> alist
[9, 3, 8, -5, 7, 2]
```

reversed() 함수가 시퀀스형 자료를 역순으로 순회하는 순회자를 반환한다면, sorted() 함수는 순회형 객체를 정렬한 순서로 바꾼 후 리스트로 반환한다. 기본적으로 오름차순 정렬을 한다.

```
>>> x = [7, -5, 8, 3, 9]
>>> sorted(x)                                     # 오름차순으로 정렬한다.
[-5, 3, 7, 8, 9]
```

내림차순으로 정렬하려면 reverse를 True로 설정하면 된다.

```
>>> sorted(x, reverse=True)                    # 내림차순으로 정렬한다.
[9, 8, 7, 3, -5]
```

정렬할 때 음수를 모두 양수로 바꿔서 정렬하려면 key의 전달인자로 abs() 함수를 사용하면 된다. 이때 앞서 설명했듯이 함수 이름만 전달하고 함수 이름 뒤에 괄호는 생략한다.

```
>>> sorted(x, key=abs)                         # 절댓값을 오름차순으로 정렬한다.
[3, -5, 7, 8, 9]
```

key와 reverse를 함께 사용해도 된다.

```
>>> sorted(x, key=abs, reverse=True)           # 절댓값을 내림차순으로 정렬한다.
[9, 8, 7, -5, 3]
```

이 외에도 key를 사용하면 DSU(Decorate, Sort, Undecorated) 정렬이 가능한데 이는 나중에 배우기로 한다. zip(), range(), enumerate() 또한 자주 사용하는 순회 함수들이다. 이 함수들은 8장에서 상세히 다룰 것이다.

표 7-1은 순회 연산자에 사용하는 기능들을 요약 정리한 것이다. 다시 한번 복습하면 시퀀스형으로는 문자열, 리스트, 튜플이 있고, 순회형은 시퀀스형과 더불어 딕셔너리와 세트까지 포함한다.

[표 7-1] 순회형에 사용하는 연산자와 함수

문법	설명
s + t	시퀀스형 s와 t를 합한 시퀀스형 객체를 반환한다.
s * n	시퀀스형 s를 n 횟수만큼 반복한 시퀀스형 객체를 반환한다.
x in i	객체 x가 순회형 i에 있으면 참(True)을 반환한다. not in을 사용하면 객체 x가 순회형 i에 없을 때 참(True)을 반환한다.
len(x)	순회형 i의 길이를 반환한다. i가 복합자료형이면 객체의 총 개수를 알려준다. i가 문자열이면 문자의 개수를 반환한다.

문법	설명
max(i, key)	순회형 i의 객체 중 가장 큰 값인 객체를 반환한다. key로 함수가 전달되면 이 함수가 처리한 결괏값 중 가장 큰 값인 객체를 반환한다.
min(i, key)	순회형 i의 객체 중 가장 작은 값인 객체를 반환한다. key로 함수가 전달되면 이 함수가 처리한 결괏값 중 가장 작은 값인 객체를 반환한다.
sum(i[, start])	순회형 i의 객체들 전체 합을 반환한다. start가 주어지지 않으면 기본값인 0을 전달한다. start가 주어지면 start와 순회형 i의 객체들 전체 합을 반환한다. i에 숫자 이외의 자료형을 포함하면 TypeError가 발생한다.
all(i)	순회형 i의 모든 객체가 참이면 True를 반환한다.
any(i)	순회형 i의 객체 중 하나라도 참이면 True를 반환한다.
reversed(seq)	시퀀스형 seq의 주어진 객체 순서를 역순으로 순회하는 순회자(iterator)를 반환한다.
sorted(i, key=None, reverse=False)	순회형 i의 객체를 정렬한 순서로 바꾼 후 리스트로 반환한다. key의 전달인자로 함수를 사용하면 DSU(Decorate, Sort, Undecorated) 정렬을 할 수 있다. reverse의 전달인자가 참(True)이면 정렬이 역순으로 이루어진다.
range(start, stop, step)	정수 순회자를 반환한다. stop만 주어지면 순회자는 0부터 stop - 1까지의 정수를 반환한다. start, stop이 주어지면 순회자는 start부터 stop - 1까지의 정수를 반환한다. start, stop, step이 주어지면 순회자는 start부터 step만큼의 간격을 두고 stop - 1까지의 정수를 반환한다.
enumerate(i, start=0)	주로 for문과 함께 사용하며 (인덱스, 객체)의 튜플 쌍으로 순회할 수 있는 열거형(enumerate) 객체를 반환한다. start가 주어지지 않으면 기본값인 0을 전달한다. start가 주어지면 start부터 인덱스가 시작된다.
zip(i1, ..., iN)	순회자 i1, ... ,iN을 사용하여 튜플 순회자를 반환한다.

실습 7-1

순회 연산자와 함수 사용하기

- 다음 표는 성적 데이터를 이름 순서로 정렬해서 나타낸 것이다.

이름	점수
네오	97
라이언	80
무지	60
어피치	95
제이지	45
콘	88
튜브	75
프로도	56

- 표에 나타난 성적 점수 순서대로 리스트를 만들어 변수 scores에 할당한 후 scores를 출력한다.

- 순회형 함수를 사용해서 성적 점수 리스트 scores 중 0점인 점수가 있는지 확인한다.
- 최댓값을 찾아주는 함수를 사용해서 scores 중 가장 높은 점수를 변수 best_score에 할당한 후 best_score를 출력한다.
- 최솟값을 찾아주는 함수를 사용해서 scores 중 가장 낮은 점수를 변수 bottom_score에 할당한 후 bottom_score를 출력한다.
- best_score와 bottom_score를 사용해서 두 점수의 차이를 변수 difference에 할당한 후 difference를 출력한다.
- scores의 평균 점수를 구해서 변수 average에 할당한 후 average를 출력한다.
- scores의 점수를 내림차순으로 정렬해서 변수 sorted_scores에 할당한 후 sorted_scores를 출력한다.
- sorted_scores에 있는 점수를 역순으로 바꾼 후 튜플로 변수 reversed_scores에 할당한 후 reversed_scores를 출력한다.

답

```
>>> scores = [97, 80, 60, 95, 45, 88, 75, 56]
>>> print(scores)
[97, 80, 60, 95, 45, 88, 75, 56]
>>> 0 in scores              # all() 함수를 사용해서 확인해도 된다(all(scores)).
False
>>> best_score = max(scores)          # 가장 큰 값을 갖는 객체를 반환한다.
>>> print(best_score)
97
>>> bottom_score = min(scores)        # 가장 작은 값을 갖는 객체를 반환한다.
>>> print(bottom_score)
45
>>> # 가장 높은 점수와 낮은 점수의 차이를 구한다.
... difference = best_score - bottom_score
>>> print(difference)
52
>>> average = sum(scores) / len(scores) # 성적 점수 리스트의 평균을 구한다.
>>> print(average)
74.5
>>> sorted_scores = sorted(scores, reverse=True) # 내림차순으로 정렬한다.
>>> print(sorted_scores)
[97, 95, 88, 80, 75, 60, 56, 45]
>>> # 역순으로 뒤집어 튜플로 반환한다.
```

```
... reversed_scores = tuple(reversed(sorted_scores))
>>> print(reversed_scores)
(45, 56, 60, 75, 80, 88, 95, 97)
```

8장

제어문

제어문이란 프로그램의 기본적인 흐름을 제어하는 명령문들을 말한다. 파이썬에서는 크게 조건문인 if문과 순환문인 while/for문 두 종류로 구분할 수 있다. 제어문은 주로 논리 연산과 비교 연산을 수행해서 프로그램의 흐름을 결정한다. 따라서 제어문을 사용하려면 우선 비교 연산자를 알아야 한다. 이 장에서는 제어문에 쓰이는 비교 연산자 규칙과 조건문·순환문에 대해 알아본다.

1 비교 연산자 규칙

비교 연산자는 7장(256p)에서 설명한 항등 연산자와 달리 객체의 메모리 주소가 아닌 값을 비교한다. 주로 숫자나 문자열을 비교하는데, 문자열은 유니코드 값을 기준으로 비교하기 때문에 알파벳은 대문자가 소문자보다 먼저 온다. 다음 예는 숫자는 숫자끼리, 문자는 문자끼리 비교한 결과를 보여준다.

```
>>> i, j = 3, 5
>>> i == j, i != j, i < j, i <= j, i > j, i >= j
(False, True, True, True, False, False)
>>> s1, s2 = 'a', 'A'
>>> s1 == s2, s1 != s2, s1 < s2, s1 <= s2, s1 > s2, s1 >= s2
(False, True, False, False, True, True)
```

문자열과 숫자처럼 서로 비교할 수 없는 자료형을 비교할 때는 다음처럼 오류가 난다.

```
>>> '1' > 5
Traceback (most recent call last):
  File "<stdin>", line 1, in <module>
TypeError: '>' not supported between instances of 'str' and 'int'
```

하지만 비교할 수 있는 자료형으로 형변환을 하면 오류가 발생하지 않는다.

```
>>> int('1') > 5
False
```

비교 대상이 어떤 범위 안에 존재하는지 확인할 때, 프로그래밍 언어 대부분은 논리 연산자 and(또는 &)를 통해 비교 대상을 각각 비교해야 한다. 예를 들어 2가 1보다는 크지만 3보다는 작은지 확인하기 위해서는 다음 예처럼 논리 연산자를 최소 한 번 이상 사용해야 한다.

```
>>> (1 < 2) and (2 < 3)
True
```

반면 파이썬은 비교 연산자를 여러 개 연결해서 사용할 수 있다. 이를 '연쇄연결(chaining)'이라 하는데 다음 예처럼 표현식 하나에 여러 개의 비교 연산자를 연결해서 사용할 수 있어 훨씬 간편하다.

```
>>> 1 < 2 < 3                          # 한꺼번에 연쇄연결해서 비교할 수 있다.
True
```

끝으로 문자열, 리스트, 튜플과 같은 시퀀스형을 비교하는 규칙은 다음과 같다. 비교 연산자는 각 시퀀스형의 첫 번째 객체부터 순차로 비교하며, 첫 번째 객체가 서로 같으면 그 다음 객체를 비교하고, 그 다음 객체도 같으면 그 다음 객체를 비교해서, 서로 다른 객체를 발견할 때까지 순서대로 비교한다. 만약 서로 다른 객체를 발견하면 비교를 멈추고 그 결과를 반환한다. 따라서 그 이후에 있는 객체들은 비교하지 않는다.

```
>>> 'abcdefg' < 'abcdefgh'                                      # 문자열 비교
True
>>> [1, 2, 3, 4, 99] > [1, 2, 3, 5]                             # 리스트 비교
False
>>> ('ㄱ', 'ㄴ', 'ㄷ', 'ㄹ', 'ㅁ') < ('ㄱ', 'ㄴ', 'ㄹ', 'ㄷ')    # 튜플 비교
True
```

2 조건문

프로그램의 흐름을 어떤 조건에 따라 특정 방향으로 진행해야 할 때는 조건문을 사용한다. 앞서 배운 비교 연산자(==, !=, <, <=, >, >=)나 논리 연산자(not, and, or)를 이용해 조건의 '참'과 '거짓'에 따라 어떤 명령문을 실행할지 결정한다. 주로 두 개 또는 그 이상의 조건이 주어지고, 컴퓨터는 조건문의 결과에 따라 이 중 한 개의 명령문을 선택해서 실행한다. 조건문의 기본적인 흐름은 그림 8-1과 같다.

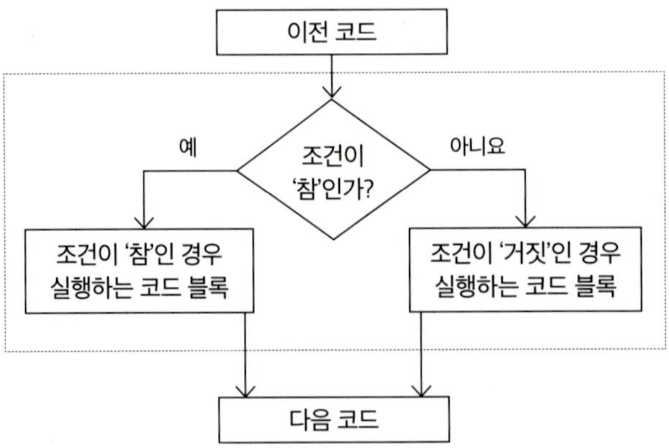

[그림 8-1] 조건문

파이썬에서 사용하는 조건문 형태는 if문 한 종류뿐이다. 간단한 if문의 형식은 다음과 같다.

```
if 불린-표현식:
    if-명령문
else:
    else-명령문
```

if문에 있는 불린-표현식의 값이 '참(True)'이면 if-명령문 블록이 실행되며, '거짓(False)'이면 else-명령문 블록이 실행된다. else문은 선택 사항이기 때문에 생략할 수 있다. if와 else 마지막에 쌍점(:)이 온다는 것을 반드시 기억하자. 쌍점(:) 이후의 코드는 연결된 하나의 명령문 블록이기 때문에 이후의 들여쓰기는 블록이 끝날 때까지 계속된다. 들여쓰기는 블록이 다음 줄에서 시작되고 끝난다는 것을 알려줄 뿐만 아니라 가독성을 높여준다.

따라서 if 불린-표현식: 다음에 오는 if-명령문 블록은 모두 들여쓰기해야 한다. else: 다음에 오는 else-명령문 블록도 마찬가지로 들여쓰기해야 한다. 들여쓰기할 때는 공백 네 개나 탭 한 개를 사용할 수 있다. 파이썬 개발자 커뮤니티에서는 공백 네 개를 사용할 것을 권장한다. IDLE 등 파이썬 프로그램 편집기를 사용할 때는 이전 줄이 쌍점으로 끝나면 자동으로 다음 줄을 들여 쓴다. 2장에서 설명했듯이 명령어 셸에서 실행하는 대화형 모드의 명령문 안에 줄 바꿈이 있으면 '...' 프롬프트를 표시한다. 참고로 IDLE의 대화형 모드에서는 '...' 프롬프트가 나타나지 않는다.

다음 예는 조건이 '참(True)'이면(즉, 입력한 숫자가 양의 정수이면), '입력한 숫자는 양의 정수입니다.'라는 메시지를 출력하고, 조건이 '거짓(False)'이면(즉, 0이나 음의 정수이면) '입력한 숫자는 양의 정수가 아닙니다.'라는 메시지를 출력한다. 실행 결과, 1이 양의 정수이기 때문에 '입력한 숫자는 양의 정수입니다.'를 출력한다.

```
>>> i = 1
>>> if i > 0:
...     print('입력한 숫자는 양의 정수입니다.')
... else:
...     print('입력한 숫자는 양의 정수가 아닙니다.')
...
입력한 숫자는 양의 정수입니다.
```

선택 사항인 else문을 생략하고 if문만 사용할 수도 있다. 이 경우 만약 if문의 표현식이 '거짓(False)'이면 if문을 실행하지 않고 다음 코드로 넘어간다. 다음 예는 -1이 음수이기 때문에 if문을 실행하지 않았다.

```
>>> i = -1
>>> if i > 0:
...     print('입력한 숫자는 양의 정수입니다.')
...
>>>
```

실습 8-1

조건문 만들기

- 자주 들리는 단골 식당까지 가는 시간을 확인하고 시간에 따라 다른 내용을 출력하는 조건문을 작성한다.
- 먼저 테스트를 위해 정수 30을 변수 commute에 할당한다(단위: 분).
- 다음과 같은 조건문을 작성해서 실행해본다.
  - 걸리는 시간이 30분 이상이면 '대중 교통을 이용하세요!'를 출력한다.
  - 걸리는 시간이 30분 미만이면 '식당 근처에 사시는군요!'를 출력한다.

답

```
>>> commute = 30           # 테스트를 위해 먼저 30을 변수 commute에 할당한다.
>>> if commute >= 30:                  # commute가 30 이상인 경우
...     print('대중 교통을 이용하세요!')
... else:                              # commute가 30 미만인 경우
...     print('식당 근처에 사시는군요!')
...
대중 교통을 이용하세요!
```

이제 조건문의 전체 구조를 살펴보자. if문을 작성하는 일반적인 형식은 다음과 같다.

```
if 불린-표현식-1:
    명령문-1
elif 불린-표현식-2:
    명령문-2
...
elif 불린-표현식-N:
    명령문-N
else:
    else-명령문
```

조건문을 작성할 때 if문, elif문, else문의 마지막에는 항상 쌍점(:)이 와야 한다. 조건문에 if문은 반드시 있어야 하지만, elif문과 else문 모두 선택 사항이라 생략할 수 있다. elif문의 개수는 제한이 없기 때문에 여러 개 작성할 수 있지만, else문은 하나만 올 수 있고 항상 마지막에 와야 한다. 조건문 중 if문과 elif문에 있는 각각의 불린-표현식인 불린-표현식-1, …, 불린-표현식-N의 값은 '참(True)'과 '거짓(False)' 둘 중 하나만 갖는다. 조건문은 위에서부터 아래 순서로 실행되면서 불린-표현식의 값을 평가한다. 불린-표현식의 값이 '참'이면 해당 명령문(명령문-1, …, 명령문-N)을 실행한다. 불린-표현식 모두가 '거짓'이면 마지막에 있는 else-명령문을 실행한다.

다음 코드는 if-elif-else문을 사용한 예다.

```
>>> s = '{}는 {}보다 큽니다.'
>>> x, y = 5, 9
>>> if x > y:
...     print(s.format(x, y))
... elif x < y:
...     print(s.format(y, x))
... else:
...     print('둘은 같은 숫자입니다.')
...
9는 5보다 큽니다.
```

그리고 조건문 안에 또 다른 조건문을 정의할 수도 있다. 이를 '중첩(nested) 조건문'이라 한다. 중첩 조건문인 if-else문을 사용해서 앞과 같은 결과를 출력하는 코드를 작성하면 다음과 같다.

```
>>> s = '{}는 {}보다 큽니다.'
>>> x, y = 5, 9
>>> if x == y:
...     print('둘은 같은 숫자입니다.')
... else:
...     if x > y:
...         print(s.format(x, y))
...     else:
...         print(s.format(y, x))
...
9는 5보다 큽니다.
```

실습 8-2

중첩 조건문 만들기

- 입력한 정수 세 개 중 작은 값 두 개의 합을 출력하는 코드를 작성한다.
- 먼저 테스트를 위해 변수 x에 7을, 변수 y에 15를, 변수 z에 5를 각각 할당한다.
- 세 값을 비교해서 작은 값 두 개의 합을 출력하는 조건문을 작성해서 실행해 본다.
  - 만약 x가 y와 z보다 크면, y와 z의 합을 출력한다.
  - 만약 y가 x와 z보다 크면, x와 z의 합을 출력한다.
  - 만약 z가 x와 y보다 크면, x와 y의 합을 출력한다.
  - 세 정수의 값이 같은 상황은 무시한다.

답

```
>>> x = 7                              # 변수 x에 7을 할당한다.
>>> y = 15                             # 변수 y에 15을 할당한다.
>>> z = 5                              # 변수 z에 5을 할당한다.
>>>
>>> if x > y:                          # x가 y보다 크면
...     if x > z:                      # x가 z보다 크면
...         print(y + z)               # y + z를 출력한다.
...     else:                          # x가 z보다 크지 않으면
...         print(x + y)               # x + y를 출력한다.
```

```
... else:                    # x가 y보다 크지 않으면
...     if z > y:            # z가 y보다 크면
...         print(x + y)     # x + y를 출력한다.
...     else:                # z가 y보다 크지 않으면
...         print(x + z)     # x + z를 출력한다.
...
12
```

상황에 따라서 조건문을 간편하게 한 줄로 작성할 수 있는데 이를 '간편 조건문'이라 한다. 간편 조건문을 작성하는 일반적인 형식은 다음과 같다.

```
표현식-1 if 불린-표현식 else 표현식-2
```

불린-표현식이 '참(True)'이면 표현식-1을 실행하고 '거짓(False)'이면 표현식-2를 실행한다. 예를 들어 다음처럼 특정 점수를 넘기면 통과(pass) 점수인 'P'를 부여하고, 그 점수를 넘기지 못하면 실패(fail) 점수인 'F'를 부여하는 코드가 있다고 하자.

```
>>> score = 72
>>> if score > 60:
...     grade = 'P'
... else:
...     grade = 'F'
...
>>> grade
'P'
```

이 코드를 간편 조건문으로 작성하면 다음과 같다.

```
>>> score = 72
>>> grade = 'P' if score > 60 else 'F'
>>> grade
'P'
```

3 순환문

순환문(loop)이란 특정 조건을 충족하는 동안 작업을 계속 반복 실행하는 일련의 명령이다. 일반적으로 순환문은 미리 정해 놓은 조건을 만족하면 일련의 명령문들을 실행한 후 다시 돌아가서 조건을 충족했는지 검사한다. 예를 들어 리스트 안에 객체가 존재하면 객체를 하나씩 추출하여 특정 작업을 실행한 후, 처리할 객체가 남아 있는지 확인한다. 아직 처리할 객체가 더 있으면, 순환문의 첫 번째 명령문으로 되돌아가서 같은 작업을 반복 실행한다. 만약 더 이상 처리할 객체가 남지 않으면 순환문을 빠져나가게 된다.

순환문은 이처럼 매번 작업을 실행한 후 조건을 충족시켰는지 검사하고, 그렇지 않으면 순환문을 빠져나와 다음 명령문들을 실행한다. 조건을 충족하지 못한다는 것은 결국 불린 표현식이 '거짓(False)'이 된다는 뜻이다. 순환문의 기본적인 흐름은 그림 8-2와 같다.

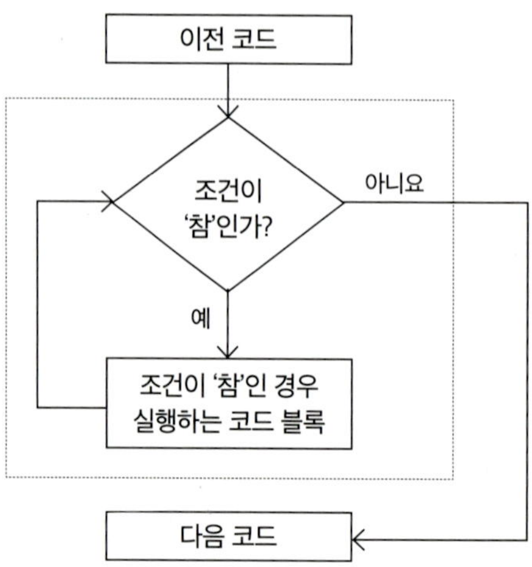

[그림 8-2] 순환문

순환문은 주어진 횟수나 조건에 따라 특정 작업을 반복해서 실행하기 때문에 '반복문' 이라고도 한다. 파이썬에서는 순환 처리를 실행하는 제어문으로 while문과 for문이 있다. 두 제어문 모두 주어진 조건이 '참(True)'인 동안 정해진 작업을 반복해서 실행한다.

while문

while문은 주어진 조건이 '참(True)'인 동안 while문에 속한 명령문을 반복해서 실행한다. 조건이 처음부터 '거짓(False)'이라면 while문은 전혀 실행되지 않는다. 단순 while문의 형식은 다음과 같다.

```
while 불린-표현식:
    while-명령문
```

while문의 불린-표현식 끝에도 조건문과 마찬가지로 '쌍점(:)'이 온다. 다음 예는 '안녕 파이썬'이란 문자열을 5회 반복해서 출력한다.

```
>>> x = 0
>>> while x < 5:
...     print('안녕 파이썬')
...     x += 1
...
안녕 파이썬
안녕 파이썬
안녕 파이썬
안녕 파이썬
안녕 파이썬
```

while문에서 정해진 횟수만큼 명령문을 반복해서 실행할 때는 다음과 같은 순서로 동작한다.

1. 앞 코드의 첫 번째 줄 x = 0처럼 먼저 변수를 하나 만들어 0으로 초기화한다.
2. 두 번째 줄처럼 while x < 반복하고자-하는-횟수: 형식으로 while문의 반복 횟수를 정한다. 이를 센티널(sentinel) 값이라고 한다. 센티널의 원래 뜻은 보초병 또는 감시병이다. 컴퓨터 프로그램에서 센티널은 순환문 등에서 종료 조건으로 사용하기 위해 지정한

값을 뜻한다.

3. while-명령문을 실행하면서, while-명령문의 마지막 혹은 적절한 위치에서 센티널(여기에서는 변수 x) 값을 1만큼 증가시킨다.
4. 다시 while-명령문의 처음으로 돌아가 명령문을 실행한 후, x를 1만큼 증가시키는 작업을 반복한다.
5. 만약 반복하고자-하는-횟수에 도달하면, while문의 불린-표현식은 '거짓(False)'이 되기 때문에 while문 실행을 종료하고 빠져나간다.

그럼 이번에는 while문의 전체 구조를 알아보자. 파이썬에서 while문을 작성하는 일반적인 형식은 다음과 같다.

```
while 불린-표현식:
    while-명령문
else:
    else-명령문
```

while문에 있는 불린-표현식의 값은 '참(True)'과 '거짓(False)' 둘 중 하나며, 값이 '참'이면 while-명령문을 실행한다. while과 else의 마지막에는 '쌍점(:)'이 온다. 또한 while문이 정상적으로 종료되었다면 else문이 반드시 실행된다는 점을 기억해야 한다. else문의 이러한 역할은 파이썬의 독특한 특징이다.

다음 예는 while문을 이용해 1부터 10까지 숫자를 더한 후 그 결과를 출력한다.

```
>>> total = 0            # 합한 값을 참조할 변수 total을 0으로 초기화한다.
>>> i = 0                # 센티널 값을 참조할 변수 i를 0으로 초기화한다.
>>> while i < 10:        # 명령문을 10회 반복해서 실행한 후 종료한다.
...     i += 1           # i가 0부터 시작하기 때문에 먼저 1을 증가시킨다.
...     total += i
... else:
...     print('1부터 10까지의 합은 {}입니다.'.format(total))
...
1부터 10까지의 합은 55입니다.
```

앞의 코드를 살펴보면, 두 번째 줄에서 센티널 값을 우선 0으로 초기화해서 변수 i에 할당한다. 그리고 while문에서 센티널 변수 i를 먼저 1만큼 증가시켜 1로 만든 후 현재 0인 total값에 합한다. 그다음 다시 1만큼 증가시켜 2로 만든 후 total값에 합하는 방식으로 센티널 변수 i가 10이 될 때까지 1씩 증가시킨 i값을 total값에 합한다. 센티널 변수 i가 10이 되는 순간 while문의 조건은 '거짓(False)'이 되어 마지막으로 else문을 실행한 후에 전체 while문을 종료한다. 앞의 코드는 while문을 정상적으로 실행한 후 결과를 else문을 통해 출력하고 while문을 빠져나가는 것을 볼 수 있다.

반면에 다음 예는 선택 사항인 else문을 사용하지 않고 같은 결과를 갖는다. 이때는 else문이 없기 때문에 while문이 완전히 종료된 후에 결과를 따로 출력해야 한다.

```
>>> total = 0                          # 합한 값을 참조할 변수 total을 0으로 초기화한다.
>>> i = 0                              # 센티널 값을 참조할 변수 i를 0으로 초기화한다.
>>> while i < 10:                      # 명령문을 10회 반복해서 실행한 후 종료한다.
...     i += 1                         # i가 0부터 시작하기 때문에 먼저 1을 증가시킨다.
...     total += i
...
>>> print('1부터 10까지의 합은 {}입니다.'.format(total))
1부터 10까지의 합은 55입니다.
```

앞의 두 코드 중에서 앞 페이지의 첫 번째 코드(else문을 사용한 코드)가 좀 더 파이썬다운 코드라고 할 수 있다. while문 안에서 관련한 모든 작업을 처리한 후 제어 권한을 다음 코드로 넘겨주기 때문이다.

while문을 이용해 리스트 등 시퀀스형에 포함된 객체들을 차례로 처리할 수도 있다. 다음 예는 리스트에 들어 있는 정수들의 합을 구한다.

```
>>> integers = [2, 8, 3, 5, 10, 27]
>>> total = 0                    # 합한 값을 참조할 변수 total을 0으로 초기화한다.
>>> i = 0                        # 센티널 값을 참조할 변수 i를 0으로 초기화한다.
>>> while i < len(integers):     # 리스트의 모든 객체를 순회한 후 종료한다.
...     total += integers[i]     # 리스트 인덱스의 값을 변수 total에 더한다.
...     i += 1                   # 리스트의 인덱스 번호를 1 증가시킨다.
... else:
...     print('리스트에 들어 있는 숫자의 합은 {}입니다.'.format(total))
...
리스트에 들어 있는 숫자의 합은 55입니다.
```

이 코드에서 while문의 불린 표현식인 i < len(integers)는 리스트에 있는 객체 개수를 확인해서 모든 객체를 순회한 후 종료한다는 뜻이다. i의 초깃값이 0이기 때문에 리스트 integers의 인덱스 0의 위치에 있는 첫 번째 객체부터 처리를 시작하여 i가 integers의 전체 길이(개수)와 같아지면 순환문을 종료한다. 리스트 첫 번째 객체의 인덱스 번호가 0, 마지막 객체의 인덱스 번호가 '전체 길이 - 1'인 것을 기억하자. 이 while문은 각 객체가 숫자이기 때문에 차례대로 마지막 객체까지 total 값에 합한 후 결과를 else문을 통해 출력하고 전체 while문을 빠져나간다.

앞서 else문이 존재하는 경우 while문이 정상적으로 종료되면 else문은 반드시 실행된다고 설명했다. 하지만 다음 두 가지 경우에는 else문이 실행되지 않는다.

- while문이 break 또는 return문에 의해 종료된 경우
- while문 실행 도중에 예외(exception)가 발생한 경우

이 두 경우 모두 else문은 실행되지 않는다. break문은 break가 속해 있는 현재 순환문(loop)을 종료하고 빠져나와 바로 앞의 명령문으로 통제권을 넘겨준다. 따라서 break는 현재의 반복 처리, 즉 break를 직접 포함하는 while문을 빠져나올 때 사용한다.

반면 return문은 주로 함수 안에서 사용한다. 가령 while문이 함수 안에 포함된 경우에 사용할 수 있다. while문은 실행되다가 return문을 만나면, return문 이후의 모든 명령문을 무시하고 함수를 호출한 상위 명령문으로 통제권을 넘겨준다. return문을

반환문이라고 하는 이유는 return문이 주로 함수가 처리한 결괏값을 반환하고 이 함수를 호출한 명령문의 바로 그 다음 명령문으로 통제권을 넘겨주기 때문이다.

때로는 값을 반환하지 않고도 return문을 사용할 수 있다. 이 경우 프로그램은 return문을 만나면 현재 실행 중인 명령문을 종료하고 상위 명령문으로 통제권을 넘겨준다. 참고로 break문은 이 장의 뒷부분에서 다룰 것이고 예외가 발생했을 때 처리하는 방법은 다음 장에서 다룰 것이다.

else문의 실행 규칙은 다음 명령문에 모두 적용된다.

- while문
- for ... in문
- try ... except문

지금까지의 예는 while문으로 특정 횟수를 반복 실행한 후 종료하는 것을 보여주었다. 다음 예는 횟수에 상관없이 조건이 '거짓(False)'인 순간 반복 실행을 중단하고 while문을 빠져나가는 것을 보여주는 코드다.

```
>>> import random
>>> fruits = ['사과', '딸기', '바나나', '블루베리', '포도']
>>> fruit = ''                    # 센티널 값을 참조할 변수 fruit를 빈 문자열로 초기화한다.
>>> while fruit != '블루베리':
...     fruit = random.choice(fruits)
...     print(fruit)
... else:
...     print('블루베리를 선택해 프로그램을 종료합니다.')
...
딸기
바나나
포도
바나나
블루베리
블루베리를 선택해 프로그램을 종료합니다.
```

앞의 코드에서는 우선 변수 fruits에 다섯 개의 과일 이름을 담은 리스트를 할당한다. 그리고 코드 세 번째 줄에서 센티널 값인 빈 문자열('')을 변수 fruit에 할당해서 센티널 변수를 초기화한다. 일단 변수 fruits 값이 '블루베리'가 아니기 때문에 while문이 실행된다. while문 안에서 사용한 random 모듈의 choice() 함수는 리스트 fruits에 들어 있는 객체 중 하나를 무작위로 선택해서 반환한다. 임의로 선택한 객체의 값이 '블루베리'가 아니라면 그 값을 출력한 후 다시 choice() 함수를 사용해 객체를 무작위 추출한다. 만약 임의로 추출한 객체가 '블루베리'라면 이를 출력한 후 마지막으로 else문을 실행하고 전체 while문을 종료한다. while문이 정상적으로 종료되었기 때문에 else이 실행된 것이다. 참고로 random 모듈을 사용하기 때문에 실행 결과가 매번 다를 수 있다.

다음 예는 break문을 사용해서 임의로 선택한 객체가 '블루베리'일 때 이를 출력한 후 바로 while문을 종료하는 것을 보여준다. while문이 break문 때문에 종료되었기 때문에 else문은 실행되지 않고 while문이 종료된다. break문은 312p에서 더 자세히 다룰 것이다.

```
>>> import random
>>> fruits = ['사과', '딸기', '바나나', '블루베리', '포도']
>>> fruit = ''
>>> while fruit != '블루베리':
...     fruit = random.choice(fruits)
...     print(fruit)
...     if fruit == '블루베리':
...         break
... else:                                    # else문은 절대 실행되지 않는다.
...     print('블루베리를 선택해 프로그램을 종료합니다.')
...
사과
딸기
바나나
딸기
사과
포도
블루베리
```

실습 8-3

while문으로 모음 개수 세기

- 문장 'Perfection requires the hand of time'을 담은 문자열을 변수 text에 할당한다.
- 변수 text를 출력한다.
- while문을 사용해서 문장 안의 문자 중 모음(a, e, i, o, u) 개수를 세어 본다.
- 모음 개수를 출력한다.

답

```
>>> # 사용할 문자열을 변수 text에 할당한다.
... text = 'Perfection requires the hand of time'
>>> print(text)                    # 변수 text를 출력한다.
Perfection requires the hand of time
>>> count = 0                      # 모음 개수를 세기 위한 변수를 초기화한다.
>>> index = 0                      # 문자열에 사용할 인덱스 번호를 초기화한다.
>>> while index < len(text):       # text에 포함된 문자만큼 순회한다.
...     if text[index] in ['a', 'e', 'i', 'o', 'u']:  # 모음이면
...         count += 1             # count 변숫값을 1 증가시킨다.
...     index += 1                 # 문자열 인덱스를 1 증가시킨다.
... else:                          # 문자열의 모든 문자를 순회한 후
...     print(count)               # 모음 개수를 출력한다.
...
13
```

for문

for문은 정해진 횟수만큼 반복해서 실행하거나 순회형의 모든 객체를 대상으로 처리가 필요한 명령문 블록이 있을 때 주로 사용한다. 예를 들어 range()나 enumerate()를 사용해 일정 횟수 동안 명령문 블록을 반복 실행하거나, 순회형인 문자열, 리스트, 튜플, 딕셔너리, 세트 등에 속해 있는 객체들을 하나씩 차례로 처리해야 할 때 매우 유용하다. while문과 마찬가지로 for문도 주어진 횟수나 조건에 따라 특정 작업을 반복해서 실행하기 때문에 순환문이다. 하지만 for문은 문법이 매우 간결해서 while문보다 더 자주 사용한다.

단순 for문의 형식은 다음과 같다.

```
for 변수 in 순회형:
    for-명령문
```

순회형에 들어 있는 객체들을 처음부터 마지막까지 차례로 추출해서 변수에 할당한 후 for-명령문을 실행한다. while문처럼 for문 첫 번째 줄의 마지막에도 '쌍점(:)'이 온다. 예를 들어 문자열 'abcde'의 각 문자를 꺼내서 출력하려면 다음 예시처럼 하면 된다.

```
>>> for i in 'abcde':                    # 개별 문자를 처음부터 끝까지 하나씩 추출한다.
...     print(i)
...
a
b
c
d
e
```

앞서 단순 while문을 이용해서 '안녕 파이썬'이란 문자열을 5회 반복해서 출력했다. 이번에는 for문을 사용해서 같은 결과가 나오는 코드를 작성해보자.

```
>>> for i in range(5):
...     print('안녕 파이썬')
...
안녕 파이썬
안녕 파이썬
안녕 파이썬
안녕 파이썬
안녕 파이썬
```

for문과 while문으로 작성한 '안녕 파이썬'이란 문자열을 5번 반복해서 출력하는 코드를 비교(그림 8-3 참고)해보면, for문을 사용할 때 코드가 훨씬 간결하다는 것을 알 수 있다. while문을 사용했을 때는 반복 횟수를 나타내는 변수 x를 초기화한 후 매번 1

씩 증가시켜야 하는데 반해 for문에서는 range()를 사용해서 이 작업을 자동으로 할 수 있다.

while문을 사용한 예	for문을 사용한 예

`x = 0`
`while x < 5:`
`    print('안녕 파이썬')`
`    x += 1`
	`for i in range(5):`
	`    print('안녕 파이썬')`

[그림 8-3] while문과 for문 비교

❶ for문과 range 클래스

for문에서 자주 사용하는 range()는 함수가 아니라 클래스다. 따라서 list(), tuple(), dict(), set()처럼 객체를 생성하는 생성자라고도 한다. range()는 지정한 범위 안에서 정수를 생성할 수 있는 순회자(iterator)를 반환한다. 따라서 range()의 전달인자는 반드시 정수여야 하며, 전달인자 개수에 따라 처리하는 정수의 범위도 달라진다.

- range(끝번호): 하나의 정수 전달인자 끝번호를 지정하면, 0부터 끝번호 - 1까지의 정수를 담은 순회자를 반환한다. 즉, 0, 1, 2, 3, …, 끝번호 - 1을 반환한다.
- range(시작번호, 끝번호): 두 개의 정수 전달인자 시작번호, 끝번호를 지정하면, 시작번호부터 끝번호 - 1까지의 정수를 담은 순회자를 반환한다. 즉 시작번호, 시작번호 + 1, …, 끝번호 - 1을 반환한다.
- range(시작번호, 끝번호, 폭): 세 개의 정수 전달인자 시작번호, 끝번호, 폭을 지정하면, 시작번호부터 끝번호 - 1까지 폭만큼 간격으로 생성한 정수를 담은 순회자를 반환한다. 즉 시작번호, 시작번호 + 폭, …, 끝번호 - 1를 반환한다. 폭의 크기에 따라 끝번호 - 1은 포함하지 않을 수도 있다.

range() 생성자는 다음과 같은 경우에 많이 사용한다.

- 정수를 담은 리스트 또는 튜플을 생성할 때
- for문에서 순회할 횟수를 정해야 할 때

다음 코드를 통해 range() 생성자가 반환하는 객체가 순회자라는 것을 알 수 있다.

```
>>> range(10)                          # 0부터 9까지 정수를 담은 순회자를 반환한다.
range(0, 10)
```

range()의 전달인자로는 정수를 지정하고 list()나 tuple() 생성자를 사용하면 다음 예처럼 지정한 범위의 정수가 있는 리스트나 튜플을 생성할 수 있다.

```
>>> list(range(10))                    # 0부터 9까지 정수가 있는 리스트를 반환한다.
[0, 1, 2, 3, 4, 5, 6, 7, 8, 9]
>>> tuple(range(1, 11))                # 1부터 10까지 정수가 있는 튜플을 반환한다.
(1, 2, 3, 4, 5, 6, 7, 8, 9, 10)
>>> list(range(1, 11, 2))              # 1부터 10까지 정수 중 홀수만 있는 리스트를 반환한다.
[1, 3, 5, 7, 9]
```

for문에서 순회형 값을 처리할 때 range()를 사용하면 코드가 훨씬 간결해진다. 다음 코드는 리스트에 들어 있는 정수를 모두 양수로 변환해서 리스트의 원래 값을 교체한 결과를 보여준다.

```
>>> L = [45, -12, 7, 0, -38, -8]
>>> for i in range(len(L)):
...     L[i] = abs(L[i])               # 리스트의 각 정수를 절댓값으로 바꾼 후 교체한다.
...
>>> L
[45, 12, 7, 0, 38, 8]
```

만약 이와 같은 결과를 출력하는 코드를 while문으로 표현하면, 센티널 값을 사용해야 하기 때문에 좀 더 복잡한 코드가 된다.

```
>>> L = [45, -12, 7, 0, -38, -8]
>>> i = 0                           # 센티널(sentinel) 값을 초기화한다.
>>> while i < len(L):               # 리스트의 모든 객체를 처리한 후 종료한다.
...     L[i] = abs(L[i])            # 리스트의 각 정수를 절댓값으로 바꾼 후 교체한다.
...     i += 1                      # 센티널 값을 1 증가시킨다.
...
>>> L
[45, 12, 7, 0, 38, 8]
```

실습 8-4

for문에서 range() 사용하기

- range() 클래스를 활용하여 1부터 10까지의 정수를 오름차순으로 포함하는 리스트를 만들고 변수 alist에 할당한다.
- 변수 alist를 출력한다.
- for문을 활용해 리스트 안 정수 중 3으로 나눈 나머지가 2인 숫자만 한 줄에 하나씩 출력한다.

답

```
>>> # 1부터 10까지의 정수를 포함한 리스트를 변수 alist에 할당한다.
... alist = list(range(1,11))
>>> print(alist)                    # 변수 alist를 출력한다.
[1, 2, 3, 4, 5, 6, 7, 8, 9, 10]
>>> for i in alist:                 # alist에 속한 각 정수 i가
...     if i % 3 == 2:              # 3으로 나눈 나머지가 2이면
...         print(i)                # i를 출력한다.
...
2
5
8
```

지금까지 단순 for문을 사용하는 방법을 알아봤다. 이번에는 for문의 전체 구조를 알아보자. 파이썬에서 for문을 작성하는 일반적인 형식은 다음과 같다.

```
for 변수 in 순회형:
    for-명령문
else:
    else-명령문
```

다음과 같은 특징이 있다.

- 순회형에 들어 있는 객체들을 처음부터 마지막까지 추출해서 차례로 변수에 할당한 후 for-명령문을 실행한다.
- 변수는 순회형에서 가져온 객체를 참조하는 하나의 변수일 수도 있고, 복합 변수일 수도 있다. 복합 변수인 경우에는 주로 튜플을 사용한다.
- for문이 정상적으로 종료되었다면 else문은 반드시 실행된다. else-명령문이 실행되지 않는 경우는 for문이 break 또는 return문 때문에 종료되거나 for문 실행 도중에 예외가 발생한 경우다.

앞서 while문으로 1부터 10까지의 숫자를 더했는데(291p) 이번에는 for문을 사용해서 같은 결과가 나오는 코드를 작성해보자.

```
>>> total = 0                          # 합한 값을 참조할 변수 total을 0으로 초기화한다.
>>> for i in range(1, 11):             # 1부터 10까지 정수를 생성해서 차례로 i에 할당한다.
...     total += i                     # i를 차례로 합한다.
... else:
...     print('1부터 10까지의 합은 {}입니다.'.format(total))
...
1부터 10까지의 합은 55입니다.
```

이 코드는 먼저 1부터 10까지의 숫자를 더한 값을 참조할 변수 total을 0으로 초기화했다. 그리고 for문에서 range() 클래스를 사용해 한 번 순회할 때마다 변수 i에 정수 1부터 10까지 차례대로 생성하여 할당한다. 다음으로 변수 total에 이 i 값을 더해서 total의 결괏값을 매번 갱신한다. 이렇게 10회 반복 실행한 후 else문을 실행하고 for문을 종료한다. 이처럼 for문으로 리스트 등 순회형의 개별 객체를 하나씩 추출해서 처리할 때도 while문보다 코드가 더 간결해진다.

다음 예는 리스트에 들어 있는 정수들의 합을 구하기 위해, 앞서 while문으로 작성한 것을(292p) 이번에는 for문으로 작성한 코드다.

```
>>> integers = [2, 8, 3, 5, 10, 27]
>>> total = 0                      # 합한 값을 참조할 변수 total을 0으로 초기화한다.
>>> for i in integers:             # 리스트의 모든 객체를 하나씩 꺼내서 i에 할당한다.
...     total += i
... else:
...     print('리스트에 들어 있는 숫자의 합은 {}입니다.'.format(total))
...
리스트에 들어 있는 숫자의 합은 55입니다.
```

이때도 우선 리스트에 들어 있는 정수들의 합을 참조할 변수 total을 0으로 초기화한다. 그리고 for문을 사용해서 리스트 integers에 있는 객체들을 차례대로 total에 매번 더해서 total의 결괏값을 계속 갱신한다. 리스트 integers의 객체를 모두 순회한 후에는 else문을 실행하고 for문을 빠져나간다. 마찬가지로 앞에서 while문으로 작성한 코드와 비교해보면 for문이 더 간결하다는 것을 알 수 있다.

실습 8-5

for문으로 모음 개수 세기

- 이번에는 [실습 8-3]에서 while문으로 작성한 프로그램을 for문으로 작성해 보자.
- 문장 'Perfection requires the hand of time'을 담은 문자열을 변수 text에 할당한다.
- 변수 text를 출력한다.
- for문을 사용해서 문장 안의 문자 중 모음(a, e, i, o, u) 개수를 세어 본다.
- 모음 개수를 출력한다.

답

```
>>> # 문자열을 변수 text에 할당한다.
... text = 'Perfection requires the hand of time'
>>> print(text)                              # 변수 text를 출력한다.
Perfection requires the hand of time
>>> count = 0                          # 모음 개수를 세기 위한 변수를 초기화한다.
>>> for char in text:                        # 변수 text 안의 각 문자가
...     if char in ['a', 'e', 'i', 'o', 'u']:        # 모음이면
...         count += 1                       # count 변숫값을 1 증가시킨다.
... else:                                    # 문자열의 모든 문자를 순회한 후에
...     print(count)                         # 모음 개수를 출력한다.
...
13
```

그럼 언제 for문 대신 while문을 사용할까? 만약 사용자가 특정 범위의 값이나 자료형을 입력할 때까지 사용자에게 계속 입력을 요구해야 할 때는 for문보다 while문을 사용하는 것이 더 좋다. 예를 들어 사용자가 '종료'를 입력할 때까지 입력한 값을 계속 출력하는 코드를 작성해보자. while문을 사용해서 다음처럼 실행하면 된다.

```
>>> while True:
...     s = input("아무거나 입력하시오(종료하려면 '종료'를 입력): ")
...     if s == '종료':                         # s가 '종료'면 while문을 빠져나간다.
...         break
...     print(s)
...
아무거나 입력하시오(종료하려면 '종료'를 입력): 음악
음악
아무거나 입력하시오(종료하려면 '종료'를 입력): 12345
12345
아무거나 입력하시오(종료하려면 '종료'를 입력): 종료
```

다음 예는 사용자가 4를 입력하지 않으면 계속해서 menu를 출력하는 코드다.

```
>>> menu = '''1. 학생 추가
... 2. 학생 삭제
... 3. 학생 목록 보기
... 4. 종료'''
>>> number = 0
>>> while number != 4:
...     print(menu)
...     number = int(input('메뉴 번호를 입력하세요: '))
...     if number in [1, 2, 3, 4]:
...         print('{}번 메뉴를 선택했습니다.\n'.format(number))
...     else:
...         print('{}번은 없는 메뉴 번호입니다.\n'.format(number))
... else:
...     print('Bye~~')
...
1. 학생 추가
2. 학생 삭제
3. 학생 목록 보기
4. 종료
메뉴 번호를 입력하세요: 9
9번은 없는 메뉴 번호입니다.

1. 학생 추가
2. 학생 삭제
3. 학생 목록 보기
4. 종료
메뉴 번호를 입력하세요: 3
3번 메뉴를 선택했습니다.

1. 학생 추가
2. 학생 삭제
3. 학생 목록 보기
4. 종료
메뉴 번호를 입력하세요: 4
4번 메뉴를 선택했습니다.

Bye~~
```

이 while문은 사용자로부터 번호를 입력받아, 4가 아니면 계속해서 메뉴를 출력하는 프로그램이다. 만약 사용자가 menu에 있는 번호(1, 2, 3, 4)를 입력하면 입력한 메뉴 번호를 알려주고, menu에 없는 번호를 입력하면 입력한 번호가 메뉴에 없다고 알려준다. menu에 있는 번호 중 4를 입력하면 조건문이 거짓이 되어 while문이 정상적으로 종료되기 때문에 else문을 실행한 후에 while문을 빠져나간다.

❷ for문과 enumerate, zip 함수

for문에서 range() 클래스만큼 유용하게 사용하는 함수로는 enumerate()가 있다. enumerate() 함수는 객체와 그 객체의 순서를 나타내는 번호를 함께 처리하기 때문에 해당 객체가 순회형 값 중 몇 번째인지 알 수 있어 편리하다. enumerate() 함수는 다음과 같은 형식으로 사용한다.

```
enumerate(순회형, start=0)
```

다음과 같은 특징이 있다.

- 순회형 자료를 전달인자로 입력받아, 순회형이 담은 개별 객체와 각 객체의 순서(인덱스 번호)를 (순번, 객체) 형식의 쌍으로 순회할 수 있는 열거형(enumerate) 객체를 반환한다.
- start는 첫 번째 객체의 시작 번호다. 선택해서 사용할 수 있는 start의 기본값은 0이지만 다른 값으로 대체할 수 있다.

다음 예는 enumerate() 함수가 반환하는 값을 확인한 결과다. 열거형 객체를 반환하기 때문에 사실상 순회자다.

```
>>> fruits = ['사과', '딸기', '바나나', '블루베리', '포도']
>>> x = enumerate(fruits)                          # 열거형 객체(순회자)를 반환한다.
>>> x
<enumerate object at 0x10ebdf090>
```

순회자로 직접 객체에 접근할 수는 없기 때문에 enumerate() 함수를 for문에서 사용하면 enumerate() 함수가 반환한 열거형 객체들을 순서대로 추출할 수 있다.

```
>>> fruits = ['사과', '딸기', '바나나', '블루베리', '포도']
>>> for fruit in enumerate(fruits):                    # 시작 번호는 기본값인 0으로 한다.
...     print(fruit)
...
(0, '사과')
(1, '딸기')
(2, '바나나')
(3, '블루베리')
(4, '포도')
```

코드의 실행 결과를 보면 (순번, 객체) 형식의 쌍으로 출력되는 것을 알 수 있다. 따라서 이 값을 각각의 변수로 받아서 처리할 수 있다. 다음 예는 enumerate() 함수가 반환한 열거형 객체의 순번과 개별 객체를 각각 다른 변수에 할당하여 출력한 결과를 보여준다.

```
>>> fruits = ['사과', '딸기', '바나나', '블루베리', '포도']
>>> for number, fruit in enumerate(fruits):     # 두 개의 변수로 순번과 객체를 받는다.
...     print(number, ':', fruit)            # 순번과 객체를 쌍점으로 구분해서 출력한다.
...
0 : 사과
1 : 딸기
2 : 바나나
3 : 블루베리
4 : 포도
```

코드를 보면 for문의 enumerate() 함수는 순회형인 리스트(fruits)를 전달받아서, fruits가 담은 모든 객체를 하나씩 차례로 fruit 변수에 할당하고 그 객체의 순번을 number 변수에 할당한다. 기본값인 0을 사용했기 때문에, 첫 번째 객체의 순번은 0이 되고, 그 다음 객체는 1, 그 다음 객체는 2가 되는 순서로 번호가 할당된다. enumerate() 함수가 차례로 반환하는 열거형 객체는 (순번, 객체) 형태이기 때문에 for문에서 number, fruit 순서로 열거형 객체를 받아서 순번 : 객체 형식으로 출력했다.

만약 시작 번호를 바꾸려면 enumerate() 함수 start의 전달인자에 시작 번호를 지정하면 된다. 다음 예는 시작 번호를 11로 지정해서 실행한 결과를 보여준다. 이때 start

의 전달인자를 생략하고 값만 지정해도 된다. 즉, enumerate(fruits, 11)으로 해도 된다.

```
>>> fruits = ['사과', '딸기', '바나나', '블루베리', '포도']
>>> for i, e in enumerate(fruits, start=11):          # 시작 번호를 11로 한다.
...     print(i, '=>', e)                             # 출력 형태도 다르게 한다.
...
11 => 사과
12 => 딸기
13 => 바나나
14 => 블루베리
15 => 포도
```

enumerate() 함수도 형변환해서 리스트, 튜플, 딕셔너리로 사용할 수 있다. 다음 코드는 fruits 리스트에 list() 생성자와 enumerate() 함수를 사용해서, 101부터 시작되는 순번과 과일 이름을 쌍으로 갖는 리스트로 변환한 것을 보여준다.

```
>>> fruits = ['사과', '딸기', '바나나', '블루베리', '포도']
>>> fruit_list = list(enumerate(fruits, 101))
>>> fruit_list
[(101, '사과'), (102, '딸기'), (103, '바나나'), (104, '블루베리'), (105, '포
도')]
```

fruits 리스트에 dict() 생성자와 enumerate() 함수를 사용해서 순번을 붙인 후 이 번호를 키로 하고 과일 이름을 매핑값으로 하는 딕셔너리도 만들 수 있다.

```
>>> fruits = ['사과', '딸기', '바나나', '블루베리', '포도']
>>> d = dict(enumerate(fruits, 101))
>>> d
{101: '사과', 102: '딸기', 103: '바나나', 104: '블루베리', 105: '포도'}
```

그리고 enumerate() 함수를 사용하면 range()보다 코드가 더 간결해지는 경우가 많다. 예를 들어 리스트의 모든 객체와 각 객체의 인덱스 번호를 동시에 사용할 때는 enumerate() 함수가 편리하다. 앞서 range() 클래스를 사용해 리스트에 들어 있는 모든 정수를 절댓값으로 변환해서 원래 값을 대체한 코드 예를 다시 한번 살펴보자.

```
>>> L = [45, -12, 7, 0, -38, -8]
>>> for i in range(len(L)):
...     L[i] = abs(L[i])              # 리스트의 각 정수를 절댓값으로 바꾼 후 교체한다.
...
>>> L
[45, 12, 7, 0, 38, 8]
```

enumerate() 함수를 사용하면 다음처럼 좀 더 간결한 코드로 바꿀 수 있다.

```
>>> L = [45, -12, 7, 0, -38, -8]
>>> for i, e in enumerate(L):           # Pythonic way
...     L[i] = abs(e)                   # e는 리스트의 객체인 숫자를 참조한다.
...
>>> L
[45, 12, 7, 0, 38, 8]
```

enumerate() 함수를 사용하면 우선 range() 클래스처럼 리스트의 길이를 확인할 필요가 없으며 리스트의 인덱스를 사용하지 않고도 객체를 추출할 수가 있다. 이처럼 enumerate() 함수를 사용해서 같은 구문을 더 간결하게 코딩하는 것을 '파이썬다운 코딩 방식' 또는 '파이쏘닉(Pythonic)하다'라고 한다.

for문의 순회형 객체가 튜플이면, 다음 예처럼 변수 하나에 할당해서 처리하면 튜플로 출력된다. 이는 앞에서 enumerate() 함수가 반환한 열거형 객체를 출력하는 것과 비슷하다.

```
>>> display_stand = [('사과', 21), ('바나나', 27), ('블루베리', 35), ('딸기',
29)]
>>> for i in display_stand:              # 과일 진열대의 개별 객체(튜플)를 출력한다.
...     print(i)
...
('사과', 21)
('바나나', 27)
('블루베리', 35)
('딸기', 29)
```

이런 경우도 마찬가지로 복합 변수로 받아서 처리하는 것이 편리할 때가 많다. 다음 예는 리스트의 객체가 튜플이라 튜플의 내용을 언패킹한 후 두 개의 변수로 받아서 개별 처리한 결과를 보여준다.

```
>>> display_stand = [('사과', 21), ('바나나', 27), ('블루베리', 35), ('딸기',
29)]
>>> for fruit, number in display_stand:  # 튜플을 언패킹해서 원하는 형식으로 출력한다.
...     print('진열대 번호:', number, '<=> 과일 이름:', fruit)
...
진열대 번호: 21 <=> 과일 이름: 사과
진열대 번호: 27 <=> 과일 이름: 바나나
진열대 번호: 35 <=> 과일 이름: 블루베리
진열대 번호: 29 <=> 과일 이름: 딸기
```

리스트나 튜플뿐만 아니라 for문으로 딕셔너리를 순회할 때 items() 메소드를 사용하면 키와 매핑값을 두 개의 변수로 각각 받아서 다음 예처럼 원하는 형식으로 출력할 수 있다.

```
>>> koreng = {'사과': 'apple', '블루베리': 'blueberry',
...           '딸기': 'strawberry', '키위':'kiwi',
...           '바나나': 'banana', '포도': 'grape', '자두': 'plum'
... }
>>> for kor, eng in koreng.items():          # 튜플을 언패킹해서 원하는 형식으로 출력한다.
...     print(kor, ':', eng)
...
사과 : apple
블루베리 : blueberry
딸기 : strawberry
키위 : kiwi
바나나 : banana
포도 : grape
자두 : plum
```

실습 8-6

for문에서 enumerate() 사용하기

- 시청에서 운영하는 헬스장에서 신규 회원들에게 회원 아이디를 부과하는 프로그램을 작성하고자 한다. 이번 달에 가입하는 신규 회원들의 이름은 '무지', '어피치', '네오', '제이지', '콘', '프로도', '라이언', '튜브'다.
- 신규 회원들의 명단을 위의 순서대로 리스트로 만들어 변수 member_list에 할당한다.
- 변수 member_list를 출력한다.
- 신규 회원을 추가할 빈 딕셔너리를 만들어 변수 member_dict에 할당한다.
- for문에서 enumerate() 함수를 활용해 키가 회원 아이디고 매핑값이 회원 이름인 객체 쌍을 member_dict에 추가한다. 회원 아이디는 1번부터 시작해서 가입하는 순서대로 부과하며, 현재까지 152명에게 부과했다. 따라서 이번 달에 가입하는 회원 아이디는 153부터 시작한다.
- 변수 member_dict를 출력한다.
- 변수 member_dict를 '회원아이디: 회원이름' 형식으로 한 줄에 회원 1명씩 출력한다.

답

```
>>> member_list = ['무지', '어피치', '네오', '제이지', '콘', '프로
도', '라이언', '튜브']
>>> print(member_list)                # 변수 member_list를 출력한다.
['무지', '어피치', '네오', '제이지', '콘', '프로도', '라이언', '튜브']
>>> member_dict = {}           # 신규 회원을 담을 변수 member_dict를 초기화한다.
>>> for mem_id, name in enumerate(member_list, start=153):
...     member_dict[mem_id] = name     # member_dict에 객체 쌍들을 추가한다.
...
>>> print(member_dict)                # 변수 member_dict를 출력한다.
{153: '무지', 154: '어피치', 155: '네오', 156: '제이지', 157: '콘',
158: '프로도', 159: '라이언', 160: '튜브'}
>>> # 변수 member_dict를 한 줄씩 출력한다.
... for mem_id, name in member_dict.items():
...     print('{}: {}'.format(mem_id, name))
...
153: 무지
154: 어피치
155: 네오
156: 제이지
157: 콘
158: 프로도
159: 라이언
160: 튜브
```

for문에서 두 개 이상의 순회형을 받아서 처리할 때는 zip() 함수를 사용한다. zip() 함수를 사용하는 형식은 다음과 같다.

```
zip(*순회형)
```

다음과 같은 특징이 있다.

- 두 개 이상의 순회형 객체를 받아 각 순회형의 개별 객체가 튜플인 순회자를 반환한다. i 번째 튜플은 각 순회형 전달인자의 i번째 객체를 담고 있다.
- 순회형 앞의 *는 0 또는 그 이상 불특정 다수의 위치 전달인자를 받아서 처리하는 위치 전달인자 패킹 연산자다. 10장에서 자세히 다룬다.
- 전달인자가 하나면, 한 개의 객체만 있는 튜플 순회자를 반환한다.
- 만약 전달인자가 없으면(0개면), 빈 순회자를 반환한다.
- 순회형 전달인자 중 가장 길이가 짧은 전달인자의 객체 전부 사용하면 순회자는 멈춘다. 즉, 가장 적은 개수를 담은 순회형 객체를 기준으로 묶음 처리를 한다.

zip() 함수는 예제를 보면서 이해하는 것이 가장 빠르다. 다음 코드는 zip() 함수를 사용해서 길이가 각기 다른 순회형 객체 세 개를 묶은 순회자를 반환한 결과를 보여준다.

```
>>> x = ('a', 'b', 'c')                    # 튜플(길이 = 3)
>>> y = ['i', 'j', 'k', 'l']               # 리스트(길이 = 4)
>>> z = '12345'                            # 문자열(길이 = 5)
>>> k = zip(x, y, z)
>>> type(k)                                # zip()이 반환한 객체의 자료형은 zip 순회자다.
<class 'zip'>
>>> k                                      # zip()이 반환한 객체의 값을 확인한다.
<zip object at 0x10388dec8>
```

코드를 보면 zip() 함수가 반환한 객체의 자료형이 zip이다. 이 자료형은 객체를 튜플로 갖는 순회자다. 순회자는 직접 조작할 수 없기 때문에 리스트나 튜플로 바꾼 후 사용할 수 있다. 다음 예는 리스트로 변환한 결과를 보여준다.

```
>>> list(k)                              # zip()이 반환한 순회자 k를 리스트로 변환한다.
[('a', 'i', '1'), ('b', 'j', '2'), ('c', 'k', '3')]
```

코드를 실행하니 세 개의 순회형에 있는 각 객체를 처음부터 순서대로 하나씩 추출해서 튜플 형식으로 묶은 순회자를 리스트로 변환해서 반환했다. 이때 가장 적은 객체를 담고 있는 순회형을 기준으로 튜플을 만든 후, 이 순회형의 객체를 전부 사용하면 순회자가 멈추기 때문에, 길이가 가장 짧은 x를 기준으로 x, y, z의 객체를 순서대로 묶고, y와 z의 남은 객체는 사용하지 않는다.

for문에서 zip() 함수를 사용하면 다음 예처럼 튜플로 반환한다.

```
>>> for t in zip(x, y, z):                                # 튜플 형식으로 반환한다.
...     print(t)
...
('a', 'i', '1')
('b', 'j', '2')
('c', 'k', '3')
```

실제 t의 자료형을 확인해보면 튜플인 것을 알 수 있다.

```
>>> print(type(t))
<class 'tuple'>
```

시퀀스형 언패킹 연산자 *를 사용하면 묶은 것(zip)을 반대로 풀(unzip) 수도 있다. 다음 예를 보면 zip() 함수로 x와 y 두 개의 순회형을 양쪽에서 하나씩 추출한 튜플을 객체로 갖는 리스트를 만들었다.

```
>>> x = ['엄마', '아빠', '나']                                    # 리스트
>>> y = ('드럼', '베이스', '기타')                                # 튜플
>>> musicians = list(zip(x, y))
>>> musicians
[('엄마', '드럼'), ('아빠', '베이스'), ('나', '기타')]
```

이렇게 만든 리스트를 시퀀스형 언패킹 연산자 *를 사용해서 다음 코드처럼 풀 수 있다.

```
>>> member, instrument = zip(*musicians)
>>> member
('엄마', '아빠', '나')
>>> instrument
('드럼', '베이스', '기타')
```

무한 루프와 break/continue문

무한 루프(infinite loop)란 순환 작업을 끝없이 반복하는 것을 말한다. 주로 순환문의 논리적 오류로 종료 조건을 충족할 수 없거나 종료 조건이 없는 경우에 발생한다. 다음 코드는 while문 안에 종료 조건이 없어서 종료되지 않고 계속해서 '안녕 파이썬'을 출력한다.

```
>>> while True:
...     print('안녕 파이썬')
...
안녕 파이썬
안녕 파이썬
안녕 파이썬
안녕 파이썬
안녕 파이썬
안녕 파이썬
...
안녕 파이썬
안녕 파이썬
안녕 파이썬

# [Ctrl] + [C] 입력

Traceback (most recent call last):
  File "<stdin>", line 2, in <module>
KeyboardInterrupt
```

이 while문을 실행시킨 후에 빠져나오려면 Ctrl + C 를 눌러야 한다. 하지만 이와 같은 무한 루프는 자주 사용하지 않으며 주로 종료 조건을 입력해서 사용자가 원하는 조건을 충족했을 때 무한 루프를 빠져나오게 하는 것이 일반적이다.

다음 while문을 실행시키면 처음에는 일반적인 무한 루프처럼 계속 실행되지만 10회 후에 멈추고 순환문을 빠져나온다. while문이 한 번 실행될 때마다 변수 stamina가 1씩 감소해 0이 되는 순간 if stamina == 0:이 실행되어 '체력이 고갈되었습니다. 더 이상 운동할 수 없습니다.'를 출력한 후 status의 센티널 값을 False로 바꾼다. 따라서 다음 반복 실행에서 status값이 False이기 때문에 무한 루프를 종료한다.

```
>>> status = True
>>> stamina = 10
>>> while status:
...     print('운동을 시킵니다. 체력이 1 감소합니다.')
...     stamina -= 1
...     if stamina == 0:
...         print('체력이 고갈되었습니다. 더 이상 운동할 수 없습니다.')
...         status = False
...
운동을 시킵니다. 체력이 1 감소합니다.
운동을 시킵니다. 체력이 1 감소합니다.
운동을 시킵니다. 체력이 1 감소합니다.
운동을 시킵니다. 체력이 1 감소합니다.
운동을 시킵니다. 체력이 1 감소합니다.
운동을 시킵니다. 체력이 1 감소합니다.
운동을 시킵니다. 체력이 1 감소합니다.
운동을 시킵니다. 체력이 1 감소합니다.
운동을 시킵니다. 체력이 1 감소합니다.
운동을 시킵니다. 체력이 1 감소합니다.
체력이 고갈되었습니다. 더 이상 운동할 수 없습니다.
```

순환문의 흐름을 제어하는 break문을 사용하면 이 코드를 좀 더 간단하게 작성할 수 있다. 그림 8-4는 break문을 사용했을 때의 실행 흐름을 보여준다. break문을 만나면 이후의 모든 코드를 건너뛰고 현재 break문이 속한 순환문을 종료하고 빠져나간다. 만약 break문이 중첩 순환문(순환문 안의 또 다른 순환문) 안에 있으면 break문이 속한 가장 안쪽 순환문을 종료하고 빠져나와서 통제권을 상위 순환문으로 넘긴다.

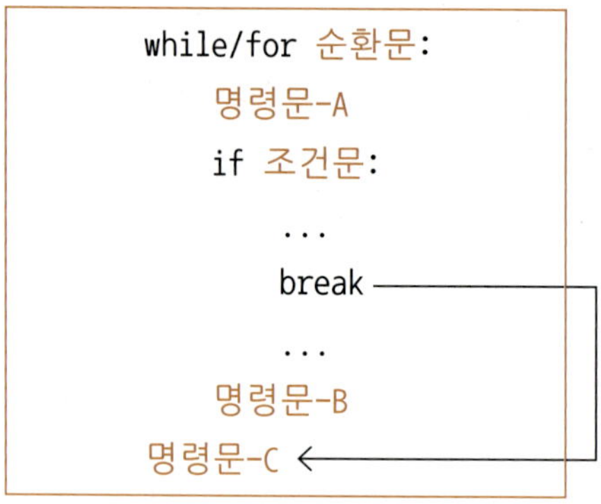

[그림 8-4]
break문 흐름

앞서 보여준 코드를 break문을 사용해 바꿔보자.

```
>>> stamina = 10
>>> while True:
...     print('운동을 시킵니다. 체력이 1 감소합니다.')
...     stamina -= 1
...     if not stamina:
...         print('체력이 고갈되었습니다. 더 이상 운동할 수 없습니다.')
...         break
...
운동을 시킵니다. 체력이 1 감소합니다.
운동을 시킵니다. 체력이 1 감소합니다.
운동을 시킵니다. 체력이 1 감소합니다.
운동을 시킵니다. 체력이 1 감소합니다.
운동을 시킵니다. 체력이 1 감소합니다.
운동을 시킵니다. 체력이 1 감소합니다.
운동을 시킵니다. 체력이 1 감소합니다.
운동을 시킵니다. 체력이 1 감소합니다.
운동을 시킵니다. 체력이 1 감소합니다.
운동을 시킵니다. 체력이 1 감소합니다.
체력이 고갈되었습니다. 더 이상 운동할 수 없습니다.
```

이 코드의 while문은 불린 표현식이 '참(True)'이므로 무한 루프이다. 정수 0은 파이썬에서 '거짓(False)'으로 처리한다는 점을 기억하자. if문의 stamina가 0이 아닌 이상 stamina는 '참(True)'이다. 따라서 if문의 불린 표현식이 if not True, 즉 if False가 되어 if문이 실행되지 않는다. 하지만 한 번씩 순회할 때마다 stamina가 1씩 감소하여 10번 순회하면, stamina 값이 0, 즉 '거짓(False)'이 된다. 즉 if문의 불린 표현식이 if not False, 즉 if True가 되어 표현식이 '참(True)'이 되기 때문에 if문이 실행되어 '체력이 고갈되었습니다. 더 이상 운동할 수 없습니다.'라는 메시지를 출력하고 break문으로 while문을 종료한다.

continue도 break와 마찬가지로 순환문의 흐름을 제어하는데 사용하는 명령문이다. continue문을 만나면 프로그램의 실행 흐름이 그림 8-5처럼 continue 이후의 모든 코드를 건너뛰고 순환문의 첫 명령문으로 되돌아가 다음 반복 처리를 실행한다.

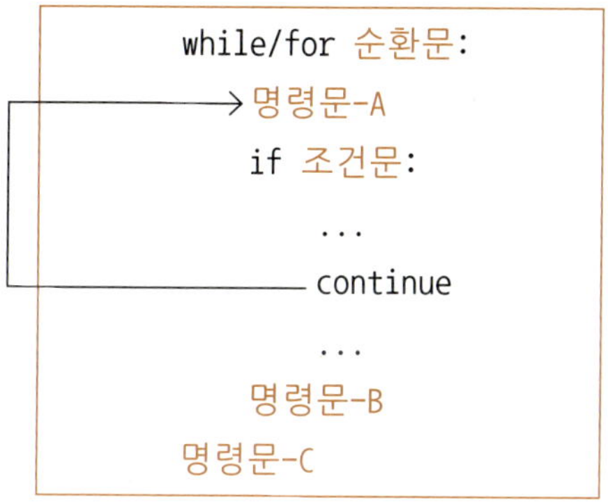

[그림 8-5]
continue문 흐름

다음 예는 무한 루프에 break와 continue문을 사용해서 사용자가 입력한 모든 내용을 출력하는 코드다. 만약 사용자가 그냥 Enter 또는 return 키를 누르면 빈 문자열(False)을 반환해서 if문이 '참(True)'이 되어 break문을 실행해서 프로그램을 종료한다.

```
>>> while True:
...     answer = input('무언가를 입력하세요(마치려면 그냥 [ENTER] 키를 누르세요): ')
...     if not answer:
...         break
...     print(answer)
...     continue
...
무언가를 입력하세요(마치려면 그냥 [ENTER] 키를 누르세요): 5
5
무언가를 입력하세요(마치려면 그냥 [ENTER] 키를 누르세요): -3.14
-3.14
무언가를 입력하세요(마치려면 그냥 [ENTER] 키를 누르세요): 드럼
드럼
무언가를 입력하세요(마치려면 그냥 [ENTER] 키를 누르세요):
```

실습 8-7

순환문에서 break와 continue문 사용하기

- 숫자 1, 4, 7, 3, 8, -1, 0, 5, 22, 2, 31을 리스트로 만들어 변수 numbers에 할당한다.
- for문에서 break와 continue문을 사용해서 다음처럼 동작하는 프로그램을 작성하자.
  - numbers의 숫자가 음수면 for문을 종료한다.
  - numbers의 숫자가 짝수면 아무것도 하지 않고 건너뛴다.
  - numbers의 숫자가 홀수면 그 숫자를 출력한다.

답

```
>>> numbers = [1, 4, 7, 3, 8, -1, 0, 5, 22, 2, 31]
>>> for i in numbers:
...     if i < 0:                          # i가 음수면
...         break                          # for문을 종료한다.
...     elif i % 2 == 0:                   # i가 짝수면
...         continue                       # 건너뛴다.
...     else:                              # i가 홀수면
...         print(i)                       # 그 값을 출력한다.
...
1
7
3
```

연습문제

모든 연습문제는 인터프리터 모드에서 실행하기 때문에 먼저 문제를 읽고 분석한 후, 파이썬 코드로 작성해서 py 파일로 저장한다. 각 연습문제의 마지막에 나오는 실행 예는 프로그램을 정상적으로 작성했을 때 실행한 결과를 보여주는 것이기 때문에 코드를 작성할 때 참고하면 된다. 인터프리터 모드에서 파일을 실행하는 방법은 '명령어 셸에서 프로그램 파이썬 실행하기'(56p)에서 다뤘다.

8-1 도시 면적 확인하기

다음 내용을 처리하는 프로그램을 작성한 후 'ex8_1.py' 파일로 저장하자.

도시 이름을 입력받아 해당 도시의 면적을 알려주는 프로그램을 작성한다. 현재 입력한 도시 면적 정보는 다음 표와 같다.

도시	면적(km^2)
서울	605
파리	105
에든버러	264

`input()` 함수로 입력한 도시 이름에 조건문을 사용해서 해당 도시 이름이 있으면 그 도시의 면적을 출력하고 해당 도시가 없으면 'Unknown'을 출력한다. 간단한 프로그램이기 때문에 딕셔너리 등을 사용하지 않고 `if-elif-else`문을 활용해 프로그램을 작성해보자.

실행 예

```
> python ex8_1.py
도시 이름을 입력하세요: 서울
서울의 면적은 605 평방 킬로미터입니다.
> python ex8_1.py
도시 이름을 입력하세요: 베이징
베이징의 면적은 Unknown 평방 킬로미터입니다.
```

8-2 영업 이익 계산하기

다음 내용을 처리하는 프로그램을 작성한 후 'ex8_2.py' 파일로 저장하자.

회사의 영업 이익을 자동으로 계산하는 프로그램을 작성한다. input() 함수로 입력한 회사의 매출과 관리비를 바탕으로 영업 이익을 계산하는 프로그램이다. 영업 이익을 화면에 출력할 때, 영업 이익이 흑자면 영업 이익을 세 자리씩 쉼표로 구분해서 출력하고, 적자면 세 자리씩 쉼표로 구분해서 괄호와 함께 출력한다. 이때 마이너스 표시는 포함하지 않는다.

실행 예

```
> python ex8_2.py
회사의 판매 총액은 얼마입니까? 1000000
회사의 관리 비용은 얼마입니까? 800000
영업 이익은 200,000원입니다.
> python ex8_2.py
회사의 판매 총액은 얼마입니까? 1000000
회사의 관리 비용은 얼마입니까? 1250000
영업 이익은 (250,000)원입니다.
```

8-3 while문으로 계승 값 계산하기

다음 내용을 처리하는 프로그램을 작성한 후 'ex8_3.py' 파일로 저장하자.

0부터 9까지 각 정수의 계승 값을 구하는 프로그램을 작성한다. 계승(factorial)은 1부터 n까지의 자연수를 모두 곱한 것을 의미하며 n의 계승은 n!로 표현한다. 예를 들어 5!은 5 × 4 × 3 × 2 × 1 = 120이다. 한편 0!의 값은 1이다.

파이썬에서는 factorial() 함수로 계승 값을 구할 수 있다. factorial() 함수는 math 모듈에 포함되었기 때문에 다음처럼 import문으로 math 모듈을 불러와서 사용하면 된다.

```
>>> import math
>>> math.factorial(0)                                  # 0!을 구한다.
1
>>> math.factorial(5)                                  # 5!을 구한다.
120
```

while문을 사용해서 0부터 9까지의 계승 값을 구하려면 어떻게 하면 될까?

실행 예

```
> python ex8_3.py
0! = 1
1! = 1
2! = 2
3! = 6
4! = 24
5! = 120
6! = 720
7! = 5040
8! = 40320
9! = 362880
종료
```

8-4 for문으로 계승 값 계산하기

아래 내용을 처리하는 프로그램을 작성한 후 'ex8_4.py' 파일로 저장하자.

앞서 [연습문제 8-3]에서 작성한 프로그램을 for문을 사용해서 다시 작성해보자. 내용은 [연습문제 8-3]과 같다.

실행 예

```
> python ex8_4.py
0! = 1
1! = 1
2! = 2
3! = 6
4! = 24
5! = 120
6! = 720
7! = 5040
8! = 40320
9! = 362880
종료
```

8-5 while문으로 과일 검색하기

다음 내용을 처리하는 프로그램을 작성한 후 'ex8_5.py' 파일로 저장하자.

과일을 검색하는 프로그램을 작성한다. 입력된 과일 이름 중 해당 과일이 과일 목록에 있는지 확인해서 그 결과를 알려주는 프로그램이다. 현재 과일 목록에 있는 과일은 다음과 같다.

- 과일 목록: 사과, 딸기, 블루베리, 바나나, 포도

입력한 과일이 존재하면 해당 과일이 과일 목록에서 몇 번째에 위치하는지를 알려주고, 입력된 과일이 과일 목록에 존재하지 않으면 해당 과일이 목록에 없다고 알려준다.

실행 예

```
> python ex8_5.py
과일 이름을 입력하세요...: 블루베리
블루베리는 과일 목록의 3번째에 존재합니다.
> python ex8_5.py
과일 이름을 입력하세요...: 체리
체리는 과일 목록에 존재하지 않습니다.
```

8-6 for문으로 과일 검색하기

다음 내용을 처리하는 프로그램을 작성한 후 'ex8_6.py' 파일로 저장하자.

앞서 [연습문제 8-5]에서 작성한 프로그램을 for문을 사용해서 다시 작성해보자. 내용은 [연습문제 8-5]와 같다.

실행 예

```
> python ex8_6.py
과일 이름을 입력하세요...: 블루베리
과일 목록의 3번째에 존재합니다.
> python ex8_6.py
과일 이름을 입력하세요...: 체리
과일 목록에 존재하지 않습니다.
```

8-7 무한 루프에서 break와 continue문 활용하기

다음 내용을 처리하는 프로그램을 작성한 후 'ex8_7.py' 파일로 저장하자.

무한 루프를 사용하여 특정 조건을 만족하면 무한 루프를 빠져나오는 프로그램을 작성하자. 정수 1에서 9까지를 무작위로 생성해서 만약 6 이상의 숫자가 나오면 무한 루프를 빠져나온다.

파이썬에서 임의의 정수를 생성하는 함수로는 randint()가 있다. randint() 함수를 사용하려면 random 모듈을 불러와야 한다. randint() 함수를 호출할 때 전달인자로 정수 두 개를 randint(x, y)처럼 지정하면 x ≦ n ≦ y인 난수 n을 생성한다. 다음 예는 randint() 함수를 사용해서 1에서 9 사이(1과 9 포함) 임의의 정수를 생성한 결과를 보여준다.

```
>>> import random
>>> random.randint(1, 9)            # 1, 2, ..., 9 중에 임의의 정수를 생성한다.
5
```

무한 루프 while문 안에서 1에서 9까지의 정수를 무작위로 생성하여 그 값을 출력하고, 6 이상의 숫자가 나오면 무한 루프 while문을 빠져나오는 프로그램을 작성하려면 어떻게 해야 할까?

실행 예

```
> python ex8_7.py
2
5
3
8: 무한 루프에서 빠져나갑니다.
```

참고

난수를 생성하기 때문에 실행 결과는 앞과 다를 수 있다.

몰라도 바로 따라 쓰는 실전 파이썬 **파이썬으로 그림 그리기**

동영상 강의 08-7 파이썬으로 그림 그리기

여러분은 어릴 때 학교의 미술 수업 시간에 그림 그리는 법을 배워서 연습하곤 했다. 파이썬에서도 그림을 그릴 수 있다. 일반적으로는 그림을 불러와 그림에 대한 변환(회전, 크기 조절 등)을 수행하지만, 여기에서는 직접 점을 하나 하나 찍어서 그림을 그려보고자 한다.

사용한 개념

패키지 사용, matplotlib, Pillow, 제어문, 시각화

파이썬 라이브러리 설치

그림을 그리기 위해 필요한 Pillow를 사용하기 위해서는 먼저 명령어 셀에서 pip 명령어를 사용해서 라이브러리를 설치해야 한다. 이때 설치할 컴퓨터는 인터넷에 연결해야 한다. 설치는 명령어 셀에서 pip install Pillow로 하면 된다. 설치를 성공하면 다음과 비슷한 메시지가 나타난다.

```
> pip install Pillow
Collecting Pillow
  Downloading ...
    100% |████████████████████████████████| 3.6MB 728kB/s
Installing collected packages: Pillow
Successfully installed Pillow-xxx
```

그림을 화면으로 출력하는 데 필요한 matplotlib 라이브러리 설치 방법은 5장에 있는 '몰라도 바로 따라 쓰는 실전 파이썬 – 텍스트 분석(168p)'을 참고한다.

코드 예시 1

사용자 입력, 리스트, 무한 루프, 랜덤(난수 생성)

```
>>> from PIL import Image, ImageDraw     # 이미지를 처리하는데 사용하는 라이브러리
>>> from matplotlib import pyplot        # 화면에 이미지, 그래프를 출력하기 위한 라이브러리
>>> # RGB 색깔을 사용할 수 있는 하얀색 배경의 가로 2, 세로 2 크기의 이미지를 생성한다.
... img = Image.new("RGB", (2, 2), 'white')
>>> dctx = ImageDraw.Draw(img)      # Image 객체 위에 그림을 그리는 인스턴스를 생성한다.
>>> dctx.point([(0, 0)], fill='red')     # 0, 0 위치에 빨간색을 칠한다.
>>> dctx.point([(1, 0)], fill='blue')    # 1, 0 위치에 파란색을 칠한다.
>>> dctx.point([(1, 1)], fill='black')   # 1, 1 위치에 검은색을 칠한다.
>>> pyplot.imshow(img)                   # Image 객체를 화면에 출력하기 위해 준비한다.
<matplotlib.image.AxesImage object at 0x128478a20>
>>> pyplot.grid(False)                   # 화면에 출력할 때 격자무늬를 표시하지 않는다.
>>> pyplot.show()                        # 화면에 출력한다.
```

출력 결과 1

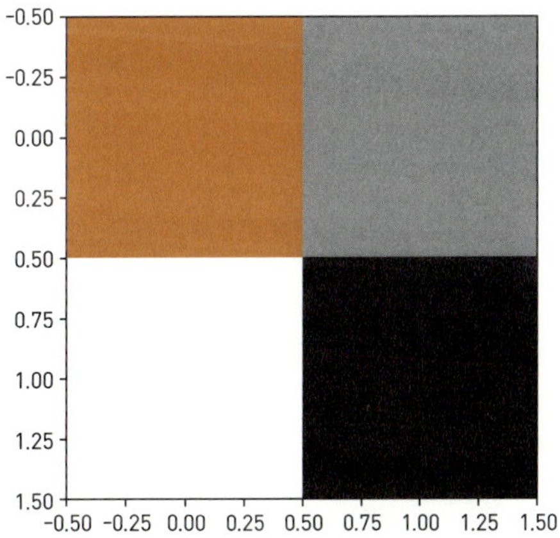

※컬러로 인쇄한 책이 아니어서 지면에 빨간색과 파란색이 제대로 표현되지 않았다. 왼쪽 위 사각형이 빨간색, 오른쪽 위 사각형이 파란색이다. 직접 코드를 실행해서 모니터로 결과를 확인해보자.

생각해보기

그림을 그리는 데 사용하는 라이브러리 Pillow에서는 왼쪽 위의 좌표가 (0, 0)임을 알 수 있다. 오른쪽으로 한 칸씩 이동할 때마다 X 좌푯값이 증가하고, 아래로 한 칸씩 이동할 때마다 Y 좌푯값이 증가한다.

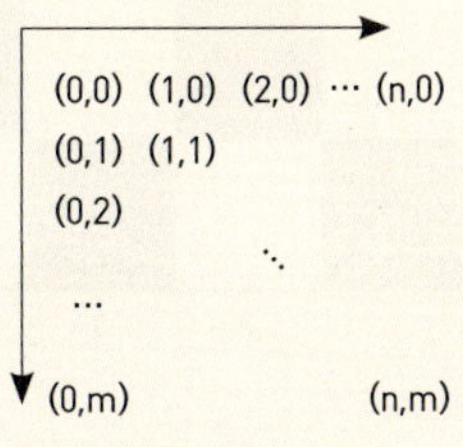

다음 코드를 실행하면 어떤 그림이 그려질지 생각해보자. for문과 enumerate() 함수를 사용해서 각 좌표의 색깔을 칠한다.

코드 예시 2

사용자 입력, 리스트, 무한 루프, 랜덤(난수 생성)

```
>>> from PIL import Image, ImageDraw          # 이미지를 처리하는데 사용하는 라이브러리
>>> from matplotlib import pyplot     # 화면에 이미지, 그래프를 출력하기 위한 라이브러리
>>> grid = [                          # 각 좌표에 칠할 색깔 정보를 담은 리스트
...     0, 1, 0, 1, 0),
...     1, 0, 1, 0, 1),
...     0, 1, 0, 1, 0),
...     1, 0, 1, 0, 1),
...     0, 1, 0, 1, 0)
... ]
>>> colors = ['#f9f9f9', '#000000']                    # 색깔 정보를 담은 리스트
>>> # RGB 색깔을 사용할 수 있는 하얀색 배경의 가로 5, 세로 5 크기의 이미지를 생성한다.
... img = Image.new("RGB", (5, 5), "white")
>>> dctx = ImageDraw.Draw(img)     # Image 객체 위에 그림을 그리는 인스턴스를 생성한다.
>>> for i, coordinate in enumerate(grid):               # grid를 줄 단위로 읽어온다.
... # grid에서 가져온 줄 값을 하나씩 읽어온다.
...     for j, code in enumerate(coordinate):
...         dctx.point([(j, i)], fill=colors[code]) # 좌표 (j, i)에 색깔을 칠한다.
...
>>> pyplot.imshow(img)              # Image 객체를 화면에 출력하기 위해 준비한다.
<matplotlib.image.AxesImage object at 0x12b6c6320>
>>> pyplot.grid(False)              # 화면에 출력할 때 격자무늬를 표시하지 않는다.
>>> pyplot.show()                                        # 화면에 출력한다.
```

출력 결과 2

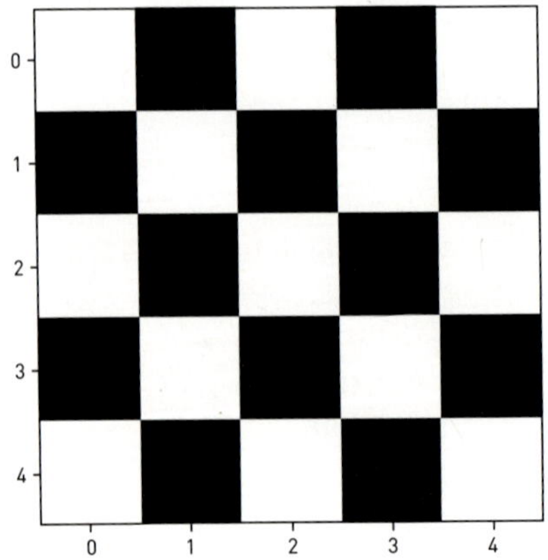

9장

예외 처리

프로그램을 만들다 보면 수많은 오류를 마주치게 된다. 이 장에서는 프로그램의 오류에 어떤 것들이 있는지 알아보고, 예외 처리(exception handling)를 통해 오류를 처리하는 세 가지 방법에 대해 살펴본다.

1 오류와 예외 처리

프로그램을 실행할 때 발생하는 오류는 크게 문법 오류, 논리 오류, 실행 오류 세 가지로 나뉜다. 문법 오류는 컴파일 단계에서, 논리 오류와 실행 오류는 실행 단계에서 발생한다. 문법 오류(syntax error)는 대부분 오타나 잘못된 문법을 사용해서 발생하는 오류다. 코드 편집기를 사용하면 오류가 발생했는지를 코드를 작성하는 도중에 실시간으로 알 수 있으며, 파이썬에서는 오류가 발생한 코드 줄 번호와 오류 종류를 즉시 출력하기 때문에 오류를 발견하기도 수정하기도 쉽다.

프로그램은 아무 문제없이 잘 실행되지만 예상한 결과가 나오지 않는 등 프로그램 작성 당시 논리적으로 잘못 설계되어 나타나는 오류를 논리 오류(logical error)라고 한다. 논리 오류를 사전에 발견하는 것은 쉽지 않다. 논리 오류를 방지하기 위해서는 오류가 발생할 수 있는 다양한 경우의 수와 시나리오로 프로그램을 테스트해보는 습관을 갖는 것이 중요하다.

마지막으로 실행 오류(runtime error)는 사용자가 잘못된 값을 입력할 때, 존재하지 않는 파일을 불러올 때, 파일을 저장하면서 디스크 용량이 부족할 때 등 프로그램을 실행하는 동안 발생하는 오류다. 이처럼 실행 도중에 발생하는 오류를 예외(exception)라고 한다. 실행 오류는 대부분 예외 처리(exception handling)만 잘하면 피할 수 있는 오류다.

다음 두 가지 예는 실행 오류다. 첫 번째는 숫자를 0으로 나누어서 발생한 오류고, 두 번째는 폴더에 없는 파일을 불러오려다 발생한 오류다.

```
>>> 15 / 0                                  # 숫자를 0으로 나눠서 오류가 난다.
Traceback (most recent call last):
  File "<stdin>", line 1, in <module>
ZeroDivisionError: division by zero
>>> file = open('hw1.py')                   # 폴더에 없는 파일을 열려고 해서 오류가 난다.
Traceback (most recent call last):
  File "<stdin>", line 1, in <module>
FileNotFoundError: [Errno 2] No such file or directory: 'hw1.py'
```

만약 예외 처리를 하지 않거나 예외 처리에 실패하면 프로그램을 실행하는 중 갑작스럽게 종료하게 된다. 이때 파이썬은 오류 메시지를 통해 오류가 발생한 코드 줄의 번호, 오류의 종류, 오류가 발생한 이유에 대한 간략한 설명을 출력한다. 사실 코드를 작성할 때 주의만 잘 기울이면 대부분의 오류 발생을 막을 수 있다. 예를 들어 사용자가 입력한 값이 유효한 입력 값인지 확인하는 등의 예외 처리 코드만 미리 작성해 놓아도 많은 실행 오류를 방지할 수 있다.

2 try-except-else-finally문

예외 처리(exception handling)는 오류를 처리하는 품격 있는 해결책이다. try문 블록 안에 오류가 발생할 가능성이 있는 코드를 넣고 실행하면 된다. 만약 현재 실행 중인 코드에서 오류가 발생하면 이 오류를 감지한 후 예외 객체(exception object)를 생성해서 호출한 명령문 또는 운영체제로 넘겨준다. 이를 예외 전달이라고 한다. 호출한 명령문으로 전달된 예외는 예외 상황을 처리하는 코드로 다시 전달되어 예외를 처리하기 위한 적절한 조치를 받는다. 예외를 처리하는 코드의 일반적인 형식은 다음과 같다.

```
try:
    try-명령문
except 예외그룹1 [as 변수-1]:
    예외처리-명령문-1
except 예외그룹-2 [as 변수-2]:
    예외처리-명령문-2
...
except 예외그룹-N [as 변수-N]:
    예외처리-명령문-N
else:
    else-명령문
finally:
    finally-명령문
```

특징은 다음과 같다.

- try문이 오면 최소한 한 개 이상의 except문이 와야 한다. 단, try ... finally문에서는 except문을 사용하지 않는다.
- except문은 try문 안의 코드에서 오류가 발생할 때 예외를 처리하는 코드를 포함한다. as 변수는 선택 사항으로 예외그룹을 변수로 참조할 수 있게 한다.
- except문의 실행 순서는 다음과 같다.
  1. try문에서 오류가 발생하면 각 except문은 순서대로 실행된다.
  2. 만약 발생한 오류가 예외그룹에 지정한 except문에 도달하면 해당 except문의 예외처리-명령문이 실행된다.
  3. 발생한 오류와 except문에 지정한 예외그룹의 오류가 일치하는 경우는 두 가지가 있다. 하나는 발생한 오류가 예외그룹에 있는 오류와 같은 클래스인 경우다. 다른 하나는 발생한 오류가 예외그룹에 있는 오류의 하위 클래스인 경우다.
- else문은 선택 사항이라 try-except문 다음에 반드시 사용할 필요는 없다. 하지만 else문을 작성한다면 마지막 except문 다음에 와야 한다.
- try문 안의 코드에서 오류가 발생하지 않고 정상적으로 종료되었다면 else문이 반드시 실행된다. 하지만 try문 안의 코드에서 오류가 발생하면 else문은 실행되지 않는다.
- finally문도 선택 사항이라 try-except문 다음에 반드시 사용할 필요는 없다. 하지만 finally문을 작성한다면 예외 처리 블록의 맨 마지막에 와야 한다. finally문이 있다면 try문 안의 코드에서 오류가 발생했는지 여부와 상관없이 항상 마지막에 실행된다.

단, 다음 세 가지 상황에 따라 예외 처리 블록의 실행 순서는 달라진다.

- 오류가 발생하지 않고 코드가 정상적으로 작동할 때: try-명령문 → else-명령문 → finally-명령문
- 오류가 발생하고 예외를 처리할 때: try-명령문 → 해당 예외처리-명령문 → finally-명령문
- 오류가 발생했지만 예외를 처리하지 못했을 때: try-명령문 → finally-명령문

코드 실행 도중에 오류가 발생하면 예외 객체(exception object)가 생성된다. 예외 객체는 주로 해당 오류와 관련된 기본 오류 메시지를 담고 있다. 각 except문의 예외그룹(예외그룹-1, …, 예외그룹-N)으로 하나의 오류를 처리할 수도 있고, 튜플 형태의 예외 목록을

한 번에 처리할 수도 있다. 다음 첫 번째 코드는 예외그룹으로 하나의 예외 클래스만 지정해서 처리하고 두 번째 코드는 예외그룹에 몇 개의 예외 클래스를 튜플 형태의 목록으로 지정해서 한꺼번에 처리한다. 예외그룹에 여러 개의 예외 클래스가 있으면 반드시 괄호로 묶어야 한다.

```
>>> try:
...     15 / 0
... except ArithmeticError:                              # 한 개의 오류만 처리한다.
...     print('연산 오류가 발생했습니다.')
...
연산 오류가 발생했습니다.
>>> try:
...     15 / 0
... except(ArithmeticError, ValueError, RuntimeError): # 여러 개의 오류를 처리한다.
...     print('뭔가 잘못되었습니다.')
...
뭔가 잘못되었습니다.
```

except문의 마지막에 선택 사항인 as 변수를 지정할 수 있다. 이때 예외그룹으로는 하나의 예외 객체, 혹은 튜플 형태의 예외 목록을 모두 변수 하나로 참조할 수 있다. 해당 변수는 발생한 예외 객체를 담고 있어서 예외처리-명령문에서 사용할 수 있다. 다음 예는 앞의 코드 중 except문에 as 변수를 각각 지정한 후 실행한 결과를 보여준다.

```
>>> try:
...     15 / 0
... except ArithmeticError as err:                              # 변수 err 지정
...     print('다음과 같은 오류가 발생했습니다:', err)
...
다음과 같은 오류가 발생했습니다: division by zero
>>> try:
...     15 / 0
... except(ArithmeticError, ValueError, RuntimeError) as err:   # 변수 err 지정
...     print('다음과 같은 오류가 발생했습니다:', err)
...
다음과 같은 오류가 발생했습니다: division by zero
```

처리할 예외그룹을 정하지 않고 다음 예처럼 except:만 사용할 수 있다.

```
>>> try:
...     x = 15 / 0
... except:                          # 예외 그룹을 지정하지 않아 모든 오류를 처리한다.
...     print('뭔가 잘못된 것 같아요 ㅠㅠ')
...
뭔가 잘못된 것 같아요 ㅠㅠ
```

예외그룹을 정하지 않으면 발생하는 모든 오류를 처리한다. 발생 가능한 오류가 무엇 무엇인지 모를 때는 어쩔 수 없이 이 방법을 사용해야 하지만 좋은 방법은 아니다. 가급적이면 발생 가능한 모든 오류를 구체적으로 지정할 것을 권장한다.

except문을 작성할 때 주의할 점은 try문에 오류가 발생하면 각 except문이 순서대로 실행된다는 것이다. 그뿐만 아니라 except문에 지정한 예외그룹에 속한 클래스뿐만 아니라 그 하위 클래스 모두를 처리하기 때문에 코드를 작성할 때 하위 클래스, 즉 세부적인 예외 클래스를 먼저 작성해야 한다. 반대로 범위가 더 넓은 일반적인 예외 클래스(상위 예외 클래스)를 먼저 작성한다면, 하위 예외 클래스는 절대로 실행되지 않는다.

다음 예는 ArithmeticError가 ZeroDivisionError보다 상위 예외 클래스이기 때문에 하위 예외 클래스인 ZeroDivisionError까지 처리한다. 따라서 나중에 작성한 except ZeroDivisionError:는 절대 실행되지 않는다.

```
>>> try:
...     15 / 0
... except ArithmeticError:
...     print('ArithmeticError가 발생했습니다.')
... except ZeroDivisionError:                # 절대 실행되지 않는 except문이다.
...     print('ZeroDivisionError가 발생했습니다.')
...
ArithmeticError가 발생했습니다.
```

하지만 다음 코드처럼 except문의 순서를 바꾸면 ZeroDivisionError가 발생할 때 except ZeroDivisionError:가 실행되며, ArithmeticError의 하위 클래스인 OverflowError와 FloatingPointError는 except ArithmeticError:가 처리한다.

```
>>> try:
...     15 / 0
... except ZeroDivisionError:
...     print('ZeroDivisionError가 발생했습니다.')
... except ArithmeticError:
...     print('ArithmeticError가 발생했습니다.')
...
ZeroDivisionError가 발생했습니다.
```

다음 예도 상위 클래스인 LookupError가 하위 클래스 KeyError까지 다 처리하기 때문에 except KeyError:는 결코 실행되지 않는다.

```
>>> d = {}
>>> try:
...     x = d[5]
... except LookupError:                    # 순서가 잘못되었다.
...     print('LookupError가 발생했습니다.')
... except KeyError:                       # KeyError가 LookupError보다 위로 가야 한다.
...     print('딕셔너리 키(key) 값을 찾을 수 없습니다.')
...
LookupError가 발생했습니다.
```

코드를 살펴보면 try문 안의 코드는 딕셔너리 d에서 키가 5인 객체의 매핑값을 추출하려고 한다. 현재 딕셔너리 d는 아무것도 없는 빈 딕셔너리기 때문에 KeyError가 발생하지만, 상위 클래스인 LookupError가 먼저 처리를 하기 때문에 except KeyError는 절대로 실행될 수 없다.

파이썬이 다루는 모든 예외 클래스는 파이썬 문서[1]를 확인하면 된다. 파이썬은 객체지향 언어이기 때문에 예외 또한 객체로 취급한다. 아직 클래스와 객체의 개념을 학습하지 않았지만, 이 개념을 상세히 몰라도 예외 처리를 다룰 수 있기 때문에 우선 예외 처리를 먼저 학습한 후, 이 책의 12장에서 클래스와 객체를 다루기로 한다. 그림 9-1은 파이썬 예외 클래스 일부의 계층 구조다.

1 https://docs.python.org/3/library/exceptions.html

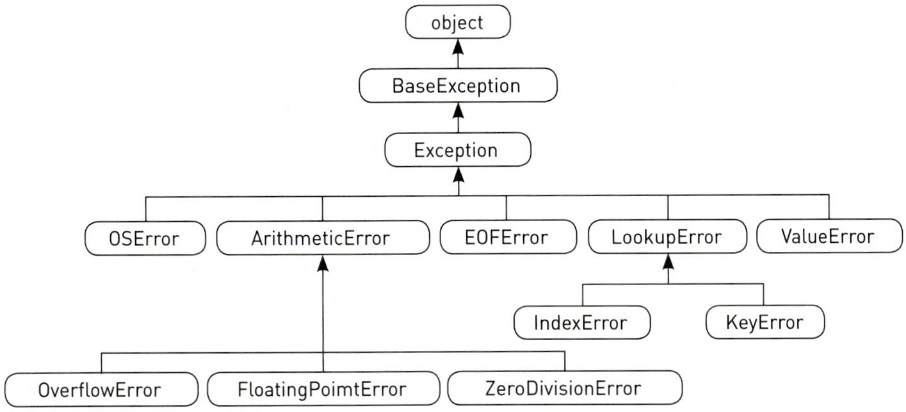

[그림 9-1] 예외 클래스 일부의 계층 구조

오류가 발생해도 처리하지 않고 그냥 통과시켜야 할 때도 종종 있다. 이런 상황에서는 except문에 예외 처리 코드를 넣지 않고 그냥 pass문을 추가하면 된다. 다음 예는 트위터의 스트리밍 데이터를 수집할 때 사용하는 코드다. 실시간으로 스트리밍 데이터(트윗)를 받아 파일에 저장할 때 오류가 발생하더라도 모두 무시하고 스트리밍 데이터 수집을 계속 진행하도록 pass문을 사용한다.

```
class Listener(StreamListener):
    def on_data(self, data):
        while True:
            try:
                tweet_stream.write(data
                tweet_stream.write('\n')
                return True
            except Exception:
                pass
```

다음 코드는 숫자를 0으로 나누었을 때 예외를 처리하지 않고 그냥 통과시킨 결과를 보여준다. 오류 관련 메시지가 출력되지 않고 그냥 넘어간다.

```
>>> try:
...     x = 15 / 0
... except ZeroDivisionError:
...     pass                 # 예외를 처리하지 않고 통과시켜 오류 메시지가 출력되지 않는다.
...
>>>
```

3 try-finally문

컴퓨터나 프로그램이 충돌이 일어나 갑자기 멈추지 않는 한, try문 안의 오류 발생과 상관없이 finally문은 마지막에 반드시 실행된다. 이런 특성 때문에 오류가 발생해 작업을 처리하지 못하는 경우에도 반드시 실행해야 하는 코드가 있다면 try-finally 문을 사용할 수 있다. try-finally문을 작성하는 방식은 다음과 같다.

```
try:
    try-명령문
finally:
    finally-명령문
```

다음 예는 숫자를 0으로 나누었을 때 예외 처리를 하지 않고 finally문으로 print() 함수를 실행하는 것을 보여준다.

```
>>> try:
...     15 / 0
... finally:                    # 반드시 처리해야 하는 코드는 finally문에 넣고 처리하면 된다.
...     print('오류 발생과 상관없이 finally문은 반드시 실행된다!!!')
...
오류 발생과 상관없이 finally문은 반드시 실행된다!!!
Traceback (most recent call last):
  File "<stdin>", line 2, in <module>
ZeroDivisionError: division by zero
```

try-finally문은 주로 try문을 종료한 후, 웹 사이트나 데이터베이스 연결을 끊거나 현재 처리 중인 파일을 닫는 등 최종 정리(clean-up)를 위한 명령문을 작성할 때 유용하다. 다음 예는 파이썬 공식 홈페이지에 연결해서 서버와의 연결 상태 등을 확인하는 등의 몇 가지 간단한 작업을 한 후 finally문에서 웹 서버와의 연결을 끊는 것을 보여준다. 만약 try문 안에서 문제가 발생하더라도 서버와의 연결을 반드시 끊고 프로그램을 종료한다.

```
>>> import http.client
>>> try:
...     conn = http.client.HTTPSConnection('www.python.org')
...     conn.request('GET', '/')                       # 웹 서버에 데이터를 요청한다.
...     response = conn.getresponse()                  # 서버에 응답을 요청한다.
...     print(response.getheader('Connection'))  # 'Connection' 헤더 값을 출력한다.
...     print(response.status, response.reason)  # 상태 코드와 원인 문구를 출력한다.
... finally:
...     conn.close()                                   # 서버 연결을 끊는다.
...
keep-alive
200 OK
```

서버와 연결이 끊어졌는지 확인하려면 다음 코드를 실행하면 된다.

```
>>> response.closed                                    # 서버 연결이 끊어졌는지 확인한다.
True
```

4 raise문

이상하게 들리겠지만 프로그래밍을 하다보면 종종 일부러 예외를 발생시켜야 할 때도 있다. 예를 들어 꼭 구현해야 할 함수가 있지만 아직 구현하지 못했을 때, NotImplementedError라는 예외 클래스를 사용해서 고의로 예외를 발생시킬 수도 있다. 다음 예를 보면 marry() 함수를 아직 구현하지 못했기 때문에 함수 안에 raise문을 사용해 NotImplementedError를 발생하도록 했다. 따라서 이 함수를 호출하는 코드에서는 오류가 발생한다.

```
>>> def marry(girl, boy):                              # marry() 함수를 정의한다.
...     raise NotImplementedError('marry() 함수는 다음 버전에서 구현할 예정입
니다.')
...
>>> marry('네오', '프로도')
Traceback (most recent call last):
  File "<stdin>", line 1, in <module>
  File "<stdin>", line 2, in marry
NotImplementedError: marry() 함수는 다음 버전에서 구현할 예정입니다.
```

이처럼 의도적으로 예외를 만들기 위해서는 raise문을 이용해서 예외를 강제로 발생시키면 된다. raise문을 사용하는 형식은 다음과 같다.

```
raise 예외클래스[(전달인자)] [from 근원예외객체]
```

특징은 다음과 같다.

- 예외클래스로는 파이썬에서 기본적으로 제공하는 예외 클래스와 사용자가 필요해서 직접 정의한 예외 클래스 두 가지가 있다. 사용자 정의 예외 클래스는 반드시 Exception 클래스를 상속해야 한다. 클래스 상속에 관한 설명은 12장에서 자세히 다룬다.
- 전달인자가 주어지면 예외를 처리할 때 전달인자 값을 출력한다. 따라서 주로 해당 예외 클래스와 관련된 오류 메시지를 전달인자로 사용한다. 전달인자는 선택 사항이라 생략할 수 있다.
- 근원예외객체를 지정하면 근원예외객체부터 예외클래스까지 연결된 연쇄 예외 객체를 생성한다. 근원예외객체 또한 선택 사항이라 생략할 수 있다.
- raise ... from문은 주로 except문 안에서 사용한다.

다음 예는 처리할 숫자가 0인 경우 ValueError가 발생하는 것을 보여준다.

```
>>> i = 0
>>> if i == 0:
...     raise ValueError                          # raise ValueError()와 같다.
...
Traceback (most recent call last):
  File "<stdin>", line 2, in <module>
ValueError
```

예외 클래스로 예외를 처리할 때 전달인자를 지정하면 전달인자의 값을 예외 객체 이름과 함께 출력한다. 다음 예는 같은 코드에 ValueError의 전달인자로 '0을 입력했습니다.'라는 오류 메시지를 추가해서 실행한 결과를 보여준다.

```
>>> i = 0
>>> if i == 0:                  # ValueError가 발생했을 때 오류 메시지를 출력한다.
...     raise ValueError('0을 입력했습니다.')
...
Traceback (most recent call last):
  File "<stdin>", line 2, in <module>
ValueError: 0을 입력했습니다.
```

만약 어떤 종류의 오류가 발생할지 확실치 않은 상황에서 오류가 발생한 근원지를 살펴보고 싶다면 raise ... from문을 except문 안에서 사용하면 된다. 이때 실제 오류를 발생시킨 예외(근원예외객체)부터 지정한 예외(예외클래스)까지 연결되는 연쇄 예외객체를 만들어 오류 메시지를 출력하기 때문에 오류를 발생시킨 원인을 역으로 추적하는 것이 쉽다. 다음 예는 except문 안에 raise ... from문을 사용해서 모든 런타임 오류의 근원을 추적하는 코드를 실행한 결과다.

```
>>> i = 0
>>> try:
...     result = 5 / i
... except Exception as err:
...     raise RuntimeError('뭔가 잘못된 것 같아요 ㅠㅠ') from err
...
Traceback (most recent call last):
  File "<stdin>", line 2, in <module>
ZeroDivisionError: division by zero

The above exception was the direct cause of the following exception:

Traceback (most recent call last):
  File "<stdin>", line 4, in <module>
RuntimeError: 뭔가 잘못된 것 같아요 ㅠㅠ
```

raise문 다음에 예외 클래스를 지정하지 않고 다음 형식처럼 raise문만 사용할 수도 있다.

```
raise
```

현재 발생한 오류의 예외를 처리하지 않고 호출한 상위 명령문으로 그 오류를 넘길 때 사용한다.

다음 예는 for문에서 발생한 오류를 for문 안의 try-except문에서 예외 처리하지 않고 발생한 상위 try-except문으로 오류를 넘겨 예외 처리한 결과를 보여준다.

```
>>> numbers = [7, -5, 8, 3, 'a', 9]
>>> total = 0
>>> try:
...     for i in numbers:
...         try:
...             total += i
...         except TypeError:
...             print('오류가 발생했으니, 호출한 명령문에서 처리해주세요')
...             raise      # 오류를 여기서 처리하지 않고 호출한 명령문로 오류를 넘긴다.
... except Exception:
...     print('숫자만 처리할 수 있습니다!!!')
...
오류가 발생했으니, 호출한 명령문에서 처리해주세요
숫자만 처리할 수 있습니다!!!
```

그런데 만약 raise문을 except문이 아닌 일반 명령문에서 사용하면, 오류가 발생하지 않아도(현재 발생한 오류가 없어도), 프로그램 실행 도중 raise문을 만나면 RuntimeError 예외객체를 생성해서 오류를 발생시키기 때문에 주의해서 사용해야 한다.

```
>>> total = 0
>>> for i in range(1, 11):                          # 1에서 10까지 합을 구한다.
...     total += i
...     raise       # 현재 발생한 오류가 없어도 RuntimeError 예외 객체로 오류를 발생시킨다.
...
Traceback (most recent call last):
  File "<stdin>", line 3, in <module>
RuntimeError: No active exception to reraise
```

실습 9-1

무한 루프와 예외 처리로 사용자 입력 확인하기

- 무한 루프 while문을 사용해서 사용자가 잘못된 값을 입력할 때 예외 처리를 한다.
- 사용자가 입력한 값이 1에서 9 사이의 정수가 아니면 계속해서 입력을 요청한다.
- 정확한 범위의 값이 입력된 경우에는 '통과하셨습니다.'를 출력하고 무한 루프를 빠져나간다.

답

```
>>> while True:
...     try:
...         i = int(input('1~9 사이의 숫자를 입력하세요...: '))
...         if type(int(i)) == int and 0 < int(i) < 10:
...             print('통과하셨습니다.')
...             break
...         else:
...             raise ValueError                    # ValueError()와 같다.
...     except ValueError:
...         print('ValueError: 1~9 사이의 숫자를 입력하세요!!!')
...
1~9 사이의 숫자를 입력하세요...: drum
ValueError: 1~9 사이의 숫자를 입력하세요!!!
1~9 사이의 숫자를 입력하세요...: 0
ValueError: 1~9 사이의 숫자를 입력하세요!!!
1~9 사이의 숫자를 입력하세요...: 10
ValueError: 1~9 사이의 숫자를 입력하세요!!!
1~9 사이의 숫자를 입력하세요...: -1
ValueError: 1~9 사이의 숫자를 입력하세요!!!
1~9 사이의 숫자를 입력하세요...: 5.0
ValueError: 1~9 사이의 숫자를 입력하세요!!!
1~9 사이의 숫자를 입력하세요...: 5
통과하셨습니다.
```

연습문제

모든 연습문제는 인터프리터 모드에서 실행하기 때문에 먼저 문제를 읽고 분석한 후, 파이썬 코드로 작성해서 py 파일로 저장한다. 각 연습문제의 마지막에 나오는 실행 예는 프로그램을 정상적으로 작성했을 때 실행한 결과를 보여주는 것이기 때문에 코드를 작성할 때 참고하면 된다. 인터프리터 모드에서 파일을 실행하는 방법은 '명령어 셀에서 프로그램 파이썬 실행하기'(56p)에서 다뤘다.

9-1 try-except문으로 과일 검색

다음 내용을 처리하는 프로그램을 작성한 후 'ex9_1.py' 파일로 저장하자.

앞서 [연습문제 8-5]와 [연습문제 8-6]에서 작성한 프로그램을 예외 처리문을 사용해서 다시 작성해보자. 내용은 [연습문제 8-5], [연습문제 8-6]과 같다.

실행 예

```
> python ex9_1.py
과일 이름을 입력하세요...: 블루베리
과일 목록의 3번째에 존재합니다.
> python ex9_1.py
과일 이름을 입력하세요...: 체리
과일 목록에 존재하지 않습니다.
```

Part 3

파이썬의 고급 구성 요소

10장 파이썬의 조립 블록 구성 요소

11장 파일 처리

12장 클래스와 객체

10장

파이썬의 조립 블록 구성 요소

파이썬은 다양한 모형을 조립할 수 있는 블록 완구에 가까운 프로그래밍 언어다. 파이썬은 많은 종류의 라이브러리가 존재하기 때문에 큰 노력을 쏟지 않아도 잘 만들어진 함수나 모듈이 제공하는 다양한 기능을 논리적으로 잘 연결하기만 하면 된다. 이 장에서는 파이썬 프로그램을 '조립'하는 데 사용하는 기본적인 '블록'에 해당하는 함수, 모듈, 패키지에 대해 알아본다.

1 함수의 기초 개념

모든 현대 프로그래밍 언어는 함수(function)를 사용할 수 있다. 함수는 함수 이름과 일련의 명령문 블록으로 구성되어 있다. 좀 더 구체적으로 정의한다면 재사용할 수 있는 일련의 명령문 묶음이라고도 할 수 있다. 특정 명령을 실행하는 코드를 매번 다시 작성하지 않고 필요할 때마다 호출하여 간편하게 사용할 수 있는 형태로 만든 것이다. 다른 프로그래밍 언어에서는 프로시저(procedure), 메소드(method), 서브루틴(subroutine) 등의 이름으로 부르기도 한다. 특정 작업을 함수로 정의하면 코드의 재활용성을 높일 수 있다.

파이썬 개발 환경을 설치할 때는 다양하고 유용한 많은 함수도 함께 설치된다. 이렇게 파이썬이 기본적으로 제공하는 함수들을 내장 함수(built-in functions)라고 한다. 앞서 많은 예를 통해 내장 함수를 이미 사용해봤다. 흔히 사용하는 내장 함수로는 print(), len() 등 다수가 있다. 내장 함수와 관련한 자세한 내용은 파이썬 문서[1]에서 참고할 수 있다.

함수를 사용하는 가장 큰 이유 중 하나는 코드를 재사용하기 위해서다. 만약 print() 함수가 없었다면 출력하는 함수를 각자 개발해서 사용해야 하는 불편함이 있을 것이다. 즉, 특정 작업을 하는 코드를 함수로 작성해두면 이후 여러 프로그램에서 필요할 때마다 불러오기(import)를 통해 마음껏 호출하여 사용할 수 있다. 따라서 불필요한 코드의 중복을 방지할 뿐만 아니라 함수를 호출하기만 하면 되기 때문에 코드를 단순화할 수 있다. 또한 코드를 수정할 필요가 있을 때도 해당 함수만 수정하면 되기 때문에 수정과 업데이트가 매우 쉽고 빠르다.

1 https://docs.python.org/3/library/functions.html

또 다른 장점으로는 함수를 통해 추상화를 할 수 있다는 것이다. 추상화(abstraction)란 복잡한 구현 세부 내용을 모두 다 알 필요 없이 필요한 핵심 내용에만 초점을 맞추는 강력한 기법이다. 복잡한 현실 문제를 단순화한 모델로 표현할 수 있는 메커니즘이기도 하다. 예를 들어 "밥을 하다"라는 추상화된 작업에는 "쌀통에서 쌀을 꺼내다", "물을 붓고 쌀을 씻다", "밥물을 맞춘다", "전기밥솥에 넣고 취사 버튼을 누른다" 등의 세부 과정이 이미 구현되어 있다. 사용자는 이러한 세부 과정을 굳이 알 필요 없이 그냥 "밥을 하다"만으로 목적으로 이룰 수가 있다. 모든 컴퓨터 프로그램은 일정 수준의 추상화가 되어 있다고 보면 된다. 예를 들어 자주 사용하는 `print()` 함수의 세부 구현 내용을 모르지만, 문제없이 사용하는 것도 추상화에 해당한다.

또한 함수를 만든다는 것은 모듈화하는 것인데, 여러 사람이 하나의 프로그램을 개발할 때도 각자 맡은 모듈만 작성하면 되므로 다수가 동시에 큰 프로그램을 개발할 수 있다는 장점도 있다.

그럼 먼저 함수를 어떻게 호출하는지 알아보자. 추상화 덕분에 함수를 호출해서 실행할 때 각각의 함수가 내부적으로 어떻게 동작하는지 굳이 알 필요는 없다. 하지만 함수를 사용하려면 다음과 같은 정보는 필요하다.

- 함수 이름
- 함수를 실행할 때 필요한 전달인자의 개수 및 자료형. 여기서 전달인자란 함수를 호출할 때 전달하는 값을 말한다. 전달인자는 없을 수도 있다.
- 함수가 반환하는 값의 자료형. 단, 함수가 값을 반환하지 않을 수도 있다.

예를 들어 문자열의 길이를 구하기 위해서는 다음 정보가 필요할 것이다.

- 문자열 길이를 구하는 함수 이름은 `len()`이다.
- `len()` 함수를 실행할 때 필요한 전달인자 개수는 한 개고, 전달인자의 자료형은 문자열이다.
- `len()` 함수가 반환하는 값의 자료형은 정수다.

다음 예는 len() 함수에 문자열 '파이썬'을 전달하고 결괏값으로 정수 3을 반환받았다.

```
>>> length = len('파이썬')
>>> length
3
```

여기서 len() 함수의 소괄호 안으로 전달하는 객체인 '파이썬'이란 문자열 값을 '전달인자'라고 한다. 전달인자(argument)란 함수를 호출할 때 넣어주는 값을 말한다. 매개변수(parameter)란 이 전달인자를 참조하는 변수로, 전달인자를 함수 내부에서 처리하기 위해 사용하는 식별자다. 예를 들어 다음 함수는 사용자가 직접 정의한 함수인데 이 함수에서 사용하는 변수 anything은 매개변수이며 '파이썬'은 anything으로 전달하는 값인 전달인자다. 전달인자와 매개변수 관련해서는 371p에서 상세히 다룰 것이다.

```
>>> def say_anything(anything):                    # anything은 매개변수다.
...     print('안녕', anything)                     # anything은 매개변수다.
...
>>> say_anything('파이썬')                          # '파이썬'은 전달인자다.
안녕 파이썬
```

앞서 함수를 사용하기 위해 필요한 정보는 함수 이름, 전달인자의 개수와 자료형, 함수가 반환하는 값의 자료형이라고 했다. 그런데 함수는 값을 반환할 수도 있고 반환하지 않을 수도 있다. len() 함수는 전달인자의 길이를 반환하는 반면 say_anything() 함수는 값을 반환하지 않고 화면으로 출력한다. 이렇게 값을 반환하지 않는 함수를 '보이드(void) 함수'라고 한다. 보이드 함수의 대표적인 예가 print()다. 보이드 함수와 값 반환 함수에 대해서는 363p에서 상세히 다룰 것이다.

지금까지 본 함수들은 주로 프로그래밍 언어가 기본적으로 제공하는 내장 함수들이다. 예를 들어 화면에 내용을 출력하는 print() 함수나 순회형 자료의 길이를 알려주는 len() 등이 있다. 그런데 만약 우리가 필요로 하는 기능을 파이썬이 제공하지 않는다면 어떻게 해야 할까? 방금 정의한 say_anything()처럼 직접 함수를 만들어서 사용해야 한다. 이처럼 구현하려는 기능이 기존 함수에 없을 때는 직접 함수를 작성해서 사용할 수 있다. 이러한 함수를 '사용자 정의 함수' 또는 '사용자 함수'라고 한다.

사용자 정의 함수(custom function)를 선언하고 작성하는 일반적인 형식은 다음과 같다.

```
def 함수이름([매개변수, ...]):
    함수-명령문
    [return 객체]
```

특징은 다음과 같다.

- 함수이름은 유효한 식별자여야 한다(4장의 102p 식별자 구성 규칙 참고).
- 함수에 포함할 수 있는 매개변수의 개수는 제한이 없다. 즉, 0개부터 n개의 매개변수를 선언할 수 있다. 따라서 매개변수는 선택 사항이다.
- 함수 정의 부분(첫 번째 줄)의 마지막에 쌍점(:)이 온다.
- 함수-명령문 블록은 들여쓰기로 구분한다.
- return문은 선택 사항이다. 함수-명령문 블록을 실행한 후 결괏값을 객체로 반환할 수도 있고, 하지 않을 수도 있다. 반환 값이 있으면 return문을 사용해 값을 반환하면 된다. 따라서 반환 값이 없으면 return문을 생략할 수 있다. 결괏값을 반환하지 않는 함수는 None을 반환한다.

먼저 매개변수가 없는 함수를 만들어보자. 다음 함수는 단순히 '안녕~~~!'이란 문자열을 출력한다.

```
>>> def say_hello():
...     print('안녕~~~!')
...
>>> say_hello()
안녕~~~!
```

매개변수가 있는 함수로는 앞서 보았던 함수를 다시 살펴보자. say_anything() 함수는 전달인자 하나를 받아서 '안녕'이란 문자열과 함께 출력하는 함수다. 이 함수로 '라이언'을 전달해서 실행해보자.

```
>>> def say_anything(anything):
...     print('안녕', anything)
...
>>> say_anything('라이언')
안녕 라이언
```

이번에는 매개변수를 사용해서 함수를 '일반화(generalization)'하는 방법을 알아보자. 이를 이해하기 위해서 다음과 같은 내용을 출력하는 함수 네 개를 우선 작성해보자.

```
>>> hi()
안녕하세요 선생님!
>>> emily()
제 이름은 Emily입니다.
>>> john()
제 이름은 John입니다.
>>> amy()
제 이름은 Amy입니다.
```

이와 같은 결과를 출력하는 함수는 다음처럼 정의할 수 있을 것이다.

```
>>> def hi():
...     print('안녕하세요 선생님!')
...
>>> def john():
...     print('제 이름은 John입니다.')
...
>>> def emily():
...     print('제 이름은 Emily입니다.')
...
>>> def amy():
...     print('제 이름은 Amy입니다.')
...
```

이 함수들을 살펴보면 특히 두 번째 함수부터는 사람의 이름만 다르지 나머지 내용이 같다는 것을 알 수 있다. 그렇다면 john(), emily(), amy() 함수를 하나로 합할 수 있는 방법이 있지 않을까? 이 세 함수는 사람의 이름만 다르게 출력하기 때문에 이름을 전달받을 매개변수를 사용해 일반화(generalization)하면 간단히 해결할 수 있다. 일반화한 함수 이름을 person()이라고 하고 다음처럼 정의한 후 실행해보자.

```
>>> def person(name):
...     print('제 이름은 {}입니다.'.format(name))
...
>>> hi()
안녕하세요 선생님!
>>> person('Emily')
제 이름은 Emily입니다.
>>> person('John')
제 이름은 John입니다.
>>> person('Amy')
제 이름은 Amy입니다.
```

이제 사용자는 전달인자의 값만 다르게 해서 person() 함수를 호출할 수 있다. 즉, person() 함수를 호출할 때 전달인자로 'Emily', 'John', 'Amy'를 사용하고, 넘겨받은 전달인자를 name이라는 매개변수에 저장한다. 그리고 함수 안에서 문자열 메소드인 format()을 사용해서 매개변수 name의 값을 출력한다. 이렇게 함수 하나만으로도 다양한 결괏값을 얻을 수 있다.

이처럼 매개변수를 사용하면 함수가 처리하는 값이 다를 때마다 굳이 새로운 함수를 만들 필요가 없다. 매개변수를 통해 단순히 전달인자의 값만 변경하면 원하는 결괏값을 얻을 수 있다. 이제부터는 '제 이름은 홍길동입니다.'라는 결괏값을 얻고 싶을 때 새로운 함수인 honggildong()을 만들 필요가 없다. 다음처럼 person() 함수로 '홍길동'을 전달하면 된다.

```
>>> person('홍길동')
제 이름은 홍길동입니다.
```

함수를 정의할 때 비슷한 작업을 실행하는 명령문을 논리적으로 잘 묶고 매개변수를 잘 활용한다면 코드의 재활용성을 높일 수 있다.

앞의 예에서 person() 함수를 불러 사용했는데, 이를 '함수 호출(function call)'이라고 한다. 함수를 호출하면 파이썬 인터프리터가 해당 함수 코드로 건너가서 함수 안의 명령문들을 실행한다. 함수 명령문의 실행이 끝나면 함수를 호출한 명령문으로 다시 돌아가는데, 이를 '함수 반환(function return)'이라고 한다. 함수를 호출할 때 함수에 매개변수가 있으면 매개변수를 통해 전달인자를 받아서 특정한 작업을 실행한다. 이때 이 함수가 실행한 결괏값을 반환하는 함수라면 결괏값을 반환하고 호출한 명령문 다음으로 돌아가지만, 결괏값을 반환하지 않는 함수라면 결괏값 반환 없이 실행을 종료한 후 호출한 명령문으로 다시 돌아간다.

다음 예는 리스트의 길이, 즉 리스트 alist의 객체 개수를 구하기 위해 len() 함수를 호출했다. len() 함수를 호출할 때 전달인자는 alist다. len() 함수는 처리 결괏값을 반환하기 때문에 변수 x를 받아 결과를 print() 함수로 출력한다. print() 함수는 값을 반환하지 않는 대신에 결괏값을 화면으로 출력한다.

```
>>> alist = ['a', 'b', 'c', 'd', 'e']
>>> x = len(alist)              # len()은 전달인자를 받고 결괏값을 반환하는 함수다.
>>> print(x)                    # print()은 전달인자를 받고 결괏값은 반환하지 않는 함수다.
5
```

함수 호출은 표 10-1처럼 네 가지 형식으로 나눠볼 수 있다. 우선 함수를 호출할 때 전달인자의 유무에 따라 두 가지 방식으로 함수를 호출할 수 있으며, 호출한 후 함수가 처리한 결괏값을 반환하는지에 따라 두 가지 방식으로 나눌 수가 있다. 이때 결괏값을 반환하는 함수는 반환하는 값을 변수로 받은 후 처리할 수 있다.

[표 10-1] 함수 호출

		전달인자	
		전달인자가 없는 경우	전달인자가 있는 경우
반환 값	반환 값이 없는 경우	함수이름()	함수이름(전달인자-1, ..., 전달인자-N)
	반환 값이 있는 경우	변수 = 함수이름()	변수 = 함수이름(전달인자-1, ..., 전달인자-N)

함수를 호출할 때 함수가 반환한 값을 다른 함수의 전달인자로 사용할 수 있다. 이처럼 함수를 호출할 때 전달인자로 다른 함수를 사용하는 것을 '중첩 함수(nested function) 호

출'이라고 한다. 중첩 함수 호출의 일반적인 형식은 다음과 같다.

```
함수1(함수2(...함수N-1(함수N([전달인자]))))
```

함수N에서 반환한 값을 함수N-1에 전달인자로 넘겨주고, 함수N-1에서 반환한 값을 함수N-2에 전달인자로 넘겨주는 방식이다. 최종적으로 가장 바깥에 있는 함수1에서 함수2로부터 반환받은 값을 처리한다.

다음 코드는 입력받은 가격에 부가가치세 10%를 합한 후 반올림한 금액을 알려준다.

```
>>> price = 100
>>> print('총 금액이 ' + str(round(price * 1.1)) + '입니다.')
총 금액이 110입니다.
```

코드를 살펴보면 변수 price가 정숫값 100을 참조한다. 부가가치세를 합한 금액을 구하기 위해 price에 1.1을 곱한다. 이 결괏값이 실수기 때문에(정수와 실수를 곱하면 결괏값은 실수) round() 함수로 전달해서 반올림한다. 그리고 다시 형변환 클래스 str()을 사용해서 문자열로 변환한 후 양쪽의 문자열과 결합해서 print() 함수를 통해 출력했다. 이처럼 print(str(round(...)))와 같은 형식을 중첩 함수 호출이라고 한다.

끝으로 함수가 함수 자신을 호출하는 '재귀 함수(recursion function)'를 살펴보자. 함수가 자기 스스로를 호출하기 때문에 마치 프로그램이 끝없이 동작하는 순환문인 무한 루프와 비슷하다. 따라서 재귀 함수는 종료 조건을 주어서 함수 호출을 중단하고 빠져나오게 해야 한다.

대표적인 재귀 함수로 '계승 함수(factorial function)'가 있다. 계승이란 1부터 n까지의 정수를 모두 곱한 것을 의미한다. 수학적으로는 음이 아닌 정수 n의 계승을 n!로 표현한다. 즉, $n! = n \times (n - 1) \times (n - 2) \times \cdots \times 3 \times 2 \times 1$로 표현할 수 있다. 예를 들어 5!은 120($5 \times 4 \times 3 \times 2 \times 1$)이다. 여기서 0!의 값은 0이 아닌 1이라는 것을 기억해두자. 다음 코드는 계승 함수를 구현한 것이다.

```
>>> def factorial(n):
...     if n == 0:
...         return 1
...     else:
...         return n * factorial(n - 1)
...
>>> factorial(5)
120
```

입력한 전달인자가 0이면 0! = 1을 반환하고, 전달인자가 0보다 큰 양의 정수, 즉 n이면 n * factorial(n - 1)을 호출한다. 함수 자신을 부를 때마다 n - 1만큼 전달인자의 숫자를 감소시키다가, 호출하는 전달인자가 0이면 계산한 합을 반환하고 함수 실행을 종료한다. 음수가 입력되면 RecursionError가 발생하니 주의해야 한다.

실습 10-1

더하기 재귀 함수

1부터 n까지의 자연수를 모두 합하는 재귀 함수 plus()를 구현한다.

- 매개변수는 양의 정수를 받아서 처리하며, 매개변수의 이름은 n으로 한다.
- 재귀 함수 구성을 위해 if-else문을 활용한다.
  - 만약 n이 0이면 0을 반환한다.
  - n이 양의 정수면 n + (n - 1) + (n - 2) + … + 3 + 2 + 1처럼 1부터 n까지 합한 값을 반환한다.
  - 전달인자로 음수가 오지 않는다고 가정한다.
- 함수를 정의한 후, 5를 전달인자로 지정해서 함수를 실행해본다.
- 이번에는 10을 전달인자로 지정해서 함수를 한 번 더 실행해본다.

답

```
>>> def plus(n):
...     if n == 0:                       # 만약 n이 0이면
...         return 0                     # 0을 반환한다.
...     else:                            # 만약 n이 0이 아니면
...         return n + plus(n - 1)       # n과 plus(n - 1)의 값을 더한다.
...
>>> print(plus(5))
15
>>> print(plus(10))
55
```

2 함수의 종류

함수는 크게 전역 함수, 지역 함수, 람다 함수, 메소드 네 가지로 나눠볼 수 있다.

전역 함수(global function)는 가장 흔히 사용하는 일반 함수로 같은 모듈, 즉 같은 파이썬 파일(.py) 안 어디서든 사용할 수 있는 함수다. 그뿐만 아니라 다른 모듈에서도 사용할 수 있는데, 다른 파이썬 모듈이나 라이브러리를 불러오기(import)한 후 사용하면 된다. print()나 len() 등도 전역 함수다. 단, 파이썬이 자체적으로 제공하는 내장 함수기 때문에 불러오기를 하지 않아도 파이썬 프로그램 어디서나 사용할 수 있다.

지역 함수(local function)는 어떤 함수 안에서 정의된 함수로서 내재 함수라고도 한다. 지역 함수는 어떤 함수 안에서 정의되었기 때문에 지역 함수를 정의한 함수 안에서만 사용 가능하고 다른 함수나 프로그램에서 호출하여 사용할 수 없다. 지역 함수는 주로 특정 함수 안에서 필요한 기능을 여러 번 불러 사용해야 하는 경우 등 도우미 함수로 가끔 사용한다.

전역 함수와 지역 함수를 정의하는 일반적인 형식은 앞서 설명한 사용자 정의 함수와 같다. 따라서 자세한 설명은 앞서 설명한 사용자 정의 함수 작성 형식을 참고하면 된다.

```
def 함수이름([매개변수, ...]):
    함수-명령문
    [return 객체]
```

전역 함수는 앞서 사용자 정의 함수에서 예로 든 say_hello()와 say_anything()처럼 어디서든 불러서 사용할 수 있는 함수다. 따라서 전역 함수는 그냥 함수라고 부른다. 간단한 전역 함수를 정의해보자. 다음 코드는 직사각형의 넓이를 구하는 함수다. 넓이를 구하는 공식은 '너비 × 높이'다.

```
>>> def rectangle_area(width, height):
...     return width * height
...
>>>
```

매개변수 width는 너비, height는 높이를 전달받아 계산한다. 앞의 함수를 정의한 후에 너비를 2, 높이를 5로 설정해서 함수를 실행해보자. 그리고 다시 너비를 7.5, 높이를 10으로 설정해서 한번 더 실행해보자.

```
>>> rectangle_area(2, 5)
10
>>> rectangle_area(7.5, 10)
75.0
```

지역 함수는 지역 함수를 정의한 함수 밖에서는 호출할 수 없다. 지역 함수의 특성을 알아보기 위해 다음 코드를 살펴보자.

```
>>> def display_stand(product):                          # 전역 함수를 정의한다.
...     def display_num():                               # 지역 함수를 정의한다.
...         import random
...         return random.randint(1, 99)
...     print('{}: {}번 진열대에 배치하세요.'.format(product, display_num()))
...
>>>
```

방금 정의한 display_stand()는 전역 함수다. 이 함수는 제품 이름을 전달인자로 받아서 이 제품을 전시할 진열대 번호와 함께 출력한다. 이때 진열대 번호를 생성하기 위해 이 함수 안에 또 다른 함수인 display_num()을 정의했다. 이 display_num()을 지역 함수라고 한다.

display_num() 함수는 random 모듈의 randint() 함수를 사용해 정수 1~99 중 임의의 숫자를 무작위로 생성해서 반환하는 일을 담당한다. 다시 말해 전체 구조는 display_stand() 함수 마지막 줄의 print() 함수 안에 있는 format() 메소드에서 지역 함수인 display_num()을 호출하는 구조다. display_num() 함수로부터 받는 임의의 진열대 번호를 전역 함수 display_stand()의 전달인자인 제품 이름과 함께 출력하게 된다.

앞의 함수를 실행해보자. 먼저 전역 함수인 display_stand()를 호출할 때 전달인자로 '연필'을 사용해서 호출해보고, 그 다음 '지우개'를 전달해서 호출해보자.

```
>>> display_stand('연필')                    # 전역 함수를 호출한다.
연필: 79번 진열대에 배치하세요.
>>> display_stand('지우개')                  # 전역 함수를 호출한다.
지우개: 33번 진열대에 배치하세요.
```

지역 함수를 정의한 함수의 밖에서 호출해보자. 다음 예에서 알 수 있듯이 해당 지역 함수를 찾을 수 없다는 NameError를 발생시킨다.

```
>>> display_num()                  # 지역 함수를 호출한다(오류 발생).
Traceback (most recent call last):
  File "<stdin>", line 1, in <module>
NameError: name 'display_num' is not defined
```

지역 함수 display_num()은 해당 함수를 정의한 display_stand()에 한정해서만 호출할 수 있다. 이처럼 지역 함수는 어떤 함수의 필요 때문에 그 함수 안에서 정의해 사용하면 편리하다.

실습 10-2

삼각형 넓이를 구하는 함수

삼각형의 밑변과 높이를 전달인자로 받아서 삼각형의 넓이를 구하는 함수 triangle_area()를 구현한다.

- 첫 번째 매개변수는 삼각형의 밑변으로 처리하며, 이름은 base로 한다.
- 두 번째 매개변수는 삼각형의 높이로 처리하며, 이름은 height로 한다.
- 삼각형의 넓이를 구하는 공식은 '밑변 × 높이 × 1/2'이다.
- 함수를 정의한 후 밑변에 4를, 높이에 5를 전달인자로 지정해서 실행해본다.
- 이번에는 밑변에 10.5를, 높이에 7을 지정해서 함수를 한 번 더 실행해본다.

답

```
>>> def triangle_area(base, height):
...     # 두 매개변수를 각각 밑변, 높이로 받아서
...     return base * height * 0.5     # 밑변 * 높이 * 1/2를 반환한다.
...
>>> triangle_area(4, 5)
10.0
>>> triangle_area(10.5, 7)
36.75
```

람다 함수(lambda function)는 함수를 사용하는 시점에 표현식 형태로 정의하여 바로 사용한다. 람다 함수를 정의하는 일반적인 형식은 다음과 같다.

```
lambda [매개변수]: 표현식
```

특징은 다음과 같다.

- 매개변수를 설정하면 일반적으로 위치 매개변수의 형태며 한 개 이상 사용할 수 있다. 매개변수는 선택 사항이다.
- 표현식은 계산한 값을 반환한다. 람다 함수의 표현식은 몇 가지 제약이 있다.
  1. 표현식에는 return(또는 yield)문을 사용할 수 없다.
  2. 조건문이나 순환문을 사용할 수 없다. 단, 간편 조건문은 사용할 수 있다.
  3. 표현식이 튜플이면 표현식을 반드시 괄호 안에 넣어야 한다.

이처럼 람다 함수는 일반적인 함수보다 구현할 수 있는 기능은 제한적이지만 def문으로 함수를 정의해서 사용하는 것보다 간결하게 사용할 수 있을 뿐만 아니라 일반 함수를 사용할 수 없는 곳에서도 사용이 가능하다는 장점이 있다. 참고로 람다 함수는 함수 이름이 없기 때문에 익명 함수(anonymous function)라고도 한다.

앞서 정의한 전역 함수 say_anything()을 이번에는 람다 함수로 재정의해보자.

```
>>> def say_anything(anything):
...     print('안녕', anything)
...
>>> say_anything('파이썬')
안녕 파이썬
```

이 함수를 람다 함수로 정의하면 다음과 같다. 람다 함수는 이름이 없기 때문에 이후에 호출하려면 먼저 변수에 할당해야 한다. 다음 예는 람다 함수를 정의한 후 변수 talk에 할당하는 코드다.

```
>>> talk = lambda anything: print('안녕', anything)
```

이렇게 변수에 할당한 후에는 변수 이름으로 람다 함수를 호출해서 사용할 수 있다. 다음 예는 람다 함수의 전달인자로 '파이썬'과 '초콜릿'을 각각 사용한 후 실행한 결과를 보여준다.

```
>>> talk('파이썬')
안녕 파이썬
>>> talk('초콜릿')
안녕 초콜릿
```

이처럼 파이썬에서는 함수 이름을 변수로 할당하면 해당 변수를 호출해서 마치 함수처럼 사용할 수 있다. 자주 사용하는 len() 함수 이름을 변수 i에 할당한 후 i의 자료형을 확인해보자.

```
>>> type(len)                                # len() 함수의 자료형을 확인해보자.
<class 'builtin_function_or_method'>
>>> i = len                                  # len() 함수 이름을 i에 할당한다.
>>> type(i)                                  # i는 len() 함수를 참조한다.
<class 'builtin_function_or_method'>
```

변수 i가 len() 함수를 참조하기 때문에 i의 자료형도 len() 함수처럼 builtin_function_or_method, 즉 내장 함수 또는 메소드라는 것을 알 수 있다. 변수 i는 이제 len() 함수와 같은 기능을 수행한다. 변수 i의 전달인자로 '파이썬'과 'drum'을 사용해서 각 문자열의 길이를 반환하는지 확인해보자.

```
>>> i('파이썬')                               # len('파이썬')과 같다.
3
>>> i('drum')                                # len('drum')과 같다.
4
```

len() 함수의 또 다른 이름(별칭)으로 i를 사용함을 확인할 수 있다. 이처럼 변수에 함수 이름을 할당하는 방법은 특히 이름이 없는 람다 함수를 호출할 때 유용하게 사용할 수 있다.

그럼 람다 함수를 사용한 예를 좀 더 살펴보자. 파일 처리 결과를 출력할 때 파일 하나만 처리하면 단수인 file을, 둘 이상 처리하면 복수인 files를 출력하는 함수를 람다 함수로 구현해보자.

```
>>> x = lambda i: '' if i == 1 else 's'
>>> count = 1
>>> print('{} file{} processed.'.format(count, x(count)))
1 file processed.
>>> count = 5
>>> print('{} file{} processed.'.format(count, x(count)))
5 files processed.
```

람다 함수도 일반 함수와 마찬가지로 매개변수를 여러 개 사용할 수도 있다. 다음 예는 앞서 정의한 직사각형의 넓이를 구하는 함수인 rectangle_area(width, height)를 람다 함수로 구현한 것이다.

```
>>> rec = lambda width, height: width * height
>>> rec(4, 5)
20
```

실습 10-3

일반 함수를 람다 함수로 바꾸기

앞서 [실습 10-2]에서 만든 삼각형의 넓이를 구하는 함수 triangle_area()를 람다 함수로 다시 구현해보자.

- 함수를 정의한 후 밑변에 4를, 높이에 5를 전달인자로 설정해서 실행해본다.
- 이번에는 밑변에 10.5를, 높이에 7을 지정해서 함수를 한 번 더 실행해본다.
- [실습 10-2]에서 실행한 결괏값과 같은지 확인한다.

답

```
>>> # 람다 함수로 구현한다.
... triangle = lambda base, height: base * height * 0.5
>>> triangle(4, 5)
10.0
>>> triangle(10.5, 7)
36.75
```

네 번째로는 메소드가 있다. 메소드(method)는 클래스 내부에서 구현한 함수다. 클래스와 관련 있는 함수이기 때문에 해당 클래스와 함께 사용해야 한다. 대표적인 예로는 문자열과 함께 이미 자주 사용한 문자열.format()이 있다. 다음 코드는 say_anything()을 myclass라는 클래스의 메소드로 구현했다.

```
>>> class myclass:
...     def say_anything(self):
...         print('안녕', self)
...
>>>
```

이제 say_anything()은 myclass에 속한 메소드이기 때문에 클래스 또는 클래스의 인스턴스 이름과 함께 호출해야 한다. 인스턴스(instance)란 클래스로 컴퓨터 메모리 상에 만든 객체다. 다음 예는 점 연산자(.)를 사용해서 클래스이름.메소드이름으로 메소드를 호출한 결과를 보여준다.

```
>>> myclass.say_anything('파이썬')          # 클래스이름.메소드이름으로 호출한다.
안녕 파이썬
```

모든 메소드는 함수지만 모든 함수가 메소드는 아니다. 메소드는 클래스에 속해 있는 함수만을 지칭하기 때문이다. 그리고 함수는 함수 자체만을 호출하여 사용할 수 있지만 메소드를 사용하려면 항상 점 연산자(.)를 사용해서 클래스(또는 클래스의 인스턴스) 이름을 명시해주어야 한다. 메소드는 12장에서 클래스와 함께 상세히 설명하기로 한다.

3 함수의 특성

이 절에서는 여러 가지 함수의 특성을 살펴볼 것이다.

값 반환 함수와 보이드 함수

함수는 크게 값을 반환하는 함수와 값을 반환하지 않는 함수로 나눌 수 있다. 이 책에서는 값을 반환하는 함수는 그냥 '값 반환 함수'로, 값을 반환하지 않는 함수를 '보이드(void) 함수'라고 하겠다. 값 반환 함수를 호출할 때는 함수가 반환하는 결괏값을 변수에 저장할 수가 있다. 대표적인 값 반환 함수로는 len()이 있다. len() 함수는 순회형의 길이(크기)를 계산하여 반환한다. 다음 예는 문자열 '파이썬'을 len() 함수로 전달해 문자열의 길이를 변수 x로 받은 후, 그 값을 출력한 결과를 보여준다. 참고로 len() 함수는 객체의 길이를 정수로 반환한다.

```
>>> x = len('파이썬')
>>> x                      # x는 '파이썬' 문자열의 길이 값을 반환한 결과를 참조한다.
3
```

반면 보이드 함수는 함수 내의 명령문을 실행한 후 결괏값을 반환하지 않고 종료하는 함수다. 가장 대표적인 함수인 print()는 전달받아 처리한 값을 화면으로 출력하지만 반환하지는 않는다. print() 함수가 값을 반환하는지 어떻게 확인할 수 있을까? 다음 예는 전달인자인 '안녕 파이썬'이란 문자열을 받아 출력하기 위해 print() 함수를 호출했다. 이때 앞에서 len() 함수를 호출한 것처럼 print() 함수를 호출한 후 변수 x로 값을 받아보자.

```
>>> x = print('파이썬')
파이썬
```

변수 x 값을 확인해보면 아무 값도 없는 것을 알 수 있다. 이는 print() 함수가 값을 반환하지 않는 보이드 함수이기 때문이다.

```
>>> x                                                    # x는 아무 값도 없다.
>>>
```

이번에는 값을 반환하는 함수와 보이드 함수를 직접 만들어보자. 이 두 함수의 차이는 return문을 사용해 실행한 결괏값을 반환하는지다. 다음 함수는 정수 두 개를 전달받아 곱한 결괏값을 출력하는 보이드 함수다.

```
>>> def void_product(i, j):                              # void 함수는 return문이 없다.
...     print('{} x {} = {}'.format(i, j, i * j))
...
>>>
```

이 함수를 정의한 후 다음처럼 실행해보자. 함수를 실행할 때 3과 5를 전달해서 이 두 숫자를 곱한 결과를 변수 x로 할당하자. 함수 안의 print() 함수를 실행하면 다음 결과를 화면으로 출력한다.

```
>>> x = void_product(3, 5)
3 x 5 = 15
```

변수 x 값을 확인해보자. x는 아무 값도 없다. 보이드 함수는 return문이 없기 때문에 변수 x로 값을 할당했지만, 실제로 값이 없다는 것을 확인할 수 있다. 결괏값은 오로지 return문으로만 돌려받을 수 있기 때문이다.

```
>>> x                                                    # x는 아무 값도 없다.
>>>
```

실습 10-4

직각 삼각형을 그리는 함수

입력된 문자 부호로 높이와 밑변이 5인 직각 삼각형 도형을 그려서 출력하는 함수 draw_triagle()을 구현한다.

- 삼각형 도형을 그리는 문자 부호를 처리할 매개변수의 이름은 char로 한다.
- range() 클래스를 이용해서 다섯 번 순회하는 for문을 작성한다.
- for문 안에서 char를 1부터 5까지 차례대로 반복 결합해서 출력한다.
- 함수를 정의한 후에, '*'를 전달인자로 해서 함수를 실행해본다.
- 이번에는 '@'를 전달인자로 해서 함수를 실행해본다.

답

```
>>> def draw_triangle(char):
...     for i in range(1, 6):
...         print(char * i)
...
>>> draw_triangle('*')
*
**
***
****
*****
>>> draw_triangle('@')
@
@@
@@@
@@@@
@@@@@
```

다음은 정수 두 개를 전달인자로 받아 곱한 결괏값을 return문을 통해 반환하는 값 반환 함수다.

```
>>> def value_returning_product(i, j):
...     return i * j                    # 값 반환 함수는 return문을 사용해 값을 반환한다.
...
>>>
```

이 함수를 정의한 후 다음처럼 실행하면 아무 결과도 출력되지 않는다. 값 반환 함수의 경우 만약 결괏값을 변수로 받게 되면 비록 대화형 모드라도 화면으로 결괏값을 출력하지 않기 때문이다. 변수로 반환 값을 받지 않아야만 화면으로 출력한다.

```
>>> # 반환 값을 변수로 받으면 화면으로는 출력하지 않는다.
... y = value_returning_product(3, 5)
...
>>>
```

변수 y 값을 확인해보자. y 값이 15임을 확인할 수 있다.

```
>>> y
15
```

이번에는 변수를 사용하지 않고 다음처럼 그냥 함수를 호출해보자.

```
>>> value_returning_product(3, 5)     # 반환 값을 변수로 받지 않으면 화면으로 출력한다.
15
```

결괏값을 화면으로 출력했다. 앞서 설명했듯이 값 반환 함수를 대화형 모드에서 실행할 때 만약 함수가 반환한 값을 변수로 받지 않는다면 파이썬 셸로 출력(반환)한다. 이는 대화형 모드에서만 적용된다.

만약 함수가 두 개 이상의 값을 반환하면 어떻게 될까? 다음 함수는 return문이 두 개다.

```
>>> def value_returning_function(i, j):          # return문이 두 개(이상) 있는 경우
...     return i - j
...     return i * j
...
>>>
```

이 함수는 반환 값이 두 개인가? 아니면 한 개인가? 만약 한 개라면 첫 번째 return문의 값을 반환하는가? 아니면 마지막 return문의 값을 반환하는가? 함수를 실행해보면 궁금증을 풀 수 있을 것이다.

```
>>> x = value_returning_function(3, 5):
>>> x
-2
```

실행 결과 첫 번째 return문의 연산 결과를 반환한 것을 확인할 수 있다. 모든 프로그래밍 언어는 return문을 만나면 거기서 실행을 중지하고 호출한 명령문으로 돌아가기 때문에 항상 단일 값을 반환한다. 즉, 첫 번째 return문을 만나면 호출한 명령문으로 결괏값을 반환하고 함수를 빠져나가기 때문에 두 번째 return문은 절대 실행되지 않는다. 그렇다면 return문을 한 번만 사용하면서도 두 개 이상의 값을 반환할 수 있는 방법은 없을까? 다행히 파이썬은 반환 값으로 튜플을 사용할 수 있기 때문에 여러 개의 값을 반환할 수 있다. 다음과 같은 함수를 정의해보자.

```
>>> def value_returning_function2(i, j):
...     # 전달받은 두 정수의 사칙연산 결과를 튜플을 사용해서 반환하는 함수다.
...     return i + j, i - j, i * j, i / j
...
>>>
```

이 함수는 정수 두 개를 전달받고 return문을 통해 두 정수의 덧셈, 뺄셈, 곱셈, 나눗셈 결과를 튜플 형식으로 반환한다. 다음 코드는 이 함수를 호출해서 변수 네 개에 튜플을 할당하는 형식으로 값을 받아서 처리하는 것을 보여준다.

```
>>> # 튜플 할당 형식으로 반환 값을 각각 받는다.
... i, j, k, l = value_returning_function2(3, 5):
>>> i
6
>>> j
-2
>>> k
15
>>> l
0.6
```

그뿐만 아니라 다음 예처럼 값 네 개를 한꺼번(튜플 패킹)에 받아 처리할 수도 있다.

```
>>> x = value_returning_function2(3, 5): # 왼쪽 변수에 튜플 패킹으로 반환 값을 받는다.
>>> x
(6, -2, 15, 0.6)
```

이처럼 튜플을 사용해서 값을 반환하는 것을 '튜플 반환'이라고 한다. 비록 함수의 결괏값은 언제나 하나지만 파이썬은 튜플이라는 자료형 덕분에 여러 개의 결괏값을 한 번에 반환할 수도 있다. 사실 우리는 이런 형식의 내장 함수를 이미 알고 있다. divmod() 함수가 그 대표적인 예다. 이 함수는 다음처럼 전달받은 두 숫자의 몫과 나머지를 반환한다.

```
>>> i = divmod(13, 7)                         # 반환 값을 튜플 패킹으로 받는다.
>>> i
(1, 6)
>>> quot, rem = divmod(15.5, 5)               # 반환 값을 튜플 할당으로 받는다.
>>> quot
3.0
>>> rem
0.5
```

실습 10-5

몫과 나머지 두 개의 값을 반환하는 함수

몫과 나머지 두 개의 값을 반환하는 divmod() 함수를 직접 구현해보자. 새로 구현하는 함수를 int_divmode()라 한다.

- 이 함수는 정수만을 전달인자로 받아서 처리하는 함수다.
- 첫 번째 매개변수는 나눠지는 수인 피제수며, 매개변수의 이름은 dividend로 한다.
- 두 번째 매개변수는 나누는 수인 제수며, 매개변수 이름은 divisor로 한다.
- dividend를 divisor로 나눴을 때의 '몫'과 '나머지' 두 개의 값을 튜플(몫, 나머지)로 반환한다.
- 함수를 정의한 후, 전달인자로 피제수를 5, 제수를 3으로 해서 함수를 실행해본다. 반환 값을 x와 y로 받아서 출력한다.
- 함수를 한 번 더 실행해본다. 이번에는 피제수를 10, 제수를 2로 해서 결괏값을 확인한다. 반환 값을 z로 받아서 출력한다.

답

```
>>> def int_divmod(dividend, divisor):
...     # dividend를 divisor로 나눈 몫과 나머지를 튜플로 반환한다.
...     return dividend // divisor, dividend % divisor
...
>>> x, y = int_divmod(5, 3)
>>> print(x, y)
1 2
>>> z = int_divmod(10, 2)
>>> print(z)
(5, 0)
```

마지막으로 return문이 값을 반환하는 것 외에 어떻게 사용되는지 알아보자. 반환 값 없이 return문만 사용할 수도 있는데 주로 함수를 빠져나갈 때 사용한다. break문을 사용해서 순환문을 빠져나가는 것처럼 함수에서 값을 반환하지 않고 그냥 빠져나갈 때 return문만 사용해서 빠져나갈 수 있다. 다음 함수는 두 개의 양수를 전달받아 그 곱을 결괏값으로 반환하는 함수다.

```
>>> def positive_product(i, j):
...     if i < 0 or j < 0:
...         return
...     print('{} x {} = {}'.format(i, j, i * j))
...
>>>
```

이때 전달인자 둘 중 하나라도 음수면 계산하지 않고 함수를 빠져나온다. 다음 예 중 첫 번째와 두 번째 코드는 전달인자의 값 중 하나가 음수라서 print() 함수를 실행하기 전에 그냥 빠져나오며, 마지막 코드만 결과를 출력한다.

```
>>> positive_product(-5, 7)             # 음수가 있어 그냥 빠져나온다.
>>> positive_product(10.5, -2)          # 음수가 있어 그냥 빠져나온다.
>>> positive_product(10.5, 2)           # 두 수의 곱을 반환한다.
10.5 x 2 = 21.0
```

여기서 주의할 점은 return문을 반드시 함수 안에서만 사용할 수 있다는 것이다. 만약 break 대신 return문으로 순환문을 빠져나오려고 하면 다음처럼 SyntaxError가 발생한다.

```
>>> numbers = [2, 11, 3, 5, -1, 10, 27]
>>> for i in numbers:
...     if i <= 0:
...         return
...     print(i)
...
  File "<stdin>", line 3
SyntaxError: 'return' outside function
```

함수 안 순환문에서 return문을 사용하면 오류가 발생하지 않는다. 하지만 return문은 주로 함수를 빠져나가는 용도로 사용하고 순환문에서 빠져나갈 때는 다음처럼 break문을 사용하기를 권장한다.

```
>>> def natural_numbers(numbers):
...     for i in numbers:
...         if i <= 0:
...             break
...         print(i)
...
>>> numbers = [2, 11, 3, 5, -1, 10, 27]
>>> natural_numbers(numbers)
2
11
3
5
```

전달인자와 매개변수

이번에는 앞서 등장한 전달인자와 매개변수를 자세히 살펴보기로 한다. 전달인자는 함수 이름 바로 다음에 나오는 소괄호'()' 안에 할당되어 매개변수를 통해 함수 안으로 전달되는 값이다. 매개변수는 함수를 정의할 때 괄호 안에 선언한 식별자(변수)이며, 전달인자를 함수 내부로 가져와 처리할 목적으로 사용한다.

먼저 전달인자를 좀 더 자세히 살펴보자. 전달인자는 '필수 전달인자'와 '선택 전달인자' 두 가지 종류로 구분할 수 있다.

- 필수 전달인자는 기본값이 미리 설정되어 있지 않기 때문에 함수를 호출할 때 반드시 지정해야 하며, 지정하지 않으면 오류가 발생한다.
- 선택 전달인자는 기본값이 미리 설정되어 있기 때문에 지정하지 않으면 해당 함수가 기본값으로 명령문을 실행한다. 기본값이 아닌 다른 값을 사용하고자 할 때만 지정하면 된다.

어떤 전달인자가 필수 전달인자인지 선택 전달인자인지 확인하려면 해당 함수를 정의한 문서를 봐야 한다. 선택 전달인자는 함수를 정의한 문서에서 일반적으로 [ ](대괄호)로 표시된다. 예를 들어 형변환 클래스(생성자)인 float()을 설명한 문서[2]를 살펴보면 다음과 같은 형식으로 설명되어 있다.

---

2 https://docs.python.org/3/library/functions.html?highlight=float#float

class float([x])

> Return a floating point number constructed from a number or string x.
>
> **"x에는 숫자나 문자가 올 수 있으며 부동소수점수(즉, 실수)를 반환한다."**

float() 생성자가 사용하는 매개변수 x는 [](대괄호) 안에 표시했다. 다시 말해 x는 선택 사항이다. 즉, 전달인자 없이 float() 생성자를 호출하면 다음처럼 기본값인 0.0이 반환되며, 전달인자가 주어지면 실수로 변환되어 반환된다.

```
>>> d1 = float()                      # 전달인자가 없으면 기본값으로 처리한다.
>>> d1
0.0
>>> d2 = float('12')
>>> d2
12.0
```

이번에는 필수 전달인자를 사용하는 함수를 알아보자. 자주 사용하는 len() 함수가 그 예인데, 문서[3]에는 다음처럼 설명되어 있다.

len(s)

> Return the length (the number of items) of an object. The argument may be a sequence (such as a string, bytes, tuple, list, or range) or a collection (such as a dictionary, set, or frozen set).
>
> **"객체의 길이(객체의 개수)를 반환한다. 전달인자로는 시퀀스형(문자열, 바이트, 튜플, 리스트 또는 range()가 반환한 순회자) 또는 복합자료형(딕셔너리, 세트, 프로즌 세트)이 올 수 있다."**

매개변수 s를 대괄호 안에 묶지 않은 것을 알 수 있다. 이는 len() 함수를 호출할 때 반드시 전달인자를 사용해야 한다는 것을 의미한다. 필수 전달인자를 요구하는 함수를 호출할 때 전달인자를 지정하지 않으면 다음처럼 TypeError가 발생한다.

---

3 https://docs.python.org/3/library/functions.html?highlight=len#len

```
>>> i = len()                                    # 전달인자가 없어 오류가 난다.
Traceback (most recent call last):
  File "<stdin>", line 1, in <module>
TypeError: len() takes exactly one argument (0 given)
```

또한 함수를 호출할 때 전달인자의 개수가 필요한 전달인자보다 적게 혹은 많이 사용될 경우에도 TypeError가 발생한다. 다음 len() 함수는 매개변수가 하나뿐인데 전달인자 두 개를 받았기 때문에 오류가 발생한다.

```
>>> a = [1, 2, 3]
>>> b = [4, 5, 6]
>>> len(a, b)                                # 전달인자가 두 개라서 오류가 난다.
Traceback (most recent call last):
  File "<stdin>", line 1, in <module>
TypeError: len() takes exactly one argument (2 given)
```

전달인자는 형식에 따라 '위치 전달인자'와 '키워드 전달인자'로 나눌 수가 있다.

- **위치 전달인자(positional argument)는 함수의 괄호 안에 쉼표로 구분하는 한 개 또는 여러 개의 값을 말한다.**
- **키워드 전달인자(keyword argument)는 앞에 키워드 식별자가 오는 전달인자를 말한다.**

예를 들어 세 개의 전달인자(프린터 용지 크기, 매수, 컬러와 흑백 여부)를 처리하는 print_setup()이라는 함수가 있다고 가정하자. 이 함수를 호출할 때 위치 전달인자로 값을 전달하려면 다음처럼 하면 된다.

```
>>> print_setup('A4', 1, False)                          # A4 용지, 1매, 흑백
```

키워드 전달인자로 값을 전달할 때는 다음처럼 하면 된다.

```
>>> print_setup(paper='A4', copies=1, color=False)       # A4 용지, 1매, 흑백
```

위치 전달인자와 키워드 전달인자의 차이를 좀 더 분명히 이해하기 위해서 다음 예들을 살펴보자. print() 함수는 기본적으로 위치 전달인자로 객체를 받아서 출력한다. 전달받는 객체가 여러 개면 이들을 쉼표로 구분해서 받으며, 출력할 때는 각 객체를 공백 하나로 구분해서 출력한다. 다음 코드는 print() 함수를 사용해서 각각 다섯 개와 세 개의 위치 전달인자를 출력한 결과를 보여준다.

```
>>> print(1, 2, 3, 4, 5)                    # 다섯 개의 위치 전달인자를 받아서 출력한다.
1 2 3 4 5
>>> print('드럼', '기타', '베이스')          # 세 개의 위치 전달인자를 받아서 출력한다.
드럼 기타 베이스
```

이번에는 키워드 전달인자를 사용해 print() 함수의 기본 행동을 바꿔보자. 다음 예는 각 객체를 공백 하나 대신 탭(tab)으로 분리해서 출력한 결과를 보여준다. 이렇게 하기 위해 키워드 전달인자로 sep='\t'를 사용했다.

```
>>> # 키워드 전달인자를 사용해 각 객체를 탭으로 분리해 출력한다.
... print(1, 2, 3, 4, 5, sep='\t')
1       2       3       4       5
```

이번에는 키워드 전달인자를 사용해서, 각 객체를 공백 한 개가 아닌 쉼표(,)와 공백 한 개로 분리해서 출력해보자.

```
>>> # 쉼표와 공백으로 각 객체를 분리해서 출력한다.
... print('드럼', '기타', '베이스', sep=', ')
드럼, 기타, 베이스
```

위의 두 예시에서 1, 2, 3, 4, 5, '드럼', '기타', '베이스'는 위치 전달인자이며, sep='\t'와 sep=', '는 키워드 전달인자다. 여기서 주의해야 할 점은 위치 전달인자가 키워드 전달인자보다 항상 먼저 와야 한다는 것이다. 그렇지 않으면 SyntaxError가 발생한다. 바로 뒤에서 또 강조하겠지만 함수를 정의할 때 모든 위치 매개변수를 모든 키워드 매개변수보다 앞에 선언해야 한다.

다음 예는 전달인자의 순서가 잘못된 경우다. 모든 위치 전달인자가 키워드 전달인자보다 먼저 와야 하는데 위치 전달인자 중 하나가 키워드 전달인자 뒤에 위치해서 SyntaxError가 발생했다.

```
>>> print(1, sep=' + ', 2)
  File "<stdin>", line 1
SyntaxError: positional argument follows keyword argument
>>> sorted(reverse=True, ['c', 'a', 'd', 'b'])
  File "<stdin>", line 1
SyntaxError: positional argument follows keyword argument
```

위치 전달인자가 키워드 전달인자보다 먼저 위치하면 다음 예처럼 오류가 발생하지 않고 제대로 동작한다.

```
>>> print(1, 2, sep=' + ')
1 + 2
>>> sorted(['c', 'a', 'd', 'b'], reverse=True)
['d', 'c', 'b', 'a']
```

이제 매개변수를 살펴보자. '매개변수(parameter)'란 함수를 정의할 때 함수가 수용할 수 있는 값을 지정하는 식별자(변수)다. 함수를 만들 때 매개변수를 사용해서 처리할 전달인자의 개수와 형태를 정할 수 있다. 하나의 예로 다시 len() 함수를 살펴보자. 372p에서 소개한 파이썬 함수 정의에서 len(s)로 표기된 것을 확인했다. 여기서 s를 매개변수라고 한다. 매개변수를 한 개만 선언했기 때문에 len() 함수는 단 하나의 전달인자만 받아서 처리하는 함수다. 매개변수 s가 수용할 수 있는 형태의 자료형은 순회형이다.

함수를 정의할 때 매개변수는 크게 세 가지 종류로 나눌 수 있다.

- 매개변수가 없을 때는 def func():처럼 전달인자 없이 함수의 기능을 실행한다. 매개변수가 0개다.
- 위치 매개변수(positional parameter)는 def func(length, weight):처럼 쉼표로 구분하는 한 개 이상의 식별자로 정의하는 매개변수다.

- 키워드 매개변수(keyword parameter)는 def func(copies=1, color=None):처럼 쉼표로 구분하는 한 개 이상의 식별자=기본값 형태의 쌍으로 정의하는 매개변수다.

키워드 매개변수처럼 기본값이 미리 설정되어 있는 매개변수를 '선택 매개변수'라고 하며, 위치 매개변수처럼 기본값이 설정되지 않은 매개변수를 '필수 매개변수'라고 한다.

- 필수 매개변수는 기본값이 미리 설정되어 있지 않기 때문에 함수를 호출할 때 반드시 지정해야 하며, 지정하지 않으면 오류가 발생한다.
- 선택 매개변수는 기본값이 미리 설정되어 있기 때문에 지정하지 않으면 해당 함수가 기본값으로 명령문을 실행한다. 기본값이 아닌 다른 값을 사용하고자 할 때만 지정하면 된다.

이제 필수 매개변수와 선택 매개변수를 사용하는 방법을 알아보자. sorted() 함수의 정렬 순서는 기본적으로 오름차순이다. 즉, sorted() 함수를 정의할 때 기본적으로 reverse=False로 선언되어 있다. sorted() 함수의 기본값을 그대로 사용해서 리스트의 객체들을 정렬하려면 다음 예처럼 선택 매개변수를 설정하지 않고 함수를 호출하면 된다.

```
>>> alist = ['c', 'a', 'd', 'b']
>>> sorted(alist)                    # 기본값인 오름차순 정렬을 그대로 둔다.
['a', 'b', 'c', 'd']
```

다음 코드는 선택 매개변수의 전달인자로 오름차순 대신 내림차순(reverse=True)으로 정렬한 결과를 보여준다.

```
>>> alist = ['c', 'a', 'd', 'b']
>>> sorted(alist, reverse=True)      # 기본값 대신 내림차순으로 정렬한다.
['d', 'c', 'b', 'a']
```

앞서 전달인자를 설명할 때 위치 전달인자가 키워드 전달인자보다 항상 먼저 와야 한다고 했다. 따라서 함수를 정의할 때도 모든 위치 매개변수를 키워드 매개변수보다 먼저 선언해야 한다. 다음 중 첫 번째는 함수 정의를 올바르게 한 것이고, 두 번째는 함수 정의를 잘못한 것이다.

- def ok_func(x, y, z=1):는 함수 정의가 올바르게 되었다. 모든 위치 매개변수가 키워드 매개변수보다 앞에 와 있다. 즉, 모든 위치 전달인자가 키워드 전달인자보다 먼저 오도록 선언했다.
- def bad_func(x, y=1, z):는 함수 정의가 잘못되었다. 키워드 매개변수 y가 위치 매개변수 z보다 앞에 위치했기 때문이다. 실제로 이런 함수를 정의해보면 다음처럼 SyntaxError가 발생한다.

```
>>> def bad_func(x, y=1, z):
...     print('첫 번째 매개변수의 전달 값:', x)
...     print('두 번째 매개변수의 전달 값:', y)
...     print('세 번째 매개변수의 전달 값:', z)
...
  File "<stdin>", line 1
SyntaxError: non-default argument follows default argument
```

지금까지 배운 내용을 정리하기 위해 다음과 같은 사용자 정의 함수를 만들어 사용해보자. 이 예를 통해 전달인자와 매개변수의 특성을 좀 더 명확히 이해할 수 있을 것이다.

```
>>> def string_format(text, length=10, fills=' '):
...     if len(text) < length:
...         text = text + fills * (length - len(text))
...     return text
...
>>>
```

string_format() 함수는 매개변수 세 개를 선언하고 있다. 첫 번째 매개변수 text는 위치 매개변수이면서 기본값을 설정하지 않은 필수 매개변수다. 두 번째 length와 세 번째 fills는 키워드 매개변수이면서 기본값이 각각 10과 공백 한 개(' ')로 주어진 선택 매개변수다. 이 함수는 text를 전달받아 text의 길이가 length의 길이(기본값은 10)보다 짧으면 오른쪽의 여백을 fills(기본값은 ' ')로 채워 전체 문자열 길이를 length와 맞춘다. text의 길이가 length의 길이보다 길면 fills에 상관없이 그냥 text만 출력한다.

그럼 위치 전달인자만 사용해서 앞에서 정의한 string_format() 함수를 실행해보자. 먼저 함수 실행에 사용할 문자열을 만들어 변수 s에 할당한다. 이 문자열의 길이는 12다.

```
>>> s = '파이썬과 빅데이터 분석'                # s의 길이는 12다.
```

다음 코드는 변수 s가 참조하는 문자열을 필수 매개변수인 text로 전달한 결과를 보여준다. text는 함수를 정의할 때 기본값을 설정하지 않기 때문에 필수 매개변수인 것이다.

```
>>> string_format(s)                   # 필수 전달인자만 사용해서 함수를 호출한다.
'파이썬과 빅데이터 분석'
```

다음 코드는 두 개의 값을 각각 첫 번째 매개변수인 text와 두 번째 매개변수인 length로 전달한 결과를 보여준다.

```
>>> string_format(s, 15)               # length를 15로 교체한다(s의 길이는 12다).
'파이썬과 빅데이터 분석   '
```

이때 두 번째 전달인자는 키워드 length를 생략하고, 둘 다 위치 전달인자를 사용한 것을 볼 수 있다. 다음 세 가지 코드는 전달인자 세 개를 모두 사용한다. 위치 전달인자로 각기 다른 값을 지정한 후 함수를 호출해서 실행한 결과를 보여준다.

```
>>> string_format(s, 5, '*')           # length를 5, fills를 '*'로 지정한다(s가 더 길다).
'파이썬과 빅데이터 분석'
>>> string_format(s, 15, '!')          # length를 15, fills를 '!'로 지정한다.
'파이썬과 빅데이터 분석!!!'
>>> string_format(s, 25, '~')          # length를 25, fills를 '~'로 지정한다.
'파이썬과 빅데이터 분석~~~~~~~~~~~~~'
```

다음은 위치 전달인자를 잘못 사용한 경우다. 두 번째 매개변수에 숫자가 와야 하는데 문자열을 전달해서 오류가 났다.

```
>>> string_format(s, '~')
Traceback (most recent call last):
  File "<stdin>", line 1, in <module>
  File "<stdin>", line 2, in string_format
TypeError: '<' not supported between instances of 'int' and 'str'
```

키워드 전달인자(length=25)가 위치 전달인자('~')보다 먼저 와도 다음처럼 오류가 난다.

```
>>> string_format(s, length=25, '~')
  File "<stdin>", line 1
SyntaxError: positional argument follows keyword argument
```

이번에는 키워드 전달인자만 사용해서 string_format() 함수를 실행해보자. 키워드 전달인자만 사용하면 전달인자의 순서에 상관없이 값을 전달할 수 있다. 다음 예에서 알 수 있듯이 함수를 호출할 때 필수 매개변수도 키워드 전달인자를 사용할 수 있다.

```
>>> string_format(length=1, text=s) # 필수 매개변수도 키워드 전달인자를 사용할 수 있다.
'파이썬과 빅데이터 분석'
```

다음 코드는 text의 길이가 length=10보다 길어 fills 문자를 무시한 것을 보여준다.

```
>>> string_format(fills='@', text=s)
'파이썬과 빅데이터 분석'
```

이번에는 text의 길이보다 length의 길이를 길게 설정해서 fills 문자로 오른쪽을 채우도록 함수를 실행해보자.

```
>>> string_format(fills='%+', text=s, length=20)
'파이썬과 빅데이터 분석%+%+%+%+%+%+%+%+'
```

이처럼 키워드 전달인자는 키워드 매개변수의 위치에 영향을 받지 않는다. 따라서 키워드 전달인자만 사용하는 경우에는 순서에 상관없이 함수를 실행할 수 있기 때문에 매우 유연하다.

끝으로 위치 전달인자와 키워드 전달인자를 함께 사용해서 string_format() 함수를 호출해보자. 이때 주의할 점은 모든 위치 전달인자가 키워드 전달인자보다 반드시 먼저 와야 한다는 것이다. 그렇지 않으면 앞서 본 것처럼 오류가 발생한다. 예를 들어 다음 코드는 키워드 전달인자가 위치 전달인자보다 먼저 왔기 때문에 오류가 났다.

```
>>> # 참고: def string_format(text, length=10, fills=' '):
... string_format(s, length=15, '$')  # 키워드 전달인자가 위치 전달인자보다 먼저 왔다.
  File "<stdin>", line 1
SyntaxError: positional argument follows keyword argument
```

이처럼 전달인자의 순서가 함수에서 정의한 매개변수의 순서와 일치하더라도, 키워드 전달인자를 위치 전달인자 앞에 사용하면 안 된다. 다음 코드처럼 세 번째 전달인자에 키워드를 사용하면 오류가 나지 않는다.

```
>>> string_format(s, length=15, fills='$')                # 이제 오류 없이 실행된다.
'파이썬과 빅데이터 분석$$$'
```

키워드 전달인자를 사용하면 다음 예처럼 두 번째와 세 번째 전달인자의 순서가 바뀌더라도 문제없이 실행된다.

```
>>> string_format(s, fills='$', length=15)          # fills와 length의 순서가 바뀌었다.
'파이썬과 빅데이터 분석$$$'
```

다음 예 역시 전달인자의 순서는 함수에서 정의한 매개변수 순서와 일치하지만 첫 번째 전달인자를 키워드 전달인자로, 두 번째와 세 번째 전달인자를 위치 전달인자로 함수를 호출했기 때문에 오류가 발생한다.

```
>>> string_format(text=s, 15, '$')        # 키워드 전달인자가 먼저 와서 오류가 발생한다.
  File "<stdin>", line 1
SyntaxError: positional argument follows keyword argument
```

여기서 키워드 text를 생략하면 문제없이 실행되는 것을 알 수 있다.

```
>>> string_format(s, 15, fills='$')                    # 이제 오류 없이 실행된다.
'파이썬과 빅데이터 분석$$$'
```

결론적으로 전달인자를 사용해서 함수를 호출할 때 위치 전달인자가 항상 먼저 와야 한다는 점을 명심하자.

실습 10-6

계산기 함수

두 변수와 연산 명령을 입력받아 덧셈, 뺄셈, 곱셈, 나눗셈 연산을 하는 계산기 함수 cal()을 구현한다.

- 첫 번째와 두 번째 매개변수는 연산할 정수나 실수를 받아서 처리하며, 매개변수의 이름은 각각 x와 y로 한다. 정상적인 값만 이 두 전달인자의 값으로 온다고 가정하고, 별도의 예외 처리는 하지 않는다.
- 세 번째 매개변수는 기본 연산 명령이며, 매개변수의 이름은 op로 한다. 이는 키워드 매개변수이며, 기본값은 'add'로 더하기 연산을 실행한다. 따라서 세 번째 매개변수의 전달인자를 따로 지정하지 않으면 더하기 연산을 실행한다.
  - 이외에 키워드 매개변수의 전달인자로는 'sub', 'mul', 'div' 중 하나를 사용할 수 있으며, 각각 빼기, 곱하기, 나누기 연산에 대응한다.
  - 키워드 매개변수의 전달인자로 'add', 'sub', 'mul', 'div' 이외에 다른 값이 입력된 경우, '잘못된 연산자입니다.'라는 메시지를 출력하고 None을 반환한다.
- 모든 것이 정상적으로 처리된 경우 결괏값을 실수로 반환한다.
- 함수를 정의한 후 위치 전달인자와 키워드 전달인자를 사용해서 함수를 여러 번 실행해본다.

답

```
>>> def cal(x, y, op='add'):
...     if op == 'add':
...         return float(x + y)
...     elif op == 'sub':
...         return float(x - y)
...     elif op == 'mul':
...         return float(x * y)
...     elif op == 'div':
...         return x / y        # 실수를 반환하므로 float()을 사용하지 않아도 된다.
...     else:
...         print('잘못된 연산자입니다.')
...         return None                    # None을 return할 때는 생략해도 된다.
...
>>> i = cal(10, 7)                         # 기본값으로 더하기 연산을 실행한다.
>>> print(i)                               # 결과를 출력한다.
17.0
>>> i = cal(3, 4, 'sub')                   # 빼기 연산을 실행한다.
>>> print(i)                               # 결과를 출력한다.
-1.0
>>> i = cal(1, 5, op='mul')                # 곱하기 연산을 실행한다.
>>> print(i)                               # 결과를 출력한다.
5.0
>>> i = cal(1, 2, 'div')                   # 나누기 연산을 실행한다.
>>> print(i)                               # 결과를 출력한다.
0.5
>>> i = cal(10, 7, 'ad')                   # 잘못된 연산자를 입력한다.
잘못된 연산자입니다.
```

❶ * 연산자와 매개변수

이번에는 우리가 곱하기 연산을 할 때 사용한 * 연산자가 매개변수에 쓰일 때의 역할을 알아보자. 연산자 하나를 여러 용도로 사용하는 경우를 '연산자 오버로딩(operator overloading)'이라고 한다. 앞서 6장에서 튜플 패킹과 언패킹에서 *의 역할을 살펴보았다. 이번에는 매개변수를 선언할 때 * 부호가 어떤 역할을 하는지 살펴보자.

함수 정의 부분에 *를 선언하면 전달인자들의 위치를 지정하는 역할을 한다. * 뒤에는 위치 전달인자가 올 수 없고 오직 키워드 전달인자만 올 수 있다. 이처럼 * 부호는 매개변수를 선언할 때 종종 사용한다. 우리가 자주 사용하는 내장 함수인 sorted()를 살펴보자. 이 함수의 문서[4]를 살펴보면 다음처럼 정의되어 있다.

sorted(iterable, *, key=None, reverse=False)

Return a new sorted list from the items in iterable.

"순회형에 있는 객체들로부터 새로 정렬한 리스트를 반환한다."

sorted() 함수는 첫 번째와 두 번째 매개변수 사이에 *가 선언되어 있다. 의미는 다음과 같다.

- iterable 이후에 매개변수로 전달되는 값은 반드시 키워드 전달인자 형식이어야 한다. 즉, 첫 번째 매개변수인 iterable에는 위치 전달인자가 오지만 두 번째와 세 번째 매개변수로 전달하는 객체는 반드시 키워드 전달인자 형식으로 와야 한다. 그렇지 않으면 오류가 발생한다.

예를 통해 이런 사실을 확인해보자. 다음 코드는 알파벳 대문자와 소문자가 섞여 있는 리스트를 sorted() 함수의 기본값으로 정렬한 결과다.

```
>>> mylist = ['a', 'd', 'C', 'E', 'b']
>>> sorted(mylist)                 # 유니코드에서 알파벳 대문자가 소문자보다 먼저 온다.
['C', 'E', 'a', 'b', 'd']
```

유니코드에서는 알파벳 대문자가 소문자보다 먼저 오기 때문에 기본값인 오름차순으로 정렬한 경우 대문자가 먼저 오고 그 다음에 소문자가 온다. 이번에는 대소문자를 무시(즉, 모두 소문자로 바꾼 후)하고 오름차순으로 정렬하도록 함수를 실행해보자. 이때 두 번째 전달인자로 키워드 없이 위치 전달인자를 사용해보자.

4 https://docs.python.org/3/library/functions.html?highlight=sorted#sorted

```
>>> sorted(mylist, str.lower)
Traceback (most recent call last):
  File "<stdin>", line 1, in <module>
TypeError: sorted expected 1 arguments, got 2
```

실행 결과 오류가 발생했다. 앞서 sorted() 함수는 두 번째 전달인자부터 반드시 키워드 전달인자를 사용하도록 정해졌다고 했다. 이처럼 위치 전달인자를 사용하면 오류가 발생한다. 이번에는 키워드 전달인자를 사용해서 함수를 호출해보자.

```
>>> sorted(mylist, key=str.lower) # 대소문자를 무시하고(모두 소문자로 바꾸고) 정렬한다.
['a', 'b', 'C', 'd', 'E']
```

이번에는 대소문자 구분없이 내림차순으로 정렬해보자. 키워드 전달인자들 간에는 순서가 상관이 없기 때문에 reverse가 key보다 먼저 와도 된다.

```
>>> sorted(mylist, reverse=True, key=str.lower)
['E', 'd', 'C', 'b', 'a']
```

이번에는 직접 사용자 정의 함수를 만들어서 테스트해보자. 함수 speed_to_destination()은 목적지까지의 총 길이와 도착 희망 소요 시간을 '분' 단위로 알려주면 목적지까지 제 시간에 도착하기 위한 속도를 시속으로 알려주는 사용자 정의 함수다. 이때 시속은 반올림한다.

```
>>> def speed_to_destination(distance, minutes=60, *, unit='km'):
...     speed = round(distance * 60 / minutes)    # 시속은 한 시간(60분)에 가는 거리
...     print('{}{} 거리를 {}분에 가려면 시속 {}{}/h로 가야 합니다.'.format(
...         distance, unit, minutes, speed, unit))
...
>>>
```

첫 번째 매개변수는 목적지까지의 총 거리(distance), 두 번째 매개변수는 도착 희망 소요 시간(minutes)이며 기본값은 60분이다. 세 번째 매개변수는 거리와 시속에 사용되는 단위(unit)로 반드시 키워드 전달인자여야 한다. 이러한 제약 사항은 unit 앞에

* 부호를 두어 * 이후에는 위치 전달인자가 올 수 없다고 선언했기 때문이다.

그럼 speed_to_destination() 함수를 사용하는 방법을 알아보자. 다음 코드는 이 함수의 첫 번째 필수 매개변수에 위치 전달인자 60을 넣어 실행한 결과를 보여준다.

```
>>> speed_to_destination(60)
60km 거리를 60분에 가려면 시속 60km/h로 가야 합니다.
```

다음 두 코드 중 첫 번째 코드는 위치 전달인자를 사용해서 함수를 호출했고, 두 번째 코드는 위치 전달인자와 키워드 전달인자를 사용해 함수를 호출했다.

```
>>> speed_to_destination(30, 10)              # 위치 전달인자 두 개를 사용
30km 거리를 10분에 가려면 시속 180km/h로 가야 합니다.
>>> speed_to_destination(30, minutes=90)      # 위치 전달인자, 키워드 전달인자 사용
30km 거리를 90분에 가려면 시속 20km/h로 가야 합니다.
```

이번에는 첫 번째 필수 매개변수에 위치 전달인자를, 나머지 두 개의 선택 매개변수로는 키워드 전달인자 값을 사용해서 함수를 실행한 결과를 보여준다.

```
>>> speed_to_destination(30, minutes=30, unit='mile')
30mile 거리를 30분에 가려면 시속 60mile/h로 가야 합니다.
```

함수 정의에 따르면 첫 번째 필수 매개변수와 두 번째 선택 매개변수로는 위치 전달인자를 사용할 수 있지만 마지막 선택 매개변수는 반드시 키워드 전달인자를 사용해야 한다. 다음 코드는 위치 전달인자 두 개와 마지막 전달인자로는 키워드 전달인자를 사용해서 함수를 실행한 결과다.

```
>>> speed_to_destination(60, 30, unit='mile')
60mile 거리를 30분에 가려면 시속 120mile/h로 가야 합니다.
```

그런데 세 번째 전달인자로 위치 전달인자를 사용하면 어떻게 될까? 위치 전달인자를 사용해서 다음처럼 함수를 호출해보자.

```
>>> speed_to_destination(60, 30, 'mile')
Traceback (most recent call last):
  File "<stdin>", line 1, in <module>
TypeError: speed_to_destination() takes from 1 to 2 positional arguments but
3 were given
```

그 결과 TypeError가 발생했다. 앞서 설명했듯이 unit 앞에 * 부호를 선언했기 때문에 세 번째 전달인자로는 반드시 키워드 전달인자를 사용해야 한다.

그럼 만약 *가 매개변수 처음에 위치한다면 어떻게 될까? 이때는 함수의 매개변수로 위치 전달인자를 사용할 수 없고, 키워드 전달인자만 사용할 수 있다. 다음 print_setup() 함수를 정의할 때 *를 매개변수 맨 앞에 선언했다. 따라서 print_setup() 함수를 호출할 때는 모두 키워드 전달인자를 사용해야 한다.

```
>>> def print_setup(*, paper='A4', copies=1, color=False):
...     print("프린터 설정: paper='{}', copies={}, color={}".format(
...         paper, copies, color))
...
>>>
```

print_setup() 함수를 호출할 때 위치 전달인자를 사용하면 TypeError가 발생한다.

```
>>> print_setup('Letter', 5, True)            # 위치 전달인자를 사용할 수 없다.
Traceback (most recent call last):
  File "<stdin>", line 1, in <module>
TypeError: print_setup() takes 0 positional arguments but 3 were given
```

하지만 아무런 전달인자 없이 출력할 때는 오류가 나지 않는다. 모두 선택 매개변수이기 때문에 기본값이 적용되었기 때문이다.

```
>>> print_setup()                        # 전달인자가 없으므로 기본값을 출력한다.
프린터 설정: paper='A4', copies=1, color=False
```

키워드 전달인자를 사용하면 매개변수의 순서에 상관없이 함수를 호출할 수도 있고, 기본값 중 일부만 변경한 후 실행할 수도 있다. 다음 코드는 인쇄할 종이만 기본값인 'A4'로 설정하고, 나머지는 사용자가 키워드 전달인자로 지정해서 함수를 호출한 결과를 보여준다.

```
>>> print_setup(color=True, copies=2)            # 기본값 중 일부만 변경한다.
프린터 설정: paper='A4', copies=2, color=True
```

마지막으로 기본값을 모두를 변경하고 키워드 전달인자 순서도 바꿔 함수를 호출해보자.

```
>>> print_setup(copies=5, paper='Letter', color=True)
프린터 설정: paper='Letter', copies=5, color=True
```

❷ 시퀀스형 패킹 및 언패킹 연산자 *

지금까지의 예는 함수를 호출할 때 전달인자의 개수가 정해져 있었다. 그런데 만약 사용자가 한 개, 두 개, 세 개, 심지어 100개 이상의 임의의 전달인자를 사용하려면 어떻게 해야 할까? 이런 함수를 어떻게 정의할까? 이런 기능을 하는 함수가 있기는 할까?

여러분은 이런 기능을 하는 함수를 이미 사용한 경험이 있다. 대표적인 예가 print() 함수다. 다음 예는 print() 함수를 호출할 때 출력할 객체의 개수를 사용자가 임의로 정해서 실행한 결과를 보여준다.

```
>>> print()                              # 전달인자를 0개 사용해서 빈 칸을 출력한다.

>>> print(1)                             # 전달인자를 한 개 사용한다.
1
>>> print('a', 'b', 'c')                 # 전달인자를 세 개 사용한다.
a b c
>>> print(1, 2, 3, '가', '나', '다')      # 전달인자를 여섯 개 사용한다.
1 2 3 가 나 다
```

이처럼 print() 함수는 전달인자의 개수를 임의로 지정할 수 있기 때문에 매우 유연하게 사용할 수 있다. 그럼 어떻게 이것이 가능한지 알아보자. 우선 print() 함수의 문서[5]를 살펴보면 다음처럼 정의되어 있음을 알 수 있다.

```
print(*objects, sep=' ', end='\n', file=sys.stdout, flush=False)
```

> Print objects to the text stream file, separated by sep and followed by end. sep, end, file and flush, if present, must be given as keyword arguments.
>
> **"객체들을 텍스트 스트림 파일로 출력한다. 이때 각 객체는 sep의 전달인자로 분리해 출력하며, 모든 객체를 출력한 후에는 end의 전달인자가 적용된다. sep, end, file, flush로 값을 전달할 때는 키워드 전달인자를 사용해야 한다."**

이 함수 정의에서 첫 번째 매개변수를 보면 objects 앞에 * 연산자가 있음을 확인할 수 있다. 6장에서 튜플을 설명할 때 * 연산자를 변수 이름 바로 앞에 붙여서 단항 연산자로 사용하면 시퀀스형 객체의 패킹 또는 언패킹 연산자라고 설명한 바 있다. 따라서 함수를 정의할 때 * 연산자를 매개변수 앞에 두면, 시퀀스형 패킹 연산자다. 사용자로부터 불특정 다수의 위치 전달인자를 받아 처리하는 함수를 만들 수 있다.

다음 예는 임의의 숫자를 전달받은 후 모두 합한 결괏값을 반환하는 함수를 정의한 것이다.

5 https://docs.python.org/3/library/functions.html#print

```
>>> def sum_numbers(*numbers):
...     result = 0
...     for number in numbers:
...         result += number
...     return result
...
>>>
```

이 함수의 매개변수는 numbers 하나이지만 시퀀스형 패킹 및 언패킹 연산자 *를 사용해서 임의의 위치 전달인자를 처리할 수 있도록 했다. sum_numbers()는 파이썬 내장 함수인 sum()과 비슷한 역할을 하는 함수다. sum()은 순회자(리스트, 튜플 등) 한 개만 전달인자로 받아 모든 항목의 합을 반환하는 반면 sum_numbers()는 임의의 숫자를 전달인자로 받아서 그 숫자들의 합을 반환하는 함수다.

그럼 이 함수로 임의의 숫자들의 합을 구해보자. 먼저 전달인자를 사용하지 않고 이 함수를 호출해보자.

```
>>> sum_numbers()
0
```

초깃값인 0이 출력됨을 알 수 있다. 이번에는 전달인자를 하나만 지정해서 합을 구해보자.

```
>>> sum_numbers(15)
15
```

다음 코드는 숫자 열 개와 다섯 개를 함수로 전달해서 합을 구한 결과를 보여준다.

```
>>> sum_numbers(1, 2, 3, 4, 5, 6, 7, 8, 9, 10)
55
>>> sum_numbers(-12345, 12345, 0, 12.5, -11)
1.5
```

이번에는 * 연산자가 시퀀스형 언패킹 연산자로 사용되는 경우를 알아보자. 만약 함수의 전달인자 앞에 *를 붙였다면 시퀀스형 언패킹 연산자가 된다. 이를 '전달인자 언패킹(argument unpacking)'이라고 한다. 전달인자가 두 개 이상이면 * 연산자의 위치는 어디든 상관없다. 단, * 연산자가 앞에 붙어 있는 전달인자가 언패킹되었을 때 총 객체 개수는 반드시 해당 함수의 전달인자 개수와 일치해야 한다. 그리고 *를 시퀀스형 패킹 연산자로 사용하면 리스트 형식으로 할당되지만, *를 시퀀스형 언패킹 연산자로 사용하면 튜플 형식으로 할당된다는 것에 주의해야 한다. 그래서 '가변 길이 전달인자 튜플(variable-length argument tuples)'이라고도 한다.

다음 예는 전달인자를 다섯 개 받는 함수를 정의한 것이다. 이 함수는 다섯 개의 전달인자를 받아서 합계를 구한다.

```
>>> def sum5(i, j, k, l, m):                    # 다섯 개의 전달인자를 받는 함수다.
...     return i + j + k + l + m
...
>>>
```

여기서 정의한 sum5() 함수는 호출할 때 반드시 다섯 개의 전달인자를 괄호 안에 넣어서 호출해야 한다.

```
>>> sum5(1, 2, 3, 4, 5)
15
```

전달인자의 수가 다섯 개가 아니면 다음처럼 오류가 발생한다.

```
>>> sum5(1, 2, 3)
Traceback (most recent call last):
  File "<stdin>", line 1, in <module>
TypeError: sum5() missing 2 required positional arguments: 'l' and 'm'
```

이번에는 시퀀스형 언패킹 연산자를 사용해서 이 함수를 호출해보자.

```
>>> x = 1, 2, 3, 4, 5
>>> sum5(*x)                          # x의 다섯 개 전달인자를 모두 언패킹한다.
15
>>> sum5(1, *x[2:], 2)                # x 중 마지막 세 개만 언패킹해서 전달한다.
15
>>> sum5(*x[:2], 1, 2, 3)             # x 중 처음 두 개만 언패킹해서 전달한다.
9
```

이처럼 함수의 전달인자로 시퀀스형 언패킹 연산자를 사용하면, *의 위치는 상관없지만 언패킹했을 때 함수가 받아들이는 전달인자의 개수는 일치해야 한다.

❸ 매핑형 패킹 및 언패킹 연산자 **

지금까지 시퀀스형 패킹 및 언패킹 연산자 *를 사용해 불특정 다수의 전달인자를 처리할 수 있는 유연한 함수를 만드는 방법을 알아보았다. 이번에는 임의의 키워드 전달인자를 받아서 처리하는 함수를 알아보자. 키워드 전달인자는 매핑형 패킹 및 언패킹 연산자 **를 사용하면 된다. ** 역시 연산자 오버로딩의 예다. 지금까지 ** 연산자는 제곱 값을 구할 때만 사용했다. ** 연산자를 이항 연산자로 사용하면 pow() 함수처럼 제곱 값을 반환한다. 하지만 ** 연산자를 단항 연산자로 사용하면 키:매핑값으로 구성한 모든 매핑형(딕셔너리 등) 객체를 패킹 또는 언패킹할 수 있다. 이때 사용하는 **를 '매핑형 패킹 및 언패킹 연산자'라고 한다.

먼저 언패킹부터 살펴보자. 앞서 정의한 print_setup() 함수를 다시 사용하자. 이 함수의 정의 부분을 살펴보면 세 개의 키워드 전달인자를 사용하도록 선언하고 있다. 물론 모두 선택 매개변수이기 때문에 필요한 키워드만 전달인자로 사용해서 함수를 호출하면 된다.

```
>>> def print_setup(*, paper='A4', copies=1, color=False):
...     print("프린터 설정: paper='{}', copies={}, color={}".format(
...         paper, copies, color))
...
>>>
```

**를 매핑형 언패킹 연산자로 사용하려면, 딕셔너리 형태의 객체를 참조하는 변수를 하나의 전달인자로 받아 언패킹해서 사용할 수 있다. 다음 코드는 전달인자 세 개를 딕셔너리로 만든 후, print_setup() 함수를 호출할 때 언패킹해서 실행한 결과를 보여준다.

```
>>> options1 = dict(copies=3, color=True, paper='Letter')
>>> print_setup(**options1)          # 매핑형 ** 연산자를 사용해 딕셔너리를 언패킹한다.
프린터 설정: paper='Letter', copies=3, color=True
```

일부 전달인자의 값만 지정하고 나머지는 기본값을 사용할 때는 변경할 값만 딕셔너리로 만들어 전달할 수도 있다. 다음 코드는 출력할 부수(copies)만 딕셔너리(option2)로 만들어서 print_setup() 함수에 전달할 때 언패킹해서 실행한 결과다. 이때 나머지(paper와 color)는 기본값을 사용하겠다는 뜻이다. 이처럼 함수를 호출할 때 전달인자 이름이 **로 시작하는 것을 '키워드 전달인자 언패킹'이라고 한다.

```
>>> options2 = dict(copies=5)
>>> print_setup(**options2)          # 매핑형 ** 연산자를 사용해 딕셔너리를 언패킹한다.
프린터 설정: paper='A4', copies=5, color=False
```

이번에는 매핑형 패킹 및 언패킹 연산자 **를 사용해서 불특정 다수의 키워드 전달인자를 매개변수 하나로 받아 처리하는 함수를 만들어보자. * 연산자를 임의의 위치 전달인자를 처리할 때 사용했다면 ** 연산자는 임의의 키워드 전달인자를 받아서 처리할 때 사용한다. 함수를 정의할 때 ** 연산자를 단항 연산자로 사용해서 특정 매개변수 앞에 두면 이 매개변수는 여러 개(0개 포함)의 키워드 전달인자를 패킹해 받아서 처리할 수 있다.

다음 예는 위치 전달인자 두 개와 0개 이상의 불특정 다수의 매개변수를 키워드 전달인자 형식으로 받아서 처리하는 함수를 정의한 것이다.

```
>>> def add_fruit_detail(fruit_name, date_produced, **fruit_info):
...     print('과일 종류 =', fruit_name)
...     print('생산일자 =', date_produced)
...     for key in sorted(fruit_info):
...         print('{} = {}'.format(key, fruit_info[key]))
...
>>>
```

이 함수의 세 번째 매개변수인 fruit_info는 매핑형 패킹 연산자 **를 사용해서 임의의 키워드 전달인자를 처리할 수 있도록 했다. 이 함수 정의의 네 번째 줄을 보면 키워드 전달인자의 키 값을 기준으로 오름차순 정렬해서 출력하도록 sorted() 함수를 사용했다.

다음 예는 앞에서 정의한 add_fruit_detail() 함수를 호출할 때 키워드 전달인자 없이(키워드 전달인자 0개) 위치 전달인자 두 개만을 사용해 실행한 결과를 보여준다.

```
>>> add_fruit_detail('블루베리', '9일')
과일 종류 = 블루베리
생산일자 = 9일
```

이번에는 키워드 전달인자 하나만 추가해서 함수를 실행해보자.

```
>>> add_fruit_detail('바나나', '11일', 원산지='필리핀')
과일 종류 = 바나나
생산일자 = 11일
원산지 = 필리핀
```

다음 예는 키워드 전달인자를 둘 이상 사용해서 함수를 호출한 결과를 보여준다. 키워드 전달인자가 두 개 이상이면 키워드 전달인자의 키 값으로 오름차순 정렬해서 출력하는 것을 알 수 있다.

```
>>> add_fruit_detail('오랜지', '11일', 원산지='제주도', 수량=55)
과일 종류 = 오랜지
생산일자 = 11일
수량 = 55
원산지 = 제주도
>>> add_fruit_detail('포도', '15일', 유통기간='30일', 원산지='김해', 수량
=100)
과일 종류 = 포도
생산일자 = 15일
수량 = 100
원산지 = 김해
유통기간 = 30일
```

이처럼 매핑형 패킹 및 언패킹 연산자 **를 사용하면 함수가 임의의 키워드 전달인자를 받아서 처리할 수 있다.

❹ *와 ** 연산자를 사용해서 함수 만들기

이번에는 *와 ** 연산자를 매개변수로 함께 사용하는 함수를 정의해보자. 다음 함수는 임의의 위치 전달인자와 임의의 키워드 전달인자를 받아서 처리하는 함수다.

```
>>> def print_args(*args, **kwargs):
...     for i, arg in enumerate(args):
...         print('위치 전달인자 {} = {}'.format(i, arg))
...     for key in kwargs:
...         print('키워드 전달인자 {} = {}'.format(key, kwargs[key]))
...
>>>
```

print_args() 함수는 먼저 위치 전달인자를 순서대로 출력하고, 그 다음에 키워드 전달인자를 순서대로 출력하는 함수다. 위치 전달인자가 키워드 전달인자보다 먼저 와야 한다는 것은 앞에서 이미 다루었다. 바로 위의 코드를 보면 2~3번째 줄에서 위치 전달인자를 인덱스 번호와 함께 출력하기 위해 enumerate() 함수를 사용하고 있다. enumerate() 함수에 관한 설명은 앞서 8장(304p)에서 다루었다. 4~5번째 줄에서는 키워드 전달인자를 받아서 키워드와 그 매핑값을 그대로 출력하도록 정의하고 있다.

임의의 위치 전달인자와 임의의 키워드 전달인자를 사용해서 앞에서 정의한 print_args() 함수를 호출해보자. 다음 예는 위치 전달인자 세 개와 키워드 전달인자 두 개로 함수를 호출한 결과를 보여준다.

```
>>> print_args('라이언', -7, 2.5, age=19, email='ryan@korea.kr')
위치 전달인자 0 = 라이언
위치 전달인자 1 = -7
위치 전달인자 2 = 2.5
키워드 전달인자 age = 19
키워드 전달인자 email = ryan@korea.kr
```

이번에는 위치 전달인자 한 개와 키워드 전달인자 세 개를 사용해서 함수를 호출해보자.

```
>>> print_args('포도', 유통기간='30일', 원산지='김해', 수량=100)
위치 전달인자 0 = 포도
키워드 전달인자 유통기간 = 30일
키워드 전달인자 원산지 = 김해
키워드 전달인자 수량 = 100
```

이처럼 함수를 정의할 때 시퀀스형 패킹 및 언패킹 연산자 *와 매핑형 패킹 및 언패킹 연산자 **를 적절히 사용하면 매우 유연하고 유용한 함수를 만들 수 있다.

실습 10-7

다양한 길이의 전달인자를 처리하는 기술통계 함수

전달인자로 입력한 임의의 정수나 실수의 기본적인 기술통계를 반환하는 함수 stat_summary()를 구현한다.

- 매개변수는 0개 이상의 정수나 실수를 처리하며, 매개변수의 이름은 nums로 한다.
- 이때 실수가 아닌 다른 형태의 자료형을 입력하면 '잘못된 자료형입니다.'라는 메시지를 출력하고 None을 반환한다.
- 모든 값이 정상적으로 처리되었다면 결괏값으로 입력한 숫자의 개수, 총합, 평균, 최댓값, 최솟값의 튜플을 반환한다. 참고로 최댓값을 찾는 함수는 max(순회형)고 최솟값을 찾는 함수는 min(순회형)이다.
- 함수를 정의한 후에 오류 전달인자를 포함해서 함수를 여러 번 실행해본다.

답

```
>>> def stat_summary(*nums):                # 시퀀스형 패킹 연산자 *를 사용한다.
...     total = 0
...     for i in nums:
...         if type(i) == int or type(i) == float:
...             total += i
...         else:
...             print('잘못된 자료형입니다.')
...             return None
...     return len(nums), total, total/len(nums), max(nums), min(nums)
...
>>> result = stat_summary(1, 3, 5.5, 7, 9, -2)# 전달인자 값이 모두 정상이면
>>> print(result)                            # 결괏값인 튜플을 반환한다.
(6, 23.5, 3.9166666666666665, 9, -2)
>>> # 전달인자 값 중 하나가 잘못되었을 때
... result = stat_summary(1.1, '3', 12, -100)
잘못된 자료형입니다.
```

범위와 가시성

범위(scope)란 변수나 함수의 가시성을 나타낸다. 다시 말해 변수나 함수를 프로그램의 어느 부분에서 사용(가시성)할 수 있는지 결정하는 것이 범위다. 범위를 벗어난 변수나 함수는 다른 코드에서 사용할 수 없기 때문에 호출할 수도 없다. 예를 들어 함수 안에 정의한 변수인 지역 변수(local variable)는 다른 함수에서 사용할 수 없도록 범위가 제한되어 있다. 반면에 함수가 아닌 프로그램 최상위 레벨에서 변수를 정의하면 모든 함수에서 접근할 수 있는데, 이런 변수를 전역 변수(global variable)라고 한다. '__main__'은 최상위 코드가 실행되는 범위의 이름이다. 또한 '__name__' 속성에 있는 값을 확인해 보면 해당 코드가 어느 범위에 있는지 알 수 있다. 예를 들어 다음 코드처럼 파이썬 대화형 모드를 실행한 후 __name__을 출력해보자.

```
>>> __name__                          # print(__name__)으로 실행해도 된다.
'__main__'
```

__name__의 값으로 __main__이 설정되어 있음을 확인할 수 있다. 즉, 최상위 레벨에서 실행된다는 뜻이다. 함수도 변수처럼 최상위 레벨에서 정의하면 전역 함수(global function)가 된다. 반대로 또 다른 함수 안에서 함수를 정의하면 정의한 함수 안에서만 접근할 수 있는 범위에 있기 때문에 지역 함수(local function)가 된다. 전역 함수와 지역 함수는 앞에서 이미 다룬 바 있다(355p).

이처럼 모든 변수와 함수는 만들어진 위치에 따라 범위가 정해진다. 변수는 대부분의 경우 단일 함수로 범위를 제한하는 것이 유용할 때가 많다. 이렇게 하면 함수 내부에서 변경한 내용이 예기치 않은 방식으로 주 프로그램에 영향을 주는 상황을 최소화할 수 있기 때문이다.

가시성(visibility)이란 변수나 함수에 합법적으로 접근할 수 있는 프로그램 영역이다. 즉, 가시성은 어떤 변수나 함수를 호출해서 사용할 수 있는지 여부를 결정한다. 범위와 가시성은 주로 일치하지만, 같은 범위 안에 같은 이름의 변수나 함수가 함께 있다면 이 중에 하나를 일시적으로 볼 수 없는 상황이 존재할 수도 있다. 즉, 같은 범위에 있는 변수나 함수라도 가시성이 없을 수 있다. 예를 들어 같은 이름의 전역 변수와 지역 변수가 같은 범위(예를 들어 함수 안)에 있을 때, 전역 변수의 가시성은 해당 범위에서 일시적으로 사라진다. 코드 예를 통해 범위와 가시성을 알아보자.

다음 예는 두 개의 변수(hi, yeah)와 두 개의 함수(drum(), bass())를 정의한 후 호출한 결과를 보여준다.

```
>>> hi = '안녕~~~'                                          # 전역 변수
>>> def drum():                                             # 전역 함수
...     yeah = 'Oh Yeah!'                                   # 지역 변수
...     print(hi)
...     print('드럼은 밴드에서 필수 악기입니다.')
...
>>> def bass():                                             # 전역 함수
...     print(hi)
...     print('베이스와 기타도 밴드에 반드시 필요한 악기입니다.')
...
>>> hi
'안녕~~~'
```

```
>>> drum()
안녕~~~
드럼은 밴드에서 필수 악기입니다.
>>> bass()
안녕~~~
베이스와 기타도 밴드에 반드시 필요한 악기입니다.
>>> yeah                                   # 지역 변수를 호출해서 오류가 난다.
Traceback (most recent call last):
  File "<stdin>", line 1, in <module>
NameError: name 'yeah' is not defined
```

코드를 최상위 레벨에서 실행한 결과를 살펴보면 전역 변수인 hi는 함수 안에서 출력하든 최상위 레벨에서 접근하든 문제없이 '안녕~~~'을 출력했다. 반면에 지역 변수인 yeah는 최상위 레벨에서 접근하면 yeah라는 이름을 정의하지 않았다며 NameError가 났다. yeah는 drum() 함수 안에서 정의한 변수이기 때문에 drum() 함수 안에만 접근할 수 있기 때문이다.

만약 전역 변수와 지역 변수의 이름이 같으면 어떻게 될까? 다음 예를 보면 변수 x를 최상위 레벨에서도 정의했고 myfunction1()이란 함수 안에서도 (재)정의했다.

```
>>> x = '안녕 파이썬'                      # 전역 변수를 정의한다.
>>> def myfunction1():
...     x = 'Hi Python'                    # 같은 이름의 지역 변수를 정의한다.
...     print(x)                           # 지역 변수의 값을 출력한다.
...
```

먼저 myfunction1() 함수를 실행해보자.

```
>>> myfunction1()                          # 함수를 호출해서 실행한다.
Hi Python
```

myfunction1() 함수 안에서 같은 이름의 x(지역 변수)에 다른 값을 할당해서 출력한다. 이 함수를 실행한 결과 새로 할당한 지역 변수 x 값('Hi Python')이 출력된 것을 확인할 수 있다. 즉, x 값이 바뀌었다.

그럼 이번에는 myfunction1() 바깥인 최상위 레벨에서 x 값을 출력해보자.

```
>>> x                                    # 전역 변수의 값을 출력한다(print(x)로 실행해도 된다).
'안녕 파이썬'
```

x 값이 '안녕 파이썬'임을 알 수 있다. 비록 myfunction1() 내부에서 x 값을 바꿨지만 전역 변수의 값은 영향을 받지 않고 원래 값을 유지한다.

이 결과는 변수의 가시성 때문이다. 전역 변수와 지역 변수의 이름이 같을 때 지역 변수 x를 정의한 myfunction1() 함수 안에서 전역 변수 x와 지역 변수 x 둘 다 접근 가능한 범위에 있다. 하지만 x를 지역 변수로 재정의한 후에는 전역 변수 x가 일시적으로 보이지 않기 때문에 사실상 접근할 수 없다. 따라서 myfunction1() 함수 안에서 재할당한 x 값을 출력하면 지역 변수 x 값을 출력하게 된다. myfunction1() 함수를 벗어나야 해당 함수 안에서 정의한 지역 변수 x에 접근하지 않고, 전역 변수 x 값을 출력한다. 이처럼 해당 함수가 전역 변수를 마음대로 조작했을 때는 그 함수 내부에는 영향을 줄 수 있지만, 주 프로그램에는 영향을 주지 못한다. 따라서 사용자가 코드를 작성할 때 안전하게 전역 변수를 함수에 넘길 수 있다.

그런데 만약 함수 안에서 전역 변수를 조작해서 이 함수의 범위 바깥에도 영향을 주려면 어떻게 해야 할까? global문을 사용하면 된다. 이번에는 앞서 정의한 myfunction1() 함수에 global문을 추가한 함수 myfunction2()를 정의해보자.

```
>>> x = '안녕 파이썬'                    # 전역 변수를 정의한다.
>>> def myfunction2():
...     global x                        # 함수 안에서 x를 global문으로 선언한다.
...     x = 'Hi Python'                 # x는 같은 이름의 지역 변수가 아니라 전역 변수 x다.
...     print(x)                        # x 값을 출력한다.
...
```

같은 방식으로 myfunction2()를 실행해보자.

```
>>> myfunction2()                        # 함수를 호출해서 실행한다.
Hi Python
```

myfunction1()를 실행했을 때와 같은 결과를 출력한다는 것을 확인할 수 있다. 차이점은 myfunction2() 함수 안에서 x를 global문으로 먼저 선언하고 x 값('안녕 파이썬')을 출력한 후 같은 이름의 변수 x에 다른 값('Hi Python')을 할당해서 출력하는 것이다. 그럼 무엇이 달라졌을까? 이를 확인하기 위해 myfunction2() 함수의 바깥인 최상위 레벨에서 x 값을 출력해보자.

```
>>> x                 # 전역 변수의 값을 확인한다(print(x)로 실행해도 된다).
'Hi Python'
```

이번에는 전역 변수 x 값이 바뀌었다. 왜 이렇게 변경되었을까? 원인이 global문에 있다는 것을 아마도 짐작했을 것이다.

global문은 지역 범위 안에서 전역 변수를 변경할 때 사용하기 때문에 현재 범위 밖의 변수까지 수정할 수 있다. 즉, myfunction2() 함수 시작 부분에서 변수 x에 global을 사용해서 전역 함수로 선언했기 때문에 지역 범위에서 같은 이름으로 사용하는 변수는 더 이상 지역 변수가 아니라 전역 변수가 된다. 따라서 global로 선언한 변수 x에 다른 객체를 할당하면 그 변화가 x를 참조하는 프로그램 전체에 영향을 준다. 한편 전역 변수가 가변자료형을 참조한다면 global을 선언하지 않았어도 이 변수를 참조하는 모든 코드에 변경한 내용이 반영된다. 따라서 가변자료형을 지역 변수로 사용할 때는 특히 주의해야 한다.

마지막으로 nonlocal문을 살펴보자. nonlocal문은 전역 범위는 아니지만 현재 속한 범위의 바로 하위 범위에서 상위 변수에 접근할 수 있도록 한다. 코드를 보면서 nonlocal문의 역할을 살펴보자. 다음 예는 같은 이름의 변수 x 값에 세 번에 거쳐 다른 값을 할당한 후 출력한 결과를 보여준다.

```
>>> x = '안녕 파이썬'                    # (1)
>>> def myfunction3():                  # 전역 함수를 정의한다.
...     x = 'Hi Python'                 # (2)
...     def localfunction():            # 지역 함수를 정의한다.
...         nonlocal x                  # (3)
...         x = '코딩'                  # (4)
...         print(x)                    # (5)
...     print(x)                        # (6) myfunction3()의 범위에서 x를 출력한다.
...     localfunction()                 # (7) 지역 함수를 호출해서 실행한다.
...     print(x)                        # (8) myfunction3()의 범위에서 x를 출력한다.
...
```

코드의 오른쪽에 있는 주석 번호를 참조하면서 변수 x의 범위를 알아보자. (1)의 x는 전역 변수로 '안녕 파이썬'을 참조한다. (2)의 x는 (전역) 함수인 myfunction3() 안에서 'Hi Python'을 참조하는 지역 변수다. (3)에서는 x를 nonlocal로 선언했기 때문에 (4)의 x는 localfunction()의 지역 변수(즉, 지역 함수 안의 지역 변수)가 아니라 myfunction3()의 지역 변수 x다. 즉, (2)의 x와 같은 변수로 취급된다.

이러한 관계를 확인하기 위해 myfunction3()를 실행해보자.

```
>>> myfunction3()                 # (전역) 함수를 호출해서 실행한다.
Hi Python
코딩
코딩
```

이 함수를 실행한 결과를 살펴보면 (6)에서 x 값이 가장 먼저 출력된다. 출력 결과는 (2)에서 지역 변수 x로 할당한 'Hi Python'임을 알 수 있다. 두 번째로 출력된 '코딩'은 (7)에서 localfunction() 함수를 호출하여 실행한 결과다. localfunction() 함수를 보면 (5)에서 x 값이 출력된다. (5)에서 출력되는 x 값은 (4)에서 할당받은 '코딩'이다. 세 번째로 출력된 값도 '코딩'인데 이는 (8)을 실행한 결과다. 즉, localfunction() 함수 범위가 아니라 myfunction3() 함수의 범위에서 실행한 것이다. myfunction3() 함수 범위의 x는 원래 'Hi Python'을 참조하기 때문에 (6)처럼 'Hi Python'이 출력되어야 정상이다. 하지만 localfunction() 함수 안 (3)에서 변수 x를 nonlocal로 선언했기 때문에 변수 x는 localfunction() 함수 범위의 x가 아니라

myfunction3() 함수의 x가 된다. 따라서 (4)에서 새로운 값 '코딩'을 x 변수에 재할당한 것이 localfunction() 함수에 국한되지 않고 myfunction3() 함수의 x에도 영향을 주어 값이 바뀐 것이다.

이처럼 nonlocal문을 사용해서 같은 이름의 변수를 선언하면 바로 상위 범위에 있는 변수에 접근할 수 있다. 그럼 마지막으로 다음 코드를 실행해서 전역 변수의 값을 확인해보자.

```
>>> x                    # 전역 변수의 값을 확인한다(print(x)로 실행해도 된다).
'안녕 파이썬'
```

이때 전역 변수의 값이 바뀌지 않았다는 것을 알 수 있다. 전역 변수까지 바꾸려면 항상 global로, 바로 상위 범위의 변수까지 바꾸려면 nonlocal로 선언해야 한다.

4 함수의 문서화

프로그램을 작성할 때 주석을 넣으면 프로그램을 만들지 않은 사람도 이 코드가 어떤 일을 하는지 쉽게 이해할 수 있다. 그뿐만 아니라 자기 자신도 나중에 이 코드를 수정할 때 도움을 받을 수 있다.

주석이 명령문 블록 단위 또는 코드 한 줄 한 줄마다 추가하는 설명이라면, 설명문자열(document string 또는 줄여서 docstrings)은 함수를 만들 때 그 함수가 무엇을 하는지 전체적인 설명을 한다. 설명문자열은 함수가 하는 기능을 요약해서 문서 형태로 설명하는 것이기 때문에 주석처럼 '#'을 사용하지 않고 삼중 따옴표를 사용해서 함수나 클래스를 정의한 첫 줄 바로 아래에 작성한다. 설명문자열은 함수뿐만 아니라 다음 절에서 다룰 모듈이나 패키지, 12장에서 다룰 클래스에서도 같은 방식으로 작성할 수 있다.

설명문자열을 사용해서 문서를 작성하면 소스 코드를 보지 않고도 이 문서를 확인할 수 있다. 사실 주석은 소스 코드를 봐야만 내용을 알 수 있다. 하지만 설명문자열로 작성하면 소스 코드를 보지 않아도 확인할 수 있다. 예를 들어 설명문자열을 추가한 함수는 파이썬이 제공하는 특별한 속성인 __doc__을 통해 내용을 확인할 수 있다. 파이썬 내장 함수 대부분은 기본적으로 설명문이 추가되어 있기 때문에 __doc__을 통해 함수가 어떤 작업을 실행하는지 알 수 있다. 다음 코드는 지금까지 자주 사용한 len() 함수의 설명문자열을 확인한 결과를 보여준다.

```
>>> len.__doc__
'Return the number of items in a container.'
```

이번에는 print() 함수의 설명문자열을 확인해보자.

```
>>> print.__doc__
"print(value, ..., sep=' ', end='\\n', file=sys.stdout, flush=False)\n\
nPrints the values to a stream, or to sys.stdout by default.\nOptional
keyword arguments:\nfile:  a file-like object (stream); defaults to the
current sys.stdout.\nsep:   string inserted between values, default a space.\
nend:   string appended after the last value, default a newline.\nflush:
whether to forcibly flush the stream."
```

코드를 실행한 결과 사람이 읽기 편한 형식으로 출력되지 않는다는 것을 알 수 있다. 설명문자열도 문자열이기 때문에 대표 형식으로 출력하면 새줄바꿈 등이 함께 출력되어 가독성이 낮기 때문에 텍스트 형식으로 출력하는 것이 보기가 편하다. 따라서 다음 코드처럼 print() 함수를 사용해서 __doc__을 출력하는 것이 보기에 좋다.

```
>>> print(print.__doc__)
print(value, ..., sep=' ', end='\n', file=sys.stdout, flush=False)

Prints the values to a stream, or to sys.stdout by default.
Optional keyword arguments:
file:  a file-like object (stream); defaults to the current sys.stdout.
sep:   string inserted between values, default a space.
end:   string appended after the last value, default a newline.
flush: whether to forcibly flush the stream.
```

이번에는 직접 만든 사용자 정의 함수에 설명문자열을 추가해보자. 다음 예는 377p에서 만든 string_format() 함수에 설명문자열을 추가한 결과를 보여준다.

```
>>> def string_format(text, length=10, fills=' '):
...     """텍스트가 짧아졌음을 표시하는 채움문자와 함께 지정한 길이의 텍스트
를 반환하는 함수.
...
...     Args:
...         text (str): 문자열 텍스트
...         length (int): 채움 문자를 포함해서 반환할 텍스트의 전체 길이
...         fills (str): 채움 문자를 포함해서 반환할 텍스트의 전체 길이
...
...     Returns:
...         str: 지정한 길이가 원본 텍스트 길이보다 짧으면 지정한 길이만큼 텍
스트의 일부와 끝부분을 채움 문자로 채운 텍스트를 반환하고 원본 텍스트의 길이
가 길면 원본 텍스트를 반환
...     """
...     if len(text) < length:
...         text = text + fills * (length - len(text))
...     return text
...
>>>
```

이 함수를 __doc__을 사용해서 출력해보자.

```
>>> print(string_format.__doc__)
텍스트가 짧아졌음을 표시하는 채움문자와 함께 지정한 길이의 텍스트를 반환하는
함수.

    Args:
        text (str): 문자열 텍스트
        length (int): 채움 문자를 포함해서 반환할 텍스트의 전체 길이
        fills (str): 채움 문자를 포함해서 반환할 텍스트의 전체 길이

    Returns:
        str: 지정한 길이가 원본 텍스트 길이보다 짧으면 지정한 길이만큼 텍스
트의 일부와 끝부분을 채움 문자로 채운 텍스트를 반환하고 원본 텍스트의 길이가
길면 원본 텍스트를 반환
```

help()함수를 통해 string_format() 함수의 설명문자열을 볼 수도 있다. 직접 help(string_format) 명령을 실행해보자.

5 모듈과 패키지

모듈(module)이란 서로 연관된 함수들이나 클래스를 담은 파이썬 파일이다. 즉, '.py'라는 확장자의 파이썬 파일인데 파이썬 프로그램 자체도 같은 확장자의 파이썬 파일 형태로 저장되어 있다. 프로그램과 모듈을 구분하는 가장 중요한 기준은 '파일을 만든 목적이 무엇인가?'다. 프로그램은 어떤 문제를 해결하기 위해 파이썬 인터프리터 모드에서 특정 작업을 실행하는 파일이다. 모듈은 프로그램이 특정 작업을 실행하는 데 필요한 함수나 클래스 등을 불러와서 사용하기 위해 존재한다. 따라서 프로그램이 모듈을 사용하려면 사용하기 전에 반드시 `import`나 `from ... import`문으로 불러와야 한다.

한편 모듈이 서로 연관된 함수나 클래스를 담은 파이썬 파일이라면 패키지(package)는 이런 파일들을 모아놓은 폴더(디렉토리)다. 즉, 패키지는 여러 모듈 뭉치를 저장하고 있다. 다음과 같은 상황이라면 폴더 이름과 패키지 이름은 같다.

- 해당 폴더가 모듈(즉 .py 파일)을 담고 있다.
- 해당 폴더에 '__init__.py' 파일이 있다('__init__.py' 파일의 내용이 비어 있어도 상관없다).

그리고 파이썬 패키지 폴더가 현재 실행 중인 파이썬 메인 프로그램의 하위 폴더나 파이썬 경로 환경 변수(PYTHONPATH)에 정의되어 있다면 해당 패키지 안 어떤 모듈도 불러와서 사용할 수 있다.

그림 10-1은 사용자가 만든 모듈들을 담아 놓은 패키지 구조를 보여준다. 패키지 구조는 컴퓨터에서 파일을 폴더에 정리한 것과 같은 구조를 갖는다. 이때 사용자가 만든 최상위 모듈이나 패키지 이름이 표준 라이브러리에 있는 최상위 모듈의 이름과 중복

되지 않도록 주의해야 한다. 그렇지 않으면 파이썬 표준 라이브러리의 이름이 같기 때문에 명칭 오류가 날 수도 있다.

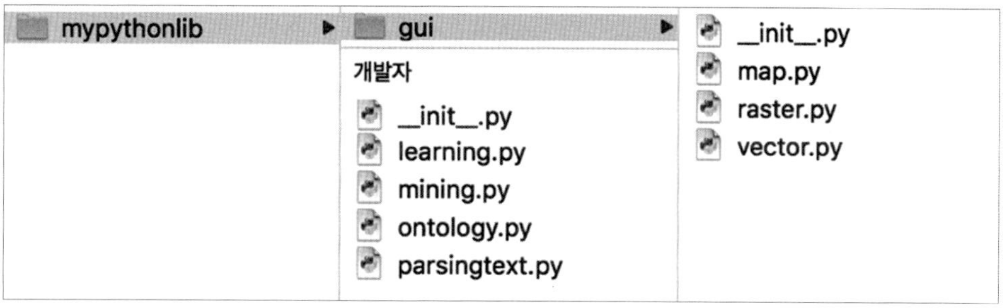

[그림 10-1] 패키지 구조 예

6 모듈과 패키지 불러오기

모듈이나 패키지 또는 모듈의 함수를 불러오는 방법은 두 가지가 있다. 첫 번째 방법은 import문으로 모듈을 불러오는 것이고, 두 번째 방법은 from ... import문을 사용하는 것이다.

import문을 사용하는 형식은 다음과 같다.

```
import X [as 식별자]
```

특징은 다음과 같다.

- 하나의 모듈을 불러올 때 사용하는 방법으로 명칭 오류의 가능성이 가장 낮다. X는 모듈 이름 또는 패키지 안의 모듈 이름이다. 패키지 이름만 사용할 수도 있지만 별다른 쓰임새가 없다.
- as 식별자는 선택 사항이다. 불러오는 X에 식별자(변수)를 지정해서 별칭으로 사용할 수 있다. 이때 식별자로 기존의 변수나 모듈 또는 패키지 이름을 사용하면 명칭 오류가 발생할 수 있으니 주의해야 한다.

import문을 사용하면 점 연산자(.)로 패키지 또는 모듈 이름과 함께 함수나 클래스 이름을 모두 불러야 한다. 이름이 길어져서 번거로울 수 있지만 잠재적인 명칭 오류를 피할 수 있는 장점이 있다. 참고로 명칭 오류(name conflict)란 패키지, 모듈, 함수, 클래스 등의 이름을 중복 사용해 발생하는 오류를 말한다.

명칭 오류를 피하려면 다른 사람이 만든 모듈이나 함수 이름과 중복되지 않게끔 자기만의 고유한 이름 짓는 방식을 정하고 일관성 있게 사용하는 것이 좋다. 예를 들어 명칭공간(namespace)에서 이름(식별자)으로 객체를 매핑할 때 전체 이름(fully qualified name)을 사용하면 이름을 중복 사용할 가능성이 거의 없다. 만약 사용자가 sum()이란 함수를 직접 만들어서 사용한다고 가정해보자. 그런데 파이썬이 제공하는 함수인 sum()과 numpy 모듈의 sum()뿐만 아니라 제3자가 개발한 sum() 등을 함께 사용해야 한다면, 같은 이름의 함수 sum()이 다수 존재하기 때문에 명칭 오류가 날 가능성이 매우 크다.

이런 상황에서는 본인이 소속된 회사의 도메인 이름을 패키지 또는 모듈 이름으로 사용하면 좋다. 다른 개발자가 만든 같은 이름의 함수와 명칭 오류가 날 가능성이 훨씬 줄어든다. 만약 사용자가 소속된 조직의 도메인 이름이 biz.snu.ac.kr이라고 가정하면, 이 이름을 거꾸로 해서 파이썬 모듈과 함수를 만들자. 아마도 세상에서 유일한 이름이 될 확률이 높다. 그럼 sum() 함수의 전체 이름은 kr.ac.snu.biz.sum()이 될 것이고 파이썬의 표준 라이브러리 sum(), numpy.sum(), 제3자가 개발한 여러 sum() 함수와 쉽게 구별할 수 있다. 누군가 내가 만든 sum() 함수를 사용할 때도 제3자가 개발한 sum()과 쉽게 구별해서 사용할 수 있을 것이다.

또 다른 방법은 사용자가 정의한 모듈 이름의 첫 글자를 대문자로 하는 것이다. 표준 라이브러리의 모듈 파일 이름이 모두 소문자이기 때문에 중복 가능성을 줄일 수 있다. 하지만 다른 사용자가 같은 방식으로 같은 모듈 이름을 사용할 확률도 있기 때문에 주의해서 사용해야 한다.

import문을 사용해서 math 모듈을 현재 작성 중인 프로그램으로 불러와보자. math 모듈은 여러 가지 표준 수학 함수들을 제공한다. 앞서 354p에서 계승 함수를 직접 만들어보았는데 이번에는 math 모듈이 제공하는 factorial() 함수를 불러와 실행해보자.

```
>>> import math                 # math 모듈을 불러오기한다.
>>> math.factorial(5)           # 점 연산자로 math 모듈의 factorial() 함수를 호출한다.
120
```

math 등 파이썬 모듈은 여러 함수나 클래스를 담고 있다. 이들을 사용하려면 모듈 이름과 함수(클래스) 이름 또는 변수(속성) 이름이나 클래스 메소드를 점(.)으로 구분해서 호출한다. 이처럼 점 연산자(.)를 사용해서 모듈의 함수나 클래스의 메소드에 접근하는 방법을 '점 표기법(dot notation)'이라고 한다. 다음 예는 파이썬이 원주율을 소수점 몇 자리까지 처리하는지 알기 위해서 math 모듈을 불러온 후 파이(π) 상숫값을 확인하는 코드다.

```
>>> import math                          # math 모듈을 불러오기한다.
>>> math.pi                              # 점 연산자로 math 모듈의 pi에 접근한다.
3.141592653589793
```

이처럼 상수나 변수에 접근할 때도 점 표기법을 사용한다. 이번에는 as문을 사용해서 math 모듈에 별칭을 붙여서 factorial() 함수와 pi 상수를 호출해보자.

```
>>> import math as m                # math 모듈을 m이라는 별칭으로 지정해서 불러오기한다.
>>> m.pi                            # math 모듈의 pi에 접근한다.
3.141592653589793
>>> m.factorial(5)                  # math 모듈의 factorial() 함수를 호출한다.
120
```

이 코드에서는 math 모듈을 m이라는 별칭으로 지정해서 사용했다. 단, 프로그램 어딘가에서 m을 변수로 사용한다면 중복 식별자로 명칭 오류가 날 수 있으니 주의해야 한다.

모듈이나 패키지를 불러오는 두 번째 방법인 from ... import문의 사용 형식은 다음과 같다.

```
from X import Y [as 식별자]
```

특징은 다음과 같다.

- 하나의 모듈이나 함수 또는 클래스를 불러올 때 사용하는 방법이다.
- X는 모듈 이름 또는 패키지 이름이거나 패키지 안의 모듈 이름이다.

- Y는 모듈 이름 또는 모듈 안 함수 이름(괄호는 생략) 또는 클래스 이름(괄호는 생략)이다.
- as 식별자는 선택 사항이다. 불러오는 모듈이나 함수에 식별자(변수)를 지정해서 별칭으로 사용할 수 있다. 이때 식별자로 기존 모듈이나 함수 이름을 사용하면 명칭 오류가 나니 주의해야 한다.

from ... import문을 사용하면 점 연산자(.)로 패키지와 모듈 이름을 불러오지 않고 직접 함수 이름이나 상수를 불러 사용하기 때문에 명칭 오류가 생길 수 있다. 예를 들어 만약 numpy 모듈의 sum() 함수를 from numpy import sum으로 불러오기했다면, numpy.sum()이 아니라 sum()으로 사용하기 때문에, 코드에서 파이썬 표준 라이브러리의 sum() 함수를 호출한 것인지 numpy 모듈의 sum() 함수를 호출한 것인지 구분하기 어려워진다.

먼저 앞서 사용한 math 모듈의 factorial() 함수와 pi 상수를 from ... import문으로 불러와 실행해보자.

```
>>> from math import factorial          # math 모듈에서 factorial() 함수를 불러온다.
>>> factorial(5)                        # math.factorial()로 불러오지 않는다.
120
>>> from math import pi                 # math 모듈에서 pi 상수를 불러온다.
>>> pi                                  # math.pi로 불러오지 않는다.
3.141592653589793
```

이처럼 math 모듈의 factorial() 함수를 모듈 이름 없이 factorial()로 사용하게 되면 사용자가 만든 factorial() 함수(354p 참고)와 이름이 같기 때문에 구분하기 어렵다.

이번에는 as문을 사용해서 math 모듈의 factorial() 함수를 호출해보자.

```
>>> from math import factorial as mf    # 별칭으로 mf 사용
>>> mf(5)
120
```

math 모듈의 factorial() 함수를 짧게 mf라는 식별자(별칭)로 지정하고 사용했다. 별칭이 짧아서 코드를 작성할 때 편할 수 있지만 명칭 오류가 발생할 수 있으며 모듈과 함수 이름을 축약해서 사용하다보니 의미 전달이 명확하지 않을 수 있다. 따라서 as문을 사용할 때는 주의가 필요하다.

지금까지는 하나의 모듈이나 함수를 불러와서 사용하는 경우를 살펴보았다. 이번에는 한꺼번에 여러 개의 모듈이나 함수 또는 클래스를 불러오는 형식을 알아보자. import문을 사용해서 여러 개의 모듈을 한꺼번에 불러오는 형식은 다음과 같다.

import X_1, X_2, ..., X_n

특징은 다음과 같다.

- 여러 개의 모듈 이름 또는 패키지 안의 모듈 이름을 한 줄에 작성해서 한꺼번에 불러오기 할 때 사용하는 방법이다.
- X는 모듈 이름 또는 패키지 안의 모듈 이름이다. 패키지 이름만 사용할 수도 있지만 별다른 쓰임새가 없다.
- 여러 줄로 작성해야 할 때는 '\(역슬래시)'로 새줄바꿈을 회피해서 여러 줄에 나눠 작성할 수도 있다. 하지만 권장하지 않는다.
- import문을 사용하면 항상 패키지 또는 모듈 이름과 함께 함수나 클래스 이름 전부를 사용하기 때문에 잠재적인 명칭 오류를 피할 수 있다.

from ... import문으로도 여러 개의 모듈이나 함수를 한꺼번에 불러올 수 있다. 다음처럼 세 가지 형식이 있다.

(1) from X import Y_1, Y_2, ..., Y_n

(2) from X import (Y_1, Y_2, Y_3, Y_4,
Y_5, ..., Y_n)

(3) from X import *

특징은 다음과 같다.

- (1)은 여러 개의 모듈이나 함수 또는 클래스를 한 줄에 작성해서 한꺼번에 불러오기를 할 때 사용하는 방법이다. X는 모듈 이름 또는 패키지 이름이거나 패키지 안의 모듈 이름이다. Y는 모듈 이름 또는 모듈 안 함수 이름(괄호는 생략) 또는 클래스 이름(괄호는 생략)이다.
- (2)는 (1)과 같지만 여러 줄에 걸쳐 다수의 모듈을 불러올 때 사용하는 방법이다. 시작과 끝을 괄호로 묶어 작성한다.
- (3)은 모듈 안의 모든 객체를 불러올 때 사용하는 방법이다. 주로 GUI 라이브러리처럼 패키지 안에 불러올 객체가 많은 경우에 사용할 수 있다. 하지만 명칭 오류가 발생하지 않도록 주의해야 한다.

참고로 (3)의 경우 사용자가 만든 패키지나 모듈이 있고, 패키지 폴더에 저장한 '__init__.py' 파일에 모듈의 객체 이름 목록을 담은 __all__ 전역 변수를 지정했다면 __all__에 있는 모든 객체를 불러온다. 단, private 접근 제어자 객체는 제외되기 때문에 다른 프로그램에서 불러 사용하기 원치 않는 변수나 함수 이름은 밑줄(_)로 시작하면 된다.

다음 예는 import문으로 여러 모듈을 한꺼번에 불러와 보자.

```
>>> import math, random, calendar, csv, string, os, os.path
```

from ... import문은 주로 모듈 하나에 있는 여러 개의 함수를 불러올 때 사용하면 편리하다. 다음 예는 math 모듈에 있는 함수들을 한꺼번에 불러오는 코드다. 이때 함수 이름 뒤의 괄호는 생략해야 한다.

```
>>> from math import factorial, isnan, exp, log, sqrt
```

만약 불러올 함수가 여러 개여서 한 줄로 처리하기 어렵다면 다음처럼 import 다음에 시작과 끝을 괄호로 묶어 여러 줄로 작성하면 된다.

```
>>> from math import (factorial, isnan, exp, log, sqrt,
...                   sin, tan, cos, degrees, radians)
```

모듈에 속한 모든 함수, 클래스, 변수, 상수 등을 한꺼번에 불러오려면 다음처럼 *를 사용하면 되지만 권장하지 않는다. 꼭 사용할 것만 불러와서 사용하는 것이 바람직하다.

```
>>> from math import *
```

if __name__ == '__main__'

__name__은 파이썬이 제공하는 특별한 식별자다. __name__ 속성은 모듈의 전체 이름(fully qualified name)을 담고 있다. 따라서 import문으로 모듈을 불러오면 __name__ 속성을 통해 명칭공간(namespace)에서 모듈을 고유하게 식별할 수 있다. 그런데 파이썬은 자바처럼 자동으로 실행되는 메인 메소드나 함수가 없기 때문에 import문으로 모듈(또는 파이썬 프로그램 파일)을 불러오면 함수와 클래스 정의를 제외하고 들여쓰기를 하지 않은 최상위의 모든 코드를 자동으로 실행한다. 예를 들어 다음과 같은 파이썬 프로그램 파일이 있다고 하자. 그리고 이 파일 이름을 'mymodule.py'라고 하자.

```
def myfunction():
    print('myfunction() 함수 안에서 출력합니다.')

print('최상위 레벨 코드입니다.')
```

'mymodule.py' 파일이 있는 폴더에서 파이썬을 대화형 모드로 실행한 후 import문으로 mymodule을 불러오면 다음과 같은 결과를 가져온다.

```
>>> import mymodule
최상위 레벨 코드입니다.
```

여기서 'mymodule.py' 파일 안 마지막 줄에 있는 print() 함수가 최상위 코드이기 때문에 자동으로 실행된 것을 볼 수 있다. 그런데 모듈을 불러오는 주된 이유는 해당 모듈이 제공하는 함수들을 사용하기 위해서고, 여기서처럼 모듈의 최상위 레벨 코드를 자동으로 실행하려는 것은 아니다. 그렇다면 import문으로 모듈(또는 파이썬 프로그램 파일)을 불러올 때 프로그램이 자동으로 실행되는 것을 어떻게 방지할 수 있을까? 앞서 import문으로 모듈을 불러왔을 때 __name__ 속성은 해당 모듈의 전체 이름을 담고 있다고 설명했다. mymodule의 이름을 확인하면 다음과 같다.

```
>>> mymodule.__name__
'mymodule'
```

이때 명령어 셸에서 python mymodule.py 명령으로 파이썬 파일을 실행하면 __name__ 속성이 '__main__'으로 설정된다. 즉, 앞서 396p에서 설명했듯이 파이썬 대화형 모드나 인터프리터 모드를 실행하면 __name__ 속성이 모듈 이름 대신 최상위 실행 레벨을 뜻하는 '__main__'을 담는다.

따라서 다음처럼 조건문을 사용해서 'mymodule.py' 파일을 수정한 후 불러오는 경우에는 최상위 코드인 print() 함수가 실행되지 않는다.

```
def myfunction():
    print('myfunction() 함수 안에서 출력합니다.')

if __name__ == '__main__':                # 인터프리터 모드에서만 실행되도록 한다.
    print('최상위 레벨 코드입니다.')
```

'mymodule.py' 파일을 대화형 모드에서 import문으로 불러오면 다음과 같은 결과를 가져온다.

```
>>> import mymodule                # 최상위 코드인 print() 함수를 실행하지 않는다.
>>>
```

import문으로 mymodule 모듈을 불러온 다음 myfunction() 함수를 호출해서 실행해보자.

```
>>> mymodule.myfunction()
myfunction() 함수 안에서 출력합니다.
```

이번에는 'mymodule.py' 파일을 인터프리터 모드에서 실행해보자.

```
> python mymodule.py
최상위 레벨 코드입니다.
```

앞처럼 인터프리터 모드에서 파이썬 파일을 실행하면 __name__ 속성이 '__main__'으로 설정되기 때문에 if __name__ == '__main__':은 '참(True)'이 되어 이 조건문 안의 코드를 모두 실행한다. 하지만 대화형 모드에서 파이썬 파일을 불러오면 __name__ 속성이 '__main__'이 아닌 모듈 이름을 담았기 때문에 이 조건문은 '거짓(False)'이 되어 조건문 안 코드는 실행되지 않는다.

random 모듈을 불러와서 사용하기

지금까지 개발자들이 상당한 기간을 거쳐 다양하고 완성도 높은 파이썬 모듈들을 개발했으며, 파이썬 표준 라이브러리는 이러한 모듈들을 포함하고 있다. 하지만 배포용 파이썬 개발 환경에 용량을 무한정 늘릴 수는 없기 때문에 뛰어나지만 범용성이 낮은 모듈들은 파이썬 표준 라이브러리에서 제외하기도 했다. 이런 모듈들은 개인 개발자 또는 단체 등의 제3자(서드파티, third party)가 개별적으로 유지보수하고 있다. 제3자가 개발해서 배포하는 모듈들도 파이썬이 제공하는 표준 라이브러리만큼이나 유용하고 뛰어나다. 따라서 가급적이면 직접 코드로 함수나 모듈을 작성하기 전에 기존에 존재하는 모듈이 있는지 확인해보는 습관을 들이는 것이 좋다.

여기에서는 파이썬 표준 라이브러리가 제공하는 모듈 중 활용도가 높은 random 모듈에 있는 함수들을 불러서 활용하는 방법을 간단히 살펴보기로 한다. random 모듈은 정규분포 등 다양한 통계분포에 기반한 무작위 추출법으로 의사난수(pseudo-random number)를 생성하는 함수들을 제공한다. 참고로 의사난수란 알고리즘으로 생성하는 난수로, 유사난수라고도 한다. 알고리즘으로 생성하기 때문에 진정한 난수는 아니다. 이렇게 생성되는 값은 규칙적이긴 하지만 아주 긴 주기를 갖고 생성한 숫자 배열이기 때문에 일반적으로 통계나 모델링에서 많이 사용한다.

random 모듈의 가장 기본이 되는 함수는 random()이다. 균일한 분포(uniform distribution)에 기반하여 0.0에서 1.0 사이(0.0은 포함, 1.0은 포함하지 않음)의 실수 중 하나를 무작위로 선택해 반환하는 함수다. import문을 사용해서 random() 함수를 불러와 실행해보자.

```
>>> import random                          # import문으로 random 모듈을 불러온다.
>>> random.random()                        # random 모듈의 random() 함수를 실행한다.
0.3724098876584302
```

import문으로 모듈을 불러온 경우에는 모듈이름.함수이름() 형식으로 함수를 호출해야 한다. 이번에는 from ... import문으로 randint() 함수를 불러와서 사용해보자. randint() 함수를 호출할 때는 다음처럼 두 개 정수 x와 y 사이(x와 y 둘 다 포함)의 정수 중 하나를 무작위로 선택해 반환하는 함수다.

```
>>> # from...import문으로 random 모듈의 randint 함수를 불러온다.
... from random import randint
>>> randint(1, 99)                         # 1 <= n <= 99 사이의 임의 정수를 반환한다.
24
```

from ... import문을 사용하면 모듈 이름을 작성하지 않아도 되기 때문에 간단하게 함수를 호출할 수 있다. 하지만 사용자가 정의한 함수를 호출하는지 파이썬이 제공하는 표준 라이브러리를 호출하는지 혼란스러울 수도 있으니 짧은 이름의 모듈일수록 import문으로 불러오기를 권장한다.

만약 명칭 오류의 가능성이 없다면 모듈에서 여러 개의 함수를 불러야 할 때 from ... import문을 사용하면 편리하다. 이번에는 random 모듈의 shuffle()과 choice() 함수를 불러서 사용해보자. shuffle() 함수는 가변자료형인 리스트를 전달받아 무작위로 섞어서 반환하는 함수다. choice() 함수는 전달받은 시퀀스형 객체를 전달받아 객체가 포함한 내용 중 하나를 무작위로 뽑아서 반환하는 함수다.

```
>>> from random import shuffle, choice
>>> L = [1, 2, 3, 4, 5, 6, 7, 8, 9]
>>> shuffle(L)                    # 리스트를 무작위로 섞는다.
>>> L
[8, 2, 6, 1, 7, 4, 3, 5, 9]
>>> choice(L)                     # 리스트에 들어 있는 객체 중 하나를 무작위로 추출한다.
7
```

choice() 함수는 리스트를 포함해서 모든 시퀀스형 객체에 사용할 수 있다. 다음 예는 알파벳 소문자 중 문자 하나를 무작위로 추출한 결과를 보여준다.

```
>>> choice('abcdefghijklmnopqrstuvwxyz')
't'
```

실습 10-8

모듈에서 함수 불러와서 사용하기

math 모듈에서 지수 함수 exp()를 다양한 방법으로 불러와서 사용해보자. 참고로 exp(x)는 e^x와 같다.

- math 모듈을 import문으로 불러온다.
- exp() 함수로 정수 10을 전달해서 결괏값을 확인한다.
- math 모듈을 import ... as문으로 불러온다. 식별자로 m을 사용한다.
- exp() 함수로 정수 10을 전달해서 결괏값을 확인한다.
- math 모듈을 from ... import문으로 불러온다.
- exp() 함수로 정수 10을 전달해서 결괏값을 확인한다.

답

```
>>> import math                          # import로 모듈을 불러온다.
>>> math.exp(10)
22026.465794806718
>>> import math as m                     # import ... as문으로 모듈을 불러온다.
>>> m.exp(10)
22026.465794806718
>>> from math import exp                 # from ... import문으로 함수를 불러온다.
>>> exp(10)
22026.465794806718
```

연습문제

모든 연습문제는 인터프리터 모드에서 실행하기 때문에 먼저 문제를 읽고 분석한 후, 파이썬 코드로 작성해서 py 파일로 저장한다. 각 연습문제의 마지막에 나오는 실행 예는 프로그램을 정상적으로 작성했을 때 실행한 결과를 보여주는 것이기 때문에 코드를 작성할 때 참고하면 된다. 인터프리터 모드에서 파일을 실행하는 방법은 '명령어 셸에서 프로그램 파이썬 실행하기'(56p)에서 다뤘다.

10-1 영어 모음 개수 계산하기

다음 내용을 처리하는 프로그램을 작성한 후 'ex10_1.py' 파일로 저장하자.

알파벳에 있는 모음의 개수를 계산하는 함수 count_vowels()를 구현한다. 이 함수는 전달인자로 입력한 알파벳 단어 또는 문장 하나에 속한 모음 알파벳(a, e, i, o, u)의 개수를 정수로 반환한다. 이때 알파벳의 대소문자는 구분하지 않는다. 이 함수를 정의한 후 샘플 데이터로 테스트하는 프로그램을 작성해보자.

실행 예: 인터프리터 모드

```
> python ex10_1.py
테스트 데이터: Apples
결과.........: 2

테스트 데이터: I love Python
결과.........: 4
```

실행 예: 대화형 모드

```
>>> import ex10_1
>>> ex10_1.count_vowels('Apples')
2
>>> ex10_1.count_vowels('I love Python')
4
```

10-2 자료형 분류하기

다음 내용을 처리하는 프로그램을 작성한 후 'ex10_2.py' 파일로 저장하자.

숫자 외의 자료형을 골라서 튜플로 반환하는 함수 no_number()를 구현한다. 이 함수는 리스트나 튜플을 전달인자로 받아서 안에 있는 객체가 숫자가 아니면 따로 추출해서 튜플로 반환한다. 이 함수를 정의한 후 샘플 데이터로 테스트하는 프로그램을 작성해보자.

실행 예: 인터프리터 모드

```
> python ex10_2.py
테스트 데이터: [[1], {1}, 1, '1', 'one', -3.14, {'1': 1}, 0, '2.58',
(5, 9.9)]
결과.........: ([1], {1}, '1', 'one', {'1': 1}, '2.58', (5, 9.9))
```

실행 예: 대화형 모드

```
>>> import ex10_2
>>> test_data = [[1], {1}, 1, '1', 'one', -3.14, {'1': 1}, 0, '2.58',
(5, 9.9)]
>>> ex10_2.no_number(test_data)
([1], {1}, '1', 'one', {'1': 1}, '2.58', (5, 9.9))
```

10-3 특정 문자의 대소문자 반전하기

다음 내용을 처리하는 프로그램을 작성한 후 'ex10_3.py' 파일로 저장하자.

특정 문자의 대소문자를 반전하는 함수 switch_somecase()를 구현한다. 이 함수는 전달인자로 입력한 임의의 알파벳 문자열에서 소문자 a, b, c, d는 대문자 A, B, C, D, 대문자 A, B, C, D는 소문자 a, b, c, d로 변경한다. 즉, switch_somecase() 함수의 반환 값은 지정한 문자에 한해서만 대소문자를 반전한 문자열이다. 이 함수를 정의한 후 샘플 데이터로 테스트하는 프로그램을 작성해보자.

힌트

- 변경 대상을 선정하기 쉽도록, A, B, C, D, a, b, c, d를 하나의 자료형으로 할당한다.
- 멤버십 연산자 in을 사용해서 변경해야 하는 문자를 확인한다.
- 문자열 메소드 중 swapcase()는 알파벳 대문자를 소문자로, 소문자를 대문자로 바꾼 문자열을 반환하는 함수다.

실행 예: 인터프리터 모드

```
> python ex10_3.py
테스트 데이터: I am Python. I am not anaconda!!!
결과.........: I Am Python. I Am not AnAConDA!!!
```

실행 예: 대화형 모드

```
>>> import ex10_3
>>> ex10_3.switch_somecase('I am Python. I am not anaconda!!')
'I Am Python. I Am not AnAConDA!!'
```

10-4 객체의 인덱스 찾기

다음 내용을 처리하는 프로그램을 작성한 후 'ex10_4.py' 파일로 저장하자.

시퀀스형 자료 안의 특정 객체의 인덱스를 알려주는 함수 search_index()를 구현한다. 이 함수는 문자열, 리스트, 튜플 등 시퀀스형 안에서 찾고자 하는 객체가 있으면 그 객체의 인덱스를 반환하고, 없으면 -1을 반환한다. 이 함수의 첫 번째 전달인자는 검색 목록인 시퀀스형 객체이며, 두 번째 전달인자는 찾고자 하는 특정 객체다. 객체가 알파벳 문자열이면 대소문자를 구분한다. 이 함수를 정의한 후 샘플 데이터로 테스트하는 프로그램을 작성해보자.

실행 예: 인터프리터 모드

```
> python ex10_4.py
테스트 데이터: I love Python
타깃.........: p
결과.........: -1

테스트 데이터: ['기타', '베이스', '키보드', '드럼']
타깃.........: 드럼
결과.........: 3

테스트 데이터: [1, 2, 3]
타깃.........: 1
결과.........: 0
```

실행 예: 대화형 모드

```
>>> import ex10_4
>>> s1 = 'I love Python'
>>> ex10_4.search_index(s1, 'p')
-1
>>> s2 = ['기타', '베이스', '키보드', '드럼']
>>> ex10_4.search_index(s2, '드럼')
3
>>> s3 = [1, 2, 3]
>>> ex10_4.search_index(s3, 1)
0
```

10-5 람다 함수 사용하기

다음 내용을 처리하는 프로그램을 작성한 후 'ex10_5.py' 파일로 저장하자.

첫 번째 객체가 정수, 두 번째 객체가 문자열인 튜플을 객체로 갖는 리스트를 정렬하는 람다 함수를 구현한다. 예를 들어 (2, 'apple'), (1, 'Banana'), (1, 'grape'), (1, 'Orange'), (2, 'Pineapple')로 구성된 리스트를 sorted() 함수로 정렬하면 다음과 같은 결과가 나온다.

```
>>> pair = [
...     (2, 'apple'), (1, 'Banana'), (2, 'Banana'), (1, 'grape'),
...     (3, 'apple'), (3, 'Orange'), (2, 'Pineapple')
... ]
>>> sorted(pair)
[(1, 'Banana'), (1, 'Orange'), (1, 'grape'), (2, 'Pineapple'), (2,
'apple')]
```

원칙적으로 각 시퀀스형의 첫 번째 객체부터 차례로 정렬하기 때문에 튜플의 첫 번째 객체인 숫자가 먼저 정렬한 후 두 번째 객체인 문자열을 정렬한다. 또한 파이썬에서는 문자열을 정렬할 때 대문자를 먼저 정렬한 후 소문자를 정렬하기 때문에 위와 같은 결과가 나온다. 이번에 만들고자 하는 함수는 sorted() 함수 key의 전달인자로 사용할 람다 함수다. 이 람다 함수는 두 번째 객체를 먼저 대소문자 구분없이 알파벳 순으로 오름차순 정렬한 후, 첫 번째 객체인 숫자를 오름차순으로 정렬한다. 이 함수를 정의한 후 샘플 데이터로 테스트하는 프로그램을 작성해보자.

실행 예: 인터프리터 모드

```
> python ex10_5.py
테스트 데이터: [(2, 'apple'), (1, 'Banana'), (2, 'Banana'), (1,
'grape'), (3, 'apple'), (3, 'Orange'), (2, 'Pineapple')]
결과.........: [(2, 'apple'), (3, 'apple'), (1, 'Banana'), (2,
'Banana'), (1, 'grape'), (3, 'Orange'), (2, 'Pineapple')]
```

10-6 단어 길이로 정렬하기

다음 내용을 처리하는 프로그램을 작성한 후 'ex10_6.py' 파일로 저장하자.

단어의 길이가 긴 순서부터 정렬하는 함수 sort_by_word_length()를 구현한다. 이 함수는 전달 인자로 입력한 한 개 이상의 단어가 있을 때 단어의 길이가 긴 순서부터 정렬해서 리스트로 반환한다. 단어의 길이가 같다면 그 단어들을 다시 내림차순으로 정렬한다. 알파벳 단어라면 대소문자를 구분해서 내림차순으로 정렬한다. 이 함수를 정의한 후 샘플 데이터로 테스트하는 프로그램을 작성해보자.

실행 예: 인터프리터 모드

```
> python ex10_6.py
테스트 데이터: '피아노', '기타', '베이스', '드럼'
결과.........: ['피아노', '베이스', '드럼', '기타']

테스트 데이터: 'red', 'blue', 'green', 'brown', 'gray'
결과.........: ['green', 'brown', 'gray', 'blue', 'red']
```

실행 예: 대화형 모드

```
>>> import ex10_6
>>> ex10_6.sort_by_word_length('피아노', '기타', '베이스', '드럼')
['피아노', '베이스', '드럼', '기타']
>>> ex10_6.sort_by_word_length('red', 'blue', 'green', 'brown',
'gray')
['green', 'brown', 'gray', 'blue', 'red']
```

10-7 할부 기간 계산하기

다음 내용을 처리하는 프로그램을 작성한 후 'ex10_7.py' 파일로 저장하자.

구입한 물건의 전체 금액을 다 갚는데 걸리는 기간(월 단위)을 계산하는 함수 `installment()`를 구현한다. 매달 특정 할부금을 납입한다는 가정 아래 전체 물건 금액을 갚기 위해 필요한 기간을 월 단위로 계산하는 함수다. 납입은 매달 마지막 날 이루어지며 이자 또한 고려해야 한다. 이 함수를 정의한 후 샘플 데이터로 테스트하는 프로그램을 작성해보자. 전체 금액, 매달 납입할 할부금, 이자율을 입력받아 계산한 납입 기간을 출력한다. 부적절한 내용을 입력한 경우의 예외 처리도 구현한다.

실행 예: 인터프리터 모드

```
> python ex10_7.py
구입한 물건의 가격은 얼마입니까(단위: 원)? 100000.5
오류: 잘못된 숫자입니다!

구입한 물건의 가격은 얼마입니까(단위: 원)? 100000
매달 얼마씩 납입할 예정입니까(단위: 원)? 555.55
오류: 잘못된 숫자입니다!

구입한 물건의 가격은 얼마입니까(단위: 원)? 100000
매달 얼마씩 납입할 예정입니까(단위: 원)? 5000
할부금의 이자율은 얼마입니까(단위: %)? 10
이자가 할부금보다 크군요. 매월 이자보다 더 많이 납입해야 합니다!!!
계속하시겠습니까? (1) 예 (2) 아니요 => 1

구입한 물건의 가격은 얼마입니까(단위: 원)? 100000
매달 얼마씩 납입할 예정입니까(단위: 원)? 20000
할부금에 대한 이자율은 얼마입니까(단위: %)? 3
6개월
계속하시겠습니까? (1) 예 (2) 아니요 => 1

구입한 물건의 가격은 얼마입니까(단위: 원)? 500000
매달 얼마씩 납입할 예정입니까(단위: 원)? 50000
할부금의 이자율은 얼마입니까(단위: %)? 9
27개월
계속하시겠습니까? (1) 예 (2) 아니요 => 2
Bye~~~!
```

실행 예: 대화형 모드

```
>>> import ex10_7

구입한 물건의 가격은 얼마입니까(단위: 원)? 100000.5
오류: 잘못된 숫자입니다!

구입한 물건의 가격은 얼마입니까(단위: 원)? 100000
매달 얼마씩 납입할 예정입니까(단위: 원)? 555.55
오류: 잘못된 숫자입니다!

구입한 물건의 가격은 얼마입니까(단위: 원)? 100000
매달 얼마씩 납입할 예정입니까(단위: 원)? 5000
할부금의 이자율은 얼마입니까(단위: %)? 10
이자가 할부금보다 크군요. 매월 이자보다 더 많이 납입해야 합니다!!!
계속하시겠습니까? (1) 예 (2) 아니요 => 1

구입한 물건의 가격은 얼마입니까(단위: 원)? 100000
매달 얼마씩 납입할 예정입니까(단위: 원)? 20000
할부금의 이자율은 얼마입니까(단위: %)? 3
6개월
계속하시겠습니까? (1) 예 (2) 아니요 => 1

구입한 물건의 가격은 얼마입니까(단위: 원)? 500000
매달 얼마씩 납입할 예정입니까(단위: 원)? 50000
할부금의 이자율은 얼마입니까(단위: %)? 9
27개월
계속하시겠습니까? (1) 예 (2) 아니요 => 2
Bye~~~!
```

10-8 두 텍스트의 중복 단어 검사하기

다음 내용을 처리하는 프로그램을 작성한 후 'ex10_8.py' 파일로 저장하자.

두 문장을 비교하여 중복 단어 개수를 반환하는 함수 compare_texts()를 구현한다. 이 함수는 임의의 두 문장을 입력받아, 해당 문장에 있는 중복 단어 개수를 출력한다. 이때 알파벳 문장은 대소문자 구분 없이 모두 소문자로 변환해서 비교한다. 함수의 결괏값은 {'단어': 중복횟수, 단어': 중복횟수, ...}의 형태인 딕셔너리로 반환한다. 이때 중복되지 않는 단어는 포함하지 않는다. 또한 만약 문장에 부호가 있으면, 문장 부호는 제거하고 비교한다. 두 문장에서 같은 단어가 여러 번 등장하면, 두 문장에서 중복되는 횟수만을 고려한다. 예를 들면 다음과 같다.

- 'apple! is an apple?'과 'apple!!!'인 경우는 {'apple': 1}이 된다.
- 'apple is an apple'과 'pineapple'인 경우는 {}이 된다.
- 'apple! is an apple'과 'apple, apple, apple, apple, apple'인 경우는 {'apple': 2}가 된다.
- 'this is not an apple!!!'과 'apple, apple, apple, apple, apple'인 경우는 {'apple': 1}이 된다.
- 'apple, apple, apple'과 'my apple?, my apple!, my %apple--'인 경우는 {'apple': 3}이 된다.

이 함수를 작성한 후 샘플 데이터로 테스트하는 프로그램을 작성해보자.

실행 예: 인터프리터 모드

```
> python ex10_8.py
테스트 데이터 1: apple is an apple!!!
테스트 데이터 2: this is not an apple!
결과...........: {'apple': 1, 'is': 1, 'an': 1}

테스트 데이터 1: Python is the best computer language! but I do not
prefer Python than Java for some purpose.
테스트 데이터 2: Sometimes, Java is more powerful than Python
language. but I recommend Python for scientific purpose.
결과...........: {'python': 2, 'is': 1, 'language': 1, 'but': 1,
'i': 1, 'than': 1, 'java': 1, 'for': 1, 'purpose': 1}
```

실행 예: 대화형 모드

```
>>> import ex10_8
>>> t1 = 'apple is an apple!!!'
>>> t2 = 'this is not an apple!'
>>> ex10_8.compare_texts(t1, t2)
{'apple': 1, 'is': 1, 'an': 1}
>>> t3 = 'Python is the best computer language! but I do not prefer
Python than Java for some purpose.'
>>> t4 = 'Sometimes, Java is more powerful than Python language. but
I recommend Python for scientific purpose.'
>>> ex10_8.compare_texts(t3, t4)
{'python': 2, 'is': 1, 'language': 1, 'but': 1, 'i': 1, 'than': 1,
'java': 1, 'for': 1, 'purpose': 1}
```

몰라도 바로 따라 쓰는 실전 파이썬 **웹 크롤링**

동영상 강의 10-12 웹 크롤링

우리는 하루에도 수십 번씩 웹 페이지에 접속한다. 웹 페이지에는 다양한 정보가 담겨 있으며, 종종 그 정보들을 수집하고 싶을 때가 있다. 파이썬에서 urllib와 BeautifulSoup 라이브러리를 이용하면 강력한 웹 크롤링 프로그램을 작성할 수 있다.

위키백과(https://ko.wikipedia.org/wiki/)의 웹 페이지에서 원하는 정보를 수집하는 코드를 따라해보자.

사용한 개념

패키지 사용, urllib, BeautifulSoup, 웹 크롤링, HTML

파이썬 라이브러리 설치

웹 문서를 파싱하기 위해서 BeautifulSoup 라이브러리를 사용할 것이다. BeautifulSoup는 HTML과 XML 형식의 데이터를 파싱할 때 사용하는 파이썬 라이브러리다. BeautifulSoup를 사용하기 위해서는 먼저 명령어 셀에서 pip 명령어를 사용해서 라이브러리를 설치해야 한다. 이때 설치할 컴퓨터는 인터넷에 연결되어 있어야 한다. 설치는 명령어 셀에서 pip install bs4로 하면 된다. 설치가 성공하면 다음과 비슷한 메시지가 나타난다.

```
> pip install beautifulsoup4
Collecting bs4
  Downloading bs4-xxx
Collecting beautifulsoup4 (from bs4)
  Downloading beautifulsoup4-xxx
    100% |████████████████████████████████| 92kB 779kB/s
Installing collected packages: beautifulsoup4, bs4
  Running setup.py install for bs4 ... done
Successfully installed beautifulsoup4-xxx bs4-xxx
```

코드 예시

URL 'https://ko.wikipedia.org/wiki/한국어'에 있는 정보를 수집하고자 한다.

먼저 해당 URL에 접속해서 HTML문서를 받아와 일부만 출력해본다.

```
>>> # URL에 접속해 내용물(HTML)을 받아오기 위해 필요한 라이브러리
... from urllib import parse
>>> from urllib.request import urlopen
>>> from bs4 import BeautifulSoup          # HTML 파싱을 위한 라이브러리
>>> keyword = '한국어'                     # 위키백과에서 불러오려는 페이지의 키워드
>>> # keyword를 URL 형식에 맞게 인코딩한다.
... url = 'https://ko.wikipedia.org/wiki/' + parse.quote(keyword)
>>> # urlopen() 함수를 통해 웹 페이지를 불러와서 HTML 구조를 BeautifulSoup로 파싱한다.
... source = BeautifulSoup(urlopen(url), 'html.parser')
>>> # 받아온 HTMl 코드 중 300개 문자를 보기 좋게 출력한다.
... print(source.prettify()[:300])
<!DOCTYPE html>
<html class="client-nojs" dir="ltr" lang="ko">
 <head>
  <meta charset="utf-8"/>
  <title>
   한국어 - 위키백과, 우리 모두의 백과사전
  </title>
  <script>
   document.documentElement.className = document.documentElement.className.
replace( /(^|\s)client-nojs(\s|$)/, "$1client-js$2" );
  </script>
```

HTML 설명은 이 책의 범위를 넘어서므로 자세한 설명은 생략한다. 위키백과 웹 페이지에서 목차에 해당하는 내용은 <li>라는 태그로 묶여 있으며 태그를 식별하는 속성 이름과 속성 값으로 class와 toclevel-1을 사용한다. 이 조건을 만족하는 모든 HTML 요소(element)를 찾아 출력하면 다음과 같다.

```
>>> # li 태그 중 클래스 이름이 toclevel-1인 모든 요소를 탐색하여 변수 target에 저장한다.
... target = source.find_all('li', {'class': 'toclevel-1'})
>>> for e in target:                    # 리스트 target에 들어 있는 각 HTML 요소에 대해
...     print(e.get_text().strip())   # HTML 코드를 제거하고 내용 텍스트만 출력한다.
...
1 '한국어'의 여러 명칭
2 계통

2.1 알타이어족설
2.2 한-일어족설
2.3 극동아시아어족설
2.4 비알타이어 기층설
3 음운

3.1 모음
3.2 자음
3.3 형태 음소론
4 문법
5 어휘
6 문자
7 방언

7.1 한국어의 남북 간 차이
8 외국어로서

8.1 한국어 검정시험

8.1.1 대한민국
8.1.2 일본
9 인터넷에서의 한국어
10 한국어 사용국가
11 관련 항목
12 각주
13 외부 링크
```

위키백과 웹 페이지의 각 문단은 <p> 태그 아래에 있다. 위키백과 웹 페이지에서 설명 문단은 해당 태그를 식별하는 id 값이 bodyContent인 <div> 태그로 구분된다. 따라서 세부 내용은 다음 코드로 불러올 수 있다. 내용이 길기 때문에 첫 번째 문장만 출력하고 빠져나오기로 하자.

```
>>> # div 태그 중 id가 bodyContent인 첫 번째 요소를 탐색하여 변수 body에 저장한다.
... body = source.find('div', {'id':'bodyContent'})
>>> # body의 하위에 있는 모든 <p> 태그를 탐색하여 변수 paragraph에 저장한다.
... paragraphs = body.find_all('p')
>>> for p in paragraphs:                    # 리스트 paragraphs 안의 각 객체에 대해
...     print (p.get_text().strip())        # HTML 코드를 제거하고 내용 텍스트만 출력한다.
...     break                               # 첫 번째 문단만 출력하고 for문을 빠져나온다.
...
한국어(    ) 또는 한국말(   말), 조선말(   말)은 대한민국과 조선민주주의인민공
화국, 중화인민공화국 연변 조선족 자치주의 공용어로, 대한민국에서는 한국어 또
는 한국말이라고 부르고, 조선민주주의인민공화국에서는 조선말, 중화인민공화국
과 일본에서는 조선어(    )라고 부르며, 러시아와 중앙아시아의 고려인들 사이에
서는 고려말(   말)이라고 부른다.
```

생각해보기

위키백과의 '한국' 웹 페이지(https://ko.wikipedia.org/wiki/한국)를 대상으로도 같은 분석을 실행해 보자.

11장

파일 처리

파일(file)이란 컴퓨터 프로그램이 접근해서 사용할 수 있는 정보들을 모아 담은 컨테이너다. 데이터를 파일로 저장하지 않으면 프로그램은 실행 도중에 데이터를 생성하거나 처리한 결과를 일시적으로 컴퓨터 메모리에 저장해두고, 프로그램을 종료하면 데이터는 사라진다. 따라서 나중에 다시 같은 데이터를 처리하고자 한다면 파일 형식으로 컴퓨터 디스크에 저장한 후, 필요할 때마다 불러서 사용하면 편리하다. 이 장에서는 파일의 여러 형식을 알아보고, 파일을 쓰고 읽는 방법을 학습한다.

1 파일 종류

파이썬이 다루는 파일의 종류는 크게 텍스트 형식, 마크업 형식, 이진 형식으로 나뉜다. 이 세 형식의 특징과 장단점을 간단히 알아보자.

텍스트(text) 형식은 파이썬에서 가장 흔히 사용하는 파일 형식이다. 파일의 내용으로 텍스트만 포함하며, 글꼴의 굵기나 기울기 등 특별한 포맷 형식이나 이미지 등을 포함하지 않은 파일 형식을 일컫는다. 텍스트 파일은 사람이 바로 인지할 수 있는 아스키(ASCII)나 유니코드(Unicode) 문자 형태로 저장되기 때문에 직접 읽거나 편집하는 것이 쉽다. 모든 운영체제는 기본적으로 텍스트 편집기를 제공한다. 그뿐만 아니라 소프트웨어 대부분은 텍스트 파일을 읽어 들일 수 있으며, 저장할 때도 텍스트 형식으로 저장하는 기능을 제공한다. 파이썬 코드도 텍스트 형식으로 저장되기 때문에 프로그래밍 도구뿐만 아니라 메모장 등 일반 텍스트 편집기를 사용해서 파이썬 코드를 편집할 수 있다. 하지만 텍스트 파일을 처리할 때 모든 텍스트는 문자열로 처리되기 때문에, 파일을 읽어 들인 후 날짜나 숫자 등 목적에 맞게 파싱(parsing)할 필요가 있다.

마크업(markup) 형식은 문자 또는 부호 등 특별한 코드로 이루어져 있다. 텍스트 또는 HTML과 같은 웹 페이지의 특정 위치에 일종의 태그(tag)를 삽입하여 파일 내용을 어떤 방식으로 스크린에 나타내거나 인쇄해야 하는지 정하는 것이다. 마크업 형식은 문자 포맷뿐만 아니라 문장의 논리적 구조를 기술할 때도 사용한다. 마크업 형식 또한 텍스트 파일이기 때문에 사람이 읽거나 편집할 수 있으며, 텍스트 편집기 같은 도구를 사용하여 간편하게 처리하거나 변경할 수 있다. 하지만 태그를 사용하기 때문에 내용이 장황하고 파일 용량이 텍스트 형식보다는 큰 편이다. 마크업 형식의 파일은 방금 소개한 특성 때문에 텍스트 데이터 또는 이진(binary) 형식 데이터를 불러오거나 내보낼 때 징검다리 역할로 많이 사용한다.

이진(binary) 형식이란 텍스트 형식이 아닌 파일 형식을 말한다. 즉, 사람이 바로 인지할 수 있는 아스키(ASCII)코드나 유니코드(Unicode) 문자 형태로 저장되지 않고 이진 형태로 저장된 파일 형식이다. 파일 형식을 미리 정확히 이해하는 소프트웨어에서만 파일을 읽어들일 수 있기 때문에, 이진 형식으로 저장된 파일은 외부에서 식별할 수 없을 뿐만 아니라 사람이 직접 이해할 수 없다. 예를 들어 xlsx 파일은 엑셀 등 xlsx 파일을 읽을 수 있는 소프트웨어로만 파일 내용을 볼 수 있다. 메모장 등 일반 텍스트 편집기를 사용해서 이진 파일을 열어보면 그 내용을 읽고 이해하는 것이 거의 불가능하다. 따라서 파일 안의 데이터를 어떤 방식으로 배치했는지 등 이진 형식의 정확한 포맷 규칙을 모르면 처리할 수 없다. 반면에 이진 형식의 파일은 용량이 상대적으로 작기 때문에 파일을 저장하거나 읽어 들이는 속도가 빠르며, 사람이 직접 읽거나 편집할 수 없기 때문에 텍스트 파일이나 마크업 파일처럼 파싱(parsing)할 필요가 없다. 파이썬의 `pickle` 모듈이나 `shelve` 모듈을 사용하면 이진 형식의 파일로 저장하거나 읽어 처리할 수 있다.

2 파일 쓰기와 읽기

파일 처리란 파일에 저장한 데이터를 읽어 들인 후 데이터를 조작하고, 결과를 다시 파일로 저장하는 모든 작업을 말한다. 파이썬 프로그램에서는 파일을 사용하기 위해 기본적으로 파일의 입력과 출력을 처리할 수 있어야 한다.

파일에 데이터를 저장하는 작업을 '데이터 쓰기'라고 하며, 쓰기 작업을 통해 데이터를 저장한 파일을 '출력 파일'이라고 한다. 반대로 파일에서 데이터를 가져오는 작업을 '데이터 읽기'라고 하며, 데이터 읽기 작업을 통해 데이터를 가져올 파일을 '입력 파일'이라고 한다.

파이썬은 출력 파일이나 입력 파일과 연결된 객체를 통해서만 데이터 읽기와 쓰기 작업을 할 수 있다. 이처럼 특정 파일과 연결된 객체를 '파일 객체(file object)'라고 한다. 파일 객체는 파이썬 프로그램이 파일 처리와 관련된 모든 작업을 할 수 있는 방법을 제공한다. 이런 파일 객체는 일반적으로 변수를 통해 참조한다. 즉, 파이썬은 파일 변수를 통해 파일을 처리한다.

다음 코드는 open() 함수를 통해 텍스트 파일 '고향의봄.txt'를 파일 읽기 모드로 연다. open() 함수는 입력 파일 객체를 생성한 후에 파일 내용을 my_file이란 변수에 할당한다(아직 실행할 수 있는 코드가 아니라는 것을 참고하기 바란다).

```
>>> # 입력 파일 객체를 생성한 후 변수에 할당한다.
... my_file = open('고향의봄.txt', mode='r')
```

이렇게 파일 객체를 변수에 할당한 후에는 다음 예처럼 파일에 저장한 내용을 줄 단위로 모두 읽어 들여서 한 줄씩 출력할 수 있다(아직 실행할 수 있는 코드가 아니라는 것을 참고하기 바란다).

```
>>> lines = my_file.readlines()
>>> for line in lines:                          # 파일 내용을 줄 단위로 처리한다.
...     print(line.strip())
...
나의 살-던 고향은 꽃피는-산골-
복숭아-꽃 살-구꽃 아-기 진-달래-
울긋불-긋 꽃 대궐 차리인-동네-
그 속에서 놀던 때가 그립습니다-

꽃-동-네 새 동네 나의 옛-고향-
파-란-들 남쪽에서 바-람이-불면-
냇-가에 수양버들 춤추는-동네-
그 속에서 놀던 때가 그립습니다-
```

이렇게 open() 함수를 사용해 파일 내용을 읽어 들일 수도 있지만, 쓰기 작업을 통해 데이터를 파일로 저장할 수도 있다. open() 함수의 형식은 다음과 같다.

```
open(파일, mode='r', buffering=-1, encoding=None, errors=None,
     newline=None, closefd=True, opener=None)
```

특징은 다음과 같다.

- 파일과 연결된 파일 객체를 반환한다. 만약 파일을 열 수 없으면 OSError가 발생한다.
- 파일은 열려는 파일의 경로 이름(현재 작업 폴더의 절대경로 또는 상대경로)과 파일 이름을 합한 문자열이다.
- mode는 선택 사항으로 열려는 파일의 모드를 지정한다. 모드의 종류는 다음과 같다.
  - 'r': 읽기용으로 파일을 연다. 기본값이 텍스트 읽기 모드이기 때문에 설정하지 않으면 'rt' 모드로 파일을 연다.
  - 'w': 쓰기용으로 파일을 연다. 만약 파일이 이미 존재하면 기존의 데이터를 삭제하고 새로 작성하므로 매우 조심해서 사용해야 한다.

- 'x': 'w'와 같지만 파일이 이미 존재하면 오류가 발생한다.
- 'a': 'w'와 같지만 파일이 이미 존재하면 파일의 마지막에 내용을 추가한다.
- 't': 텍스트 모드로 파일을 연다. 기본값이기 때문에 텍스트 모드로 파일을 열 때는 't'를 생략해도 된다. 텍스트 모드에서 인코딩(encoding)을 지정하지 않으면 파이썬 개발 환경을 설치한 운영체제의 기본 인코딩이 적용된다.
- 'b': 이진(binary) 모드로 파일을 연다. 이진 모드로 파일을 열 때는 인코딩(encoding)을 지정하지 않는다. 'w+b' 모드로 파일을 열 때 파일이 존재하면 기존의 데이터를 삭제하고 새로 작성한다. 'r+b' 모드로 파일을 열 때는 기존의 데이터를 삭제하지 않고 연다.
- '+': 업데이트(읽기와 쓰기)용으로 파일을 연다.

- encoding으로 파이썬이 지원하는 텍스트 인코딩의 이름을 정할 수 있다. 텍스트 모드에서만 사용할 수 있고, encoding을 지정하지 않으면 파이썬 개발 환경을 설치한 운영체제의 기본 인코딩을 적용한다. encoding을 지정하면 파일을 열 때 지정한 인코딩으로 파일을 인코딩하거나 디코딩한다.
- 나머지 매개변수 대부분은 기본값을 사용하기 때문에 이 책에서는 설명을 생략한다. 구체적인 내용을 알고 싶으면 파이썬 문서[1]를 참고하면 된다.

파일 쓰기

여기에서는 파일 쓰기와 관련한 여러 가지 사항을 살펴본다.

❶ 텍스트 파일 쓰기

그럼 이 장에서 사용할 텍스트 파일을 만들어보자. 새로운 파일을 쓰기 모드로 열어서 데이터를 입력하면 된다. 먼저 open() 함수의 모드(mode)를 쓰기 모드인 'w'로 설정하고, 가장 널리 사용하는 'utf-8'를 텍스트 인코딩(encoding)으로 설정해서 '고향의봄.txt'라는 파일의 파일 객체를 다음처럼 생성해보자.

```
>>> file = open('고향의봄.txt', mode='w', encoding='utf-8')
```

1 https://docs.python.org/3/library/functions.html?highlight=open#open

다음처럼 파일을 쓰기 모드로 열면 현재 작업 폴더에 '고향의봄.txt' 파일이 만들어졌음을 확인할 수 있다. 이때 모드(mode) 매개변수 이름을 생략하고 아래처럼 해도 된다.

```
>>> file = open('고향의봄.txt', 'w', encoding='utf-8')     # mode='w'와 같다.
```

위의 코드로 생성한 파일 객체의 내용을 확인해보면 다음처럼 파일 이름과 모드, 인코딩 방식을 확인할 수 있다.

```
>>> print(file)                                        # 파일 객체의 내용을 알아본다.
<_io.TextIOWrapper name='고향의봄.txt' mode='w' encoding='utf-8'>
```

만약 파이썬 대화형 모드를 실행하는 현재 폴더가 아니라 다른 폴더에 파일을 만들고 싶다면 파일 이름 앞에 경로를 지정해주면 된다. 예를 들어 2장에서 바탕 화면에 'pyprg'라는 폴더를 만들었는데 여기다 파일을 저장하려면 'C:₩Users₩사용자이름₩Desktop₩pyprg'처럼 설정하면 된다. 만약 사용자 로그인 아이디가 'ontol'이라면 경로가 아마도 'C:₩Users₩ontol₩Desktop₩pyprg'일 것이기 때문에 다음처럼 실행하면 된다. open() 함수에서 경로를 지정할 때는 '/'를 사용하면 된다. 그렇지 않고 '₩'을 사용하려면 2회 반복해서 '₩₩'를 입력해야 한다.

```
>>> file = open('C:/Users/ontol/Desktop/pyprg/고향의봄.txt', 'w',
encoding='utf-8')
```

파일 상태를 확인하려면 파일 객체가 제공하는 속성을 사용하면 된다. 이 중 자주 사용하는 파일 속성으로는 name, mode, closed가 있다. 파일객체.name은 파일 객체의 파일 이름을, 파일객체.mode는 파일 객체를 어떤 모드로 열었는지를 알려주는 접근 모드 값이 있다. 그리고 파일객체.closed는 파일 객체가 닫힌 경우에 '참(True)'을, 파일 객체가 열린 경우에 '거짓(False)'을 반환한다. 다음 예는 이 세 가지 속성으로 파일 객체의 상태를 알아본 결과를 보여준다.

```
>>> file.name                                   # 파일 이름을 알려준다.
'고향의봄.txt'
>>> file.mode                                   # 파일이 무슨 모드로 열렸는지 알려준다.
'w'
>>> file.closed                                 # 파일이 닫혔으면 참(True)을 반환한다.
False
```

file.closed의 값이 False인 것을 보면 파일이 열려 있는 상태라는 것을 알 수 있다. 파일이 아직 닫히지 않았으므로 파일에 내용을 추가해보자. 다음 코드는 '나의 살-던 고향은 꽃피는-산골-'이란 문장을 파일에 쓰고 실행한 결과를 보여준다.

```
>>> file.write('나의 살-던 고향은 꽃피는-산골-')          # 파일에 문자열을 쓴다.
18
```

코드에서 18을 반환했는데, 이는 파일로 쓴 문자의 개수가 18이란 뜻이다. 즉, len('나의 살-던 고향은 꽃피는-산골-')을 실행한 결괏값과 같다. 참고로 이진 파일일 때는 쓰인 바이트의 수를 반환한다. 텍스트 파일을 쓸 때는 문자열에서 주어진대로 쓰기 때문에 문자열 끝에 새줄바꿈(\n)을 자동으로 추가하지 않는다. write() 메소드를 사용하는 형식은 다음과 같다.

```
파일객체.write(객체)
```

전달인자에 명시된 특정 객체를 파일객체에 쓴 후 쓰여진 문자의 개수를 반환한다. 텍스트 모드에서 객체는 문자열이다. 이진 모드에서 객체는 바이트 형식의 텍스트나 객체다.

다음 코드는 파일 쓰기 작업을 종료하기 위해 close() 메소드를 호출한 후에 파일이 제대로 닫혔는지 확인한 결과를 보여준다.

```
>>> file.close()                                # 불러온 파일 객체를 닫는다.
>>> file.closed                                 # 파일이 닫혔는지 확인한다.
True
```

close() 메소드를 사용하는 형식은 다음과 같다.

```
파일객체.close()
```

특징은 다음과 같다.

- 파일객체를 쓰기 모드로 열었을 때는 모든 쓰기 작업을 완료한 후에 이 메소드를 반드시 호출해야 한다. 작업을 완료한 후에 해당 파일의 제어 권한을 다른 프로그램에 양도하는 역할을 하기 때문이다. 만약 작업이 끝난 뒤에 불러온 파일 객체를 닫아주지 않으면 파일 쓰기 작업을 제대로 마무리하지 못하고 종료되는 경우가 가끔 발생한다. 따라서 파일 쓰기 작업을 종료할 때 반드시 파일객체를 닫아주는 것이 좋다.
- 파일객체를 읽기 모드로 열었을 때는 읽기 작업을 완료한 후에 이 메소드를 반드시 호출할 필요가 없다. 하지만 만약 같은 프로그램을 실행하는 동안 같은 파일객체를 다시 읽으려면 파일을 닫았다가 다시 열어야 한다. 이때는 반드시 이 메소드를 호출해서 파일을 닫은 후 다시 파일객체를 열어야 한다.

방금 만든 파일에 문자열을 제대로 저장했는지 확인해보자. 파일 내용을 확인하려면 읽기 모드('r')로 파일을 열면 된다. open() 함수로 파일을 읽어 들일 때 해당 파일이 존재하지 않으면 FileNotFoundError가 발생한다. 방금 저장한 '고향의봄.txt' 파일을 읽기 모드로 열어보자. 다음 코드는 open() 함수에서 읽기 모드인 'r'과 저장할 때 사용한 인코딩 방식인 'utf-8'로 설정해서 함수를 호출한 후 파일 내용을 읽어 반환한 결과를 보여준다.

```
>>> file = open('고향의봄.txt', mode='r', encoding='utf-8')
>>> file.read()                          # 파일 안의 모든 내용을 읽어서 문자열로 반환한다.
'나의 살-던 고향은 꽃피는-산골-'
```

read() 메소드는 파일의 모든 데이터를 문자열 한 개로 반환한다. 파일 읽기와 관련한 메소드 중 가장 많이 사용하는 메소드로는 read(), readline(), readlines()가 있다. 이들은 447p에서 상세히 설명할 것이다. 파일을 읽기용으로 불러왔을 때 close() 메소드 사용은 선택 사항이라 반드시 호출할 필요는 없다. 하지만 사용 후 파일 객체를 닫는 습관을 들이는 것이 좋기 때문에 방금 읽은 파일을 close() 메소드로 닫아 마무리하자.

```
>>> file.close()
```

사실 읽기 모드인 'r'은 기본값이기 때문에 텍스트 파일을 읽을 때 생략할 수 있다. 그리고 앞서 파일을 저장할 때 인코딩 방식을 'utf-8'로 지정했기 때문에, 다음 예처럼 파일을 읽을 때도 같은 인코딩 방식을 지정해야 한다. 그렇지 않으면 파일을 읽을 때 오류가 발생한다.

```
>>> file = open('고향의봄.txt', encoding='utf-8')
>>> file.read()
'나의 살-던 고향은 꽃피는-산골-'
```

참고로 같은 운영체제 플랫폼에서 운영체제가 제공하는 기본 인코딩 방식으로 파일을 쓰고 읽을 때는 인코딩 방식을 지정하지 않고 open() 함수를 호출해도 된다.

그럼 지금부터 이 장에서 사용할 파일인 '고향의봄.txt'에 노래 가사를 모두 작성해서 저장해보기로 하자. 앞서 고향의 봄 노래 가사 중 첫 줄을 작성했는데, 나머지 가사를 추가하기 위해 open() 함수로 파일을 열 때 추가 모드인 'a'를 사용한다. 다음 예처럼 파일을 추가 쓰기 모드로 열어보자.

```
>>> file = open('고향의봄.txt', mode='a', encoding='utf-8')
```

파일객체.write() 메소드는 앞서 설명했듯이 사용자가 작성한 그대로를 파일에 쓰기 때문에 줄 바꿈을 원하면 반드시 명시적으로 입력해주어야 한다. 앞서 노래 가사의 첫 줄을 작성해서 저장할 때 새줄바꿈(\n)을 줄의 끝에 추가하지 않았기 때문에 이 부호를 추가한 후 나머지 가사도 모두 입력해서 파일에 저장해보자.

다음 예는 고향의 봄 노래 가사를 모두 입력한 결과를 보여준다. 이때 매번 write() 메소드를 호출해서 문자열을 파일에 쓰면 쓰여진 문자의 개수를 반환하기 때문에 몇 개의 문자열을 파일에 추가했는지 확인할 수 있다. 또한 맨 마지막 가사를 추가한 후에는 문자열의 마지막에 새줄바꿈(\n)을 의도적으로 추가하지 않았다. 다음 코드를 그대로 입력해서 실행해보자. 만약 여러분이 다음 코드를 작성하다가 노래 가사를 잘못 작성하더라도 일단 그대로 진행하자. 파일 작성이 끝난 후에 메모장으로 이 파일을 열어서 잘못 작성한 부분을 수정하면 된다.

```
>>> file.write('\n')                # 앞서 작성한 가사 첫 줄의 마지막에 새줄바꿈을 삽입한다.
1
>>> file.write('복숭아-꽃 살-구꽃 아-기 진-달래-\n')
21
>>> file.write('울긋불-긋 꽃 대궐 차리인-동네-\n')
19
>>> file.write('그 속에서 놀던 때가 그립습니다-\n')
19
>>> # 2절 가사를 쓰기 전에 새줄바꿈을 앞에 삽입한다.
... file.write('\n꽃-동-네 새 동네 나의 옛-고향-\n')
21
>>> # 이번에는 한 번에 가사를 두 줄 써본다.
... file.write('파-란-들 남쪽에서 바-람이-불면-\n냇-가에 수양버들 춤추는-동네-\n')
38
>>> # 가사의 마지막 줄 끝에 새줄바꿈을 추가하지 않는다.
... file.write('그 속에서 놀던 때가 그립습니다-')
18
>>> file.close()                    # 파일에 내용을 다 쓴 후에는 반드시 파일을 닫는다.
```

그럼 파일에 원하는 내용이 잘 저장되었는지 확인하기 위해 읽기 모드로 열어보자.

```
>>> # mode='r'은 기본값이라 생략해도 된다.
... file = open('고향의봄.txt', encoding='utf-8')
>>> print(file.read())
나의 살-던 고향은 꽃피는-산골-
복숭아-꽃 살-구꽃 아-기 진-달래-
울긋불-긋 꽃 대궐 차리인-동네-
그 속에서 놀던 때가 그립습니다-

꽃-동-네 새 동네 나의 옛-고향-
파-란-들 남쪽에서 바-람이-불면-
냇-가에 수양버들 춤추는-동네-
그 속에서 놀던 때가 그립습니다-
```

만약 파일을 읽을 때 print() 함수를 사용하지 않고 대표 형식으로 출력하면 다음과 같다.

```
>>> # mode='r'은 기본값이라 생략해도 된다.
... file = open('고향의봄.txt', encoding='utf-8')
>>> file.read()
'나의 살-던 고향은 꽃피는-산골-\n복숭아-꽃 살-구꽃 아-기 진-달래-\n울긋불-긋 꽃 대궐 차리인-동네-\n그 속에서 놀던 때가 그립습니다-\n\n꽃-동-네 새 동네 나의 옛-고향-\n파-란-들 남쪽에서 바-람이-불면-\n냇-가에 수양버들 춤추는-동네-\n그 속에서 놀던 때가 그립습니다-'
```

작성한 파일 내용을 메모장 등의 텍스트 편집기로 열어봐도 확인할 수 있다. 메모장에서 이 파일을 열고 화살표를 사용해서 커서를 맨 아래 줄로 이동해도 '그 속에서 놀던 때가 그립습니다-' 문장의 마지막에 커서가 머물지 그다음 줄로 커서가 이동하지 못하는 것을 확인할 수 있다. 노래 가사의 마지막 소절 끝에 새줄바꿈(\n)을 추가하지 않았기 때문이다.

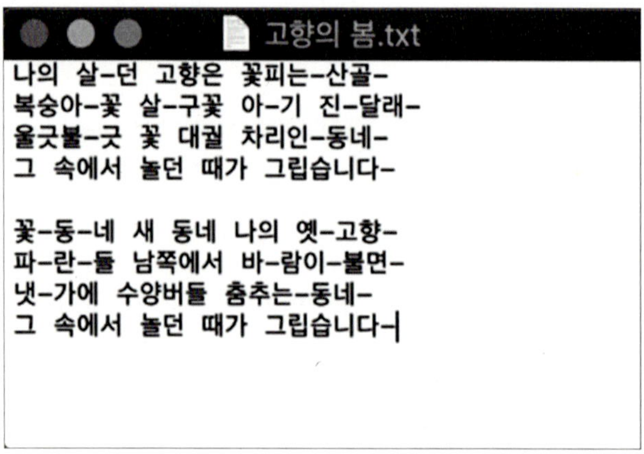

[그림 11-1]
'고향의봄.txt' 파일을 쓰기 모드로 저장한 후 텍스트 편집기로 열어본 결과 화면

❷ 리스트의 객체를 파일에 쓰기

리스트에 담은 객체들을 하나씩 순서대로 파일에 써보자. 다음 코드는 리스트에 있는 모든 객체를 한 줄에 하나씩 쓴 후 남은 객체가 없으면 파일 쓰기를 종료하는 예다. 즉, 리스트의 각 객체를 새줄바꿈으로 분리해서 한 줄에 하나씩 파일로 쓴 후 저장한다.

```
>>> file = open('fruits_newline.txt', mode='w', encoding='utf-8')
>>> fruits = ['사과', '딸기', '바나나', '포도', '오렌지', '감',
...          '자두', '체리', '파인애플', '키위', '블루베리']
>>> for fruit in fruits:
...     file.write(fruit + '\n')       # 각 객체 뒤에 새줄바꿈을 추가해서 쓴다.
...
3
3
4
3
4
2
3
3
5
3
5
>>> file.close()
```

코드를 실행한 결과를 보면 write() 메소드를 호출할 때마다 새줄바꿈(\n)을 추가했기 때문에 write() 메소드가 반환하는 문자의 개수가 1씩 증가했음을 알 수 있다. 메모장으로 이 파일을 열어보면 그림 11-2처럼 리스트의 개별 객체가 한 줄에 하나씩 쓰여 있는 것을 확인할 수 있다.

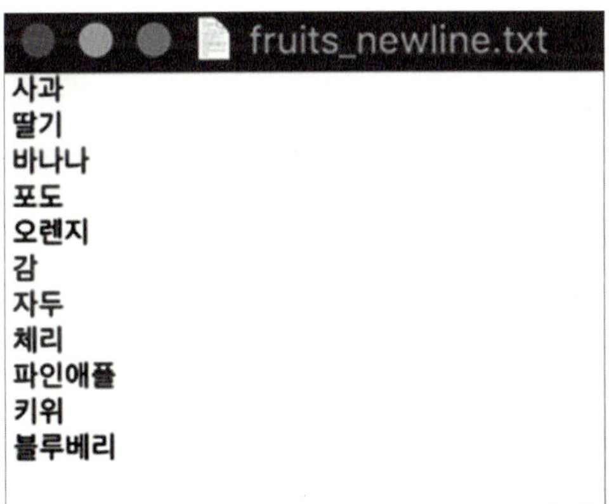

[그림 11-2]
리스트 객체를 파일에 저장한 후 텍스트 편집기로 열어본 결과 화면

이번에는 줄 바꿈으로 앞에서 사용한 리스트의 객체를 분리하는 대신 쉼표와 공백으로 분리해서 다른 이름으로 파일에 저장해보자. 이때 리스트에 있는 객체들의 순서를

뒤집은 후 맨 마지막에 오는 객체부터 파일로 저장하려면 어떻게 할까? 이때는 for문을 사용하지 않고 다음 코드처럼 reversed() 함수로 리스트의 객체들을 역순으로 정렬한 후 문자열 메소드인 join()을 사용한다. 그리고 객체들을 문자열인 ', '로 결합한 후 파일에 저장하면 된다.

```
>>> file = open('fruits_comma.txt', mode='w', encoding='utf-8')
>>> fruits = ['사과', '딸기', '바나나', '포도', '오렌지', '감',
...           '자두', '체리', '파인애플', '키위', '블루베리']
>>> file.write(', '.join(reversed(fruits)) + '\n')
48
>>> file.close()
```

저장한 파일을 메모장으로 열어보면 그림 11-3처럼 리스트의 객체들이 역순으로 쉼표로 분리되어 파일에 저장된 것을 확인할 수 있다.

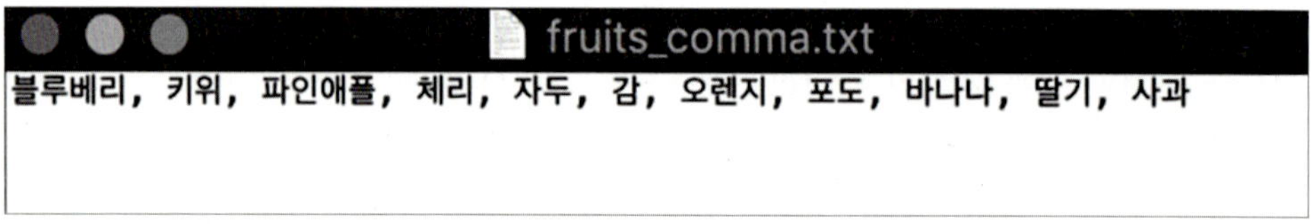

[그림 11-3] 리스트 객체를 역순으로 파일에 저장한 후 텍스트 편집기로 열어본 결과 화면

❸ 숫자를 파일에 쓰기

이번에는 리스트에 속해 있는 숫자들을 파일에 저장해보자. 정수나 실수 등 숫자형을 파일에 쓸 때는 반드시 문자열로 변환해서 처리해야 한다. 만약 문자열로 변환하지 않고 파일에 쓰면 TypeError가 발생한다. 다음 코드는 리스트에 속한 정수 객체 모두를 str() 생성자를 사용해서 문자열로 변환하여 새줄바꿈으로 분리해서 한 줄에 하나씩 파일로 쓴 후 파일을 닫아서 내용을 저장하는 것을 보여준다.

```
>>> numbers = [2, 3.1, -7, -1.4, 5]
>>> file = open('numbers.txt', mode='w', encoding='utf-8')
>>> for number in numbers:
...     file.write(str(number) + '\n')        # 반드시 문자열로 변환 후 파일로 쓴다.
...
2
4
3
5
2
>>> file.close()
```

실습 11-1

학생 성적 파일 쓰기

- 다음처럼 개별 학생의 성적 정보를 딕셔너리로 담은 리스트를 생성한 후 변수 grades에 할당한다. 키는 '이름', '중간고사', '기말고사'이며, 매핑값의 자료형은 각각 문자열, 정수, 정수로 한다. 예를 들면 {'이름': 'A', '중간고사': 90, '기말고사': 85} 같은 형태다.

이름	중간고사	기말고사
A	90	85
B	85	70
C	70	85
D	95	100
E	100	90
F	65	70
G	70	75
H	80	90
I	60	65
J	95	70

- with문을 사용하여 쓰기 모드로 'grades.txt' 파일을 연다.
- for문을 사용하여 리스트 grades의 객체인 딕셔너리를 'grades.txt'에 한 줄씩 쓴다.

힌트

write() 메소드의 전달인자로는 문자열만 올 수 있다.

답

```
>>> grades = [                              # grades 리스트에 딕셔너리를 저장한다.
...     {'학생': 'A', '중간고사': 90, '기말고사': 85},
...     {'학생': 'B', '중간고사': 85, '기말고사': 70},
...     {'학생': 'C', '중간고사': 70, '기말고사': 85},
...     {'학생': 'D', '중간고사': 95, '기말고사': 100},
...     {'학생': 'E', '중간고사': 100, '기말고사': 90},
...     {'학생': 'F', '중간고사': 65, '기말고사': 70},
...     {'학생': 'G', '중간고사': 70, '기말고사': 75},
...     {'학생': 'H', '중간고사': 80, '기말고사': 90},
...     {'학생': 'I', '중간고사': 60, '기말고사': 65},
...     {'학생': 'J', '중간고사': 95, '기말고사': 70}
... ]
>>> with open('grades.txt', mode='w', encoding='utf-8') as file:
...     for data in grades:   # 리스트 grades에 있는 딕셔너리를 하나씩 추출하여
...         file.write(str(data))  # 문자열로 자료형을 변환한 후
...         file.write('\n')  # 한 줄씩 쓰기 위해 새줄바꿈 문자열을 추가한다.
...
35
1
35
1
35
1
36
1
36
1
35
1
35
1
35
1
35
1
35
1
```

파일 읽기

텍스트 파일을 읽을 때 주로 사용하는 메소드로는 read(), readline(), readlines() 이렇게 세 가지 종류가 있다. 이 메소드들 각각의 특징과 장단점을 알아보기로 하자. 참고로 read() 메소드는 바이트 스트림 파일도 읽을 수 있지만 이 책에서는 텍스트 파일만 다룬다.

❶ read() 메소드

read() 메소드는 텍스트 파일의 모든 내용을 문자열 하나로 반환한다. read() 메소드의 형식은 다음과 같다.

```
파일객체.read(size=-1)
```

특징은 다음과 같다.

- 파일객체(텍스트 파일)에서 커서의 현재 위치부터 최대 size 크기의 문자를 읽은 후, 새 줄바꿈(\n)을 포함해서 읽어 들인 문자 모두를 문자열 하나로 반환하는 메소드다.
- size의 값이 음수거나 지정하지 않으면 파일 끝(end-of-file, EOF)까지 읽어 들인다.
- 파일을 읽을 때마다 size만큼 커서가 이동한다. 커서가 파일의 끝(EOF)에 있으면 빈 문자열('')을 반환한다.

open() 함수의 읽기 모드로 파일을 연 후 read() 메소드로 파일에 있는 모든 데이터를 읽어서 출력해보자. 다음 예는 앞서 436p에서 만든 '고향의봄.txt' 파일 전체를 read() 메소드로 읽어 들인 후 결과를 변수 data에 할당한 것을 보여준다.

```
>>> file = open('고향의봄.txt', mode='r', encoding='utf-8')
>>> data = file.read()
```

혹은 다음처럼 한 줄로 간단하게 처리할 수도 있다.

```
>>> data = open('고향의봄.txt', mode='r', encoding='utf-8').read()
```

이 코드는 open() 함수가 반환한 파일 객체의 내용을 read() 메소드를 사용해 읽어서 data 변수에 할당한 것이다. 앞 두 코드의 결과는 같다. 그러면 read() 메소드가 반환한 객체가 무엇인지 알기 위해 변수 data의 자료형을 확인해보자.

```
>>> type(data)                    # read()가 반환한 객체의 자료형은 문자열이다.
<class 'str'>
```

read() 메소드는 파일 객체를 읽어 들인 후 파일 내용을 문자열로 반환한다는 것을 확인할 수 있다. 이번에는 이 문자열을 다음처럼 대표 형식으로 출력해보자.

```
>>> data                                              # 대표 형식으로 출력한다.
'나의 살-던 고향은 꽃피는-산골-\n복숭아-꽃 살-구꽃 아-기 진-달래-\n울긋불-긋 꽃 대
궐 차리인-동네-\n그 속에서 놀던 때가 그립습니다-\n\n꽃-동-네 새 동네 나의 옛-고
향-\n파-란-들 남쪽에서 바-람이-불면-\n냇-가에 수양버들 춤추는-동네-\n그 속에서 놀던
때가 그립습니다-'
```

출력 결과를 자세히 살펴보면 앞서 새줄바꿈(\n)까지 포함해서 write() 메소드로 쓴 내용 그대로 출력함을 알 수 있다. 이번에는 print() 함수를 사용해서 사람이 읽기 편한 텍스트 형식으로 파일 내용을 출력해보자.

```
>>> print(data)                                       # 텍스트 형식으로 출력한다.
나의 살-던 고향은 꽃피는-산골-
복숭아-꽃 살-구꽃 아-기 진-달래-
울긋불-긋 꽃 대궐 차리인-동네-
그 속에서 놀던 때가 그립습니다-

꽃-동-네 새 동네 나의 옛-고향-
파-란-들 남쪽에서 바-람이-불면-
냇-가에 수양버들 춤추는-동네-
그 속에서 놀던 때가 그립습니다-
```

이처럼 read() 메소드는 텍스트 파일의 모든 내용을 문자열 하나로 반환한다. 다음에는 readline() 메소드를 살펴보고 read() 메소드와의 차이점을 비교해보자.

❷ readline() 메소드

readline() 메소드는 텍스트 파일에서 한 줄의 내용을 문자열 하나로 반환한다. readline() 메소드의 형식은 다음과 같다.

```
파일객체.readline(size=-1)
```

특징은 다음과 같다.

- 파일객체(텍스트 파일)에서 커서의 현재 위치부터 새줄바꿈(\n)까지 또는 파일의 끝(EOF)까지 읽은 후, 새줄바꿈(\n) 부호를 포함한 텍스트 한 줄을 문자열로 반환한다. 즉, 파일 한 줄의 내용을 문자열 하나로 반환하는 메소드다.
- size의 값이 주어졌을 때는 최대 size 크기의 문자만 읽는다.
- 커서가 파일의 끝(EOF)에 있으면 빈 문자열('')을 반환한다.

readline() 메소드로 파일 내용을 읽어보자. 똑같이 '고향의봄.txt' 파일을 읽어서 그 결과를 data 변수에 할당해보자.

```
>>> data = open('고향의봄.txt', mode='r', encoding='utf-8').readline()
```

readline() 메소드가 반환한 객체가 무엇인지 알기 위해 data 변수의 자료형을 확인해보자.

```
>>> type(data)                    # readline() 메소드가 반환한 객체의 자료형은 문자열이다.
<class 'str'>
```

read() 메소드와 마찬가지로 파일의 내용을 문자열로 반환한다는 것을 확인할 수 있다. 그럼 이렇게 반환된 문자열의 내용을 확인하기 위해 대표 형식과 텍스트 형식으로 출력해보자.

```
>>> data                                              # 대표 형식으로 출력한다.
'나의 살-던 고향은 꽃피는-산골-\n'
>>> print(data)                                       # 텍스트 형식으로 출력한다.
나의 살-던 고향은 꽃피는-산골-

>>>
```

read() 메소드는 파일 전체를 읽어 들여 문자열 하나로 반환했다면, readline() 메소드는 텍스트 파일에서 한 줄만 읽어서 문자열로 반환한다는 것을 알 수 있다. print() 함수를 사용해 텍스트 형식으로 출력해보면, 이 문자열의 마지막에 새줄바꿈(\n)이 포함되어 있기 때문에 print() 함수가 객체를 출력하고 기본적으로 줄 바꿈하는 것에 줄 바꿈을 한 번 더한다. 결과적으로 두 줄 바꿈하는 것을 볼 수 있다. 이는 '나의 살-던 고향은 꽃피는-산골-' 다음 줄이 빈 줄로 출력된 것으로 알 수 있다.

readline() 메소드는 파일에서 한 줄만 읽어 들인다. 그럼 파일의 모든 줄을 읽어서 출력하려면 어떻게 해야 할까? 이때는 순환문을 사용해서 한 줄 한 줄 읽어 들이면서 출력하면 된다. 먼저 while문으로 '고향의봄.txt' 파일을 읽어서 모든 줄을 출력하는 코드를 만들어보자.

```
>>> file = open('고향의봄.txt', mode='r', encoding='utf-8')
>>> while True:
...     line = file.readline()
...     if not line:                 # EOF면 빈 문자열('')을 반환하기 때문에 파일의 끝이다.
...         break                    # 따라서 읽기를 중단하고 while문을 빠져나온다.
...     print(line.rstrip())         # print(line, end='')와 같다.
...
나의 살-던 고향은 꽃피는-산골-
복숭아-꽃 살-구꽃 아-기 진-달래-
울긋불-긋 꽃 대궐 차리인-동네-
그 속에서 놀던 때가 그립습니다-

꽃-동-네 새 동네 나의 옛-고향-
파-란-들 남쪽에서 바-람이-불면-
냇-가에 수양버들 춤추는-동네-
그 속에서 놀던 때가 그립습니다-
```

앞의 코드는 while문을 무한 루프(while True)로 설정해서 파일의 모든 줄을 읽도록 했다. 만약 파일이 비어 있거나 모든 줄을 처리한 후 파일의 끝에 도달하면 break문을 실행시켜 반복 처리를 빠져나오게 된다. 이때 무한 루프 종료 조건 코드로 if not line을 사용했다. 이는 readline() 메소드가 파일의 끝(EOF)에 있으면 빈 문자열('')을 반환하는 점을 이용한 것이다. 빈 문자열은 '거짓(False)'이기 때문에 if not line이 if not False, 즉 if True가 되는 순간 if문이 실행되어 break문으로 무한 루프를 빠져나온다. 즉, 파일의 끝에 도달하면 종료되는 것이다.

이를 확인하려면 앞의 코드를 실행한 후 다음 코드를 실행해보면 알 수 있다.

```
>>> file.readline()
''
```

readline() 메소드가 빈 문자열을 반환한다는 것은 파일을 다 읽은 후 커서가 파일의 끝(EOF)에 있다는 뜻이다. 그리고 앞 페이지의 코드 중 마지막 줄의 print() 함수로 전달한 line 변수에 문자열 메소드인 rstrip()을 사용(print(line.rstrip()))했다. 파일의 마지막 줄에 화이트스페이스 문자의 하나인 새줄바꿈(\n) 부호를 제거하기 위해서다. 만약 이를 제거하지 않으면 출력할 때 print() 함수 자체가 객체를 출력하고 줄바꿈을 하기 때문에 새줄바꿈(\n) 부호를 한 번 더 실행시키는 결과를 초래한다. 따라서 각 줄의 마지막에 있는 새줄바꿈(\n) 부호를 rstrip() 메소드로 제거한 것이다. 물론 rstrip() 메소드를 사용하지 않고 print(line, end='')를 실행해도 똑같이 해결할 수 있다.

이번에는 for문으로 같은 결과를 가져오는 코드를 작성해보자.

```
>>> file = open('고향의봄.txt', encoding='utf-8')
>>> for line in file:
...     print(line.rstrip())                    # print(line, end='')와 같다.
...
나의 살-던 고향은 꽃피는-산골-
복숭아-꽃 살-구꽃 아-기 진-달래-
울긋불-긋 꽃 대궐 차리인-동네-
그 속에서 놀던 때가 그립습니다-

꽃-동-네 새 동네 나의 옛-고향-
파-란-들 남쪽에서 바-람이-불면-
냇-가에 수양버들 춤추는-동네-
그 속에서 놀던 때가 그립습니다-
```

for문을 사용하면 readline() 메소드를 호출하지 않아도 파일의 데이터를 한 줄씩 차례로 처리할 수 있다. 따라서 코드가 매우 간단해진다. readline() 메소드를 사용하지 않았지만 파일을 끝까지 읽었는지 확인하기 위해 다음 코드를 실행해보자.

```
>>> file.readline()
''
```

커서가 파일의 끝에 도달했다는 것을 알 수 있다. 마지막으로 파일을 다 읽어 들인 후 닫혔는지 확인해보자.

```
>>> file.closed                                 # 파일이 닫혔는지 확인한다.
False
```

아직 파일이 닫히지 않았다. 다 읽은 파일을 닫기 위해서는 close() 메소드를 호출해서 열린 파일을 닫아야 한다. 다음 코드는 close() 메소드를 호출한 후 파일이 닫혔는지 확인한 결과를 보여준다.

```
>>> file.close()                                # 파일을 닫는다.
>>> file.closed                                 # 파일이 닫혔는지 확인한다.
True
```

한편 with문을 사용해 파일 객체를 열면 이 구문이 종료될 때 파일 객체를 반드시 닫아주기 때문에 따로 close() 메소드를 호출할 필요가 없어 편리하다. 다음 코드는 with문 안에 for문을 사용해서 파일 전체를 줄 단위로 읽어 출력한 결과를 보여준다.

```
>>> with open('고향의봄.txt', encoding='utf=8') as file:
...     for line in file:
...         print(line.rstrip())                    # print(line, end='')와 같다.
...
나의 살-던 고향은 꽃피는-산골-
복숭아-꽃 살-구꽃 아-기 진-달래-
울긋불-긋 꽃 대궐 차리인-동네-
그 속에서 놀던 때가 그립습니다-

꽃-동-네 새 동네 나의 옛-고향-
파-란-들 남쪽에서 바-람이-불면-
냇-가에 수양버들 춤추는-동네-
그 속에서 놀던 때가 그립습니다-
```

그럼 파일을 다 읽은 후 자동으로 닫혔는지 확인해보자.

```
>>> file.closed                                  # 파일이 닫혔는지 확인한다.
True
```

close() 메소드를 호출하지 않았는데 자동으로 파일이 닫혔음을 확인할 수 있다. 이처럼 파일 객체를 다룰 때 with문을 사용하면 어떤 경우에도 파일을 닫을 수 있기 때문에 편리하다. 심지어 오류가 발생한 경우에도 파일 객체를 닫기 때문에 try-finally 문보다 더 간단하게 표현할 수 있는 with문을 사용하는 것이 좋다.

❸ readlines() 메소드

readlines() 메소드는 텍스트 파일의 내용을 한 줄 단위로 읽어서 리스트로 반환한다. readlines() 메소드의 형식은 다음과 같다.

```
파일객체.readlines(hint=-1)
```

특징은 다음과 같다.

- 파일객체(텍스트 파일)에서 커서의 현재 위치부터 각 줄을 모두 읽은 후, 새줄바꿈(\n) 부호를 포함한 각 줄을 객체로 갖는 리스트를 반환한다. 즉, 리스트의 개별 객체는 새줄바꿈 부호까지 포함한 텍스트 한 줄의 문자열이다.
- 커서가 파일의 끝(EOF)에 있으면 빈 리스트([ ])를 반환한다.
- hint는 읽어 들인 줄의 개수를 제어할 때 사용할 수 있다. 만약 지금까지 읽어 들인 모든 줄의 총 크기(문자)가 hint를 초과하면 더 이상 줄을 읽지 않는다.

읽기 모드로 '고향의봄.txt' 파일을 연 후 readlines() 메소드로 파일에 있는 모든 데이터를 읽어서 data 변수에 할당해보자.

```
>>> with open('고향의봄.txt', mode='r', encoding='utf-8') as file:
...     data = file.readlines()
...
```

readlines() 메소드가 반환한 객체가 무엇인지 알기 위해 data 변수의 자료형을 확인해보자.

```
>>> type(data)                # readlines() 메소드가 반환한 객체의 자료형은 리스트다.
<class 'list'>
```

read()와 readline() 메소드는 문자열을 반환한 반면 readlines() 메소드는 리스트를 반환하는 것을 확인할 수 있다. 다음처럼 확인해보니 텍스트 한 줄이 하나의 문자열 객체인 리스트라는 것을 알 수 있으며 문자열의 마지막에는 새줄바꿈(\n) 부호가 있다.

```
>>> data
['나의 살-던 고향은 꽃피는-산골-\n', '복숭아-꽃 살-구꽃 아-기 진-달래-\n', '울긋
불-긋 꽃 대궐 차리인-동네-\n', '그 속에서놀던 때가 그립습니다-\n', '\n', '꽃-동-네
새 동네 나의 옛-고향-\n', '파-란-들 남쪽에서 바-람이-불면-\n', '냇-가에 수양버들춤
추는-동네-\n', '그 속에서 놀던 때가 그립습니다-']
```

이 파일에서 가져온 데이터가 몇 줄로 구성되어 있는지 확인해보려면 다음처럼 간단히 len() 함수를 사용하면 된다.

```
>>> len(data)
9
```

만약 앞의 결과 데이터에서 각 줄의 마지막에 있는 새줄바꿈(\n) 부호를 빼고 데이터를 리스트로 수집하려면 어떻게 해야 할까? 생각보다 간단히 처리할 수 있다. 앞에서 실행한 file.readlines()를 다음 예처럼 file.read().splitlines()로만 바꿔주면 된다.

```
>>> with open('고향의봄.txt', mode='r', encoding='utf-8') as file:
...     data = file.read().splitlines()              # file.readlines()를 대신한다.
...
```

read() 메소드는 텍스트 파일의 모든 내용을 하나의 문자열로 반환한다. 이렇게 반환된 문자열을 줄 단위로 나눈 후 리스트로 반환하기 위해 문자열 클래스의 splitlines() 메소드를 호출한다. 새줄바꿈(\n) 부호 등 각 줄의 마지막에 있는 모든 화이트스페이스 문자를 삭제해서 반환해주기 때문에 마지막에 새줄바꿈(\n) 부호가 없는 문자열을 객체로 갖는 리스트를 받을 수 있다.

이제 data의 내용을 확인해보자.

```
>>> data
['나의 살-던 고향은 꽃피는-산골-', '복숭아-꽃 살-구꽃 아-기 진-달래-', '울긋불-긋
꽃 대궐 차리인-동네-', '그 속에서 놀던 때가 그립습니다-', '', '꽃-동-네 새 동네 나
의 옛-고향-', '파-란-들 남쪽에서 바-람이-불면-', '냇-가에 수양버들 춤추는-동네-',
'그 속에서 놀던 때가 그립습니다-']
```

이번에는 각 줄의 마지막에 새줄바꿈(\n) 부호가 없는 문자열을 객체로 갖는 리스트를 반환한 것을 확인할 수 있다.

실습 11-2

다양한 방법으로 학생 성적 파일 읽기

- [실습 11-1]에서 만든 'grades.txt' 파일을 열어 변수 file에 할당한다.
- 다음 세 가지 파일 읽기 메소드를 사용해서 파일을 읽고 파일 내용을 출력한다.
  - read() 메소드를 사용한다.
  - readline() 메소드를 사용한다. 이때 while문을 사용하고 행과 행 사이에는 빈 줄이 없도록 한다.
  - readlines() 메소드를 사용한다. 이때 for문을 사용하고 행과 행 사이에는 빈 줄이 없도록 한다.
  - 각 파일을 읽은 후에는 파일을 닫는다.
- 이 세 가지 메소드를 사용하지 않고, with문에서 for문을 이용해서 파일 내용을 출력한다.
  - 먼저 with문을 사용해 'grades.txt' 파일을 열어서 변수 file에 할당한다.
  - for문을 이용해 파일 내용을 한 줄씩 출력한다. 이때 행과 행 사이에 빈 줄이 없도록 한다.

답

```
>>> file = open('grades.txt', encoding = 'utf-8') # 파일을 연다.
>>> print(file.read())              # read() 메소드로 읽은 파일을 출력한다.
{'학생': 'A', '중간고사': 90, '기말고사': 85}
{'학생': 'B', '중간고사': 85, '기말고사': 70}
{'학생': 'C', '중간고사': 70, '기말고사': 85}
{'학생': 'D', '중간고사': 95, '기말고사': 100}
{'학생': 'E', '중간고사': 100, '기말고사': 90}
{'학생': 'F', '중간고사': 65, '기말고사': 70}
{'학생': 'G', '중간고사': 70, '기말고사': 75}
{'학생': 'H', '중간고사': 80, '기말고사': 90}
{'학생': 'I', '중간고사': 60, '기말고사': 65}
{'학생': 'J', '중간고사': 95, '기말고사': 70}

>>> file.close()                    # 파일을 닫는다.
>>> file = open('grades.txt', encoding = 'utf-8')# 파일을 읽기 모드로 연다.
>>> while True:                     # while문을 활용해서 한 줄씩 출력한다.
...     # 파일에서 한 줄씩 읽어오려고 readline()을 사용한다.
...     line = file.readline()
...     if not line:                # 파일을 다 읽고 빈 문자열이 나타난다면
...         break                   # while문을 종료한다.
...     # 두 번 줄 바꿈하는 것을 막으려고 rstrip()을 사용한다.
...     print(line.rstrip())
```

```
...
{'학생': 'A', '중간고사': 90, '기말고사': 85}
{'학생': 'B', '중간고사': 85, '기말고사': 70}
{'학생': 'C', '중간고사': 70, '기말고사': 85}
{'학생': 'D', '중간고사': 95, '기말고사': 100}
{'학생': 'E', '중간고사': 100, '기말고사': 90}
{'학생': 'F', '중간고사': 65, '기말고사': 70}
{'학생': 'G', '중간고사': 70, '기말고사': 75}
{'학생': 'H', '중간고사': 80, '기말고사': 90}
{'학생': 'I', '중간고사': 60, '기말고사': 65}
{'학생': 'J', '중간고사': 95, '기말고사': 70}
>>> file.close()                                          # 파일을 닫는다.
>>> file = open('grades.txt', encoding = 'utf-8') # 파일을 읽기 모드로 연다.
>>> lines = file.readlines()# 파일을 줄 단위로 읽어오려고 readlines()를 사용한다.
>>> for line in lines:        # for문으로 리스트에 저장한 데이터를 한 줄씩 출력한다.
...     print(line, end='') # 두 번 줄 바꿈을 막으려고 end=''로 처리한다.
...
{'학생': 'A', '중간고사': 90, '기말고사': 85}
{'학생': 'B', '중간고사': 85, '기말고사': 70}
{'학생': 'C', '중간고사': 70, '기말고사': 85}
{'학생': 'D', '중간고사': 95, '기말고사': 100}
{'학생': 'E', '중간고사': 100, '기말고사': 90}
{'학생': 'F', '중간고사': 65, '기말고사': 70}
{'학생': 'G', '중간고사': 70, '기말고사': 75}
{'학생': 'H', '중간고사': 80, '기말고사': 90}
{'학생': 'I', '중간고사': 60, '기말고사': 65}
{'학생': 'J', '중간고사': 95, '기말고사': 70}
>>> file.close()              # 파일을 닫는다.
>>> # with문으로 파일을 연다.
... with open('grades.txt', encoding = 'utf-8') as file:
...     for line in file:         # for문을 사용해서 한 줄씩 추출한다.
...         print(line.rstrip()) # 두 번 줄 바꿈을 막으려고 rstrip()을 사용한다.
...
{'학생': 'A', '중간고사': 90, '기말고사': 85}
{'학생': 'B', '중간고사': 85, '기말고사': 70}
{'학생': 'C', '중간고사': 70, '기말고사': 85}
{'학생': 'D', '중간고사': 95, '기말고사': 100}
{'학생': 'E', '중간고사': 100, '기말고사': 90}
{'학생': 'F', '중간고사': 65, '기말고사': 70}
{'학생': 'G', '중간고사': 70, '기말고사': 75}
{'학생': 'H', '중간고사': 80, '기말고사': 90}
{'학생': 'I', '중간고사': 60, '기말고사': 65}
{'학생': 'J', '중간고사': 95, '기말고사': 70}
```

❹ 텍스트 파싱

앞서 숫자를 파일로 쓸 때는 반드시 문자열로 변환한 후에 파일로 저장해야 한다고 했다. 444p에서 이를 어떻게 처리하는지 설명했다. 반대로 텍스트 파일을 읽기 모드로 읽어 들일 때는 모든 내용을 문자열로 읽기 때문에 수학 연산을 실행하기 위해서는 문자열로 된 숫자를 반드시 숫자형으로 변환해야 한다.

다음과 같은 성적 데이터가 'grades.txt'라는 파일로 저장되어 있다고 가정하자.

```
제이지,97,A+
어피치,80,B+
무지,60,C-
튜브,95,A0
```

첫 번째 열은 학생 이름, 두 번째 열은 원래 점수, 세 번째 열은 최종 학점이다. 만약 이 성적 데이터의 두 번째 열에 있는 원래 점수의 평균을 구하려면 어떻게 해야 할까? 파일의 데이터를 파싱(parsing)해서 처리해야 한다.

이해를 돕기 위해 파싱 단계를 네 단계로 분리해서 설명하기로 한다. 다음 코드를 실행하기 위해서 메모장으로 위의 성적 데이터 파일을 우선 만들어보자. 주의할 점은 아래에 설명하는 코드들을 사용하기 위해서는 쉼표 사이에 공백이 없어야 한다는 것이다. 파일을 다 만든 후에는 대화형 모드를 실행하는 폴더(디렉터리)에 'grades.txt'라는 이름으로 파일을 저장하자. 준비가 되었으면 이제부터 다음 코드들을 입력해 실행하면서 파일 파싱 단계를 이해하도록 하자.

```
>>> with open('grades.txt', mode='r', encoding='utf-8') as file:
...     data = file.read().splitlines()
...
>>>
```

먼저 개별 학생의 성적 정보를 줄 단위로 리스트에 담기 위해 read() 메소드로 'grades.txt' 파일을 문자열 한 개로 받은 후 splitlines() 메소드로 각 줄을 문자열 하나로 만들어서 처리한다. 이때 splitlines() 메소드를 사용하면 문자열 끝에 있는 모든 화이트스페이스 문자를 제거(새줄바꿈(\n) 포함)한 후에 각 줄을 문자열로 갖는 리스트를 반환해준다.

그럼 data 값을 확인해보자.

```
>>> data                         # 각 줄(행)이 리스트에 문자열 객체로 저장했음을 확인할 수 있다.
['제이지,97,A+', '어피치,80,B+', '무지,60,C-', '튜브,95,A0']
```

data를 확인해보면 각 줄(개별 학생의 원래 점수와 학점)을 문자열로 담은 리스트다.

두 번째 단계는 문자열을 리스트로 변환하는 과정이다. 나중에 두 번째 열의 원래 점수만을 추출하여 숫자로 형변환하기 위해서다. 다음 코드는 for문에서 enumerate() 함수를 사용해 리스트에 들어 있는 개별 문자열(개별 학생의 원래 점수와 학점)을 차례로 student란 변수에 할당하면서 동시에 변수 i에 순서대로 할당하는 코드다. 이 코드를 실행해보자.

```
>>> for i, student in enumerate(data):
...     data[i] = student.split(',')
...
```

실행 결과 아래처럼 문자열에서 각 줄(개별 학생의 원점수와 학점)을 쉼표로 분리된 리스트로 변환하여 기존 리스트의 객체로 파싱하였음을 확인할 수 있다. 즉, 하나의 문자열을 쉼표로 분리한 리스트로 반환한 후, 기존 리스트에 순서대로 재할당한 것이다.

```
>>> data                         # 각 줄(행)를 쉼표로 분리한 리스트로 파싱했음을 확인할 수 있다.
[['제이지', '97', 'A+'], ['어피치', '80', 'B+'], ['무지', '60', 'C-'], ['튜브',
'95', 'A0']]
```

그러나 이때 리스트의 객체는 모두 문자열이기 때문에 성적의 평균을 구하기 위해서는 두 번째 객체인 원래 점수를 숫자로 바꿔야 한다. 따라서 세 번째 단계로 전체 리스트에서 두 번째 객체인 문자열로 된 원래 점수를 추출하여 정수로 전환한 후 기존 리스트에 재할당해야 한다. 다음은 문자열을 숫자형으로 바꾸는 코드다.

```
>>> for student in data:
...     student[1] = int(student[1])
...
>>>
```

이 코드를 실행한 결과 이제 원하는 형식으로 모든 데이터를 파싱했음을 알 수 있다.

```
>>> data                    # 각 객체(리스트)의 두 번째 열이 문자열에서 정수로 바뀌었다.
[['제이지', 97, 'A+'], ['어피치', 80, 'B+'], ['무지', 60, 'C-'], ['튜브', 95,
'A0']]
```

마지막 네 번째 단계로 학생들의 원래 점수 평균을 구해보자. 평균 점수는 전체 점수의 합을 전체 학생 수로 나누면 된다. 다음 코드는 평균을 구한 결과를 보여준다.

```
>>> total = 0
>>> for student in data:
...     total += student[1]          # 각 줄(열)의 두 번째 열 점수의 합을 구한다.
...
>>> total / len(data)                # 평균을 구한다.
83.0
```

사실 앞의 단계를 다 거치지 않고 훨씬 간단히 처리할 수 있는 방법도 있다. 예를 들어 성적을 정수로 변환해서 다시 리스트로 할당하지 않고 직접 계산하는 게 빠를 수도 있다. 하지만 텍스트 파일에서 읽어 들인 데이터를 목적에 맞는 자료형으로 변환하고, 각 항목을 분리해서 숫자형으로 형변환해서 계산하는 과정을 차례로 보여주기 위해 단계별로 코드를 분리해서 설명한 것이다.

실습 11-3

학생들의 최종 성적 구하기

- [실습 11-1]에서 만든 파일 내 데이터를 읽어온다.
  - 파일에서 읽은 딕셔너리를 담을 리스트를 초기화(빈 리스트)해서 변수 data에 할당한다.
  - with문을 사용해서 'grades.txt' 파일을 열고 내용을 변수 file에 할당한다.
  - 딕셔너리인 각 행을 리스트 data에 추가한다. 이때 문자열인 각 행을 딕셔너리로 바꾸기 위해 eval() 함수를 사용한다.
- 학생들의 최종 성적을 구한다.
  - for문을 이용해 리스트 data에서 학생 성적 정보를 담은 딕셔너리를 하나씩 추출한다.
  - 최종 성적은 ((중간고사×0.8) + (기말고사×1.2)) / 2다.
  - 키인 '중간고사'와 '기말고사'를 통해 매핑값에 접근할 수 있다.
  - 추출한 매핑값으로 최종 성적을 계산한다.
- 학생별 최종 성적을 '○○의 최종 성적: ○○'의 형태로 출력한다.

답

```
>>> data = []                    # 딕셔너리 데이터를 담을 리스트 data를 만든다.
>>> # with문으로 파일을 연다.
... with open('grades.txt', encoding = 'utf-8') as file:
...     for line in file:        # for문을 사용해서 한 줄씩 꺼낸다.
...         # eval() 함수로 문자열을 딕셔너리로 변형하여 리스트에 추가한다.
...         data.append(eval(line))
...
>>> for grade in data:           # for문을 통해 data에서 딕셔너리를 하나씩 추출한다.
...     # 딕셔너리 키로 중간고사와 기말고사 성적을 얻는다.
...     result = (grade['중간고사'] * 0.8
...               + grade['기말고사'] * 1.2) / 2     # 최종 성적을 계산한다.
...     # 최종 성적을 출력한다.
...     print('{}의 최종 성적: {}'.format(grade['학생'], result))
...
A의 최종 성적: 87.0
B의 최종 성적: 76.0
C의 최종 성적: 79.0
D의 최종 성적: 98.0
E의 최종 성적: 94.0
F의 최종 성적: 68.0
G의 최종 성적: 73.0
H의 최종 성적: 86.0
I의 최종 성적: 63.0
J의 최종 성적: 80.0
```

파일 쓰고 읽기와 인코딩

파일로 데이터를 쓰거나 읽을 때 인코딩이 맞지 않으면 문제가 발생할 수 있다. 특히 파일 내용을 읽을 때 잘못된 인코딩을 지정하면 읽어 들인 파일의 글자가 깨져 읽을 수 없는 상태가 된다. 영어 등 라틴 문자 기반의 언어 대부분은 인코딩과 디코딩 문제가 없지만 다른 운영체제에서 쓰인 한글, 한자, 일본 가나 파일을 읽을 때는 문자가 깨지는 경우가 종종 있다. 지금부터 가장 많이 사용하는 윈도우의 기본 인코딩과 유닉스 기반의 리눅스나 맥 OS가 제공하는 인코딩을 간단히 살펴보고자 한다.

윈도우는 ANSI 기반의 코드 페이지(code page)를 사용한다. Code Page 949(Windows-949)가 한글을 지원하며, `open()` 함수에서 인코딩을 지정할 때는 `'cp949'`로 표기한다. Latin-1(ISO-8859-1) 문자 세트는 윈도우의 보편적인 인코딩 방식이며 `'cp1252'`로 표기한다. 윈도우의 코드 페이지에 관한 더 많은 정보를 알고 싶으면 위키백과의 Windows code page[2]에서 확인할 수 있다.

리눅스나 맥 OS는 국제 표준인 유니코드(Unicode)에 기반을 둔다. 최근에는 유니코드를 주 인코딩 방식으로 사용하는 추세인데, `'cp1252'`는 영어 등 라틴 알파벳을 지원하며 `'utf-8'`은 영어 외 언어를 지원한다.

알파벳으로 쓰인 파일은 윈도우와 맥 OS 환경 대부분에서 잘 작동한다. 한글로 쓰인 파일을 작동시킬 때가 복잡하다. 미리 이야기하자면 운영체제와 상관없이 한글을 읽고 쓰기 위해서는 UTF-8 인코딩 방식을 사용하는 것이 바람직하다.

알파벳으로 쓰인 파일을 읽을 때는 윈도우, 맥 OS, 리눅스에 상관없이 다음 코드처럼 기본값으로 하면 된다.

```
>>> file = open('input.txt')                # 대부분 문제없이 작동한다(mode='r' 생략).
```

2 https://en.wikipedia.org/wiki/Windows_code_page

한글은 같은 운영체제에서 만든 파일을 읽어 들일 때는 그냥 기본값을 사용하면 된다. 즉, 윈도우에서 만든 한글 파일을 윈도우에서 읽을 때나 맥 OS, 리눅스에서 만든 한글 파일을 맥 OS, 리눅스에서 읽을 때도 다음 코드를 사용하면 된다.

```
>>> file = open('input.txt')                # 대부분 문제없이 작동한다(mode='r' 생략).
```

만약 맥 OS, 리눅스에서 만든 한글 파일을 윈도우에서 읽을 때는 다음 코드를 사용하면 대부분 큰 문제없이 실행한다.

```
>>> file = open('input.txt', encoding='utf-8')          # 대부분 문제없이 작동한다.
```

반대로 윈도우에서 만든 한글 파일을 맥 OS나 리눅스에서 읽을 때는 다음 코드를 먼저 실행해보는 것이 좋다.

```
>>> file = open('input.txt', encoding='cp949')          # 대부분 문제없이 작동한다.
```

만약 'cp949' 인코딩 방식이 작동하지 않으면 encoding='euc-kr'로 시도하면 대부분의 경우 작동할 것이다.

운영체제 기본값으로 파일에 데이터를 쓸 때는 다음 코드를 사용하면 된다.

```
>>> file = open('output.txt', mode='w') # 또는 간단히 open('output.txt', 'w')을 사용한다.
```

하지만 쓰기 모드로 파일을 열 때는 호환성을 고려해서 모든 언어에 적용 가능한 인코딩 방식인 UTF-8을 사용하도록 권장한다. 이 책에서는 다음 코드처럼 사용할 것이다.

```
>>> file = open('output.txt', mode='w', encoding='utf-8')
```

다음 절에서는 파이썬 프로그램 파일을 실행할 때마다 프로그램의 실행 방식을 부분적으로 조절할 수 있는 명령어 옵션 사용법을 알아보자.

3 명령어 옵션

명령어 옵션(command-line option)이란 명령어 셸에서 프로그램을 실행할 때 선택 사항으로 사용하는 전달인자다. 명령 줄 전달인자(command-line arguments)라고도 한다. 명령어 옵션은 특정 명령을 실행할 때 명령어의 기본값 대신에 다양한 실행 (선택) 옵션을 제공할 수 있기 때문에 프로그램의 유연성을 높일 수 있다. 그래픽 셸(GUI)에서는 이런 옵션을 윈도우 창에서 체크 박스 등으로 클릭해서 설정하지만 명령어 셸에서는 문자로 입력해야 한다.

예를 들어 윈도우의 셸 명령어인 dir은 파일 시스템 명령어 중 폴더에 들어 있는 파일 목록을 열람한다. dir에서 사용할 수 있는 명령어 옵션을 살펴보면 다음과 같은데, 생각보다 훨씬 많다는 것을 알 수 있다.

```
dir [drive:][path][file name] [/a[[:]attributes]] [/b] [/c] [/d] [/l] [/n]
    [/o[[:]sortorder]] [/p] [/q] [/r] [/s] [/t[[:]timefield]] [/w] [/x] [/4]
```

'명령 프롬프트'에서 dir /?를 실행하면 dir 명령어가 제공하는 옵션을 볼 수 있다.

```
> dir /?
디렉터리에 있는 파일과 하위 디렉터리 목록을 보여 줍니다.

DIR [드라이브:][경로][파일 이름] [/A[[:]특성]] [/B] [/C] [/D] [/L] [/N]
  [/O[[:]정렬 순서]] [/P] [/Q] [/R] [/S] [/T[[:]시간 필드]] [/W] [/X] [/4]

  [드라이브:][경로][파일 이름]
                          나타낼 드라이브, 디렉터리 및/또는 파일을 지정합니다.
```

```
  /A                          지정된 특성을 가진 파일을 보여 줍니다.
  특성                        D  디렉터리      R  읽기 전용 파일
                              H  숨김 파일     A  기록 파일
                              S  시스템 파일   I  콘텐츠가 인덱싱되지 않은 파일
                              L  재분석 지점   -  부정을 뜻하는 접두사
  /B                          최소 포맷을 사용합니다(머리말 정보나 요약 없음).
  /C                          파일 크기에 1000단위로 분리 기호를 보여 줍니다. 이것은 기
                              본값입니다. 분리 기호를 표시하지 않으려면 /-C를 사용하십시
                              오.
  /D                          /W와 같으나 세로로 배열하여 보여 줍니다.
  /L                          소문자를 사용합니다.
  /N                          파일 이름이 제일 오른쪽에 오도록 새로운 긴 목록 포맷을
                              사용합니다.
  /O                          파일을 정렬된 순서로 보여 줍니다.
  정렬 순서                   N  이름순(문자 순서)     S  크기순(작은 것 먼저)
                              E  확장명순(문자 순서)   D  날짜/시간순(가장 이전 것 먼저)
                              G  그룹 디렉터리 먼저    -  순서를 반대로 하는 접두사
  /P                          정보가 한 화면에 꽉 차면 잠깐 멈춥니다.

  /Q                          파일 소유자를 보여 줍니다.
  /R                          파일의 대체 데이터 스트림을 표시합니다.
  /S                          지정한 디렉터리와 하위 디렉터리를 포함하여 보여 줍니다.
  /T                          정렬에 사용할 시간 필드를 지정합니다.
  시간 필드                   C  작성한 시간
                              A 마지막 액세스한 시간
                              W  마지막 기록한 시간
  /W                          이름만 가로로 배열하여 보여 줍니다.
  /X                          8.3 파일 이름이 아닌 파일에 대한 짧은 이름을 보여 줍니다.
                              이 형식은 긴 이름 앞에 짧은 이름이 추가된 것으로 /N 포맷
                              과 같습니다. 짧은 이름이 없으면 공백을 보여 줍니다.
  /4                          4자릿수 연도를 표시합니다.

스위치를 DIRCMD 환경 변수로 미리 설정할 수 있습니다. 하이픈(-)을
스위치 앞에 접두 기호로 주면 미리 설정된 스위치에 우선합니다(예, /-W).
```

유닉스 기반의 시스템인 리눅스나 맥 OS에서는 ls가 비슷한 기능을 수행한다. 이 명령어의 옵션도 다음과 같다. 각 옵션의 설명은 생략한다.

```
$ ls [-ABCFGHLOPRSTUW@abcdefghiklmnopqrstuwx1][path][file name ...]
```

이처럼 대부분의 운영체제가 제공하는 셸 명령어는 명령어 옵션을 지정해서 실행하는 작업을 제어하게 도와준다. 파이썬도 파이썬 프로그램을 인터프리터 모드인 셸에서 실행할 때 다양한 옵션을 사용할 수 있는 방법을 제공한다. sys 모듈의 argv는 명령어 셸에서 파이썬 프로그램 파일을 실행하면 파이썬 파일 이름을 포함해서 그 뒤에 이어지는 명령어 옵션을 리스트로 담는 것을 알 수 있다. 이 리스트의 첫 번째 매개변수인 argv[0]는 전달인자로 실행하는 파이썬 프로그램 파일 이름을 담았다. 다음 코드를 작성한 후 'show_argv.py'라는 파일 이름으로 저장해보자.

```
import sys
print(sys.argv)
```

이 파일을 명령어 셸에서 실행하면 다음과 같은 결과를 보여준다.

```
> python show_argv.py
['show_argv.py']
```

sys.argv가 실행한 파이썬 파일의 이름을 저장했음을 확인할 수 있다. show_argv.py 파일 뒤에 전달인자를 몇 개 더 추가해서 실행해보자.

```
> python show_argv.py option1 option2 3
['show_argv.py', 'option1', 'option2', '3']
```

sys.argv는 명령어 셸에서 입력한 전달인자를 순서대로 문자열로 담은 리스트로 출력한다는 것을 알 수 있다. sys.argv의 구조를 나타내면 그림 11-4와 같다.

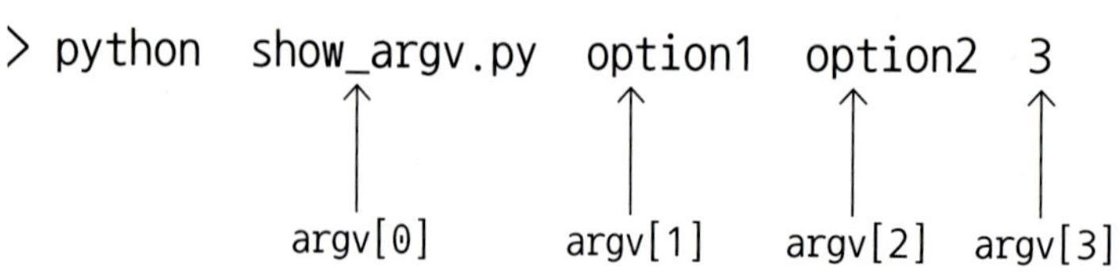

[그림 11-4] sys.argv의 구조

python을 명령어 셸에서 실행할 때 다음 명령어 옵션을 설정하면 현재 설치된 파이썬 버전을 알려준다.

```
> python --version
Python 3.11.1
```

sys.argv를 활용해서 위와 비슷한 명령어 옵션을 사용하는 프로그램을 만들어보자. 먼저 '파이썬 프로그램 파일 이름' 다음에 명령어 옵션으로 '텍스트 파일 이름'을 입력하면 이 텍스트 파일을 읽어 들인 후 각 줄에 라인 번호를 붙여서 출력하도록 한다. 그리고 출력할 파일 이름을 지정하지 않거나 명령어 옵션으로 --help를 사용해서 실행하면 프로그램 사용법을 간단하게 알려주도록 하자. 다음 코드를 작성한 후 'show_line_numbers.py'라는 파일 이름으로 저장해보자.

```
import sys

# 명령어 옵션으로 텍스트 파일 이름을 지정하지 않거나 '--help'를 사용해서 실행하면 프로그램 사용 방법을 알려준다.
if len(sys.argv) != 2 or sys.argv[1] == '--help':
   print('사용법 : > python show_line_numbers.py filename')
   sys.exit()

# [주의] 플랫폼 기본 인코딩 방식으로 파일 읽기를 할 때는 encoding='utf-8'를 생략한다.
with open(sys.argv[1], encoding='utf-8') as file:
    for no, line in enumerate(file, start=1):
        print('{:4}: {}'.format(no, line.rstrip()))
```

이 코드에서는 먼저 sys.argv에 파이썬 파일 이름 외에 명령어 옵션이 하나 더 있는지 확인한다. 만약 명령어 옵션이 없거나 하나 이상의 옵션을 지정했다면 사용법을 출력하고 프로그램을 종료한다. 또한 파이썬 파일 위에 명령어 옵션으로 --help를 사용했다면 마찬가지로 사용법을 출력하고 종료한다.

파이썬 파일 이름 다음에 --help가 아닌 '텍스트 파일 이름'을 사용하면 for문에서 enumerate() 함수를 사용해서 파일을 열고 첫 줄을 1로 시작해서 파일이 종료될 때까지 각 줄에 번호를 붙여 출력한다. 이때 텍스트 파일이 아니면 오류를 발생시키고 프로그램을 종료한다. 코드를 간단히 설명하기 위해 예외 처리는 하지 않는다.

앞의 프로그램을 작성해서 저장한 후 제대로 작동하는지 실행해보자. 먼저 아무런 옵션을 지정하지 않고 파이썬 파일을 실행해보자.

```
> python show_line_numbers.py
사용법 : > python show_line_numbers.py filename
```

이 프로그램을 실행하는 사용법을 한 줄로 간단히 출력해준다. 마찬가지로 --help를 명령어 옵션으로 실행해보자.

```
> python show_line_numbers.py --help
사용법 : > python show_line_numbers.py filename
```

같은 메시지를 출력하고 프로그램을 종료한다. 이제 파이썬 파일 뒤에 텍스트 파일 이름을 명령어 옵션으로 지정해보자.

```
> python show_line_numbers.py 고향의봄.txt
   1: 나의 살-던 고향은 꽃피는-산골-
   2: 복숭아-꽃 살-구꽃 아-기 진-달래-
   3: 울긋불-긋 꽃 대궐 차리인-동네-
   4: 그 속에서 놀던 때가 그립습니다-
   5:
   6: 꽃-동-네 새 동네 나의 옛-고향-
   7: 파-란-들 남쪽에서 바-람이-불면-
   8: 냇-가에 수양버들 춤추는-동네-
   9: 그 속에서 놀던 때가 그립습니다-
```

텍스트 파일 앞에 1부터 시작해서 각 줄에 번호를 붙여서 출력하는 것을 확인할 수 있다. 마지막으로 프로그램의 소스 코드에 번호를 붙여서 출력해보자. 실행 결과는 다음과 같다.

```
> python show_line_numbers.py show_line_numbers.py
   1: import sys
   2:
   3: # 명령어 옵션으로 텍스트 파일 이름을 지정하지 않거나 '--help'를 사용해서 실행하면 프로그램 사용
      방법을 알려준다.
   4: if len(sys.argv) != 2 or sys.argv[1] == '--help':
   5:     print('사용법 : > python show_line_numbers.py filename')
   6:     sys.exit()
   7:
   8: # [주의] 플랫폼 기본 인코딩 방식으로 파일 읽기를 할 때는 encoding='utf-8'을 생략한다.
   9: with open(sys.argv[1], encoding='utf-8') as file:
  10:     for no, line in enumerate(file, start=1):
  11:         print('{:4}: {}'.format(no, line.rstrip()))
```

연습문제

모든 연습문제는 인터프리터 모드에서 실행하기 때문에 먼저 문제를 읽고 분석한 후, 파이썬 코드로 작성해서 py 파일로 저장한다. 각 연습문제의 마지막에 나오는 실행 예는 프로그램을 정상적으로 작성했을 때 실행한 결과를 보여주는 것이기 때문에 코드를 작성할 때 참고하면 된다. 인터프리터 모드에서 파일을 실행하는 방법은 '명령어 셀에서 파이썬 프로그램 실행하기'(56p)에서 다뤘다.

참고 파일 이름은 임의로 지정한 것으로, 본 연습문제의 풀이와 파일 이름이 달라도 상관없다. 함수 이름 또한 자유로이 지정할 수 있다.

11-1 고향의 봄

다음 내용을 처리하는 프로그램을 작성한 후 'ex11_1.py' 파일로 저장하자.

이 장 본문에서 만든 '고향의봄.txt' 파일을 이용해 전체 가사에 단어 '꽃'이 몇 번 나오는지 출력해 보자.

실행 예

```
> python ex11_1.py
5
```

11-2 The Zen of Python 완성하기

다음 내용을 처리하는 프로그램을 작성한 후 'ex11_2.py' 파일로 저장하자.

텍스트 파일 맨 아래에 작자(Author)와 제목(Title)을 추가하고자 한다. 입력 형식은 '작자 - 제목'이며, 텍스트 본문과 한 줄 공백을 두고 입력한다. 여기에서는 파이썬 PEP 문서 중 하나인 'The Zen of Python'을 사용할 것이다.

참고

먼저 이 문서를 텍스트 파일로 'ex11_2.py' 파일과 같은 폴더에 저장한 후 'ex11_2.py' 파일을 실행해야 한다. 문서는 https://www.python.org/dev/peps/pep-0020/ 에서 열람할 수 있다. 이 페이지를 방문해서 19개 문구로 된 'The Zen of Python'을 전체 복사하여 메모장에 붙여놓은 후, 파일 확장명이 '.txt'인 파일로 저장한다. 파일 저장 옵션으로 인코딩을 'utf-8'로 한다. 여기서는 파일 이름을 'zen.txt'로 했다.

실행 예

```
> python ex11_2.py
Beautiful is better than ugly.
Explicit is better than implicit.
Simple is better than complex.
Complex is better than complicated.

(중략)

If the implementation is hard to explain, it's a bad idea.
If the implementation is easy to explain, it may be a good idea.
Namespaces are one honking great idea -- let's do more of those!

Tim Peters - The Zen of Python
```

11-3 출신 국가별 성인 인구 평균 노동 시간 구하기

다음 내용을 처리하는 프로그램을 작성한 후 'ex11_3.py' 파일로 저장하자.

주어진 데이터 세트는 미국 내 성인들에 대한 통계를 담고 있다. 출신 국가별로 주당 노동 시간이 얼마나 다른지 알아보고자 한다. 이를 함수로 만들어 실행해보자.

함수는 다음과 같은 조건을 만족해야 한다.

- 전달인자는 두 개로, 리스트로 전처리한 데이터 세트와 국가 이름이다.
- 입력 값은 항상 올바르다고 가정한다.
- 입력된 국가별로 사람들의 평균 주당 노동 시간을 계산해서 반환한다.

데이터 세트의 각 행을 딕셔너리로 만들어야 한다. 각 열 제목을 키(key)로, 열 내용을 매핑값(value)으로 지정한다. 예를 들어 열 제목인 'age'는 키로, 48, 50, 24 등의 정보는 매핑값이 된다. 그리고 행들을 리스트에 저장한다. `[{'age': '12',..., 'race': 'Black',...}]` 같은 형태다.

마지막 열의 값은 'salary'로 처리한다.

참고

먼저 데이터 세트가 있는 웹 사이트[3]를 방문해서 데이터를 전체 복사하여 메모장에 붙여넣는다. 그리고 복사한 내용을 'ex11_3.py' 파일과 같은 폴더에 파일 확장명이 '.txt'인 텍스트 파일로 저장한 후 'ex11_3.py' 파일을 실행해야 한다. 여기서는 파일 이름을 'adult_US.txt'로 저장했다. 각 열의 정보는 데이터 세트가 있는 웹 사이트[4]를 통해 확인할 수 있다.

실행 예

```
> python ex11_3.py
United-States 출신 사람들의 평균 주당 노동 시간: 40.45
Cuba 출신 사람들의 평균 주당 노동 시간: 39.16
Mexico 출신 사람들의 평균 주당 노동 시간: 40.34
```

11-4 고객에게 맞는 와인 추천하기

다음 내용을 처리하는 프로그램을 작성한 후 'ex11_4.py' 파일로 저장하자.

주어진 데이터 세트는 와인 내용물의 분석을 담았다. 가게에 있는 와인 개수가 너무 많아 이 데이터를 기반으로 고객에게 맞는 와인이 적어도 몇 개가 있는지 알아보는 프로그램을 만들고자 한다. 고객이 관심 있게 보는 것은 와인의 알코올(alcohol) 도수와 항암 효과가 있다고 알려진 플라보노이드(flavonoid) 성분의 함량이다. 이를 고려해 함수로 만들고 실행해보자.

함수는 다음과 같은 조건을 만족해야 한다.

- 전달인자는 세 개이며, 리스트로 전처리한 데이터 세트, 알코올 도수, 플라보노이드 수치 순서다.
- 전달인자인 알코올 도수와, 플라보노이드 수치는 숫자형인 정수(integer) 또는 실수(float)여야 하며, 잘못된 숫자를 전달하면 오류 메시지를 출력한다.
- 입력한 전달인자를 기준으로 알코올 도수는 작은 수치, 플라보노이드는 큰 수치를 갖는 와인을 찾는다.

조건을 만족하는 와인 개수를 출력한다. 먼저 데이터 세트의 각 행을 딕셔너리로 만들어야 한다. 각 열의 제목을 키로, 열 내용을 매핑값으로 지정한다. 예를 들어 열 제목이 alcohol이면 키로 삼고, 11, 12, 15 등의 정보는 매핑값이 된다. 그리고 행들을 리스트에 저장한다. `[{'alcohol': 12.1,..., 'flavonoids': 2.76,...}]` 같은 형태다.

---

3 https://archive.ics.uci.edu/ml/machine-learning-databases/adult/adult.data
4 https://archive.ics.uci.edu/ml/machine-learning-databases/adult/adult.names

참고

먼저 데이터 세트가 있는 웹 사이트[5]를 방문해서 데이터를 전체 복사하여 메모장에 붙여넣는다. 그리고 복사한 내용을 'ex11_4.py' 파일과 같은 폴더에 파일 확장명이 '.csv'인 텍스트 파일로 저장한 후 'ex11_4.py' 파일을 실행해야 한다. 여기서는 파일 이름을 'wine_quality.csv'로 했다. 각 열의 정보는 데이터 세트가 있는 웹 사이트[6]에서 확인할 수 있다.

실행 예

```
> python ex11_4.py
테스트 전달인자: 알코올 도수 = 15, 플라보노이드 수치 = a
오류입니다. 정수나 실수를 입력하세요!
추천 와인 수..: None

테스트 전달인자: 알코올 도수 = 13, 플라보노이드 수치 = 4
추천 와인 수..: 1

테스트 전달인자: 알코올 도수 = 15.5, 플라보노이드 수치 = 3
추천 와인 수..: 31
```

11-5 은행 데이터 탐색하기

다음 내용을 처리하는 프로그램을 작성한 후 'ex11_5.py' 파일로 저장하자.

주어진 데이터 세트는 포르투갈 금융 기관의 텔레마케팅 캠페인 관련 고객 정보를 담고 있다. 은행의 마케팅 담당자 관점에서 텔레마케팅이 효과적인지 알아보기 위해 고객 일부를 대상으로 테스트했다. 이렇게 수집한 정보를 통해 고객의 직업에 따른 평균 나이, 평균 전화 지속 시간을 알아보고자 한다. 이를 함수로 만들고 실행해보자.

함수는 다음과 같은 조건을 만족해야 한다.

- 전달인자는 세 개이며, 리스트로 전처리한 데이터 세트, 직업, 옵션 순서다.
- 두 번째 전달인자인 직업으로 잘못된 값을 전달 했을 때는 오류 메시지를 출력한다.
- 세 번째 전달인자는 항상 옳다고 가정한다.
- 세 번째 전달인자인 옵션 값이 '참(True)'이면 고객의 직업에 따른 평균 나이를 반환하고, '거짓(False)'이면 고객의 직업에 따른 평균 전화 지속 시간을 반환한다.

---

5 https://archive.ics.uci.edu/ml/machine-learning-databases/wine/wine.data
6 https://archive.ics.uci.edu/ml/machine-learning-databases/wine/wine.names

먼저 데이터 세트의 각 행을 딕셔너리로 만들어야 한다. 각 열의 제목을 키로, 열 내용을 매핑값으로 지정한다. 예를 들어 열 제목이 job이면 키로 삼고, technician, student, self-employed 등의 정보는 매핑값이 된다. 각 열의 제목은 파일의 가장 첫 행에 있다. 그리고 행들을 리스트에 저장한다. `[{'job': 'technician,..., 'housing': 'no',...}]` 같은 형태다.

참고

먼저 데이터 세트가 있는 웹 사이트[7]를 방문해서 'bank.zip'을 내려받는다. 그리고 압축 파일 안에 있는 'bank.csv'를 사용한다. 'bank.csv' 파일을 'ex11_5.py' 파일과 같은 폴더에 저장한 후 'ex11_5.py' 파일을 실행해야 한다. 여기서는 파일 이름을 'wine_quality.csv'로 했다. 각 열의 정보는 데이터 세트가 있는 웹 사이트[8]를 방문한 후 웹 페이지 아래에 있는 'Attribute information'에서 확인할 수 있다.

실행 예

```
> python ex11_5.py
테스트 전달인자: job = admin, avg_age = True
admin 직업의 평균 나이: 39.68

테스트 전달인자: job = Govern, avg_age = True
데이터 세트에 없는 직업입니다

테스트 전달인자: job = housemaid, avg_age = False
housemaid 직업의 평균 통화 시간: 292.63
```

7 https://archive.ics.uci.edu/ml/machine-learning-databases/00222/
8 https://archive.ics.uci.edu/ml/datasets/bank+marketing

몰라도 바로 따라 쓰는 실전 파이썬

JSON 데이터로 워드 클라우드 그리기

동영상 강의 11-10 워드 클라우드 그리기

웹 크롤링은 강력한 데이터 수집 방법이지만 몇 가지 현실적 제약이 있다. 예를 들어 웹 서비스 제공자가 HTML 코드를 수정하면 그에 맞춰 크롤러 코드를 새로 작성해야 한다. 무엇보다 웹 서비스 제공자와 데이터 수집에 관련한 상호 합의가 이루어져 있지 않다. 하지만 일부 웹 서비스 제공자는 서드파티 개발자의 활동을 장려하기 위해 API를 통한 데이터 전송을 지원한다.

무료로 API를 제공하는 대표적인 서비스에는 구글(Google), 트위터(Twitter), 라이엇 게임즈(Riot Games) 등이 있다. 물론 일부 무료 API에는 일일 요청 횟수 등에 제한이 있다. 여기서는 개발자가 API를 활용하는 연습을 할 수 있도록 Fake API를 제공해주는 JSONplaceholder를 이용한다.

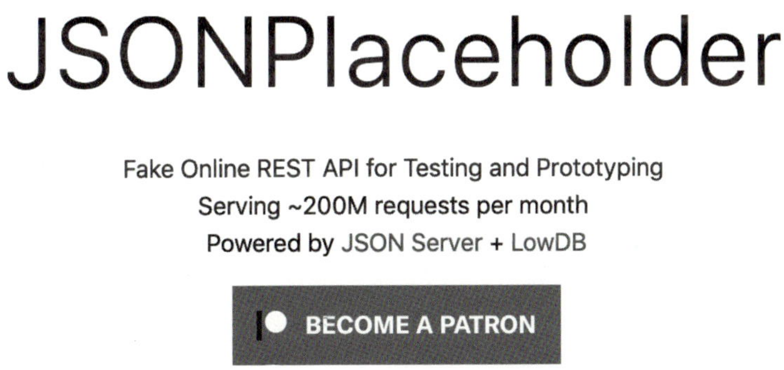

제공하는 데이터는 JSON 포맷을 사용하며, 라틴어 기반의 SNS 관련 여러 가지 데이터를 제공해준다. 자세한 내용은 홈페이지(https://jsonplaceholder.typicode.com)에서 확인할 수 있다.

사용한 개념

패키지 사용, JSON, API, HTTPrequest, 워드 클라우드, 시각화

파이썬 라이브러리 설치

워드 클라우드를 그리기 위해 필요한 wordcloud를 사용하기 위해서는 먼저 명령어 셀에서 pip 명령어를 사용해서 라이브러리를 설치해야 한다. 이때 설치할 컴퓨터는 인터넷에 연결해야 한다. 설치는 명령어 셀에서 `pip install wordcloud`로 하면 된다. 설치를 성공하면 다음과 비슷한 메시지가 나타난다.

```
> pip install wordcloud
Collecting wordcloud
  Downloading ...
    100% |████████████████████████████████| 163kB 880kB/s
...
...
Installing collected packages: wordcloud
Successfully installed wordcloud-xxx
```

워드 클라우드를 화면으로 출력하는 데 필요한 matplotlib 설치 방법은 5장에 있는 '몰라도 바로 따라 쓰는 실전 파이썬 - 텍스트 분석(168p)'을 참고한다.

코드 예시

1번 사용자(userId가 1인 사용자)가 작성한 글을 가져와 워드 클라우드를 그려본다.

```
>>> from urllib.request import urlopen          # 인터넷 접속에 사용하는 라이브러리
>>> url = 'https://jsonplaceholder.typicode.com/posts?userId=1'
>>> response = urlopen(url)                      # url에 접속을 요청해 결과를 받아온다.
>>> source = response.read().decode('utf-8')     # 받아온 결과를 utf-8 인코딩으로 읽어온다.
>>> print(source[:550])                          # 첫 550개 문자를 읽어온다.
[
  {
    "userId": 1,
    "id": 1,
    "title": "sunt aut facere repellat provident occaecati excepturi optio
reprehenderit",
    "body": "quia et suscipit\nsuscipit recusandae consequuntur expedita et
cum\nreprehenderit molestiae ut ut quas totam\nnostrum rerum est autem sunt
rem eveniet architecto"
  },
  {
    "userId": 1,
    "id": 2,
    "title": "qui est esse",
    "body": "est rerum tempore vitae\nsequi sint nihil reprehenderit dolor
beatae ea dolores neque\nfugiat blanditiis voluptate porro vel nihil molesti-
ae ut reiciendis\nqui aperia
```

앞의 출력 결과에서 확인할 수 있듯이, JSON은 파이썬의 내장 자료형 딕셔너리와 매우 비슷하다. 다시 말해 키와 매핑값의 쌍으로 이루어져 있으며 중괄호를 사용한다. 현재 source는 문자열이므로 json 라이브러리를 이용해서 딕셔너리로 변환할 필요가 있다.

```
>>> import json                      # JSON 처리를 위한 라이브러리를 호출한다.
>>> parsed = json.loads(source) # JSON으로 작성한 문자열을 딕셔너리로 갖는 리스트로 변환한다.
>>> posts = []                       # 포스팅한 글 내용을 담을 리스트를 초기화한다.
>>> for d in parsed:             # 리스트에 있는 각 딕셔너리(사용자가 포스팅한 글 정보)에 접근하여
...     posts.append(d['body']) # 글 내용을 담은 body 부분만 posts 리스트에 저장한다.
...
>>> text = ''.join(posts)     # 리스트의 문자열들을 공백을 이용해 문자열 하나로 병합한다.
>>> print(text)                      # 문자열 하나로 병합한 결과를 출력한다.
quia et suscipit
suscipit recusandae consequuntur expedita et cum
(중략)
vero nisi sit
quos veniam quod sed accusamus veritatis error
```

다음 코드를 이용하면 추출한 데이터를 이용해 워드 클라우드로 변환할 수 있다.

```
>>> from wordcloud import WordCloud           # 워드 클라우드를 생성하기 위한 라이브러리
>>> wc = WordCloud().generate(text)           # 텍스트를 워드 클라우드로 변환한다.
```

결과를 워드 클라우드를 그려서 화면으로 보여준다.

```
>>> from matplotlib import pyplot       # 워드 클라우드를 화면에 출력하기 위한 라이브러리
>>> pyplot.figure(figsize=(12, 12))  # 화면에 출력할 때 가로 12, 세로 12의 크기로 출력한다.
<Figure size 1200x1200 with 0 Axes>
>>> # 가로, 세로 배치를 이용해서 워드 클라우드를 그린다(화면에 출력하지는 않는다).
... pyplot.imshow(wc, interpolation='bilinear')
<matplotlib.image.AxesImage object at 0x12b952be0>
>>> pyplot.axis('off')                       # 가로 축, 세로 축을 화면에 표시하지 않는다.
(-0.5, 399.5, 199.5, -0.5)
>>> pyplot.show()                            # 그려진 워드 클라우드를 실제로 화면에 출력한다.
```

출력 결과

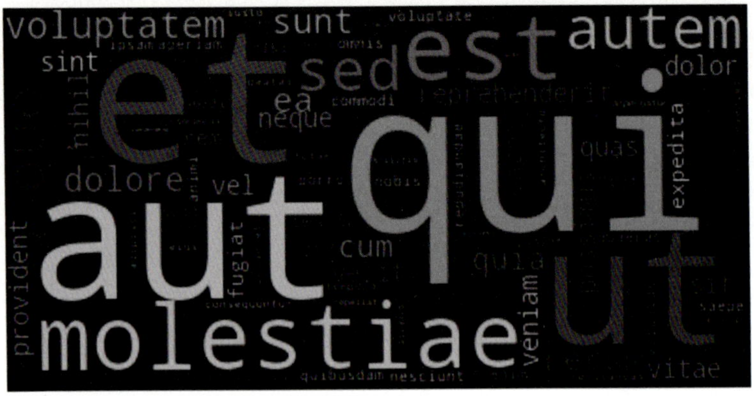

생각해보기

앞의 코드를 이용해 사용자 2가 포스팅한 내용으로 다음과 같은 워드 클라우드를 그려보자. 코드를 어떻게 수정해야 할까?

12장

클래스와 객체

파이썬은 객체지향 프로그래밍 언어다. 객체지향(object orientation)이란 세상에 존재하는 모든 것을 객체(object)로 처리하는 것을 말한다. 절차형 프로그래밍 언어는 소형 크기의 프로그램에는 적합하지만 중대형 크기의 프로그램에는 적합하지 않다. 반면 객체지향 프로그래밍 언어는 중대형 프로그램에서 사용하기에도 적합하며, 절차형 프로그래밍 언어보다 많은 이점이 있다. 이 장에서는 객체지향 프로그래밍의 기본 개념과 객체들의 속성 및 행동을 정의하는 클래스(class)에 대해 알아본다.

1 객체지향 프로그래밍의 기본 개념

객체지향 프로그래밍 언어의 핵심 개념으로는 추상화, 캡슐화, 클래스의 계층 구조, 다형성이 있다. 이 모든 개념은 어렵지만 프로그래밍을 제대로 공부하려면 알아야 하는 내용이므로 일단 여기서 간단히 설명하기로 한다.

추상화(abstraction)란 복잡성을 처리하는 방법이다. 복잡한 현실 세계의 상황을 단순화한 모델을 통해 표현할 수 있는 메커니즘이다.

추상화의 핵심은 특정 객체를 나머지 모든 종류의 객체와 구별되는 본질적인 특성을 이용해서 정의하는 것이다. 즉, 객체를 설계하는 사람의 관점에서 추상화란 객체의 가장 중요한 특징을 규정하는 것이다. 객체의 특징을 규정하는 방법으로는 '속성'과 '행위'가 있다. 이는 대상 객체의 상태를 설명하는 '속성'과 객체의 활동을 의미하는 '행위'를 정의하는 것이다.

속성(attribute)이란 객체의 현재 상태(state)를 설명할 수 있는 데이터의 모임이다. 예를 들어 선생님의 관점에서 학생을 추상화한다면, 학생이 가진 여러 가지 특징 중에서 학업 성취도와 관련한 속성들로 추상화할 수 있다. 학번, 이름, 학년, 중간고사 점수, 기말고사 점수 등이 있을 수 있다. 반면에 보건교사의 관점에서 학생을 추상화한다면, 학생들의 학업 성취도보다는, 키, 몸무게 등 신체 특징과, 혈액형을 포함한 학생들의 건강 상태 관련 속성으로 추상화하려고 할 것이다.

행위(behavior)란 객체가 어떻게 동작(operation)해야 하는지 정의하는 것이다. 즉, 행위는 객체의 내부 특성이 아닌 외부 세계에서 하는 활동이다. 예를 들어 학생의 활동으로는 '수업을 듣는다', '운동을 한다', '봉사활동을 한다' 등이 있을 것이다. 학생은 사람이기 때문에 이런 활동 이외에도 '영화를 본다', '친구와 논다', '외식을 한다', '여행을 간다' 등 많은 활동을 하겠지만 이런 활동은 선생님의 관점에서 중요한 것이 아닐 수 있다. 이처럼 추상화란 객체의 모든 특징을 모델링할 수 없기 때문에 설계자의 관점에서 가장 중요한 특징들을 추출하는 과정이다.

캡슐화(encapsulation)란 객체 내부의 세부 사항을 외부 세계로부터 숨기는 것을 말한다. 즉, 객체 내부에서 일어나는 작업 내용(실제 내부에서 처리하는 상태와 행동)을 최소한만 보여주는 것이다. 캡슐화가 잘 되면 다른 객체가 접근해서 객체의 특성을 변경하는 것이 쉽지 않다. 따라서 객체에 속한 데이터(속성)가 의도치 않게 변경되거나 손상되는 것을 방지할 수 있다. 또한 캡슐화가 잘 되면 객체를 재사용하기 쉽다. 자바는 객체의 대부분 또는 모든 속성을 사적 속성(private attribute)으로 정의해서 객체의 데이터를 보호한다. 하지만 파이썬은 사적 속성이 존재하지 않기 때문에 네임 맹글링(name mangling)[1]을 통해 외부에서 객체의 내부 속성에 의도적으로 직접 접근하는 것을 어렵게 한다.

객체 사이의 관계는 클래스의 계층 구조에 따라 결정된다. 클래스 계층 구조(class hierarchy)란 클래스 사이의 관계를 규정한다. 가장 보편적인 계층 구조로는 상속 관계와 부분-전체 관계가 있다. 상속 관계(inheritance relationship)는 하위 클래스(subclass)와 상위 클래스(superclass)의 수직 관계를 나타낸다. 예를 들어 '학생'의 상위 클래스로는 '사람'이 올 수 있으며, 하위 클래스로는 '초등학생', '중고등학생', '대학생' 등이 올 수 있다. 나아가 '대학생'은 다시 '학부생'과 '대학원생'으로 나뉠 수 있다. 이런 방식으로 계층 구조를 만들다 보면, 계층 구조의 최상위에는 가장 일반적인 큰 범주의 클래스들이 위치하고 최하위에는 가장 세부적인 클래스들이 위치하게 된다.

하위 클래스는 상위 클래스에서 정의한 속성, 행동, 관계 및 제약 조건 등을 모두 상속받기 때문에 둘의 관계를 '상속 관계(inheritance relationship)'라고 한다. 상속을 통해 하위 클래스(자식 클래스)는 상위 클래스(부모 클래스)의 행동과 속성을 상속받을 수 있기

1 프로그래밍 언어 자체적으로 일정한 규칙에 따라 변수나 함수의 이름을 변경하는 것을 말한다.

때문에 공유(share)와 재사용(reuse)이 가능하다. 따라서 상속 관계의 최대 장점은 기존 클래스를 불러와서 재사용하거나 기존 클래스를 토대로 내용을 변경할 수 있다는 점이다. 이는 객체지향 프로그래밍 언어를 사용하는 중요한 이유 중 하나다. 영어로는 이런 관계를 'Student is a Person'와 같은 식으로 표현하기 때문에 'is-a 관계'라고도 한다.

객체가 다른 객체를 포함하는 경우도 있다. 이를 부분-전체 관계(part-whole relationship)라고 한다. 세상의 많은 부분이 부분-전체 관계를 이룬다. 예를 들어 자동차 엔진과 자동차의 관계, 영수증의 개별 항목과 영수증 사이의 관계, 여러분이 지금 읽는 이 장과 이 책의 관계 등이 그렇다. 심지어 객체의 속성(학생과 학생 이름, 학번, 학년 등)과 객체와의 관계도 부분-전체 관계다. 영어로는 이런 관계를 'Book has a Chapter' 또는 'Chapter is a part of Book'으로 표현하기 때문에 'has-a 관계' 또는 'part-of 관계'라고도 한다.

다형성(polymorphism)이란 많은 형태(many forms)를 뜻하는 그리스어 'poly morph'에서 나온 말이다. 다형성은 같은 동작(즉, 메소드)을 클래스에 따라 다르게 행동할 수 있도록 해주는 메커니즘이다. 즉, 서로 다른 클래스에 속해 있는 객체들이 같은 이름의 메소드를 사용하더라도 각기 다른 방식으로 응답할 수 있다. 이를 통해 우리는 서로 다른 클래스에 속한 객체들에게 같은 메시지를 보내지만 각 객체가 자신에게 맞는 행동으로 적절하게 응답하도록 할 수 있게 한다.

예를 들어 여러 가지 모양의 도형을 그리는 프로그램을 개발한다고 하자. 이 프로그램의 이름을 캔버스(canvas)라고 하겠다. 아직 캔버스 프로그램에서 그릴 수 있는 모양을 정하지 않았기 때문에 일단 최상위 클래스인 Shape 클래스를 만들자. 이 클래스가 해야 할 가장 중요한 일은 자신의 모양을 그릴 수 있는 능력인데 이를 draw()라는 메소드로 정의했다고 가정하자. 하지만 draw() 메소드는 현재 Shape 클래스의 메소드이기 때문에 특정 형태가 없다. 따라서 구체적인 모양을 그릴 수 없는 메소드다. 하지만 개발자의 입장에서는 나중에 어떤 모양의 도형을 추가할지 모르기 때문에, 캔버스 프로그램에서는 Shape 클래스의 draw() 메소드만 호출해서 도형을 그리는 프로그램을 만든다. 나중에 Triangle, Rectangle, Circle 등 Shape의 하위 클래스를 정의하고 이들 클래스에서 각자의 모양을 그릴 수 있는 draw() 메소드를 구현했다고 가정하자. 다형성을 통해 캔버스 프로그램은 삼각형, 네모, 원형 등 새로운 클래스가 계속 추가되는 것과 상관없이 Shape.draw()만 호출하면 도형 모양을 그리는 draw() 메소드를 사용할 수 있다.

지금까지 객체지향 프로그래밍 언어의 특징을 간략히 살펴보았다. 객체지향 프로그래밍 언어는 프로그램의 크기가 커질수록 장점을 많이 발휘할 수 있다. 하지만 파이썬은 멀티패러다임 언어다. 즉, 객체지향 프로그래밍 언어이면서도 절차적 프로그래밍 언어의 특징도 함께 있기 때문에 객체지향 프로그래밍 언어의 모든 특징을 이해하지 않아도 장점을 충분히 살릴 수 있다. 따라서 이 장에서는 파이썬과 관련한 객체지향 프로그래밍 언어의 기초 내용만 다루고 더 상세한 내용은 '부록 6 - 클래스와 객체 완전 정복'에서 설명한다.

2 클래스와 객체 만들기

클래스(class)는 같은 종류의 집단에 속하는 객체(object)들의 속성(attribute)과 행동(behavior)을 정의한다. 예를 들어 자동차 공장에서 같은 모델의 자동차를 여러 대 생산한다고 가정해보자. 이때 자동차 공장은 클래스고 자동차는 이 클래스를 통해 만들어진 객체다. 자동차 공장은 자동차의 형태인 크기나 모양 등의 특징을 결정한다. 즉, 자동차 공장의 같은 생산 라인에서 만드는 자동차는 형태가 같으므로 자동차 공장은 '같은 종류의 집단'을 만들어주는 역할을 한다.

객체(object)란 클래스의 인스턴스(instance)를 말한다. 객체를 실제로 컴퓨터 메모리에 할당해 사용할 때를 '인스턴스'라고 한다. 따라서 인스턴스와 객체는 같은 뜻이다. 객체는 자신 고유의 속성(attribute)이 있으며 클래스에서 정의한 행동(behavior)을 실행한다. 예를 들어 생산한 자동차마다 고유 번호인 VIN(Vehicle Identification Number)과 차량 색깔 등 객체의 고유한 값이 있지만, 같은 종류의 차량은 비록 개별 속성 값은 다르더라도 주행하는 방법은 같다. 이러한 객체의 행동은 클래스를 정의할 때 메소드로 구현한다.

사용자가 직접 클래스를 작성해서 사용할 수 있는데 이렇게 직접 만든 클래스를 '사용자 정의 클래스(custom class)'라고 한다. 사용자 정의 클래스가 사용자 정의 함수와 다른 점은 클래스를 자료형처럼 사용할 수 있다는 점에 있다. 따라서 사용자 정의 자료형(user-defined data type)이라고도 한다. 그럼 파이썬으로 직접 클래스를 구현해보도록 하자. 클래스를 정의하는 형식은 다음과 같다.

```
class 클래스이름:
    클래스-명령문...
```

특징은 다음과 같다.

- 클래스를 정의할 때 클래스이름 다음에 바로 '쌍점(:)'이 온다. 참고로 다음 두 가지 방법은 파이썬 2에서 클래스를 정의할 때 사용하는 방법이기 때문에 권장하지 않는다.
  - class 클래스이름():은 최상위 클래스인 object를 상속할 때는 object를 생략하고, 빈 괄호를 사용해서 정의한다.
  - class 클래스이름(object):일 때 파이썬에서 최상위 클래스는 object다. 만약 다른 클래스를 상속할 때는 괄호 안에 다른 클래스의 이름을 적어 넣으면 되지만, 최상위 클래스인 object를 상속하면 이를 생략해도 된다. 사용자 정의 함수는 기본적으로 object로부터 자동으로 상속된 클래스를 생성하기 때문에 요즘은 이렇게 사용하지 않는다.
- 클래스-명령문에는 클래스의 속성과 메소드들이 온다.
  - 속성의 종류로는 클래스 속성과 인스턴스 속성이 있다. 클래스 변수와 인스턴스 변수라고도 한다.
  - 메소드는 초기화 메소드인 __init__()을 포함해서 파이썬이 제공하는 메소드와 사용자가 정의한 메소드로 나눈다. 참고로 파이썬이 제공하는 특별한 메소드들은 주로 메소드 이름이 밑줄 두 개로 시작해서 밑줄 두 개로 끝난다.

클래스 속성

클래스를 설계할 때 가장 먼저 고려해야 할 것은 클래스의 속성이다. 앞서 추상화 과정의 핵심을 객체의 속성과 행위(메소드)를 정의하는 것이라 했다. 여기에서는 파이썬 클래스의 예로 카페에서 시간 단위로 일하는 아르바이트생 클래스를 구현해보자. 이 카페의 이름을 '느티나무 카페'라 하자. 그리고 아르바이트생 클래스의 이름을 PartTimer라고 하자.

먼저 아르바이트생 클래스에 필요한 속성이 무엇인지 생각해보자. 아르바이트생은 시간 단위로 일하기 때문에 시급이 얼마인지가 중요하다. 따라서 모든 아르바이트생에 적용할 시급을 담을 속성이 필요하다. 여기서는 카페 시급이 시간당 9,500원이라 가정하자. 모든 아르바이트생의 기본 시급을 9,500원으로 했기 때문에 클래스를 정의할 때 시급의 기본값으로 9,500원을 지정할 수가 있다. 이렇게 정의한 클래스는 다음과 같다.

```
>>> class PartTimer:
...     hour_rate = 9500                    # 클래스 속성: 시급이 9500이다.
...
>>>
```

이 클래스의 자료형을 확인해보자. 자료형이 'type'이다.

```
>>> type(PartTimer)
<class 'type'>
```

참고로 정수와 리스트의 자료형을 확인해보자.

```
>>> type(int)
<class 'type'>
>>> type(list)
<class 'type'>
```

실행 결과 PartTimer도 정수나 리스트와 같은 자료형임을 알 수 있다. 즉, 사용자 정의 클래스도 파이썬이 제공하는 자료형과 같이 취급한다.

클래스를 정의했으니 이번에는 이 클래스의 객체를 생성해보자. 객체를 생성하기 위해서는 클래스 생성자(클래스 이름 뒤에 괄호를 붙임)를 호출해서 변수에 할당하면 된다.

```
>>> kim = PartTimer()
>>> lee = PartTimer()
```

PartTimer 클래스의 특성이 있는 kim과 lee 객체를 생성했다. 두 객체 모두 PartTimer 클래스라는 '틀'을 이용해 만들었으므로 같은 특징이 있다. 이처럼 클래스를 한번 정의하면 자동차 공장에서 자동차를 계속 생산하는 것처럼 이후에 다시 정의하지 않고도 같은 특성을 갖는 객체를 반복적으로 생성할 수 있다.

그럼 방금 만든 객체의 자료형을 알아보자.

```
>>> type(kim)
<class '__main__.PartTimer'>
```

__main__.PartTimer는 대화형 모드의 최상위 레벨에서 실행된 PartTimer 클래스의 인스턴스란 뜻이다.

PartTimer 클래스를 정의할 때 PartTimer의 클래스 속성으로 hour_rate를 선언했었다. 따라서 PartTimer 클래스를 통해 만들어지는 모든 인스턴스는 hour_rate이라는 속성을 변수 형식으로 갖는다.

객체를 통해 속성에 접근하기 위해서는 점 연산자(.)를 사용해서 객체이름.속성이름으로 접근하면 된다. 앞에서 생성한 두 객체의 속성 값을 확인해보자.

```
>>> kim.hour_rate                        # 인스턴스를 통해 클래스 속성에 접근한다.
9500
>>> lee.hour_rate                        # 인스턴스를 통해 클래스 속성에 접근한다.
9500
```

둘 다 hour_rate의 기본값인 9500(시급 9,500원)을 갖는다. hour_rate처럼 클래스 안의 모든 인스턴스에 동일하게 적용하는 속성을 클래스 속성(class attribute)이라고 한다. 클래스 속성은 해당 클래스의 모든 인스턴스가 공유하는 데이터를 저장(참조)하기 때문에 클래스 변수(class variable)라고도 한다.

클래스 속성은 앞에서처럼 객체를 통해 접근할 수도 있지만 다음 예처럼 클래스이름.속성이름으로도 접근할 수 있다. 사실 이렇게 접근하는 것이 의미론적으로는 더 명확하다.

```
>>> PartTimer.hour_rate                    # 클래스를 통해 클래스 속성에 접근한다.
9500
```

이번에는 속성 값을 변경해보자. 아르바이트생 lee는 에스프레소 머신을 다룰 수 없는 무경력자이기 때문에 카페에서 청소와 정리만 담당한다. 따라서 lee의 시급을 좀 낮게 책정한다고 하자. lee의 시급을 다음처럼 7,000원으로 변경했다.

```
>>> lee.hour_rate = 7000                   # 무경력자의 시급을 7,000원으로 변경한다.
```

lee의 시급이 변경되었는지 확인해보니 다음처럼 변경되었다.

```
>>> lee.hour_rate                          # lee의 시급은 7,000원이다.
7000
```

그럼 kim의 시급은 그대로인지 확인해보자. 그리고 클래스 속성인 hour_rate 값도 같이 확인해보자.

```
>>> kim.hour_rate                          # kim의 시급은 여전히 9500이다.
9500
>>> PartTimer.hour_rate                    # 클래스 속성도 여전히 9500이다.
9500
```

둘 다 바뀌지 않고 원래 기본 시급인 9,500원이다. 이번에는 카페에 손님이 많이 찾아와 아르바이트생 1명을 더 고용했다고 생각해보자. 변수 이름이 park인 객체를 하나 더 생성하자.

```
>>> park = PartTimer()
```

park의 시급은 얼마일까? 당연히 기본 시급인 9,500원일 것이지만 한번 확인해보자.

```
>>> park.hour_rate
9500
```

최근 열심히 일한 아르바이트생 덕분에 느티나무 카페의 수입이 많이 늘어나서 아르바이트생의 기본 시급을 10,000원으로 올려주기로 결정했다. 따라서 클래스 속성인 hour_rate 값을 다음처럼 10000으로 수정하자.

```
PartTimer.hour_rate = 10000   # 클래스 속성을 수정하려면 클래스이름.속성이름으로 접근한다.
```

클래스 속성 값을 변경하려면 위의 코드처럼 클래스이름.속성이름으로 접근해서 수정해야 한다. 즉, 점 연산자(.)를 사용해서 클래스 이름으로 속성을 수식해야 한다. 그렇지 않고 lee처럼 객체 이름으로 속성을 수식(lee.hour_rate = 7000)하면 해당 객체에만 한정한 값으로 수정되기 때문에 전체 객체에 영향을 미치지 못한다. 수정 결과가 어떻게 반영되었는지 앞서 생성한 변수 세 개의 값을 확인해보자.

```
>>> kim.hour_rate                        # 변경한 값이 반영되었다.
10000
>>> park.hour_rate                       # 변경한 값이 반영되었다.
10000
>>> lee.hour_rate                        # 변경한 값이 반영되지 않고 그대로 7,000원이다.
7000
```

결과를 보면 알 수 있듯이, lee는 객체이름.속성이름으로 접근해서 값을 이미 수정했기 때문에 사실상 클래스 속성이 아니라 lee에만 한정한 인스턴스 속성으로 바뀌었다. 더 이상 클래스 속성이 아니기 때문에 클래스 속성의 값을 변경해도 반영되지 않는다. 인스턴스 속성은 뒤에서 다룰 것이다.

마지막으로 클래스 속성을 하나 더 만들어 클래스에 추가해보자. 처음 클래스를 정의할 때 만든 기본 시급 속성인 hour_rate은 클래스 속성으로 만들었지만, 깜빡하고 카페 이름을 클래스 속성으로 지정하지 않았다. 이 속성을 cafe_name이라고 하자. 이런 경우 PartTimer 클래스를 다시 정의해야 할까? 자바 등 다른 객체지향 프로그래밍 언어는 클래스 내용을 변경하면 클래스를 다시 정의해야 한다. 하지만 파이썬은 처음 클래스를 정의할 때 선언하지 않았던 속성이더라도 나중에 만들어 값을 할당하면 속성이 정의된다. 다음 코드는 cafe_name이란 클래스 속성을 만들어서 카페 이름으로 '느티나무 카페'를 할당한다.

```
>>> PartTimer.cafe_name = '느티나무 카페'      # 새로운 클래스 속성을 만들어 추가한다.
```

나중에 만든 클래스 속성이 이미 만든 인스턴스에 반영되었는지 확인해보자. 그리고 기존 속성도 그대로인지 확인해보자. 기존 속성뿐만 아니라 인스턴스를 생성한 후 추가한 클래스 속성도 기존 인스턴스에 모두 반영되었음을 알 수 있다.

```
>>> kim.cafe_name, park.cafe_name, lee.cafe_name    # 새로운 클래스 속성을 추가했다.
('느티나무 카페', '느티나무 카페', '느티나무 카페')
>>> kim.hour_rate, park.hour_rate, lee.hour_rate    # 기존 클래스 속성도 그대로 있다.
(10000, 10000, 7000)
```

인스턴스 속성과 초기화 메소드

cafe_name과 hour_rate은 모든 아르바이트생에게 동일하게 적용되는 속성이기 때문에 클래스 속성으로 정의했다. 그럼 PartTimer 클래스의 객체인 개별 아르바이트생의 근무 시간은 어떻게 기록해야 할까? 이 데이터는 아르바이트생마다 다르기 때문에 객체마다 다르게 기록해야 한다. 이처럼 개별 인스턴스가 고유한 값을 가져야 할 때 사용하는 속성을 인스턴스 속성(instance attribute)이라고 한다. 인스턴스 속성은 각 인스턴스의 고유한 데이터를 저장(참조)하기 때문에 인스턴스 변수(instance variable)라고도 한다. 또한 객체 속성이라고도 하지만 이 책에서는 클래스로 만든 객체라는 의미를 강조하기 위해서 그냥 인스턴스 속성이라고 하겠다.

인스턴스 속성은 클래스의 인스턴스를 생성하는 시점에 만들기 때문에 주로 초기화 메소드 안에서 정의한다. 파이썬은 클래스의 인스턴스를 생성할 때 초기화할 수 있도록 특별한 메소드를 제공한다. 이 메소드의 이름은 __init__()이다. __init__() 메소드는 어떤 객체가 클래스로부터 만들어질 때 저절로 호출되어서 그 객체가 갖게 될 여러 가지 기본적인 초깃값을 설정해주는 역할을 한다.

그럼 아르바이트생이 일한 근무 시간을 저장할 whours란 인스턴스 속성을 초기화 메소드 안에 정의해보자. 밑줄(____)친 부분이 새로 추가된 내용이다.

```
>>> class PartTimer:
...     cafe_name = '느티나무 카페'   # 클래스 속성: 아르바이트생이 근무하는 카페 이름
...     hour_rate = 9500             # 클래스 속성: 시급
...     def __init__(self):           # 초기화 메소드
...         self.whours = 0          # 인스턴스 속성: 근무한 시간
...
>>>
```

앞에서 정의한 초기화 메소드뿐만 아니라 모든 클래스 메소드를 정의하는 방법은 일반 함수를 정의하는 것과 거의 다르지 않다. 단, 첫 번째 매개변수로 self를 사용하는 것이 일반 함수와 다르다. 파이썬은 클래스의 메소드를 호출할 때, 첫 번째 전달인자를 자동으로 제공한다. 이는 클래스의 인스턴스 자기 자신을 객체 참조하기 위한 것으로 파이썬만의 독특한 특징이다. 이렇게 메소드를 정의할 때 자동으로 전달되는 인스턴스 자신의 참조를 위해서 첫 번째 매개변수로 self를 지정해야만 인스턴스의 메소드로 사용할 수 있다. 따라서 이 매개변수는 반드시 제공해야 하며, 관례에 따라 매개변수 이름을 self라고 한 것이다. 그뿐만 아니라 인스턴스의 속성 또한 self에 의해 자격이 주어지기 때문에 인스턴스 속성을 정의할 때는 __init__() 메소드 안에서 self.속성이름 형식으로 정해주면 된다.

위의 예를 보면 클래스 속성인 cafe_name과 hour_rate은 클래스 이름 아래 선언했고, 인스턴스 속성인 whours는 초기화 메소드인 __init__() 메소드 안에서 선언했다. 이렇게 클래스 속성과 인스턴스 속성의 선언 위치를 구분하는 것이 의미론적으로 좋지만 속성의 선언 위치가 속성의 종류를 반드시 결정하는 것은 아니다. 중요한 것은 한정자(qualifier)가 무엇이냐다. 속성의 한정자가 클래스 이름이면 클래스 속성의 자격이 주어지고, self면 인스턴스 속성의 자격이 주어진다. 예를 들어 앞에서 선언한 PartTimer 클래스를 다음처럼 선언할 수도 있다. 물론 앞의 방식을 권장하지만, 다음 방법도 사용할 수 있기 때문에 클래스 속성과 인스턴스 속성을 결정하는 가장 중요한 요소는 선언 위치가 아니라 한정자라는 것을 기억하자.

```
class PartTimer:
    def __init__(self):
        PartTimer.cafe_name = '느티나무 카페'        # 클래스 속성: 카페 이름
        PartTimer.hour_rate = 9500                 # 클래스 속성: 시급
        self.whours = 0                            # 인스턴스 속성: 근무한 시간
```

아르바이트생의 수가 늘어날 때를 대비해서 아르바이트생마다 닉네임을 만들어주자. 닉네임은 아르바이트생 객체를 만드는 시점에 정해주는 것이 좋기 때문에 __init__() 메소드를 정의할 때 다음처럼 매개변수로 선언하는 것이 좋다. 밑줄(____)친 부분이 새로 추가된 내용이다.

```
>>> class PartTimer:
...     cafe_name = '느티나무 카페'              # 클래스 속성: 카페 이름
...     hour_rate = 9500                       # 클래스 속성: 시급
...     def __init__(self, name):              # 초기화 메소드
...         self.nickname = name               # 인스턴스 속성: 아르바이트생 닉네임
...         self.whours = 0                    # 인스턴스 속성: 근무한 시간
...
>>>
```

이처럼 초기화 메소드를 정의할 때 self 이외의 매개변수를 선언하려면 인스턴스를 생성할 때 클래스 이름 뒤에 오는 괄호 안에 반드시 해당 매개변수에 대응하는 전달인자를 함께 지정해야 한다. 그렇지 않으면 다음 예처럼 오류가 발생한다.

```
>>> lee = PartTimer()
Traceback (most recent call last):
  File "<stdin>", line 1, in <module>
TypeError: __init__() missing 1 required positional argument: 'name'
```

오류 메시지를 살펴보면 'name'이란 매개변수로 전달할 값을 지정하지 않았기 때문에 오류가 발생했다는 것을 알 수 있다. 따라서 지금부터 PartTimer 클래스의 인스턴스를 만들려면 반드시 다음처럼 닉네임을 제공해야 한다.

```
>>> lee = PartTimer('네오')          # 인스턴스 생성 시 반드시 닉네임을 지정해야 한다.
```

이렇게 생성한 lee의 속성 값들을 출력한 결과는 다음과 같다. 클래스 속성과 인스턴스 속성에 있는 초깃값들을 확인할 수 있다.

```
>>> lee.cafe_name                                              # 클래스 속성
'느티나무 카페'
>>> lee.hour_rate                                              # 클래스 속성
9500
>>> lee.nickname                                               # 인스턴스 속성
'네오'
>>> lee.whours                                                 # 인스턴스 속성
0
```

이처럼 초기화 함수를 통해서 제약 사항을 두면 클래스로 인스턴스를 생성할 때 반드시 필요한 값을 제공해야만 인스턴스를 생성할 수 있게 통제할 수 있다. 따라서 클래스를 설계할 때 __init__() 메소드를 잘 활용하면 좋다.

클래스 속성과 인스턴스 속성의 차이

클래스 속성(class attribute)은 클래스에 속한 변수를 말하며 해당 클래스의 모든 인스턴스가 공유하는 데이터를 참조한다. 따라서 모든 인스턴스에 적용되는 공통 데이터는 클래스 속성으로 만들어 사용하면 편리하다. 클래스 속성을 자바 등 다른 언어에서는 정적 변수(static variable)라고도 한다.

인스턴스 속성(instance attribute)은 개별 객체에 속한 변수를 말하며 클래스가 만든 개별 인스턴스의 고유 데이터를 참조한다. 따라서 개별 객체의 고유한 값은 인스턴스 속성을 사용해서 저장한다. 예를 들어 '학생' 클래스를 모델링하면 학생의 '이름'이나 '성적'은 개별 학생에 속한 고유한 값이기 때문에 인스턴스 속성에 담아야 한다.

클래스 속성과 인스턴스 속성의 가장 큰 차이는 속성 값이 적용되는 범위다. 예를 들어 클래스 속성의 값은 모든 인스턴스가 공유하기 때문에 이 값이 바뀌면 전체 인스턴스에도 영향을 준다. 반면에 인스턴스 속성은 개별 객체에 속해 있기 때문에 특정 인스턴스의 값이 바뀌어도 다른 인스턴스에는 영향을 주지 않는다.

속성이 클래스 속성인지 인스턴스 속성인지를 구별하는 것은 해당 속성을 수식하는 한정자(qualifier)가 무엇이냐에 따라 달라진다. 즉, 클래스이름.속성이름 형식일 때는 한정자가 클래스이기 때문에 클래스 속성의 자격이 주어지고 self.속성이름 형식일 때는 한정자가 인스턴스이기 때문에 인스턴스 속성의 자격이 주어진다.

두 가지의 차이를 이해하기 위해 다음과 같은 클래스를 정의해보자.

```
>>> class MyClass:
...     counter = 0                 # 클래스 속성
...     def __init__(self, name): # 인스턴스를 생성할 때 닉네임은 반드시 지정해야 한다.
...         self.nickname = name  # 인스턴스 속성
...         MyClass.counter += 1  # 객체 한 개를 생성할 때마다 클래스 속성 값이 1씩 증가
...
>>>
```

이 클래스는 counter를 클래스 속성으로, nickname을 인스턴스 속성으로 정의했다. 다음 예는 MyClass의 인스턴스 세 개를 만들어서 각 인스턴스 속성인 nickname 값과 클래스 속성인 counter 값의 변화를 살펴본 결과다.

```
>>> x = MyClass('네오')              # 인스턴스 x를 생성한다.
>>> x.nickname                       # 인스턴스 x의 닉네임은 '네오'다.
'네오'
>>> x.counter                        # MyClass가 생성한 인스턴스는 현재 한 개다.
1
>>> y = MyClass('프로도')            # 인스턴스 y를 생성한다.
>>> y.nickname                       # 인스턴스 y의 닉네임은 '프로도'다.
'프로도'
>>> y.counter                        # MyClass가 생성한 인스턴스는 현재 두 개다.
2
>>> z = MyClass('라이언')            # 인스턴스 z를 생성한다.
>>> z.nickname                       # 인스턴스 z의 닉네임은 '라이언'이다.
'라이언'
>>> z.counter                        # MyClass가 생성한 인스턴스는 현재 세 개다.
3
>>> x.counter                        # 인스턴스 x로 클래스 속성 값을 다시 확인한다.
3
>>> y.counter                        # 인스턴스 y로 클래스 속성 값을 다시 확인한다.
3
>>> MyClass.counter                  # 클래스 이름으로 클래스 속성 값을 확인한다.
3
```

nickname은 인스턴스 속성이기 때문에 각 인스턴스마다 고유한 값이 할당된다. 반면에 클래스 속성인 counter는 모든 객체에서 최종 업데이트된 값을 갖는다. counter는 초기화 메소드를 호출할 때마다, 즉 새로운 인스턴스를 생성할 때마다 1씩 증가했기 때문에 처음 x를 생성했을 때는 값이 1이었지만 y를 생성했을 때는 값이 2로 증가했다. 세 번째 z를 생성했을 때는 값이 3으로 증가했다. 그리고 이렇게 증가한 값은 인스턴스 x, y, z 모두에 반영되었다. 이처럼 클래스 속성은 해당 클래스의 모든 인스턴스가 공유하는 데이터를 갖고 있다.

다음 코드는 앞에서 정의한 클래스 코드와 한 줄만 다르고 나머지는 똑같다. 클래스를 정의한 마지막 줄의 `MyClass.counter += 1`만 `self.counter += 1`로 바꾸었다. 즉, counter의 한정자를 클래스 이름인 MyClass에서 인스턴스 한정자인 self로 바꾼 것이다.

```
>>> class MyClass:
...     counter = 0                  # 클래스 속성
...     def __init__(self, name): # 인스턴스를 생성할 때 닉네임을 반드시 지정해야 한다.
...         self.nickname = name  # 인스턴스 속성
...         self.counter += 1       # self로 접근: 인스턴스 속성으로 바뀐다.
...
>>>
```

이렇게 정의한 후 앞에서 실행한 같은 테스트 코드를 실행해보자.

```
>>> x = MyClass('네오')            # 인스턴스 x를 생성한다.
>>> x.nickname                      # 인스턴스 x의 닉네임은 '네오'다.
'네오'
>>> x.counter                       # 인스턴스 x는 현재 한 개다.
1
>>> y = MyClass('프로도')          # 인스턴스 y를 생성한다.
>>> y.nickname                      # 인스턴스 y의 닉네임은 '프로도'다.
'프로도'
>>> y.counter                       # 인스턴스 y는 현재 한 개다.
1
>>> z = MyClass('라이언')          # 인스턴스 z를 생성한다.
>>> z.nickname                      # 인스턴스 z의 닉네임은 '라이언'이다.
'라이언'
>>> z.counter                       # 인스턴스 z는 현재 한 개다.
1
>>> x.counter                       # 인스턴스 x로 counter 값을 다시 확인한다.
1
>>> y.counter                       # 인스턴스 y로 counter 값을 다시 확인한다.
1
>>> MyClass.counter                 # 클래스 속성은 단 한 번도 변경한 적이 없다.
0
```

이번에는 counter를 self로 수식했기 때문에 인스턴스 속성으로 바뀌었다. 따라서 개별 인스턴스를 생성할 때마다 한 번씩만 실행되어 모든 객체의 counter 값이 1인 것을 볼 수 있다.

다시 한번 정리하면 클래스 속성은 해당 클래스의 모든 인스턴스가 공유하는 속성이기 때문에 모든 인스턴스에 같은 값이 있다. 반면에 인스턴스 속성은 서로 다른 객체 사이의 값을 공유할 수 없는 속성이기 때문에 인스턴스 각자가 고유한 값을 갖는다.

파이썬은 클래스를 정의할 때 속성을 선언하지 않아도 나중에 속성을 추가할 수 있다고 설명했다. 앞의 예에서는 클래스 속성을 추가했었는데, 이번에는 인스턴스에 속성을 추가해보고 이런 변화가 다른 인스턴스와 전체 클래스에 어떤 영향을 미치는지 알아보자.

조금 전에 생성한 닉네임이 '네오'인 객체 lee에 새로운 속성인 email을 추가해보자.

```
>>> lee.email = 'neo@kfriends.kr'    # 새로운 속성을 PartTimer 인스턴스 lee에 추가한다.
```

속성을 추가했는지 확인해보자.

```
>>> lee.email
'neo@kfriends.kr'
```

객체 lee에는 추가되었다. 이번에는 클래스에도 추가되었는지 확인해보자.

```
>>> PartTimer.email
Traceback (most recent call last):
  File "<stdin>", line 1, in <module>
AttributeError: type object 'PartTimer' has no attribute 'email'
```

클래스에는 추가되지 않았다. email 속성은 lee에만 추가한 인스턴스 속성이기 때문에 PartTimer 클래스나 lee 이외의 다른 인스턴스에는 반영되지 않기 때문이다.

메소드

잘 캡슐화한 클래스의 객체는 스스로 무엇을 어떻게 해야 하는지 잘 알고 있다. 예를 들어 자동차는 자동차가 스스로 어떻게 멈추는지 잘 알고, 아르바이트생은 자신이 몇 시간을 일했고 자신의 임금을 어떻게 계산하는지 잘 안다. 이처럼 클래스를 잘 캡슐화하면 재사용이 쉽다. 또한 잘 캡슐화된 클래스는 데이터 손상을 방지한다. 클래스에서 정의한 객체의 속성은 객체 내부에 존재하며, 다른 객체가 접근하거나 변경하기 쉽지 않도록 설계하기 때문이다. 한편 객체의 내부 상태에 의도적으로 접근하는 다른 객체를 위해서는 메소드를 통해 그 객체들이 사용할 수 있는 인터페이스(interface)를 제공한다.

객체지향 프로그래밍 언어의 인스턴스 속성은 주로 사적 속성으로 정의해서 외부로부터 데이터가 변경되거나 손상되는 것을 방지한다. 사적 속성(private attribute)이란 해당 속성을 생성한 객체를 외부의 다른 객체가 접근할 수 없도록 만든 속성을 말한다. 즉, 객체 자신만이 접근 가능한 속성을 말한다. 사실 파이썬은 순수한 사적 속성이 존재하지 않으며, 네임 맹글링(name mangling) 등의 방법을 통해 인스턴스 속성에 직접 접근하는 것을 어렵게 하는 것이 최선이다. 네임 맹글링은 '부록 6 - 클래스와 객체 완전 정복'을 참고하기 바란다.

파이썬은 사적 속성을 설정할 수 없기 때문에 네임 맹글링하지 않는다면 다음처럼 인스턴스 속성에 직접 접근해서 값을 수정할 수 있다.

```
>>> park = PartTimer()
>>> park.whours = 3                         # 인스턴스 속성 값을 변경한다.
>>> park.whours
3
```

하지만 가급적이면 인스턴스 속성에 직접 접근하지 말고, 객체지향 프로그래밍 언어답게 클래스에 메소드를 정의해서 속성 값을 변경하도록 하자. 파이썬에서는 비록 사적 속성을 정의할 수는 없지만 속성 이름 앞에 밑줄 두 개를 붙여서 사적 속성으로 취급해야 한다는 일종의 명명 규칙(naming convention)을 사용한다. 따라서 밑줄 두 개로 시작하는 속성은 가급적이면 직접 접근하지 말라는 의미로 해석하면 된다. 앞서 정의한 인스턴스 속성인 nickname과 whours를 __nickname과 __whours로 바꿔보자. 바꾼 결과 __init__() 메소드는 다음과 같다.

```
def __init__(self, name):               # 초기화 메소드
    self.__nickname = name              # 인스턴스 속성 : 아르바이트생 닉네임
    self.__whours = 0                   # 인스턴스 속성 : 근무한 시간
```

그럼 지금부터는 메소드를 구현해보자. 메소드(method)란 인스턴스의 행동(behavior)을 정의하기 위해 클래스에 구현한 일종의 함수다. 메소드는 클래스가 외부 세계에 제공하는 서비스로 특정 정보를 전달하거나 어떤 행동을 요청하는 등 서로 다른 객체 사이의 상호 작용을 위한 의사소통 수단으로 사용한다. 메소드를 불러오는 것을 메소드 호출이라고 한다. 영어로는 'method call' 또는 'method invocation'이라고 한다.

클래스가 생성한 인스턴스를 통해 메소드를 호출하기 위해서는 점 연산자(.)를 사용해서 `객체이름.메소드이름([...])`으로 접근하면 된다. 괄호 안의 `[...]`는 전달인자가 있을 때 사용한다. 직접 클래스를 통해 메소드에 접근할 때는 인스턴스를 첫 번째 전달인자로 지정해야 하기 때문에 `클래스이름.메소드이름(인스턴스[, ...])` 형식으로 사용한다.

먼저 인스턴스 속성에 접근하기 위한 메소드를 정의해보자. 객체지향 프로그래밍 언어 대부분은 객체의 속성에 접근하기 위해 get~과 set~ 메소드를 제공한다. get~ 메소드는 주로 속성 값을 가져올 때 사용하며, set~ 메소드는 속성 값을 변경할 때 사용한다. 하지만 파이썬에서는 접두어로 get~과 set~을 사용하지 않을 때가 많기 때문에 이 책에서도 가능하면 접두어를 사용하지 않고 메소드 이름을 정의하기로 한다.

먼저 아르바이트생의 닉네임을 불러오는 `nickname()` 메소드와 근무 시간을 설정하는 `whours()` 메소드를 정의하자. `PartTimer` 클래스에서 시급은 매달 마지막 주 금요일에 한달치를 모두 계산해서 지급한다. 따라서 급여를 계산하는 메소드도 함께 구현해보자. 이 메소드의 이름은 `total_wage()`로 한다. 밑줄(____)친 부분은 새로 추가되거나 변경된 내용이다.

```
>>> class PartTimer:
...     cafe_name = '느티나무 카페'                  # 클래스 속성: 카페 이름
...     hour_rate = 9500                             # 클래스 속성: 시급
...     def __init__(self, name):                    # 초기화 메소드
...         self.__nickname = name                   # 인스턴스 속성: 닉네임
...         self.__whours = 0                        # 인스턴스 속성: 근무한 시간
...     def nickname(self):                          # 메소드
...         return self.__nickname                   # 닉네임을 반환한다.
...     def whours(self, hours_worked):              # 메소드
...         self.__whours += hours_worked            # 근무시간을 추가해서 합한다.
...     def total_wage(self):                        # 메소드
...         return self.__whours * PartTimer.hour_rate  # 총 근무 시간 * 시급
...
>>>
```

여기서 유의할 점은 클래스 속성인 hour_rate다. 만약 total_wage() 메소드를 다음처럼 정의한 후 호출하면 NameError: name 'hour_rate' is not defined라는 메시지를 출력하고 오류를 발생시킨다.

```
def total_wage(self):
    return self.__whours * hour_rate
```

오류가 나는 이유는 다음과 같다. 파이썬은 메소드에서 클래스 속성에 암묵적으로 접근할 수 있는 권한이 주어지지 않는다. 만약 메소드에서 속성(클래스 속성이든 인스턴스 속성이든 상관없이)에 접근할 때 한정자인 클래스 이름이나 self로 수식하지 않고, 앞의 total_wage() 메소드 안의 코드처럼 그냥 hour_rate라고만 하면, 파이썬은 이를 메소드 안의 지역 변수로 인식한다. 따라서 total_wage() 메소드 내부에서만 이 이름을 갖는 변수를 찾는다. 그런데 total_wage() 메소드 안에 hour_rate라는 지역 변수를 정의하지 않았으므로 오류가 나는 것이다. hour_rate는 클래스 명칭공간(namespace) 안에서 생성한 클래스 속성이기 때문에 클래스 이름이나 self를 통해 hour_rate를 클래스 속성이라고 지정해주어야 클래스 속성에 접근할 수 있다. 즉, PartTimer.hour_rate 또는 self.hour_rate로 해야 한다. 이처럼 메소드에서 클래스 속성에 접근하기 위해서는 클래스이름.속성이름 또는 객체이름.속성이름을 사용한다.

앞에서 정의한 PartTimer 클래스가 잘 작동하는지 인스턴스 몇 개를 만들어 실행해 보자.

```
>>> kim = PartTimer('프로도')
>>> lee = PartTimer('네오')
>>> kim.whours(2)                    # 프로도가 2시간 근무했다.
>>> lee.whours(3)                    # 네오가 3시간 근무했다.
>>> lee.whours(5)                    # 네오가 5시간을 근무했다(총 8시간).
>>> kim.whours(3)                    # 프로도가 3시간 근무했다(총 5시간).
>>> kim.total_wage()                 # 이번 달 프로도의 급여는 9500 x 5시간 = 47,500원
47500
>>> lee.total_wage()                 # 이번 달 네오의 급여는 9500 x 8시간 = 76,000원
76000
```

클래스 이름을 한정자로 해서 메소드를 호출할 수도 있다. 이때는 다음 예처럼 메소드의 첫 번째 전달로 반드시 인스턴스를 지정해야 한다.

```
>>> PartTimer.whours(kim, 3)         # 프로도가 3시간을 추가 근무했다(총 8시간).
>>> PartTimer.total_wage(kim)        # 급여는 네오와 같은 9500 x 8시간 = 76,000원이다.
76000
```

만약 클래스를 통해 메소드를 호출할 때 인스턴스를 첫 전달인자로 사용하지 않으면 다음처럼 오류가 난다.

```
>>> PartTimer.whours(7)
Traceback (most recent call last):
  File "<stdin>", line 1, in <module>
TypeError: whours() missing 1 required positional argument: 'hours_worked'
>>> PartTimer.total_wage()
Traceback (most recent call last):
  File "<stdin>", line 1, in <module>
TypeError: total_wage() missing 1 required positional argument: 'self'
```

마지막으로 설명문자열(docstrings)과 주석을 추가해서 PartTimer 클래스를 완성해보자.

```
>>> class PartTimer:
...     """느티나무 카페에서 일하는 아르바이트생 클래스다.
...
...     Attributes:
...         Class Attributes:
...             cafe_name (str): 커피 가게 이름
...             hour_rate (int): 시급
...         Instance Attributes:
...             __nickname (str): 아르바이트생 닉네임
...             __whours (int): 근무한 시간
...
...     Methods:
...         __init__(self, name: str) -> None:
...         nickname(self) -> str:
...         whours(self, hours_worked: int) -> None:
...         total_wage(self) -> None:
...     """
...     # --- 클래스 속성 ------------------------------------------------------ #
...     cafe_name = '느티나무 카페'                # 클래스 속성 : 커피 가게 이름
...     hour_rate = 9500                           # 클래스 속성 : 시급
...     # --- 초기화 메소드 ---------------------------------------------------- #
...     def __init__(self, name):
...         """인스턴스를 생성할 때 아르바이트생의 닉네임으로 초기화한다.
...         Args:
...             name (str): 아르바이트생의 닉네임
...         """
...         self.__nickname = name             # 인스턴스 속성 : 아르바이트생 닉네임
...         self.__whours = 0                  # 인스턴스 속성 : 근무한 시간
...     # --- 접근자 메소드 ---------------------------------------------------- #
...     def nickname(self):
...         """아르바이트생의 닉네임을 반환한다.
...         Returns:
...             str: 아르바이트생의 닉네임
...         """
...         return self.__nickname
...     def whours(self, hours_worked):
...         """아르바이트생의 근무한 시간을 기록한다.
...         Args:
...             hours_worked (int): 근무한 시간
...         """
...         self.__whours += hours_worked  # 기존 근무시간에 현 근무 시간을 추가해서
합한다.
```

```
...     # --- 일반 메소드 ------------------------------------------------ #
...     def total_wage(self):
...         """지금까지 근무한 시간을 기준으로 계산한 급여를 반환한다.
...         Returns:
...             int: 현재까지 일한 급여
...         """
...         return self.__whours * PartTimer.hour_rate        # 총 근무시간 * 시급
...
>>>
```

다음처럼 모든 파이썬 클래스에 자동으로 추가하는 __doc__ 속성을 이용해서 PartTimer 클래스의 설명문자열을 출력할 수 있다.

```
>>> print(PartTimer.__doc__)
```

help() 함수로 PartTimer 클래스를 알아보면 좀 더 상세한 정보를 알 수 있다. 다음 코드를 실행해보자.

```
>>> help(PartTimer)
```

다음과 같은 내용을 출력한다. 이 화면을 빠져나오려면 키보드에서 Q를 누르면 된다.

```
Help on class PartTimer in module __main__:

class PartTimer(builtins.object)
 |  PartTimer(name)
 |
 |  느티나무 카페에서 일하는 아르바이트생 클래스다.
 |
 |  Attributes:
 |      Class Attributes:
 |          cafe_name (str): 커피 가게 이름
 |          hour_rate (int): 시급
 |      Instance Attributes:
 |          __nickname (str): 아르바이트생 닉네임
 |          __whours (int): 근무한 시간
 |
```

```
|  Methods:
|      __init__(self, name: str) -> None:
|      nickname(self) -> str:
|      whours(self, hours_worked: int) -> None:
|      total_wage(self) -> None:
|
|  Methods defined here:
|
|  __init__(self, name)
|      인스턴스를 생성할 때 아르바이트생의 닉네임으로 초기화한다.
|      Args:
|          name (str): 아르바이트생의 닉네임
|
|  nickname(self)
|      아르바이트생의 닉네임을 반환한다.
|      Returns:
|          str: 아르바이트생의 닉네임
|
|  total_wage(self)
|      지금까지 근무한 시간을 기준으로 계산한 급여를 반환한다.
|      Returns:
|          int: 현재까지 일한 급여
|
|  whours(self, hours_worked)
|      아르바이트생의 근무한 시간을 기록한다.
|      Args:
|          hours_worked (int): 근무한 시간
|
|  ----------------------------------------------------------------------
|  Data descriptors defined here:
|
|  __dict__
|      dictionary for instance variables (if defined)
|
|  __weakref__
|      list of weak references to the object (if defined)
|
|  ----------------------------------------------------------------------
|  Data and other attributes defined here:
|
|  cafe_name = '느티나무 카페'
|
|  hour_rate = 9500
```

실습 12-1

반려견 클래스 만들기

간단한 반려견 클래스 Dog를 구현한다.

- 반려견 인스턴스가 현재까지 몇 개 만들어졌는지의 정보가 있는 클래스 속성으로 count를 정의한다.
- 반려견 이름을 담은 인스턴스 속성으로 __name을 정의한다.
- 반려견의 종류를 담은 인스턴스 속성으로 __dog_type을 정의한다.
- 반려견의 나이를 담은 인스턴스 속성으로 __age를 정의한다.
- 초기화 메소드인 __init__()는 다음처럼 정의한다.
  - 인스턴스를 생성할 때 반려견의 이름은 반드시 지정해야 한다.
  - 인스턴스를 생성할 때 반려견의 종류를 지정하지 않으면 기본값인 '불명'을 할당한다.
  - 인스턴스를 생성할 때 나이를 지정하지 않으면 기본값인 0을 할당한다.
  - 인스턴스를 생성할 때마다 클래스 속성인 count를 1씩 증가시킨다.
- 반려견의 이름을 반환하는 name() 메소드를 정의한다.
- 반려견의 종류를 반환하는 dog_type() 메소드를 정의한다.
- 반려견의 나이를 반환하는 age() 메소드를 정의한다.
- 반려견의 짖는 소리를 출력하는 speak() 메소드를 정의한다. 반려견이 짖는 소리는 다음처럼 반려견의 종류에 따라 다르다.
  - '코코스파니엘'은 '왈왈'로 한다.
  - '골든리트리버'는 '월월'로 한다.
  - 나머지 반려견의 짖는 소리는 '멍멍'으로 한다.
- 클래스를 정의한 후에 반려견 이름을 '코코'로 지정해서 인스턴스를 생성한 후 변수 mydog1에 할당하고 앞에서 정의한 모든 메소드를 불러 테스트해본다.
- 이번에는 반려견 이름을 '보리'로, 종류를 '코코스파니엘'로, 나이를 '2살'로 지정해서 인스턴스를 생성한 후 변수 mydog2에 할당하고 앞에서 정의한 모든 메소드를 불러 테스트해본다.

답

```
>>> class Dog:
...     """반려견 클래스다."""
...     count = 0                                     # 클래스 속성: 전체 인스턴스 수
...     def __init__(self, name, dog_type='불명', age=0):
...         self.__name = name                        # 인스턴스 속성: 반려견 이름
...         self.__dog_type = dog_type                # 인스턴스 속성: 반려견 종류
...         self.__age = age                          # 인스턴스 속성: 반려견 나이
...         Dog.count += 1                    # 인스턴스를 생성할 때 1 증가시킨다.
```

```
...     def name(self):                   # 메소드: 반려견 이름을 반환한다.
...         return self.__name
...     def dog_type(self):               # 메소드: 반려견 종류를 반환한다.
...         return self.__dog_type
...     def age(self):                    # 메소드: 반려견 나이를 반환한다.
...         return self.__age
...     def speak(self):      # 메소드: 반려견 종류에 따라 짖는 소리를 다르게 한다.
...         if self.__dog_type == '코코스파니엘':
...             print('왈왈')
...         elif self.__dog_type == '골든리트리버':
...             print('월월 ')
...         else:
...             print('멍멍')
...
>>> # 이름만 지정하고 나머지는 기본값을 갖는 인스턴스를 생성한다.
... mydog1 = Dog('코코')
>>> mydog1.name()                         # 반려견 이름을 확인한다.
'코코'
>>> mydog1.dog_type()                     # 반려견 종류를 확인한다.
'불명'
>>> mydog1.age()                          # 반려견 나이를 확인한다.
0
>>> mydog1.speak()                        # 반려견이 짖는다.
멍멍
>>> # 이름/종류/나이를 지정해서 인스턴스를 생성한다.
... mydog2 = Dog('보라', '코코스파니엘', 2 )
>>> mydog2.name()                         # 반려견 이름을 확인한다.
'보라'
>>> mydog2.dog_type()                     # 반려견 종류를 확인한다.
'코코스파니엘'
>>> mydog2.age()                          # 반려견 나이를 확인한다.
2
>>> mydog2.speak()                        # 반려견이 짖는다.
왈왈
```

3 클래스 상속

파이썬에서 클래스를 정의할 때 클래스 이름 뒤에 아무것도 지정하지 않으면 기본적으로 최상위 클래스인 object를 상속한다. object가 아닌 다른 클래스의 하위 클래스로 정의할 때는 다음과 같은 형식을 사용한다.

```
class 클래스이름(상위클래스이름):
    클래스-명령문...
```

'느티나무 카페'의 매출이 날로 증가하여 아르바이트생을 많이 고용하게 되었다고 가정하자. 따라서 아르바이트생들의 일정을 관리하는 수석 아르바이트생을 두기로 했다. 이 클래스 이름을 ChiefPartTimer라고 하자. 이 클래스를 PartTimer의 하위 클래스로 정의하면, ChiefPartTimer 클래스는 PartTimer의 모든 속성과 메소드를 상속받는다. 수석 아르바이트생의 시급도 다른 아르바이트생과 같은데, 그 이유는 수석 아르바이트생의 역할이 모든 아르바이트생의 근무 일정을 계획하고 감독하는 것에 국한되고 다른 일을 하지 않으므로 일의 비중이 일반 아르바이트생과 비슷하기 때문이다.

이때 ChiefPartTimer 클래스는 자신이 관리하는 아르바이트생 정보를 담은 리스트가 필요하기 때문에 새로운 인스턴스 속성인 __workers를 추가한다. 그리고 일반 아르바이트생과는 다른 일을 하기 때문에 새로운 메소드도 추가해야 한다.

먼저 자신이 직접 관리하는 아르바이트생을 __workers로 추가하는 메소드인 add_worker()를 정의한다. 아르바이트생마다 있는 고유한 닉네임을 리스트로 관리하면 되기 때문에 아르바이트생을 추가할 때 닉네임만 __workers에 추가하기로 한다. 그리고 아르바이트생의 닉네임을 출력하는 메소드인 show_workers()도 정의한다. 이렇게 정의한 PartTimer의 하위 클래스인 ChiefPartTimer의 클래스 정의 코드는 다음과 같다.

```
>>> class ChiefPartTimer(PartTimer):
...     # --- 초기화 메소드 -------------------------------------------------
...     def __init__(self, name):
...         super().__init__(name)
...         self.__workers = []                   # 인스턴스 속성: 근무자 리스트
...     # --- 연산 메소드 --------------------------------------------------
...     def add_worker(self, other):
...         if isinstance(other, PartTimer):      # PartTimer의 인스턴스만 추가한다.
...             self.__workers.append(other.nickname())
...         else:       # PartTimer의 인스턴스가 아니면 오류 메시지를 출력한다.
...             print('{}의 인스턴스가 아닙니다.'.format(PartTimer.__name__))
...     def show_workers(self):                   # 메소드
...         print(self.__workers)                 # 근무자 전체를 출력한다.
...
>>>
```

먼저 ChiefPartTimer 클래스의 인스턴스를 만들어보자. 수석 아르바이트생의 닉네임을 '라이언'으로 하자.

```
>>> park = ChiefPartTimer('라이언')
```

ChiefPartTimer 클래스의 인스턴스를 생성하는 초기화 메소드를 살펴보면 다음처럼 구현되어 있다.

```
def __init__(self, name):
    super().__init__(name)
    self.__workers = []
```

여기 나오는 super() 함수는 하위 클래스에서 상위 클래스의 메소드를 호출할 때 사용한다. super() 함수를 통해 상위 클래스인 PartTimer의 초기화 메소드인 __init__()를 호출하면서 수석 아르바이트생의 닉네임을 전달해서 인스턴스를 생성한다.

ChiefPartTimer 클래스는 닉네임뿐만 아니라 수석 아르바이트생이 관리할 근무자 리스트 속성도 만들어야 하기 때문에 __init__() 메소드를 정의해야 한다. 이때 하위 클래스에서 __init__() 메소드를 정의할 때는 상위 클래스의 __init__() 메소드를 재정의(overriding)하기 때문에 더 이상 상위 클래스의 __init__() 메소드가 자동으로 호출되지 않는다. 따라서 인스턴스를 생성할 때 닉네임을 객체에 저장하려면 상위 클래스인 PartTimer의 초기화 메소드인 __init__()를 명시적으로 호출해서 닉네임을 초기화해야 한다.

ChiefPartTimer 클래스의 인스턴스인 park의 닉네임이 제대로 설정되었는지 확인해보자.

```
>>> park.nickname()
'라이언'
```

그럼 지금부터 '라이언'이 관리해야 하는 아르바이트생을 추가해보자. 아르바이트생을 추가하는 메소드는 다음과 같다.

```
def add_worker(self, other):
    if isinstance(other, PartTimer): # PartTimer의 인스턴스이면 __workers에 추가한다.
        self.__workers.append(other.nickname())
    else:                           # PartTimer의 인스턴스가 아니면 오류 메시지를 출력한다.
        print('{}의 인스턴스가 아닙니다.'.format(PartTimer.__name__))
```

add_worker() 메소드의 두 번째 줄에 있는 isinstance() 함수를 통해 add_worker() 메소드로 전달한 값(other)이 PartTimer(또는 PartTimer의 하위 클래스)의 인스턴스면 ChiefPartTimer의 인스턴스 속성인 __workers에 추가한다. 실제로 __workers의 자료형이 리스트이기 때문에 리스트의 append() 메소드를 호출해서 PartTimer 인스턴스의 닉네임만 workers에 추가(append(other.nickname()))한다.

isinstance() 함수를 사용하는 형식은 다음과 같다.

```
isinstance(x, y)
```

특징은 다음과 같다.

- x가 y 클래스 혹은 y의 하위 클래스 인스턴스면 '참(True)'을 반환한다. 그렇지 않으면 '거짓(False)'을 반환한다.
- y에는 클래스 이름, 튜플, 객체이름.__class__가 올 수 있다. y가 튜플이고 튜플에 포함한 여러 클래스(자료형) 중 한 클래스의 인스턴스면 '참(True)'을 반환한다. y가 클래스가 아니면 TypeError를 발생시킨다.

참고로 객체이름.__class__를 호출하면 해당 객체를 생성한 클래스를 확인할 수 있다. 예를 들어 다음과 같은 코드를 실행하면, 해당 객체를 만든 클래스가 무엇인지 확인할 수 있다.

```
>>> kim.__class__                    # kim의 클래스를 확인하니 PartTimer이다.
<class '__main__.PartTimer'>
>>> '제이지'.__class__               # '제이지'의 클래스를 확인하니 문자열이다.
<class 'str'>
```

인스턴스 kim의 클래스를 확인할 때 __main__이 출력된 이유는 사용자가 정의한 PartTimer 클래스를 최상위 레벨에서 실행했기 때문이다. 반면에 파이썬이 제공하는 문자열 인스턴스인 '제이지'를 포함한 클래스(문자열, 정수, 실수, 리스트, 딕셔너리 등)는 개별 사용자가 정의하지 않고, 파이썬이 기본으로 제공하는 클래스이기 때문에 __main__ 없이 간단히 클래스 이름만 출력한다.

isinstance()와 issubclass() 함수

앞서 설명한 isinstance() 함수는 객체가 특정 클래스(또는 하위 클래스)의 인스턴스인지 확인하는 함수다. 이 함수는 사용자 클래스뿐만 아니라 파이썬 자료형에도 적용해서 사용할 수 있다. 다음 예는 사용자 클래스뿐만 아니라 파이썬이 기본으로 제공하는 자료형 클래스들의 종류를 확인하는 코드를 실행한 결과다. 다음 코드 중 i.__class__.__name__는 i의 클래스 이름을 확인하는 코드다.

```
>>> class Person: pass                          # 아무것도 없는 빈 클래스를 정의한다.
...
>>> p = Person()                                # Person 클래스의 인스턴스를 생성한다.
>>> x = None                                    # x에 None을 할당한다.
>>> L = [False, -5, 0, 1.0, '블루베리', [1], (1,), {1}, {'1': 2}, p, x]
>>>
>>> for i in L:
...     print('{} => <{}>의 인스턴스입니다.'.format(i, i.__class__.__name__))
...
False => <bool>의 인스턴스입니다.
-5 => <int>의 인스턴스입니다.
0 => <int>의 인스턴스입니다.
1.0 => <float>의 인스턴스입니다.
블루베리 => <str>의 인스턴스입니다.
[1] => <list>의 인스턴스입니다.
(1,) => <tuple>의 인스턴스입니다.
{1} => <set>의 인스턴스입니다.
{'1': 2} => <dict>의 인스턴스입니다.
<__main__.Person object at 0x10e3f8198> => <Person>의 인스턴스입니다.
None => <NoneType>의 인스턴스입니다.
```

반면에 issubclass() 함수는 클래스가 특정 클래스의 하위 클래스인지 확인할 때 사용한다. issubclass() 함수의 사용 형식은 다음과 같다.

```
issubclass(x,y)
```

- x 클래스가 y 클래스의 하위 클래스(subclass)이면 '참(True)'을 반환한다. 그렇지 않으면 '거짓(False)'을 반환한다.
- 모든 클래스는 자기 자신을 자신의 하위 클래스로 간주한다.
- y가 튜플이면 튜플이 포함한 모든 클래스를 확인한다.
- 만약 x나 y가 클래스가 아니면 TypeError를 발생시킨다.

이제 그림 12-1과 같은 클래스 계층 구조인 클래스들을 만들어 보자.

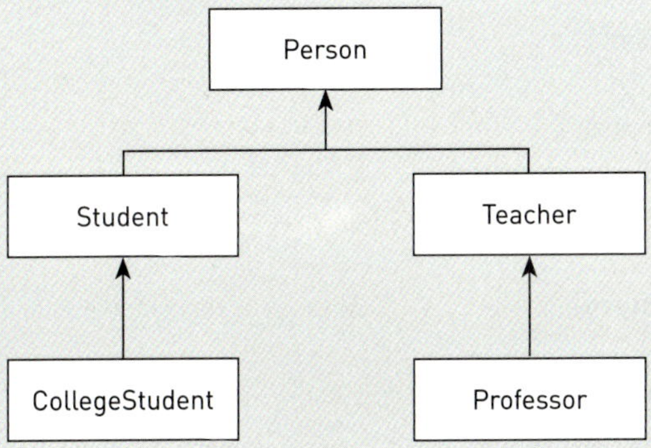

[그림 12-1]
Person 클래스 계층구조

그림 12-1을 코드로 구현하면 다음과 같다.

```
>>> class Person: pass
...
>>> class Student(Person): pass                # Person의 하위 클래스다.
...
>>> class CollegeStudent(Student): pass        # Student의 하위 클래스다.
...
>>> class Teacher(Person): pass                # Person의 하위 클래스다.
...
>>> class Professor(Teacher): pass             # Teacher의 하위 클래스다.
...
>>>
```

이제 issubclass() 함수를 사용해서 클래스 사이의 관계를 테스트해보자.

```
>>> issubclass(Person, CollegeStudent)         # Person → object
False
>>> issubclass(CollegeStudent, Person)         # CollegeStudent → Student → Person
True
>>> issubclass(CollegeStudent, Student)        # CollegeStudent → Student
True
>>> # 클래스 자신은 자신의 하위 클래스로 간주한다.
... issubclass(CollegeStudent, CollegeStudent)
True
>>> issubclass(Teacher, Person)                # Teacher → Person
True
>>> issubclass(Teacher, Teacher)           # 클래스 자신은 자신의 하위 클래스로 간주한다.
True
```

```
>>> issubclass(Teacher, Student)                # Teacher → Person
False
>>> issubclass(Teacher, Professor)              # Teacher → Person
False
>>> issubclass(Professor, Student)              # Professor → Teacher → Person
False
>>> issubclass(Professor, Person)               # Professor → Teacher → Person
True
>>> issubclass(Student, Professor)              # Student → Person
False
```

우선 ChiefPartTimer를 테스트하기 위해 PartTimer의 인스턴스를 생성해보자. 오류가 나면 앞에서 정의한 PartTimer 클래스를 다시 정의한 후 코드를 실행하면 된다.

```
>>> kim = PartTimer('프로도')
>>> lee = PartTimer('네오')
```

다음 코드를 실행해서 kim과 lee를 관리 목록에 추가해보자.

```
>>> park.add_worker(kim)
>>> park.add_worker(lee)
```

이번에는 PartTimer의 인스턴스가 아닌 문자열을 추가해보자. 문자열은 문자열 클래스의 인스턴스다.

```
>>> park.add_worker('제이지')
PartTimer의 인스턴스가 아닙니다.
```

add_worker() 메소드는 PartTime 클래스(또는 PartTimer의 하위 클래스)의 인스턴스가 아니면 오류 메시지를 출력하고 관리 목록에 추가하지 않는다.

지금까지 수석아르바이트생 '라이언'이 관리하는 아르바이트생의 목록을 확인해보자.

```
>>> park.show_workers()
['프로도', '네오']
```

'라이언'이 지금까지 근무한 시간은 5시간이다. '라이언'의 급여를 알아보자.

```
>>> park.whours(5)
>>> park.total_wage()                        # 9500 x 5시간 = 47,500원
47500
```

지금까지 하위 클래스를 정의하고 사용하는 방법을 알아봤다. 클래스 상속의 장점은 재사용에 있다. 상속받는 상위 클래스의 속성과 메소드뿐만 아니라 제약 조건 및 다른 클래스와의 관계(상속 관계 및 부분-전체 관계)를 모두 상속받아 재사용할 수 있는 것이다. 필요하다면 하위 클래스는 상위 클래스에서 상속받은 메소드를 재정의해서 다른 방식으로 동작(행동)하도록 할 수도 있다. 재정의(override)란 하위 클래스가 상위 클래스로부터 상속받는 속성이나 메소드를 상위 클래스가 동작하는 방식과 다른 방식으로 사용하기 위해 재구현하는 것을 말한다. 이렇게 하면 상위 클래스의 재사용뿐만 아니라, 하위 클래스만의 다형성(polymorphism)도 가능하다.

파이썬은 다중 상속을 지원한다. 다중 상속(multiple inheritance)이란 클래스 하나가 복수의 상위 클래스로부터 상속받을 수 있는 상속 방식이다. 앞의 예에서는 ChiefPartTimer 클래스의 상위 클래스가 PartTimer 클래스 하나뿐이었지만 원래 파이썬은 여러 클래스를 상속할 수 있다. 여러 클래스를 상속할 때는 다음과 같은 형식을 사용한다.

```
class 클래스이름(상위클래스이름-1, 상위클래스이름-2, ..., 상위클래스이름-N):
    클래스-명령문...
```

다중 상속의 장점은 여러 클래스의 속성과 메소드를 상속받아 재사용할 수 있다는 점이다. 하지만 상위 클래스가 제공하는 속성이나 메소드의 이름이 같으면 문제가 발생할 수 있다. 따라서 다중 상속을 지원하는 프로그래밍 언어들은 동일한 명칭공간(namespace)에서 같은 이름 사용 때문에 발생하는 명칭 오류를 피하는 규칙들을 설정해놓았다.

파이썬도 마찬가지로 이름(식별자)을 중복 사용해 발생하는 명칭 오류(name conflict)를 해결하기 위한 규칙이 있다. 동일한 이름이 있으면 우선순위를 두어 명칭 오류를 피한다. 파이썬에서 상위 클래스(superclass)가 둘 이상이면 상위 클래스로부터 상속받는 속성과 메소드를 검색하는 순서는 깊이 우선, 왼쪽에서 오른쪽으로 검색(depth-first, left-to-right)하는 순서다. 즉, 다음과 같은 방식으로 상속받는 속성과 메소드를 검색해서 먼저 발견되는 속성이나 메소드를 사용한다.

- 클래스이름에 있는 속성과 메소드를 제일 먼저 검색한다.
- 만약 찾지 못하면 다음으로 상위클래스이름-1에 있는 속성과 메소드를 검색한다. 만약 찾지 못하면 반복(재귀)적으로 상위클래스이름-1의 상위 클래스들을 순차적으로 검색한다.
- 만약 찾지 못하면 상위클래스이름-2에 있는 속성과 메소드를 검색한다. 만약 찾지 못하면 반복(재귀)적으로 상위클래스이름-2의 상위 클래스들을 순차적으로 검색한다.
- 만약 찾지 못하면 계속해서 같은 방식으로 검색한다. 상위클래스이름-N과 상위클래스이름-N의 상위 클래스들을 차례로 검색해서 최종 상위 클래스에 도달할 때까지 같은 방식으로 검색을 계속한다.
- 그래도 찾지 못하면 오류를 발생시킨다.

실습 12-2

강아지 클래스 만들기

반려견 Dog 클래스의 하위 클래스인 강아지 Puppy를 구현한다.

- Puppy는 상위 클래스인 Dog의 모든 속성과 메소드를 상속받지만 Dog의 speak() 메소드는 상속받지 않고 강아지만의 짖는 소리를 출력한다. 따라서 Dog의 speak() 메소드를 재정의(override)해서 다음처럼 구현한다.
  - 강아지가 짖는 소리는 종류에 상관없이 '콩콩'으로 한다.
  - 강아지가 짖을 때는 '〈누가〉 콩콩' 형태로 강아지가 짖는 소리를 출력한다. 예를 들어 강아지 이름이 '바둑이'라면 '바둑이 콩콩'으로 출력한다.
- Puppy 클래스를 정의한 후 강아지 이름은 '벼리'로, 종류는 '코코스파니엘'로 지정해서 인스턴스를 생성하여 변수 mypup1에 할당하고 모든 메소드를 불러 테스트해본다.
- 이번에는 강아지 이름을 '예달'로 지정해서 인스턴스를 생성하여 변수 mypup2에 할당하고 모든 메소드를 불러 테스트해본다.

답

```
>>> class Puppy(Dog):
...     """반려견(Dog) 클래스의 하위 클래스인 강아지 클래스다."""
...     def __init__(self, name, dog_type='불명', age=0):
...         super().__init__(name, dog_type, age)
...     def speak(self):                            # 반려견 메소드를 재정의한다.
...         print(self.name(), '콩콩')                 # 강아지 짖는 소리
...
>>> # 이름과 종류를 지정하고 인스턴스를 생성한다.
... mypup1 = Puppy('벼리', '코코스파니엘')
>>> mypup1.name()                                  # 강아지 이름을 확인한다.
'벼리'
>>> mypup1.dog_type()                              # 강아지 종류를 확인한다.
'코코스파니엘'
>>> mypup1.age()                                   # 강아지 나이를 확인한다.
0
>>> mypup1.speak()                                 # 강아지가 짖는다.
벼리 콩콩
>>> mypup2 = Puppy('예달')                      # 이름만 지정하고 인스턴스를 생성한다.
>>> mypup2.name()                                  # 강아지 이름을 확인한다.
'예달'
>>> mypup2.dog_type()                              # 강아지 종류를 확인한다.
'불명'
>>> mypup2.age()                                   # 강아지 나이를 확인한다.
0
>>> mypup2.speak()                                 # 강아지가 짖는다.
예달 콩콩
```

연습문제

모든 연습문제는 인터프리터 모드에서 실행하기 때문에 먼저 문제를 읽고 분석한 후, 파이썬 코드로 작성해서 py 파일로 저장한다. 각 연습문제의 마지막에 나오는 실행 예는 프로그램을 정상적으로 작성했을 때 실행한 결과를 보여주는 것이기 때문에 코드를 작성할 때 참고하면 된다. 인터프리터 모드에서 파일을 실행하는 방법은 '명령어 셸에서 파이썬 프로그램 실행하기'(56p)에서 다뤘다.

12-1 벡터 클래스

다음 내용을 처리하는 프로그램을 작성한 후 'ex12_1.py' 파일로 저장하자.

벡터란 방향과 크기를 나타내는 값으로, 실수평면상의 좌표가 대표적 예라고 할 수 있다. 벡터를 표현하는 클래스를 만들어 벡터(점)를 정의하고 거리와 내적을 계산하는 메소드를 구현해보자. 클래스 내용은 다음과 같다.

- Vector2D라는 이름의 클래스를 만든다.
- Vector2D의 인스턴스 속성은 x 좌표, y 좌표 두 가지며, 인스턴스를 생성할 때 두 좌표를 반드시 지정해야 한다. 이때 전달인자로 받은 좌표는 반드시 숫자로 변환 가능한 값이어야 하며, 실수로 변환해서 이를 각각 인스턴스 속성인 x 좌표, y 좌표에 할당한다.
- 벡터(점)와 원점 사이의 거리를 구해 반환하는 메소드 distance()를 구현한다. 만약 두 점이 (x_1, y_1), (x_2, y_2)라면, 두 점 사이의 거리는 $\sqrt{(x_2-x_1)^2+(y_2-y_1)^2}$ 이다.
- Vector2D 클래스의 다른 인스턴스와 내적을 구해 반환하는 메소드 dot()을 구현한다.
  - dot() 메소드를 실행하기 위해서는 다른 인스턴스를 전달인자로 입력해야 한다.
  - 내적은 $(x_1 \times x_2) + (y_1 \times y_2)$로 구한다. 예를 들어 (1, 2)와 (3, 4) 사이의 내적은 (1 × 3) + (2 × 4) = 11이 된다.

이 내용을 담은 클래스를 정의해서 테스트해보자.

실행 예: 인터프리터 모드

```
> python ex12_1.py
v1 = Vector2D('3', 4.0)
v1.distance()
5.0
v2 = Vector2D(1, 2)
v2.dot(v1)
11.0
v2.dot(3)
ERROR: Vector2D 클래스의 인스턴스가 아닙니다.
v3 = Vector2D('line', 2)
ERROR: x 좌표와 y 좌표 모두 숫자일 때만 정의됩니다.
```

실행 예: 대화형 모드

```
>>> import ex12_1
>>> v1 = ex12_1.Vector2D('3', 4.0)
>>> v1.distance()
5.0
>>> v2 = ex12_1.Vector2D(1, 2)
>>> v2.dot(v1)
11.0
>>> v2.dot(3)
ERROR: Vector2D 클래스의 인스턴스가 아닙니다.
>>> v3 = ex12_1.Vector2D('line', 2)
ERROR: x 좌표와 y 좌표 모두 숫자일 때만 정의됩니다.
```

12-2 용 키우기 게임

다음 내용을 처리하는 프로그램을 작성한 후 'ex12_2.py' 파일로 저장하자.

용을 키우는 게임을 구현해보자. 이 게임의 규칙은 다음과 같다. 규칙은 하나의 예일 뿐 각자 자유로이 게임의 규칙을 설정할 수 있다. 하지만 반드시 게임의 규칙을 나타내는 문구는 프로그램 위에 작성해서 출력해야 한다.

- 각 단계에서 게임 참가자는 용에게 제시한 행동 중 하나를 명령한다. 입력한 명령에 따라 용의 상태는 변화한다. 예를 들어 참가자가 용에게 씻도록 명령한다면 용의 위생상태를 나타내는 수치가 감소한다. 용에게는 먹기, 놀기, 잠자기, 데이트하기, 씻기의 다섯 가지 명령을 내릴 수 있다.
- 게임을 끝내는 특정 조건(종료 조건이나 단계별 규칙)을 정의해야 한다. 예를 들어 용의 배고픔

이 특정 수준에 도달하면 용이 죽어서 게임이 끝나도록 할 수 있다. 게임 예에서 게임 규칙은 배고픔, 피로도, 위생상태가 5에 도달하거나, 30회 게임을 하면 용이 늙어 죽는다.
- 각 명령에 따라 용의 상태를 바꾸어준다.

이 게임에서 사용하는 용은 클래스로 구현해야 한다. 클래스에서 정의할 내용은 게임의 규칙에 따라서 달라질 수 있다. 게임 예에 나오는 용 클래스는 다음처럼 정의한다.

- 용 클래스의 이름은 Dragon이라 한다.
- Dragon 클래스에는 인스턴스 속성이 총 여섯 개가 있다.
  - 용의 이름과 용의 상태를 저장하는 속성인 배고픔, 피로도, 위생상태, 행복지수, 사랑지수다.
  - 용의 속성도 게임의 규칙에 따라 달라질 수 있다.
- 초기화 메소드는 다음처럼 정의한다.
  - 인스턴스를 생성할 때 용의 이름은 반드시 지정해야 한다.
  - 나머지 용의 상태를 나타내는 다섯 개의 속성은 0으로 초기화한다.
- 각 인스턴스의 속성 값을 반환하는 메소드 여섯 개를 구현한다.
- 용의 현재 상태를 알려주는 status( ) 메소드를 구현한다.
- 용의 상태를 변화시키는 change( ) 메소드를 구현한다.
  - 이 메소드는 용의 상태를 바꾸는 역할을 한다. 따라서 이 메소드를 호출할 때는 앞에서 정의한 용의 상태 다섯 개 중 하나를 전달인자로 사용한다.
  - 전달인자에 따라 용 상태의 감소, 증가 정도를 자유롭게 결정한다. 이 게임 예에서는 배고픔, 피로도, 위생상태는 3씩 감소시킨 반면, 사랑지수는 2, 행복지수는 1씩 증가시켰다. 단, 사랑지수와 행복지수가 0보다 작아지면 1로 초기화한다.
- 게임의 다음 단계로 넘어갈 때마다 용의 전체 상태를 업데이트하는 메소드 next_turn()을 구현한다.
  - 용 상태의 감소, 증가 정도를 자유롭게 결정한다.
  - 이 게임 예에서는 배고픔, 피로도, 위생 상태는 다음 단계로 넘어갈 때 1씩 증가하고, 행복지수와 사랑지수는 1씩 감소한다.

용 클래스를 정의하고 다음 실행 예와 비슷하게 각자 설정한 게임 규칙대로 게임을 구성할 수 있다. 여러분의 상상력을 자유롭게 발휘해서 용 키우기 게임을 만들어보자.

실행 예

```
> python ex12_2.py

##### 용 키우기 게임 #####
게임 규칙:
    (1) 배고픔, 피로도, 위생상태가 5에 도달하면, 용은 죽는다.
    (2) 30단계 후, 용은 늙어 죽는다.
용의 이름을 입력하세요: 용가리

[ 용가리의 신체 상태 ]
배고픔 = 0 | 피로도 = 0 | 위생상태 = 0
```

```
> 용가리에게 어떤 명령을 내릴까요?
(1) 먹기, (2) 놀기, (3) 잠자기, (4) 데이트하기, (5) 씻기
번호를 입력하세요 => 7
번호를 잘못 입력했습니다!!!!!

[ 용가리의 신체 상태 ]
배고픔 = 0 | 피로도 = 0 | 위생상태 = 0
> 용가리에게 어떤 명령을 내릴까요?
(1) 먹기, (2) 놀기, (3) 잠자기, (4) 데이트하기, (5) 씻기
번호를 입력하세요 => 1
배고픔이 감소했습니다.

[ 용가리의 신체 상태 ]
배고픔 = -2 | 피로도 = 1 | 위생상태 = 1
> 용가리에게 어떤 명령을 내릴까요?
(1) 먹기, (2) 놀기, (3) 잠자기, (4) 데이트하기, (5) 씻기
번호를 입력하세요 => 4
용가리은(는) 사랑에 빠졌습니다.

[ 용가리의 신체 상태 ]
배고픔 = -1 | 피로도 = 2 | 위생상태 = 2
> 용가리에게 어떤 명령을 내릴까요?
(1) 먹기, (2) 놀기, (3) 잠자기, (4) 데이트하기, (5) 씻기
번호를 입력하세요 => 3
피로도가 감소했습니다.

[ 용가리의 신체 상태 ]
배고픔 = 0 | 피로도 = 0 | 위생상태 = 3
> 용가리에게 어떤 명령을 내릴까요?
(1) 먹기, (2) 놀기, (3) 잠자기, (4) 데이트하기, (5) 씻기
번호를 입력하세요 => 2
용가리은(는) 행복해보입니다.

[ 용가리의 신체 상태 ]
배고픔 = 1 | 피로도 = 1 | 위생상태 = 4
> 용가리에게 어떤 명령을 내릴까요?
(1) 먹기, (2) 놀기, (3) 잠자기, (4) 데이트하기, (5) 씻기
번호를 입력하세요 => 1
배고픔이 감소했습니다.

[ 용가리의 신체 상태 ]
배고픔 = -1 | 피로도 = 2 | 위생상태 = 5
!!! 용가리은(는) 씻지 못해서 죽었습니다!!!
```

동영상 강의 12-3 가위바위보 게임 만들기

클래스는 공통 특징이 있는 객체를 정의하여 사용하기에 편리하다. 공통 특징에는 비슷한 자료형뿐만 아니라 비슷한 기능, 즉 메소드도 포함된다. 사용자 정의 클래스를 이용해 간단한 가위바위보 게임을 만들어보자. 이 예제에서는 '가위바위보 게임을 하는 선수'를 클래스로 정의해 표현했다.

가위바위보 게임의 선수에게는 생명이 있어서 게임에서 질 때마다 에너지가 1씩 감소한다. 남은 에너지가 0이면 게임에서 패배해 더 이상 게임을 할 수 없다.

사용한 개념

클래스, 제어문, random 모듈

코드 예시

```
import random                                  # 게임을 무작위로 진행하기 위한 모듈
import time                                    # 일시 정지를 위해 필요한 모듈

# ----- Player 클래스 정의 ------------------------------------------- #
class Player:
    """가위, 바위, 보 게임을 하는 선수 클래스다.

    Attributes:
        cards (tuple): '가위', '바위', '보'를 담고 있는 클래스 속성
        __name (str): 선수 이름
        __energy (int): 선수의 에너지 레벨

    Methods:
       __init__(self, name: str, energy: int) -> None:
       name(self) -> str:
       energy(self) -> int:
       status(self) -> None:
       pick(self) -> str:
       lose(self) -> None:
    """
```

```
    cards = '가위', '바위', '보'      # 클래스 속성 : '가위', '바위', '보'를 튜플로 생성한다.

    # --- 초기화 메소드 ----------------------------------------------------- #
    def __init__(self, name, energy):
        """선수의 이름과 에너지 레벨을 초기화하는 메소드다.

        Args:
            name (str): 선수 이름
            energy (int): 선수의 에너지 레벨
        """
        self.__name = name                # 인스턴스 속성 : 선수의 이름을 초기화한다.
        self.__energy = energy            # 인스턴스 속성 : 선수의 에너지를 초기화한다.

    # --- 접근자 메소드 ----------------------------------------------------- #
    def name(self):
        """선수의 이름을 반환하는 메소드다.

        Returns:
            str: 선수 이름
        """
        return self.__name

    # --- 일반 메소드 ------------------------------------------------------- #
    def energy(self):
        """에너지 레벨을 반환하는 메소드다.

        Returns:
            int: 선수의 에너지 레벨
        """
        return self.__energy

    def status(self):
        """선수의 상태를 출력하는 메소드다."""
        print('{}의 남은 에너지 : {}'.format(self.__name, self.__energy))

    def pick(self):
        """가위, 바위, 보 중 임의로 하나를 선택해서 반환하는 메소드다.

        Returns:
            str: 임의로 선택된 '가위', '바위', '보'
        """
        return random.choice(Player.cards)
```

```
    def lose(self):
        """패배시 남은 에너지 하나를 차감하는 메소드다."""
        self.__energy -= 1

        # 남은 에너지가 0보다 작아지지 않게 처리한다.
        self._energy = self.__energy if self.__energy > 0 else 0

# ----- play() 함수 정의 ------------------------------------------------------ #
# 두 선수가 낸 가위, 바위, 보의 결과를 판정하는 일은 반복해서 사용한다.
# 따라서 이를 판정하는 코드를 함수로 처리하면 편리하게 사용할 수 있다
def play(pick1, pick2):
    """가위, 바위, 보 승부의 결과를 알려주는 함수다.
    Args:
        pick1 (int): 첫 번째 선수가 낸 가위, 바위, 보 중 하나
        pick2 (int): 두 번째 선수가 낸 가위, 바위, 보 중 하나
    Returns:
        int: 0은 무승부, 1은 첫 번째 선수의 승리, 2는 두 번째 선수의 승리
    """
    to_number = {'가위': -1, '바위': 0, '보': 1}
    pick1 = to_number[pick1]
    pick2 = to_number[pick2]

    if pick1 == pick2:
        return 0
    elif pick1 * pick2 == 0:
        return 1 if pick1 > pick2 else 2
    else:
        return 1 if pick1 < pick2 else 2

# ----- 게임 시작 ------------------------------------------------------------ #
# '네오'와 '무지'라는 이름의 선수를 생성해서, 두 선수가 각각 세 개의 에너지를 가지고 게임을 시작
# 한다. 한 명이 승리할 때까지 게임을 계속한다.

player1 = Player('네오', 3)                      # 에너지 세 개를 가진 네오 선수
player2 = Player('무지', 3)                      # 에너지 세 개를 가진 네오 선수

player1.status()
player2.status()

count = 0                                  # 게임 횟수를 기록하는 변수를 초기화한다.

# 선수 둘 중 한 명의 에너지가 0이 아니라면 계속 반복 실행한다.
```

```
while player1.energy() * player2.energy() != 0:
    count += 1
    print('[ {}회차 게임 ]'.format(count))              # 게임 횟수 정보를 출력한다.

    # 두 선수가 각각 임의로 가위, 바위, 보를 선택한다.
    pick1, pick2 = player1.pick(), player2.pick()

    # 두 선수의 이름, 남은 에너지 레벨, 선택한 공격 카드를 출력한다.
    print('¦ {0}({1})=>{2:2} vs {5:2}<={3}({4}) ¦'.format(
        player1.name(), player1.energy(), pick1,
        player2.name(), player2.energy(), pick2))

    # 승리한 선수를 판정한다.
    winner = play(pick1, pick2)
    if winner == 1:
        player2.lose()
        print('> {}의 승리!'.format(player1.name()))
    elif winner == 2:
        player1.lose()
        print('> {}의 승리!'.format(player2.name()))
    else:
        print('> 무승부!')

    time.sleep(2)                                      # 한 게임 후 2초간 일시 정지한다.
    print()                                            # 빈 줄을 출력한다.

if player1.energy() == 0:
    print('!!! {}회의 승부 끝에 {}의 승리 !!!'.format(count, player2.name()))
else:
    print('!!! {}회의 승부 끝에 {}의 승리 !!!'.format(count, player1.name()))

# !!!!! END of ch12.py !!!!!!!!!!!!!!!!!!!!!!!!!!!!!!!!!!!!!!!!!!!!!!!!!!!!
```

실행 예

```
네오의 남은 에너지: 3
무지의 남은 에너지: 3
[ 1회차 게임 ]
| 네오(3)=>가위 vs 가위<=무지(3) |
> 무승부!

[ 2회차 게임 ]
| 네오(3)=>보  vs 바위<=무지(3) |
> 네오의 승리!

[ 3회차 게임 ]
| 네오(3)=>가위 vs 보 <=무지(2) |
> 네오의 승리!

[ 4회차 게임 ]
| 네오(3)=>바위 vs 보 <=무지(1) |
> 무지의 승리!

[ 5회차 게임 ]
¦ 네오(2)=>가위 vs 보 <=무지(1) |
> 네오의 승리!

!!! 5회의 승부 끝에 네오의 승리!!!
```

참고

난수를 생성하기 때문에 실행 결과는 이와 다를 수 있다.

생각해보기

play() 함수는 가위바위보 게임의 승자를 판정한다. 이 함수가 어떤 알고리즘으로 작동하는지 이해한 후, 직접 이 함수를 작성한다면 어떤 알고리즘을 사용할지 생각해보자.

찾아보기